普通高等教育酒店管理专业系列教材

酒店前厅客房服务与管理

仇学琴　邓　芳　吴宏业　杨红波　等编著

机械工业出版社

本书共有 14 章，分别为：前厅部概述；前厅和客房的布局与装饰；前厅预订服务与管理；前厅接待、离店服务与管理；前厅日常服务与管理；前厅部宾客关系管理；前厅部综合管理；客房部概述；客房清洁服务；公共区域保养与清洁管理；客房部设备用品及安全管理；客房部日常服务；前厅客房部人力资源开发与管理；前厅客房常用英语。

本书可供酒店管理专业及旅游管理类其他相关专业师生使用。

图书在版编目（CIP）数据

酒店前厅客房服务与管理/仇学琴等编著. —北京：机械工业出版社，2018.12（2024.6 重印）
ISBN 978-7-111-61438-8

Ⅰ.①酒… Ⅱ.①仇… Ⅲ.①饭店－商业服务 ②饭店－商业管理 Ⅳ.①F719.2

中国版本图书馆 CIP 数据核字（2018）第 267318 号

机械工业出版社（北京市百万庄大街 22 号 邮政编码 100037）
策划编辑：常爱艳 责任编辑：常爱艳 杨 洋 商红云
责任校对：梁 静 封面设计：鞠 杨
责任印制：邓 博
北京盛通数码印刷有限公司印刷
2024 年 6 月第 1 版第 5 次印刷
184mm×260mm·23.25 印张·557 千字
标准书号：ISBN 978-7-111-61438-8
定价：54.80 元

电话服务　　　　　　　网络服务

客服电话：010-88361066　　机 工 官 网：www.cmpbook.com
　　　　　010-88379833　　机 工 官 博：weibo.com/cmp1952
　　　　　010-68326294　　金 书 网：www.golden-book.com
封底无防伪标均为盗版　　机工教育服务网：www.cmpedu.com

前　言

大众旅游时代的到来，全域旅游的发展，使旅游日益成为现代社会人们主要的生活方式和社会经济活动之一，旅游业以其强劲的势头已成为全球经济产业中最具活力的"朝阳产业"。作为旅游业三大支柱之一的酒店业，已经成为我国服务经济发展的重要产业，在我国经济发展中发挥着越来越重要的作用。

前厅部和客房部是酒店对客服务的两个主要部门，也是酒店盈利的主要来源。前厅部和客房部的服务和管理工作，关系到酒店业的生存和发展。酒店业界对酒店前厅与客房服务和管理体系的探索，对优质、高效的前厅与客房服务理念的追求，以及对部门管理中标准化与个性化、国际化和本土化融合的思考，极大地提高了酒店业前厅与客房管理的水平。

随着酒店业管理思想的变化和现代高科技在酒店业的广泛运用，前厅部和客房部的服务理念、管理思想、操作流程与操作技术都发生了很大的变化。作为为酒店业培养和输送人才的学校教育，其教育理念、教学方法、教材建设都应该与时俱进，并应当对现状有所超越。

1. 教材编写理念

本书一是借鉴当代美国大学"'整体知识观'指导下的'专识'与'通识'互相融合"课程改革的基本内核，力求"专业知识"以"通识"为基础；二是借鉴"博洛尼亚进程"下当代欧洲大学"'整体能力观'指导下的'专能'与'通能'整合"的课程改革合理内核，将"职业核心能力"训练融入"专业能力"训练中；三是将"整体知识观""整体能力观""整体道德观"三位一体融合的"整体课程观"，作为具有中国特色的普通高等学校旅游管理类专业教材建设的指导性"教材理念"。

2. 教学方法理念

本书借鉴"美国21世纪技能联盟"提出的"学习框架"合理内核，整合"学导教学法""互动教学法""案例教学法""实践教学法""探究教学法"等教学方法，使其在本书中融合，相得益彰。

3. 国际化理念

酒店住宿的客人来自世界各地，使现代酒店业具有国际化特征。本书以第14章全英文和中英文附录来体现其国际化特征，以增强学生的跨文化服务和管理能力，这也是本书与其他同类教材相比的显著创新点。

本书由云南大学工商管理与旅游管理学院仇学琴教授领衔，由邓芳、吴宏业、杨红波等14人共同编著。具体分工如下：仇学琴编写大纲，第1、2章，并负责全书统稿；吴宏业编写第6章，并负责修改第1、7、13章；邓芳编写第8章，并负责修改第3、4、9章；杨红波、吕达非编写第3、4章；毛剑梅编写第10、12章；刘毅君编写第5、13章；梁坚编写第 14 章；仇学琴、童露、曹秋实编写第 11 章；齐丹、杨小明编写第 7 章；刘志军编写第 9 章；吕勇编写附录。腾冲千里走单骑酒店总经理周青、昆明温德姆至尊豪庭酒店人力资源总监杨琳及前厅部经理陈熙言应邀对部分章节进行了审阅，陈璟、杨红波、仇学琴对终稿进行校阅，研究生刘泽士做了部分案例收集工作，在此一并感谢。

本书可作为高等院校旅游管理类专业（含旅游管理、酒店管理、会展经济与管理专业）本科生和硕士生教材，也可供旅游企业管理人员参考。

在本书的编写过程中，我们参阅并借鉴了大量国内外专家、学者的相关著作、论文等成果，引用了企业发生的相关案例，谨向所有相关作者表示诚挚的谢意！

由于作者水平有限，书中难免存在缺陷和疏漏之处，敬请读者不吝赐教！

仇学琴

目 录

前 言
第1章 前厅部概述 ………………………………………………………………… 1
学习目标 …………………………………………………………………………… 1
1.1 前厅部的概念与组织机构 …………………………………………………… 2
1.2 前厅部的地位和职能 ………………………………………………………… 5
1.3 前厅部人员的素质与职责 …………………………………………………… 8
本章概要 …………………………………………………………………………… 15
单元训练 …………………………………………………………………………… 16
建议阅读 …………………………………………………………………………… 17

第2章 前厅和客房的布局与装饰 ………………………………………………… 18
学习目标 …………………………………………………………………………… 18
2.1 前厅布局与装饰艺术 ………………………………………………………… 20
2.2 客房布局与装饰艺术 ………………………………………………………… 28
本章概要 …………………………………………………………………………… 40
单元训练 …………………………………………………………………………… 40
建议阅读 …………………………………………………………………………… 42

第3章 前厅预订服务与管理 ……………………………………………………… 43
学习目标 …………………………………………………………………………… 43
3.1 预订概述 ……………………………………………………………………… 43
3.2 客房预订程序 ………………………………………………………………… 50
3.3 预订管理 ……………………………………………………………………… 60
本章概要 …………………………………………………………………………… 63
单元训练 …………………………………………………………………………… 63
建议阅读 …………………………………………………………………………… 64

第4章 前厅接待、离店服务与管理 ……………………………………………… 65
学习目标 …………………………………………………………………………… 65
4.1 接待概述 ……………………………………………………………………… 66
4.2 客人停留期间的总台服务 …………………………………………………… 79
4.3 总台收银服务 ………………………………………………………………… 84
4.4 夜间稽核管理 ………………………………………………………………… 96
本章概要 …………………………………………………………………………… 97
单元训练 …………………………………………………………………………… 98
建议阅读 …………………………………………………………………………… 99

第 5 章 前厅日常服务与管理 ·········· 100
学习目标 ·········· 100
5.1 礼宾服务 ·········· 101
5.2 问询与留言服务 ·········· 123
5.3 总机服务 ·········· 128
5.4 商务中心服务 ·········· 135
本章概要 ·········· 141
单元训练 ·········· 141
建议阅读 ·········· 143

第 6 章 前厅部宾客关系管理 ·········· 144
学习目标 ·········· 144
6.1 宾客关系管理相关理论 ·········· 145
6.2 酒店宾客关系管理的内涵 ·········· 147
6.3 酒店宾客关系管理系统的构建 ·········· 148
6.4 大堂副理及宾客关系主任 ·········· 149
6.5 宾客投诉的处理 ·········· 152
6.6 良好宾客关系的建立 ·········· 159
6.7 客史档案的建立与管理 ·········· 163
6.8 VIP 客人的接待 ·········· 168
本章概要 ·········· 171
单元训练 ·········· 172
建议阅读 ·········· 173

第 7 章 前厅部综合管理 ·········· 174
学习目标 ·········· 174
7.1 前厅部服务质量管理 ·········· 175
7.2 前厅报表分析 ·········· 188
7.3 前厅部安全管理 ·········· 192
本章概要 ·········· 199
单元训练 ·········· 199
建议阅读 ·········· 200

第 8 章 客房部概述 ·········· 201
学习目标 ·········· 201
8.1 客房部相关概念、地位与作用 ·········· 201
8.2 客房部组织架构和职能 ·········· 204
8.3 客房部人员岗位职责与素质要求 ·········· 208
本章概要 ·········· 217
单元训练 ·········· 218
建议阅读 ·········· 219

第9章 客房清洁服务 ... 220
学习目标 ... 220
9.1 客房清洁设备 ... 221
9.2 客房清洁保养 ... 228
本章概要 ... 257
单元训练 ... 257
建议阅读 ... 259

第10章 公共区域保养与清洁管理 ... 260
学习目标 ... 260
10.1 公共区域清洁卫生的范围及特点 ... 260
10.2 公共区域清洁设备 ... 263
10.3 公共区域清洁保养 ... 265
本章概要 ... 274
单元训练 ... 275
建议阅读 ... 276

第11章 客房部设备用品及安全管理 ... 277
学习目标 ... 277
11.1 客房部设备用品管理 ... 278
11.2 客房部布件管理 ... 281
11.3 客房部安全隐患及防范 ... 288
11.4 客房部突发事件处理 ... 298
本章概要 ... 305
单元训练 ... 305
建议阅读 ... 306

第12章 客房部日常服务 ... 307
学习目标 ... 307
12.1 会议服务 ... 308
12.2 客人居住期间服务 ... 316
本章概要 ... 320
单元训练 ... 320
建议阅读 ... 321

第13章 前厅客房部人力资源开发与管理 ... 322
学习目标 ... 322
13.1 前厅客房部人力资源开发与管理概述 ... 322
13.2 前厅客房部人力资源规划 ... 324
13.3 前厅客房部工作分析与工作设计 ... 326
13.4 前厅客房部员工招聘与配置 ... 328
13.5 前厅客房部员工培训 ... 332

本章概要 ··· 337
单元训练 ··· 338
建议阅读 ··· 339

第 14 章　前厅客房常用英语 ··· 340
Learning Objectives ··· 340
14.1　Front Office Service and Management ································ 340
14.2　Housekeeping Department Service and Management ···················· 345
Exercises ··· 350
Recommended Books ·· 351

附录 ·· 352
附录 A　前厅部常用英汉术语 ··· 352
附录 B　客房部常用英汉术语 ··· 357

参考文献 ·· 361

第1章 前厅部概述

学习目标

  理论知识：学习和把握前厅部的相关概念与组织机构，前厅部的地位和职能，并对前厅部人员素质和岗位职责进行了阐述。

  实务知识：学习和把握前厅部机构设置原则，前厅部经理、主管和员工的素质要求与职责，前厅部的工作班次安排，"延伸阅读"等程序性知识；能用其规范"深度剖析""教学互动"和相关题型的"单元训练"。

  认知弹性：运用本章理论与实务知识研究相关案例，对"引例""同步案例"和"相关案例"等案例情境进行分析。

【引例】

622间房间的酒店，前厅接待人员最少需要多少人？

  背景与情境：没错，3班倒，8个人，要完成622间房间的酒店的接待任务。8名可以独立工作的接待人员，分别是经理1名、副经理1名、大堂副理2名、领班3名（一人请长假——早已确定，一人退房时请病假）、熟练工1名（半年），仅此而已。当然，这并非全部人员，另外还包括3名尚在试用期的接待人员，一名正在上夜班的礼宾领班和一名即将离职的礼宾员，这就是整个前厅部的架构。而他们要完成590间预订房（另有9间自用房，23间维修房）的24小时运作的接待工作。

  不知道这算不算得上是一个接待量的纪录？录证件、收押金、搞增销、开发票、刷车卡、租借存、答问讯、办换房、解投诉、处理多种不同结算方式的住房券，典型的度假酒店，入住、退房时间都高度集中……欢送最后一名预离客人离店，说完"欢迎下次光临"之后，才想起肚子已咕咕叫了好久，打包的饭菜早已凉透；买来泡面，满室飘香，虎咽一通，中班已到。赶快交接，整理账单，太阳落山，夕阳无限，大笑三声，终于下班。还能让暴风雨来得更猛烈些吗？

  本人2005年大学毕业，至今在酒店业辗转近10年，与酒店共成长，也见证着行业的发展与变迁。三年前作为前厅经理，就职于某沿海三线城市的四星级酒店，200多间客房，前厅人员编制20多人。在此之前，就职于某沿海省会城市国际品牌五星酒店，400多间客房，前厅在职人员也20多人。如今，依然作为前厅经理，就职于某大型度假酒店，编制依然20多人，而实际在职人员仅为编制人数的一半，在这样的人员现状下，仍不时要完成满房的接待任务。

  吃着泡面，听着抱怨，微笑耐心，热情传承。不时地与早班一起上班，与中班一起下班；次日，同样早起，参加晨会，精神抖擞，谈笑风生。这种工作态度是对员工正能量的展示与示范，更是对职业经理人梦想的坚持与探索。难怪有人说，男人的胸怀是被委屈撑大的。于是，我们在强大的压力下茁壮成长。

苍天不负有心人，天道酬勤！今天的所做，都是成就未来的铺垫！

（资料来源：改编自迈点论坛。佚名. 满房的周末，泡面的诱惑[EB/OL]. [2014-5-6]. http://bbs.meadin.com/forum.php?mod=viewthread&tid=805132&extra=page%3D1%26filter%3Dtypeid%26typeid%3D1）

在现代酒店机构设置中，前厅部通常是指由总台和与之关系较密切的其他一些岗位或工作班组组成的综合性部门，该部门因其主要机构大多位于大堂而得名，总台等岗位通常只是其中的一部分。

每一位客人在最初抵达酒店和最后离开酒店的过程中，都要接受由前厅提供的直接服务，在前厅产生直接的"第一印象"和"最后印象"。因此，前厅部的管理体系、工作程序、资料客史存档，前厅部员工的酒店意识、职业道德、服务质量、受教育程度、操作技能、应变技巧乃至他们的相貌、仪表、姿势、表情、言谈举止以及前厅的装修、装饰风格等，无不对酒店的形象和声誉产生直接和重要的影响。

在现代酒店管理中，前厅部不仅担负着推销酒店的产品与服务的责任，同时也担负着联系和协调各相关部门为客人服务的工作，它是一个起着计划、组织、指挥、协调职能的重要生产和管理部门。

因此，可以说前厅部是酒店的"神经中枢"，是酒店管理与宾客之间联系的桥梁，同时也是酒店总经理和市场营销等部门做出经营决策的主要参谋机构和助手。前厅部运行和管理水平的好坏直接反映了整个酒店的工作效率、服务质量和管理水平，进而直接影响整个酒店的经营效果。

1.1 前厅部的概念与组织机构

1.1.1 前厅部的概念

前厅部（**Front Office**），也称大堂部、前台部或房务部，它是设在酒店前厅，销售酒店产品及服务，组织接待工作，调度业务经营，为客人提供订房、登记、分房、行李、电话、留言、商务、问讯、委托代办、退房等各项服务，并为酒店各部门提供信息的综合性服务部门。前厅是客人出入酒店的最主要交汇、集结场所，一般设在酒店地面以上第一层，酒店星级越高，前厅区域越豪华。酒店大堂是客人进入酒店的第一个接触点，又是客人离开酒店的最后一个接触点。前厅部的工作贯穿于客人与酒店接触及交易来往的全过程，首先通过开展预订客房业务，与潜在的宾客接触；其次是接待抵店的客人，办理入住登记手续，使客人顺利入住；在客人住店期间，为客人提供各项前厅服务，如询问、商务、行李、电话、客账管理以及其他各类代办服务；最后送客人离店。同时，前厅部还需要为住店客人建立客史档案，为客人下次光临酒店做好准备的同时，也为酒店做出经营决策提供各种统计数据。

根据前厅部的工作特点和管理要求，前厅部一般由大堂经理、总服务台、商务中心、行李服务、电话总机五个功能区域或部位组成，大型酒店的前厅部还可能设有商务楼层、票务中心、酒店代表、机场代表以及负责接送客人的车队等岗位。

前厅部各个功能区域下设接待、询问、预订、行李服务、大堂迎宾、商务等工作班组，按照酒店建立总经理、部门经理、主管和员工的四级管理体制和垂直领导的原则，各管区或工作班组又分设主管、领班。前厅部通过对各个管区的有效组织、协调、指挥、控制，发挥其在酒店整个运行机制和管理体系中应有的作用。

在前厅部的各个功能区域中，由于总台工作的重要性和特殊性，一般分别设接待、询问、预订以及收银主管（随着酒店 PMS 管理系统的进步，也有的酒店将接待和收银合并为一个岗位），以加强对各工作岗位的管理，也可以根据人员情况，几个工作岗位设一个主管。

1.1.2 前厅部的组织机构

随着酒店业的发展，前厅工作越来越专业化，前厅组织机构的设置，应考虑到既要保证前厅工作的效率，又要方便客人。因此，组织机构的设置，应根据酒店规模的大小、业务量的多少而定。

前厅部通常设在酒店的大堂里，主要是考虑管理的便利和与客人接触、为客人解决问题的便利。大中型酒店往往单独设置前厅部，小型酒店往往不单独设立前厅部，将其业务归客房部或房务部负责；也有一些大中型酒店只设房务部或客务部，将前厅部归属其内。

1. 机构设置原则

前厅部是酒店中极其重要的一个部门，这一部门中各班组的分工与合作关系，直接影响和决定了整个指挥系统和沟通网络是否畅通，从而影响整个酒店的经营。因此，恰当的前厅组织机构，对于有效实现组织目标是至关重要的。

前厅部各岗位的工作要求比较高，对员工的素质要求也比其他部门要高。为了有效地组织这些员工，完成前厅的业务运转，在组织机构的设置上应当遵循以下一些主要原则：

（1）精简原则。前厅部组织机构的设置必须遵循精简原则。机构精简，不仅利于劳动力的节省，而且有利于工作效率的提高和人际关系的融洽；否则，人浮于事，影响业务运转。基于这一原则，一些酒店往往将总台的部分岗位合并，要求员工一专多能，担任多个角色，如将询问处和接待处合并，甚至将询问处、接待处和收银处合并为一个单独的工作岗位；只设一个主管或一个领班，要求员工既掌握接待技能，又掌握询问、收银的技能，从而提高工作效率。有些酒店甚至将整个总台作为一个工作岗位对待，安排合适的员工在相应岗位上，即以工作要求定员工，而不能因人设岗。

（2）统一指挥原则。酒店无论规模大小、管理层次多少，在设置前厅组织机构时，一定要求统一指挥，权力和责任明确，让所有员工明确自己的上级和下级，以及自己所负责的具体工作。因此，一般在酒店管理中，应避免出现主管或领班交叉管理的现象。这种统一指挥、责权分明的组织原则，更利于前厅部作为酒店的一个重要部门，发挥整体效能。

（3）灵活方便原则。为了保证酒店的运行，大部分酒店通常采取"四级管理""垂直领导"的管理体制，但有时也可以根据酒店的规模和档次变化而不同，一些岗位可以根据实际情况进行合并，只要有利于沟通、协调、更好的配合，就可以灵活处理。例如，一些酒店为了加强大堂副理对整个酒店的管理和督导作用，往往将大堂副理划归总经理办公室。由于总台收银处与接待处工作联系密切，需要协调配合的问题较多，为了方便管理，大部分酒店已将以前归属财务部的总台收银和外币兑换处划归前厅部管理。又如，在一些大型酒店，往往设有机票代理处、票务中心、邮局代办点等，这些机构由于业务与前厅部各岗位联系较多，位置往往设在大堂，因此为了便于管理和方便工作，一般均划归前厅部管理。

【同步案例1-1】

为什么领导当面不批评，事后却把员工犯错的视频发到员工群里？

背景与情境： 某天某酒店夜班前台值班员工，因为抵挡不住午夜的疲劳，凌晨时分躲在吧台里睡觉；不幸的是，恰巧被凌晨巡查的酒店值班高层看到，但奇怪的是值班高层当时并没有做出任何措施。但是，第二天早上，酒店总经理去监控室把当时的情况录下视频，发到了员工工作群里以示惩戒。

（资料来源：根据迈点论坛资料改编。佚名. 领导当面不说,事后把犯错误的视频发在群里……[EB/OL]. [2017-3-23]. http://bbs.meadin.com/thread-1196441-1-1.html）

问题： 那么，请同学们思考一下，为什么值班的酒店高层不当面叫醒同样值班的总台员工进行批评教育呢？

分析提示： 同学们可以依据统一指挥原则，判断总台员工的直接上级是谁。在一般情况下，高层对酒店部门的管理是通过谁进行的？而且，录视频发到员工工作群中，是不是比当面批评或者罚款更有效？

目前，很多酒店前台已经不单独设立接待、问询、收银岗位，前台的所有员工都要"三会"，即前台每个员工都能从事接待、问询及收银工作。虽然传统的固定岗位取消了，但服务功能还都存在。

酒店应该根据其自身的规模、特点、经营方式、营销手段等因素，设置出最适合酒店运行的组织机构，以便于前厅部全体员工分工合作，共同完成组织的目标。大型酒店前厅部组织机构示例，如图1-1所示。

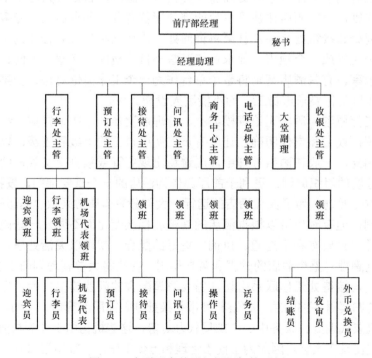

图1-1 大型酒店前厅部组织机构示例

中小型酒店前厅部组织机构示例，如图 1-2 所示。

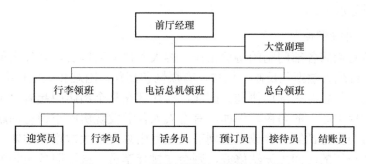

图 1-2 中小型酒店前厅部组织机构示例

【同步思考 1-1】

根据酒店管理原则，酒店管理一般采用统一指挥原则。统一指挥原则适合人力资源密集型管理。但是，随着信息技术的进步和时代的发展，也暴露出统一指挥原则下酒店设置的管理层过多，导致信息传递失真和效率低下的问题。那么，请同学们判断统一指挥原则还要不要保留？然后展开讨论。

理解要点：统一指挥原则需要保留，但管理层级过多的现状需要打破。同学们可以通过网络查找有关"扁平化管理"的资料，尝试自己找出答案。

【深度思考 1-1】

"互联网+"时代，密切关注客人需求、增加客人体验已成为酒店服务的重点与难点。酒店需要打破以往的管理模式，探索新的适合"互联网+"时代背景下的管理模式。

问题：同学们可以思考一下，如何把互联网思维的精髓——用户至上、体验为王、单点突破、颠覆创新应用在酒店前厅部管理上？

理解与讨论：可以通过网络查找海尔"人单合一"思想，然后展开讨论。

1.2 前厅部的地位和职能

1.2.1 前厅部的地位

前厅部在每家酒店中都有着举足轻重的地位，尤其是在酒店业竞争日益激烈的今天，客人对酒店的各种要求越来越多，前厅部相关的业务范围也越来越大。因此，前厅部在酒店经营和管理中所扮演的角色越来越重要，其地位也更加突出。

1. 前厅部是酒店内外联系的桥梁

前厅部的主要工作场所在大堂，而大堂是所有客人进出酒店的最主要集结场所。客人从准备进入酒店开始直至离开酒店的全过程，可以不与其他任何一个部门打交道，但绝对不可能不与前厅部打交道。从机场接机，到行李服务，再到入住登记，直至结账离店，以及客人住店期间可能为客人提供的商务服务、电话服务、问询服务等，都表明前厅部各岗位与客人的直接接触最频繁，而且对任何类型的客人而言都是必不可少的。因此，前厅部担负着酒店与宾客联络的重要工作，是酒店展示文明服务的窗口。前厅部工作效率的高低，从某种程度上反映了整个酒店的工作效率；前厅部服务质量的好坏，也从某种程度上反映了整个酒店的服务水平。

2. 酒店的"神经中枢"

前厅部担负着酒店各部门间的协调工作，客人入住酒店以后，有什么要求和期望往往会向前厅部的总台或大堂副理反映，同样，有烦恼和高兴、困难和失望也会向前厅部表达，然后由前厅部迅速与各有关部门协调。因此，前厅部在整个酒店中起着"神经中枢"的作用，扮演着"指挥中心"的角色。例如，有客人入住后发现房间空调有问题或智能电视机不会使用，通常会打电话给总台或大堂副理，然后由总台或大堂副理通知工程部去房间检查、维修，若在较短的时间内无法修好，则会安排行李员、楼层服务员等为客人换房。从中可以看出，前厅部起着总协调的作用，其地位不言而喻，牵一发而动全身。根据工作流程，前厅部将直接调度酒店各工作部门，并对其工作效率产生影响。同样，前厅部工作的严谨和出色程度也将直接对酒店各部门产生积极影响。

3. 特殊营销部的作用

酒店营销部的主要任务之一是开拓市场、组织大宗客源。但前厅部作为一个综合部门，在服务过程中也积极推销客房，推荐酒店各种服务项目，直接为酒店创造经济效益。同时，前厅部的工作性质和特点决定了前厅部需要与客人频繁地接触。因此，如果前厅部的工作出色，将为酒店赢得无数的回头客，开拓酒店潜在的客源市场，从而获得可观的利润。相反，如果前厅部工作失误或不当，将会使客人失去对酒店的信任，从而失去客源，失去市场。事实说明，一家酒店只有能够不断开拓客源市场，通过服务赢得客人的心，不断巩固客源市场，并因为回头客带来或创造出各种潜在的客源市场，最终才能从兴旺走向更加繁荣。从这一点我们可以看出前厅部在一家酒店营销中的重要地位。

4. 参谋机构的角色

前厅部各岗位均与客人有广泛接触和交流的机会，客人的喜怒哀乐也会通过前厅部这个渠道反映出来。因此，前厅部自然便成了客人信息中心。另外，客人登记入住、结账离店等手续均在前厅完成，前厅部自然也就成了各种客人资料集中的信息中心。通过对客人要求、建议和意见的有效分析，可以及时改进服务，控制质量，从而对管理产生积极作用；通过对客人入住登记资料、消费情况的统计和分析，可以对市场营销及时做出调整。因此，前厅部在酒店的经营和管理中起着非常重要的参谋作用，可以为酒店经营管理决策提供各种有效且可靠的依据。

通过以上对前厅部特点的分析，可以得出结论：如果将酒店比作一条"龙"的话，那么前厅部就是"龙头"。所以，加强以前厅部为中心的经营管理是十分必要的。

【同步案例 1-2】

预订中心由前厅部负责还是销售部负责？

背景与情境：我们酒店是一家连锁酒店，自我入职以来预订中心就一直由销售部管理。工作实践证明，这样的分工方式不尽合理。在工作运行中，前厅部、销售部在房控、预订上经常出现分歧，而且因为业绩的原因，前厅部和销售部订房中心受理的预订往往都是分开统计的。会员预订由前台部自行预订，OTA 和商务公司由销售部的预订中心预订，但是大家为了争取业绩最大化，往往会做虚假预订预留客房，这就会导致房态混乱，不知道哪些订单是真，哪些订单是假，排房也非常被动。多次和销售部沟通也没有效果，而且他们的预订中心非常不专业，控房一塌糊涂，订房从不考虑续住客人，经常订超，导致无法为在住客人续住，OTA 的订单也经常给得不及时。我想在年底大会上提出将预订中心划分给前厅部管理。

（资料来源：根据迈点论坛资料改编。佚名. 预订中心由前厅部负责还是销售部负责？[EB/OL]. [2016-12-18]. http://bbs.meadin.com/thread-1196467-1-1.html）

问题：预订中心应该由酒店前厅部负责还是酒店销售部负责？

分析提示：根据酒店前厅部岗位设置的原则，以及工作分工的连续性和专业归口管理原则来进行分析。

【深度剖析 1-1】

问题：根据上述案例进行深入探讨，为什么岗位（机构）归属不合理会影响酒店的服务质量？

解析提示：酒店的有序运行是一项系统工程，即在已经设立正确的组织战略方向的基础上建立闭合的组织架构，制定详尽的工作制度和工作程序来保证系统的运行。如果系统中任何一个关键节点配属不合理，局部一定会影响整体。同学们讨论并思考一下是不是这个道理？

1.2.2 前厅部的职能

1. 客房销售

客房是每一家酒店的主要产品，客房销售是每一家酒店的主要收入来源渠道。前厅部的一切工作是以客人为中心，以客人需求为目标，通过快捷、优质的服务赢得客人的满意，而所做的一切，其最终目的就是把酒店的产品——客房推销出去，并且能获得一个较好的价格。前厅部销售客房主要通过预订销售、接待销售和优质服务赢得客人信任而进行客房再销售，即以吸引回头客等方式来进行客房销售。前厅部员工通过应用一定的业务技能和语言技巧，使客人接受酒店客房这一产品，从而通过买卖合同关系将产品转换成利润。同时，前厅部也通过与客人的接触和了解参与酒店的市场调查和市场预测，参与房价及营销计划的制订，以便完成销售客房的目标。因此，销售客房是酒店的主要经营内容，也是前厅部的主要职能之一。

2. 组织实施对客服务

前厅部是酒店的"中枢神经"系统中心，客人的抵离情况、兴趣爱好、房价账目、特殊要求以及各类信息资料，都在前厅部的掌握之中，前厅部向其他各部门通报这些信息，使各部门有计划地安排好工作，相互配合为客人提供服务。前厅部负责检查监督各部门为客人服务的落实情况，将受理客人投诉和抱怨所掌握的情况及处理意见及时反馈给有关部门，以保证酒店的服务质量。

3. 为客人提供各类服务

前厅部除了协调、组织各部门对客人服务外，还担负着直接为客人服务的工作，如在大门口迎送客人、提供行李服务、接受客人问讯或投诉、处理邮件及留言、保存贵重物品、提供收发传真、打印稿件、提供秘书服务、接收和发送电子邮件以及电话总机服务等。前厅服务是酒店整体对客服务体系中不可缺少的部分，尤其是在目前，随着社会的发展、客人需求的不断增加，前厅部直接提供服务的范围越来越广，项目越来越多。

4. 处理各种信息和资料

前厅部每天接触大量的信息，如有关客源市场、产品销售、营业收入、客人需求、意见和建议以及客人反馈的信息等，将这些信息和数据进行统计、整理、分析并加工处理成为各种报表、报告，向酒店的上级管理部门或各有关部门通报，以便酒店及时发现问题，在经营上做出调整，在服务上进行改进，在管理上进行创新。前厅部还为每一位住店客人，尤其是常客建立客史档案，而且随着计算机技术的发展，大容量存储设备的普及使用，记录详细的客史档案变得越来越简单，客史档案甚至无所不包，并通过大数据和云计算进行科学的分析，从而不断地改进接待服务工作，提高管理水平。因此，酒店管理中的一项重要内容就是重视前厅部的辅助决策功能，将前厅部掌握的各种信息加以有效利用，只有这样，酒店的经营管理才会更加贴近客人、切合实际，从而保证酒店获得良好的经济效益。

从以上职能可见，前厅部不仅是酒店的营业中心，而且是酒店的信息中心、服务中心、指挥中心，在酒店的经营管理中起着销售、沟通、控制、协调和辅助决策等作用。它的职能的发挥是以客人的住店活动为基础的，它的职能反映和决定了前厅部经营管理基础工作的内容，同时也说明了提高前厅部的经营管理水平，是提高酒店整体管理水平、获得最佳社会效益和经济效益的前提和关键。

1.3 前厅部人员的素质与职责

前厅部是酒店极其重要的一个部门，前厅部的工作性质和工作复杂性决定了前厅部人员必须具有良好的素质和明确的岗位职责。所谓素质就是一个人在社会生活中思想与行为的具体表现。**素质**一般定义为：一个人文化水平的高低，身体的健康程度，以及家族遗传于自己的惯性思维能力和对事物的洞察能力、管理能力和智商、情商层次高低以及与职业技能所达级别的综合体现。岗位职责是指按照一个岗位的要求去完成的工作内容以及应当承担的责任范围。岗位，是组织为完成某项任务而确立的，由工种、职务、职称和等级内容组成。职责，是职务与责任的统一，由授权范围和相应的责任两部分组成。

前厅部有效运行的前提是必须具有高素质员工，并且通过责权清晰的岗位职责进行规范。提高前厅部员工素质、确立严格的岗位职责是确保前厅业务高效运转的前提，也是保证酒店整体有效运行的关键。

【职业道德与企业伦理 1-1】

面对客人的怒火

背景与情境：本人在做大堂副理的时候，有一天夜里 12 点到 1 点之间，接到总机的电话，原因是住客房号为 0501 的客人反映，在房间里丢了 2 万元钱。当时总机的工作人员很慌张，叙述得也不清楚，于是我就致电客人询问情况。客人说他们晚上 7 点半左右出去的，刚回来发现房间门大开着，客人很肯定走的时候房间门是锁着的，并且声称丢了 2 万元钱，让酒店解决这件事情。因为金额较大，我建议客人报警。客人听了我的建议后就骂酒店推脱责任，什么都不行，房间没打扫，要求更换床单、被罩。

挂了电话，我就致电监控室，让他们查询一下那间房门口的监控。简单查询后发现，客人回来的时候房门的确是打开的。确认了可能是酒店的失误后，我和安全部领班一同前去客人房间向客人致歉。到达客人房间门口时刚好房门没关，男客人（简称 X）站在门口就骂，说回来的时候房间门是大开的，放在屋里的钱丢了；房间里有一位女客人（简称 Y）也在屋里边走边骂。我一边听客人骂，一边向客人道歉，但依旧建议客人报警。X 再次要求立刻换床单、被罩，说屋里没打扫，并且要求更换所有的棉织品，X 和 Y 又在一遍遍地骂着……

大概骂了两三分钟后，X 就催问换棉织品的服务员怎么还不来，酒店对于丢钱的事情怎么解决，然后继续说酒店差劲，房间门大开，换个床单、被罩半天不来人。这期间 X 要求我进他房间内解决问题，我觉得很奇怪（后来证实确实是夜床服务员做完床忘记关门了）。

反正就是种种迹象让我觉得这个人好奇怪：一边让酒店解决丢钱的事情，一边让服务员赶紧换床单、被罩。换作是你丢钱了，你还有心情换床单、被罩吗？我这边表示因为客人丢失金额巨大，已经达到盗窃涉案金额，建议客人报警，在警察到达前，酒店员工不会再进房间，以便警察调查时可以提取指纹。X 和 Y 就又开始混合骂，意思是：丢钱的事情酒店一定要解决，但我现在要睡觉，你们必须给我换床单、被罩，因为我觉得脏！我就说："您休息要紧，现在就给您准备一间干净的房间，您的房间在警察到达之前封房，不再打开，不再售卖。"这时 Y 就在里面骂骂咧咧地说还让不让睡觉。我就建议他们商量一下，看看怎么办，并再确认一下他们丢失的金额。

于是 X 和 Y 关上门在屋里商量，我在外面听到 Y 埋怨 X 惹事什么的，具体听不清楚。大概三四分钟后门开了，X 说他们又检查了一下，好像没有丢钱，要换床单、被罩。此时，保安领班，楼层的领班，一个抱着床单、被罩的服务员和我都在外面站着（这么多人是人证）。我建议他们确认清楚，如果没丢钱就立刻换。X 装模作样地问了问屋里的 Y，然后说没丢。然后就是换换床单、被罩，没事了。

这件事情告诉我：如果是酒店的错，我会道歉，会解决，但不代表你说什么就是什么，你让我怎样就怎样。我是做服务业的，是做服务员的，但我也有我的人格！越是犯错被客人骂的时候越要理智、谨慎，可能做错一点就会成为把柄。与此同时，也希望工作在一线的各岗同仁在面对客人时谨慎、小心，有些人就是抓住酒店想迅速息事宁人的心理进行讹诈。

（资料来源：迈点论坛改编。佚名. 如何面对发火的客人. [EB/OL]. [2015-3-29]. http://bbs.meadin.com/thread-1149371-1-2.html）

问题：酒店员工在履行正常工作程序后，依然受到客人辱骂，员工该怎么办？

分析提示：首先，酒店要确保自己的产品和服务是合乎标准和规范的。其次，向客人表示遗憾，并及时解决问题。最后，酒店工作人员要确保自己遵从酒店从业人员的道德伦理规范。虽然在生活中人人平等，但在职业场所要讲求职业道德和礼仪，酒店从业人员要做到有理、有据、有节，把面子留给客人。

1.3.1 前厅部经理的素质与职责

前厅部经理作为前厅部的最高负责人，直接负责整个酒店的门面工作，在某种程度上代表前台员工甚至是整个酒店的形象，其主要工作是通过对前厅部经营管理的计划、组织、指挥、控制，创造高效的前厅工作氛围，给客人留下深刻的印象，为酒店创造社会效益和经济效益。

1. 前厅部经理的素质要求

（1）知识要求。具有大专以上或同等文化程度，并具备以下知识要求：①掌握酒店经营管理、营销等一般理论知识，熟悉旅游经济、公共关系、经济合同等知识；②熟悉和掌握前厅部各岗位业务知识和标准化程序，熟悉计算机操作；③了解旅游法规、治安管理和消防条例，了解外事纪律及国家外汇管理法规；④掌握酒店财务管理知识，能够进行经营统计分析；⑤熟练掌握一门外语，能阅读、书写、会话；⑥了解宗教常识和国内外各民族的习惯和接待礼仪要求；⑦了解旅客心理学和管理心理学以及一般美学知识。

（2）能力要求。①有指挥、控制、组织和实施本部门工作的管理组织能力；②有较强的语言表达能力和文字表达能力；③有与其他部门协调工作、与外界建立业务联系、善于在不同场合与不同阶层人士打交道的公关能力；④有激励和调动员工积极性、正确评估他人、妥善处理客人投诉等事务的能力。

（3）其他要求。①遇事冷静、感情成熟，有较强的自我控制能力；②遵纪守法、严于律己，以身作则、廉洁奉公；③思维敏捷、决策果断、性格外向、五官端正、仪表整洁、气质高雅；④具有前厅部服务和管理的经验，曾担任过前厅部主管或经理助理等职务。

2. 前厅部经理的职责

1）对酒店总经理负责，贯彻执行总经理下达的经营管理指令，向总经理报告工作。

2）负责制订前厅部各项业务计划，并组织、协调、指挥、控制各管区和各岗位的工作计划的实施。

3）主持本部门工作例会，听取汇报，督查工作进展，解决工作中遇到的各项实际问题。

4）负责本部门的安全和日常的质量管理工作，检查和督促各岗位严格按照工作规程和质量要求进行工作。

5）负责本部门员工的岗位业务培训，提高员工业务素质。

6）建立良好的公共关系，广泛听取和搜集客人及各部门的意见，不断改进工作。

7）沟通本部门与酒店其他部门的联系、协调工作。

8）审阅检查每天的报表，掌握客人预订情况和重要接待任务情况，协同营销部门推销客房，积极抓好经济效益和创收工作。

9）与财务部密切配合，处理各种账务问题。

10）监督营业日报，进行营业统计分析。

11）考核各岗位主管的工作，行使对下属的奖惩权，不断提高管理效能。

12）做好本部门员工的思想工作，关心员工生活，创建良好的工作氛围，加强集体凝聚力。

【延伸阅读 1-1】

如何做一个成功的酒店前厅经理

1. 顾客满意至上

在酒店里，顾客满意至上。确保客人对前厅提供的服务满意和高兴的唯一方法是珍视你的客户。因此，必须专业而有礼貌地对待每一位客人，拿出时间倾听客人的抱怨并帮助顾客解决问题。如果你对客人有承诺，那么你最好见见你的客人。训练员工尽可能快地为客人登记入住，为客人结账也要迅速。一旦你能够更加专注于客户的需求，并且正确对待无论正面还是负面的客户反馈，你就能够预见他们的需求，并且及时给予满足。

2. 专注于细节

在酒店业，小事情有大影响。如果你想成为顾客眼中最棒的前厅经理，一定要注意细节。前台一定要时刻保持干净整齐，接待员的穿着也要一尘不染。此外，要确保前厅的每一个员工都时刻在他们的位置上，并且对客人笑脸相迎。即使是前台的插花也可能影响客人对酒店的印象。所以一定要保证花的新鲜，并且摆放在合适的位置。

3. 组织有序

作为一个前厅经理，你负责的部门很多，可能还要关注包括公共区域服务、安保和门童的工作。你需要同时兼顾这么多工作，如果没有条理，你就不能分清轻重缓急。如果你能将工作处理得井井有条，你就能够有效地专注于你所负责的各项工作，这将有助于你确认哪些地方需要改进。

4. 与员工和客人打成一片

一个好的前厅经理，会抽出时间与他的员工和客人进行沟通。与员工交谈时，你会发现他们所面临的一些问题，比如如何为客人提供更好的服务，然后你可以给出你的建议来帮助他们解决问题。你还要尽可能与你的客人打成一片，使他们能够轻松地与你谈心，向你咨询问题。当你与员工和客人直接接触时，你将能够正确评估情况，并处理员工和客人可能存在的问题和疑虑。

5. 以结果为导向

要成为一个优秀的前厅经理，你应该把你的眼睛和耳朵都打开。这将帮助你找出需要改进的地方，并采取必要的行动。当你专注于工作和最终的结果时，你就可以更好地使用你的资源，来制订正确的计划和策略。

6. 具备团队精神

即使你是前厅经理，你也只是这个团队中的一员，要能够与你的下属和其他部门主管进行合作，而不是我行我素。这样做可以帮助你建立一个各司其职的团队，让每个人的才能都得到充分发挥。你的团队出色地完成工作，也反映了你的管理水平和能力。

7. 积极主动

不要等领导来告诉你如何改善你的部门。你是前厅经理，你应该有先见之明，并有能力改进和获得所需的结果。请记住，酒店的成功取决于你和你的员工帮客人解决问题的能力。如果你能让客人对你的工作发自肺腑地表示满意，你就已经是一个优秀的前厅经理了。

8. 持续改进

当事情进展顺利，你就会受到赞扬；但是如果事情搞砸了，你就要站出来，并担负起责任。你应该冷静地坐下来，分析形势，提出一个解决方案，以便它不会再次发生。如果出了问题，不要去责怪你的员工或其他人，要吸取教训来提升你自己，改善你的部门。

你是前厅经理，你有责任让你的客人满意。客人满意你的服务，他们就会再度光顾，并且向朋友和家人介绍你的酒店。因此，你的目标就是给客人留下好印象，并且在离开酒店时对你的服务感到满意。如果你实现了这个目标，你就会成为一个优秀的前厅经理。

（资料来源：改编自搜狐教育。佚名. 如何做一个成功的酒店前台经理[EB/OL]. [2014-5-6]. http://www.sohu.com/a/144159921_799233）

1.3.2 前厅部主管的素质与职责

在大中型酒店，基层管理工作由主管和下属的领班负责，前厅部主管直接工作在第一线，在现场检查和督导中起着主要作用。

1. 前厅部主管的素质要求

1）具有大专以上或相当于同等文化程度，受过酒店管理专业培训。

2）掌握前厅管理的一般理论知识，熟悉本部门各项工作程序，并能熟练操作，了解相关部门或岗位的基本工作内容和程序。

3）熟悉外事纪律和接待礼仪，了解旅游法规、治安管理和消防管理条例。

4）有组织指挥员工按服务要求和工作规程完成各项工作的组织能力。

5）有较强的语言表达能力和文字表达能力。

6）能协调与外单位及酒店各部门的关系，能处理协调好员工之间的关系。

7）能了解客人心理，有效处理投诉，应付特殊要求。

8）能制订本部门的培训计划，并亲自对员工进行示范培训。

9）仪表整洁、五官端正、礼貌待人、思维敏捷、性格外向，理解接受能力和灵活应变能力较强。

10）熟悉一门外语的阅读、书写、会话。

2. 前厅部主管的岗位职责

1）主持部门各有关岗位各班次的全面工作，做到上情下达，下情上传，督导员工严格按工作程序的要求进行操作。

2）创造和谐工作气氛，减少工作中的摩擦，协调与各岗位及各部门的关系，共同做好对客服务工作。

3）掌握每天的重要接待任务并组织落实和检查。

4）制订培训计划并组织实施，公正评估下属员工的工作，向上级进行奖惩建议。

5）检查员工的礼节礼貌、仪容仪表、微笑服务及工作效率。

6）负责各类资料的收集和存档工作，及时统计各种管理数据并上报。

7）解决工作中的差错和事故，处理各类投诉及整改。

8）负责各类财产、设备的使用管理和保养工作，做好三级账，严格控制各类消耗品的使用。

9）合理安排员工班次，做好考勤，了解掌握员工的思想状况。

1.3.3 前厅部员工的素质与职责

前厅部是酒店的重要门面，其员工的素质高低对客人如何评价酒店具有直接影响。培养一批高素质前厅部人员是一家酒店成功的重要因素之一。

1. 前厅部员工的素质要求

1）前厅部员工应当有良好的气质，身体健康，五官端正，面带微笑，主动热情，性格外向，反应敏捷，记忆准确，表情自然，具有较强的审美能力。

2）前厅部员工一般应当有较高学历，尤其是总台等重要岗位，不仅要有一定的学历和文化修养，而且应当有较宽的知识面和丰富的专业知识，具备与各种类型客人交谈应付的能力，还要了解一般的经济、旅游、风俗习惯等知识。

3）前厅部员工应当有较强的语言表达能力，口齿伶俐、语调优美、语速适中、语言技巧熟练，而且必须掌握至少一门外语的基本会话。

4）前厅部的工作效率高低，服务速度快慢，工作差错多少，直接关系到酒店的服务质量、管理水平以及酒店形象。因此，前厅部员工必须要求业务熟练、工作细心，对待每一项工作都要做到快速、准确、优质，缺一不可，故要求员工必须掌握业务操作规程和标准。

5）前厅部员工的仪容、仪表，不仅体现员工的个人素质，更反映出酒店的服务水准。由于直接面对客人和接触客人的机会较多，应随时做到行为规范、举止大方，说话嗓门适中，平时不喝酒，不吃大蒜、韭菜等有刺激性气味的食物；上岗必须穿酒店规定的制服以及鞋袜；发型美观大方，经常梳理，并按酒店规定统一发型；面容清洁，化淡妆，不可化浓妆；不能佩戴过多夸张的饰物，不能喷浓烈香水；手部保持清洁，指甲勤修剪，不能涂有色指甲油；服装必须平整，纽扣齐全，干净整洁，工牌戴在左胸处；在客人面前始终保持较好的精神面貌和个人形象。

6）应当具有较强的灵活应变能力和吃苦耐劳能力，应当具有较强的同情心和爱心。由于大中型酒店客源广、数量多，客人性格各异，对酒店服务质量要求不一，不同地方、不同阶层、不同素质和修养的人到来，随时可能发生各种特殊情况，如果员工不能灵活应用工作规程来处理，则会引起客人的不满和投诉。因为客人要求多，而且前厅的各岗位工作基本上是一日三班，一年四季每天不间断地进行，因此要求前厅部员工对客人要有耐心和爱心，能吃苦耐劳，才能保证不厌其烦地为客人服务，而且做好每一天的每一件事。

7）应当有良好的职业道德。前厅工作特殊，接触客人机会多，掌握的客人秘密也较多，因此员工不仅要为客人保守秘密，而且也要为酒店严守商业秘密，同时不能利用工作之便牟取私利，损害酒店利益。

8）前厅部员工应当有良好的团队精神。前厅部的"信息中心"作用和"神经中枢"作用，决定了前厅部有较多的机会与其他岗位及部门打交道，在工作中既需要配合其他部门，也需要其他部门的配合才能共同把工作做好，得到客人的肯定。因此，要求前厅部员工具有良好的团队合作精神和意识。

2. 前厅部员工的职责

1）执行领班或主管的工作指令。
2）按照工作程序及工作规程要求进行操作。
3）解决客人临时提出的各类要求、意外事故及特殊问题。
4）做好交接班记录工作。

【同步思考 1-2】

问题：为什么前厅部接待员在酒店服务岗位中地位较高，工资待遇水平也高于同级别其他服务岗位水平？

理解要点：一个良好的接待服务，会让宾客有宾至如归的感受，不仅对增加酒店业务大有好处，而且对提高服务质量、扩大酒店影响，都会起到重大作用。前厅接待工作是与客人接触最多的工作，经常面对面为客人提供服务。前厅接待工作比较忙碌，但忙碌中不能出现差错，即使空闲时间也要保持良好的站姿、坐姿，随时观察前厅情况，注意客人动态。在接待工作中，往往要应对很多的突发问题。

1.3.4 前厅部工作班次

酒店是一个一天 24 小时一年 365 天连续运转的单位，其主要表现是前厅的全天营业。《旅游饭店星级的划分与评定》对不同星级、不同档次酒店的前厅部各有关岗位服务时间要求都做了详细规定。根据服务规程的要求，合理安排好员工的工作班次是保证前厅部正常运行、高效工作、节约劳动力成本的关键。对于员工班次的安排，应当结合酒店出租率高低、业务的闲忙、员工人数的多少等实际情况灵活掌握、及时调整。一般早班在 7:00～15:30，中班在 15:00～23:00，夜班在 22:30～7:00，主要是考虑早班人员在比较清醒、精神状态较好的情况下负责对上午离店客人的接待。如果让夜班人员在极其疲劳的状态下承担这些工作，不仅服务质量难以保证，而且易出现差错。在班次安排上一般应考虑 8 小时工作制，同时安排 30 分钟工作餐时间和 30 分钟的上下两个班的交接班时间；在安排夜班上班时间及中班、下班时间时，主要应当考虑员工的安全和方便。

以上分析了酒店前厅部的基本概念、组成机构、主要职能以及人员素质要求，概括了前厅部运行与服务的总体情况。各项业务的具体运转与管理，将在以后章节里进一步分析与介绍。

【教学互动 1-1】

观点：酒店管理者经常抱怨招不来、留不住优秀的员工，而员工常常引用马云的一句话进行反驳：员工的离开要么是钱给少了，要么是心受委屈了。

问题：你怎么看待酒店员工流动较快的现象？

要求：

（1）教师不直接提供上述问题的答案，而是引导学生结合相关教学内容进行独立思考，自由发表意见，组织课堂讨论。

（2）教师把握好讨论节奏，适时对学生提出的各种典型见解进行点评。

【深度剖析 1-2】

背景：据《2015 年中国旅游业统计公报》显示：截至年末，全国共有高等旅游院校及开设旅游系（专业）的普通高等院校 1518 所，比 2014 年年末增加 396 所，在校生 57.1 万人，增加 13.6 万人；中等职业学校 789 所，比 2014 年年末减少 144 所，在校学生 22.6 万人，减少 9.2 万人。两项合计，旅游院校总数 2307 所，在校学生为 79.7 万人。

问题：这些旅游院校的毕业生可以说是旅游酒店行业发展的后备军和潜在的高素质人力资源，可现实状况显示每年这些院校毕业生对口就业率比较低。同学们可以思考一下，是什么导致了这种现象？长此以往，会影响酒店业发展的后劲，同学们分析一下自己对口就业的因素，并归纳总结。

解析与讨论：同学们可以从院校教育、职业发展、酒店薪资待遇、酒店业发展前景、酒店业未来就业趋势等方面展开思考和讨论。

本章概要

★主要概念
前厅，前厅部，素质，岗位职责。

★内容提要
- 本章主要概述性地介绍了前厅部的相关内容，包括：前厅部的概念，前厅部的地位和作用，前厅部的组织机构及设置的原则，不同档次酒店的前厅部组织机构，前厅部的职能，前厅部不同岗位管理人员和员工的素质要求。
- 前厅，又称大厅、大堂，是客人出入酒店的最主要交汇、集结场所。前厅部（Front Office），也称大堂部、前台部或客务部，它是设在酒店前厅，销售酒店产品及服务，组织接待工作，调度业务经营，为客人提供订房、登记、分房、行李、电话、留言、商务、问讯、委托代办、退房等各项服务，并为酒店各部门提供信息的综合性服务部门。
- 前厅部组织机构的设置，应考虑到既要保证前厅工作的效率，又要方便客人，还要根据酒店规模的大小、业务量的多少而定。为了有效地组织员工完成前厅部的业务运转，在组织机构的设置上应当遵循精简、统一、灵活方便等原则。
- 前厅部在每一个酒店中都有着举足轻重的地位，尤其是在目前酒店业竞争日益激烈、客人对酒店的要求越来越多、前厅部有关的业务范围越来越大的情况下，前厅部在酒店经营和管理中所扮演的角色越来越重要，其地位也更加突出。前厅部是酒店内外联系的"桥梁"，是酒店的"神经中枢"，起着特殊营销部的作用，并充当着参谋机构的角色。
- 素质是一个人在社会生活中思想与行为的具体表现。素质一般定义为：一个人文化水平的高低，身体的健康程度，以及家族遗传于自己的惯性思维能力和对事物的洞察能力、管理能力，以及智商、情商层次高低和职业技能所达级别的综合体现。岗位职责是指按照一个岗位的要求去完成的工作内容以及应当承担的责任范围。岗位，是组织为完成某项任务而确立的，由工种、职务、职称和等级内容组成。职责，是职务与责任的统一，由授权范围和相应的责任两部分组成。
- 前厅部主要具有客房销售、组织实施对客服务、为客人提供各类服务及处理各种信息和资料等职能。

单元训练

★观点讨论

观点1-1：未来智慧酒店条件下，前厅部人员编制会越来越少，总服务台工作可以完全由具有人工智能的机器代替。

常见质疑：机器再先进也不可能代替服务人员面对面的优质服务。

释疑：信息技术飞速进步条件下，过去想不到办不到的事情现在都已经实现。原来，酒店前台接待、收银、问询等工作，由不同的员工各负其责。但近年来，酒店前台接待、收银、问询等工作岗位已经合并为一个岗位，这充分开发了员工的潜能，提高了工作效率，同时避免了单一工作所带来的枯燥感。随着酒店信息化程度的不断提高、人工智能等技术的深入应用、酒店人力资源成本的不断上升，智能机器代替人工必然成为酒店前厅发展的趋势之一。

★案例分析

【相关案例】

客房打不开门

背景与情境：某国际酒店集团管理的H酒店内，下午3点，客房服务员小张在6楼6011房间口徘徊，这时前厅部经理走过来，小张走上前去说："经理，6011房一直挂着'请勿打扰'的牌子，打电话客人也不接，怎么办？"前厅部经理看看手表说："跟你们客房部经理说，我还有事。"说完就走了。

小张正要去找客房部其他管理人员反映情况，这时，酒店总经理马克先生巡视楼层正好路过，见小张站在客房门口，就问她在做什么。小张把刚才向前厅部经理反映的情况又向总经理说了一遍。总经理一听，马上警觉起来，敲了几下房门，又打电话到客房，都没有人接。他从小张手里要过客房钥匙，开了锁，但打不开房门，原来里面的门链锁着。总经理来不及让工程部的人来处理，自己往后退几步，再往前冲，用身体冲断了门链，进到房间里。只见客房地毯上躺着一位50岁左右的客人，口吐白沫，总经理没有搬动客人，而是马上通知酒店医生到场，并拨打120急救。

救护车把该客人送往离酒店最近的医院并进行抢救后，抢救医生说，这个客人是突发脑溢血，如果再晚来20分钟，客人就救不活了。

（资料来源：作者根据工作中的事例撰写。）

问题：
（1）此案例涉及本章的哪些知识点？
（2）此案例中前厅部经理做得对吗？应该如何处理？
（3）此案例中总经理的处理体现了什么样的素质？

建议阅读

[1] 仇学琴，罗明义，等. 酒店管理原理[M]. 天津：南开大学出版社，2013：138-165.
[2] 詹姆斯 A 巴尔迪. 酒店前厅管理[M]. 北京：中国人民大学出版社，2014：32-54.
[3] 袁照烈. 酒店前厅部精细化管理与标准化服务[M]. 北京：人民邮电出版社，2016：7-11.

第 2 章 前厅和客房的布局与装饰

学习目标

理论知识：学习和掌握前厅和客房装饰的相关概念，大堂布局，前厅部环境氛围的类型，客房的类型与功能等陈述性知识，用其指导"深度思考""教学互动"和相关题型的"单元训练"。

实务知识：学习和掌握大堂装饰艺术原则、客房装饰设计原则、客房主要装饰风格要求等程序性知识。

认知弹性：用本章理论与实务知识研究相关案例，对本章"引例""同步案例"和"相关案例"等情境进行分析。

【引例】

确定酒店设计方案之前

从事酒店工作多年的老李被调往一家正在筹建的酒店任负责人。

投资方深知老李是酒店行家，对其十分信任，说道："老李，放开干吧！地块已确定，设计方案也出来了，争取早日破土动工，早日开业，早日收回投资，我们对你很有信心。"

"什么？设计方案已经定下来了，是以什么为依据确定的？"

"我们请建筑设计院设计的，按四星级标准，绝对专业！"投资方似乎很满意地说。

老李知道对方没有明白自己的意思，就把话说得更明确："正规设计院的设计能力是没有问题，我关心的是在设计之前有没有做过市场调查，有没有进行市场定位和功能定位。请问，在酒店设施功能方案设计过程中有没有考虑过这些定位？"

"定位？与设计有什么关系？"

老李答道："关系很大。酒店是完全依靠客源市场生存的，成功的酒店设计要先确立市场定位，再据此进行设计，前期工作做得越充分，营运就越顺利。"

接着，老李讲了下面的例子：

半岛贝弗利山酒店是美国好莱坞地区的一家小型酒店，开业两年来客房率一直高居 70% 以上，比同地区的酒店高出 10 个百分点。在一些酒店客房率下降的时候，这家酒店却出现了入住登记排队的现象。这些客人中 70% 来自纽约，他们不惜乘 6 个小时的飞机再加上半小时高速公路的汽车行程赶来这里下榻，欧洲和日本等地区的客人也纷至沓来。论地理位置，该酒店不是位于中心地段；论规模，占地 15 亩[⊖]，主楼才 4 层高。到底是什么吸引了如此众多的客人呢？关键是设计动工前进行了充分的市场调查，确立了酒店未来的目标市场——散客和豪华团队。其整体设计构思是以高档客源的需求为依据，酒店的设施配备和功能也是以此为依据的。例如，酒店建筑物的外观是法国文艺复兴时代的建筑造型，

⊖ 1 亩 ≈ 666.67 平方米。

与现代化的高楼大厦迥然不同,犹如私人住宅,深得一大批豪华客人的青睐。又如大堂设计考虑到下榻酒店的客人多是豪华散客,没有大流量的客源,故着眼于两个思路:一是不搞大面积;二是尽量提高大堂的交流功能。此外,酒店的客房、餐厅、会议厅等都是依据豪华客的需求而设计的。

老李最后说:"搞好酒店是我们共同的愿望,能不能给我3个月的时间,组织有关人员对目前的酒店市场进行调查研究,再请专家提供咨询,确定酒店的市场定位,最后再根据定位对设计方案进行修改,或重新设计,你看如何?"

出于对老李的信任,也出于希望半岛贝弗利山酒店排队登记入住的现象出现在自己的酒店里,投资商同意了老李的要求。

(资料来源:蒋一枫,张楠.酒店营销180例[M].上海:东方出版中心,1999:55-56.)

酒店是凭借建筑空间来提供服务产品的行业,酒店空间氛围的舒适感、温暖感、亲切感是产品的有机组成要素。酒店前厅是客人办理入住、离店等手续和小憩、会客的公共场所,是客人产生第一印象的重要空间,前厅装饰效果好,会给客人良好的心理感受。客房是旅客休息、养精蓄锐的地方,客房的布局及其装饰对旅客的心理感觉起着一定的作用。好的布局与装饰能给旅客一种温馨、舒适,甚至是家的感觉。

【同步案例2-1】

长隆酒店的"野性"文化动物生态主题风格

长隆酒店,地处全国首批广州唯一5A国家级旅游度假区长隆集团的中心地段,左揽广州长隆欢乐世界、长隆水上乐园,右倚世界级的香江野生动物世界,拥有1500多间生态主题客房及套间,9个高级餐饮消费场所,30000平方米国际会展中心,6000平方米宴会厅及39间多功能会议室,是大型主题公园酒店,被评为中国最佳主题酒店之一。

长隆酒店充分利用同属一体的香江野生动物世界,以非洲热带风光为背景,以动物生态为主题,采用原始风情与现代时尚结合为特征的"萨法丽"(safari)装饰风格,将非洲原野粗犷的自然气息与现代生活时尚的高雅舒适完美融合在一起。

在长隆酒店,处处是热带丛林植物景观和造型各异的动物雕塑。步入酒店大堂,巨大的狮子雕塑群高耸入顶,生猛野性的非洲狮们在以无数盘根错节的"树根"缠绕而成的巨大拱形高台上或嬉戏跳跃,或俯视来宾,客人宛若置身于非洲"落日帝国"狮子王的世界。宽大的总服务台就设于由狮子群雕构成的高大拱形门之下,可谓大胆夸张,别出心裁。不管是客房,还是大堂、餐厅、商务中心等区域;不管是墙壁、地面等部位,还是地毯、沙发、座椅等物品,都饰有动物图案,处处透露出野生动物的主题,豪华中投射出原始自然的气息。酒店另外一个典型的特色就是充分借助动物标本。在酒店大堂、宴会厅、走廊、楼道等适宜场所,都放置有各种动物的标本,如非洲象、长颈鹿、斑马、鳄鱼等,为酒店平添了其他酒店无法企及的猎奇感。而酒店最大胆的设计当属将酒店本身也建设成一个活生生的动物园。长隆酒店的中庭花园是一个动物岛,地势由下到上高低悬殊,最低处是四周由高高的岩石围成的谷地,有树、有池、有石,数只生猛的白虎在此处戏耍。白虎园与大堂吧之间以特制玻璃相隔,客人喝着咖啡就可以观赏窗外悠闲的白虎。沿着中庭花园的石阶而上,是一个位于绿树丛中的池塘,芳草萋萋,一群群火烈鸟在此悠闲信步。而酒店的西餐厅外,是一个密闭的庭园,里面生活着一对狮子,客人可以一边用餐,一边欣赏玻璃墙外的猛狮与园中绿树、碧草、瀑布、溪流、山石营建出的原始自然风情。

长隆用整个第三层做成全酒店唯一一套总统套房,面积达到4000平方米,堪称全城最大的总统套房。长隆酒店的白虎餐厅面积不小,但它也只占了白虎玻璃房的两个角,而在总统套房的生活区里,这个巨大的玻璃屋只是"总统"的"自家天井",总统套房是整个长隆酒店唯一"看得见白虎的房间"。整个三层由一扇厚重的木门,分隔成总统套房的私家宴会厅和生活区,风格沿用了长隆酒店的动物主题和南非风情:厚重的虎纹地毯、深木色的基调、南非风情的特色木雕、珍贵的鹅鹕、黑白天鹅标本,庄重、华贵而又有些丛林野性的独特氛围,形成了整个总统套房的主要基调。最豪华的房间当然是起居室。起居室分总统房、夫人房,除了豪华的客厅、宽阔的露台,总统房和夫人房还各自配备独立的卧室、浴室,总统房还设有书房,夫人房则配有小会客室。特别值得一提的是,两间浴室的浴缸都正对着长隆欢乐世界最刺激的游乐项目U形滑板,如果"总统"心情好,可以打开窗帘,观赏游客们如何在几十米高的滑板上冲下来惊声尖叫的表情。作为广州最大的总统套房,空间宽敞不在话下,但入住长隆酒店总统套房的多是富商巨贾,要求也实在刁钻。听闻有澳大利亚富商,长年包下两届交易会期间的总统套房,每年两次准时带着夫人前来入住。但没想到第一次入住,夫人就抱怨:房间衣柜太小了,长隆酒店还专门为这位贵客改造了夫人房的衣橱。

(资料来源:仇学琴. 酒店前厅客房服务与管理[M]. 天津:南开大学出版社,2011:25-26. http://www.ycwb.com/ycwb/2007-03/10/content_1409944.htm)

问题: 长隆酒店的定位是什么?酒店是如何通过装饰设计来吸引客人的?

分析提示: 长隆酒店是大型主题公园酒店,位居中国最佳主题酒店之一,酒店体现的是亲近大自然的动物文化,其文化定位是"野性"文化动物生态主题,市场定位是针对热爱大自然的高端客源市场。设计者把"野性"文化动物生态主题很好地贯穿到了酒店前厅、客房的设计装饰中。

2.1 前厅布局与装饰艺术

2.1.1 大堂装饰风格及原则

前厅大堂是客人入住酒店首先及必须到达的地方,肩负着迎送客人、办理入住登记、问询、结账、投诉、会客、行李寄存、交通等功能。酒店大堂要重视空间布局、流线组织、装饰装修材质、工艺等环节的专业化水平,以形成舒适、温暖的空间氛围。

1. 大堂的布局

(1)入口。入口包括雨棚和大门。雨棚是为方便客人进出酒店或上下车以遮挡风雨而设置的,有长方形、正方形、半圆形、月牙形等造型。雨棚下常设有圆形或方形支撑柱,并多用高档大理石或花岗岩镶嵌而成。

雨棚下的通道要分别适合于车辆、正常人步行和残疾人轮椅进出的需要。车辆通道至少有两辆小轿车的宽度。如果雨棚正前厅设步行台阶,台阶不要太高。同时,应考虑到残疾人轮椅进入的需要,在门厅前走道左右两侧不宜设台阶,上下路面用斜坡连接。

酒店大门作为内外空间交界处,要求醒目,便于客人和行李员进出;同时要求防风,减少空调空气外逸,地面耐磨易清洁,雨天防滑。酒店门的种类分手推门、旋转门、自动门等。

(2)门厅。门厅由入口大门区、总服务台、休息区和楼梯、电梯几部分组成。门厅具有各种服务功能,它服务的人数和复杂性远远超过其他公共区域,所以大堂的空间应该是敞开的。为了提高空间的使用效率和质量,可对不同功能的活动区域进行划分,一般包括以下几个部分:

1)服务区。服务区包括总服务台、行李间、大堂副理桌及总台前的等候区。这一区域需靠近入口,位置明显,灯光明亮,以便客人迅速办理各种手续。

总服务台的柜台基本上是长条式、C形,也有分设式、半圆形。总台柜台的大小长短应与酒店的规模、等级相一致。如国际喜来登集团的总服务台指标是每200间客房,柜台长8米,台内面积23平方米;每400间客房,柜台长10米,台内面积31平方米;每600间客房,柜台长15米,台内面积45平方米。其高度约120~130厘米,柜台朝里一面有工作台,其台面高度约为80厘米。

总台工作区域的灯光照明应有足够的亮度而又不产生妨碍视觉的阴影,并且以微暗的壁面作陪衬,不至于过分反光。总台的台面也不应使用反光材料,以免令人眩目。一般选用经久耐用、易于清洗和高雅脱俗的材料,如大理石、磨光花岗岩和硬木等。

大堂副理的值班桌应设在门厅的一角或某一较为安静的部位,从此处可环视整个门厅的活动。

2)休息区。休息区宜偏离主要人流路线,自成一体以减少干扰。休息区宜采用隔而不断、又围又透的限定手法,既保持大堂的整体形象,又有安定感、亲切感。其中,休息座的成组布置是最常用的手法,用地毯、沙发、茶几、台灯等的组合能在大堂中创造一个安静、亲切的小空间。

门厅中提供饮料服务的咖啡座或酒吧,既是一个收益区,又具有休息区的功能。

【职业道德与企业伦理2-1】

消失的前厅免费休息座

背景与情境:某酒店的大堂一直以空间宽敞大方、装饰富有特色著称,尤其是那些摆放成一个个相对独立空间的免费休息座很受客人的欢迎。这些围成岛状的沙发是红色布料的,每个空间都配有独立的台灯,既给人温暖的感觉,又体现了每个岛状休息座的相对私密性,所以很受客人的欢迎。很多客人都喜欢来这里会客、休息。

但是,当该酒店换了一位总经理后,该总经理下令把这些岛状休息座撤了,只在门边留了两个沙发做免费休息座。理由是,这些岛状免费休息座既占用了大堂的空间,又造成客人因有免费休息座而不愿意去大堂吧消费的问题。

之后,原来岛状免费休息座的地方被建成酒店及招租酒店客户做广告的展台,同时,客人由于缺少了免费休息座不得不去大堂吧休息或会客,使酒店大堂吧的营业额提升不少。

(资料来源:作者根据酒店调研编写。)

问题:你赞同该酒店总经理的决策吗?如何理解"宾客至上"和提高酒店业绩的关系?

分析提示："宾客至上"的服务理念与酒店业绩的提高在绝大多数情况下是互相融合的，但在上面的情景中却是相互冲突的。满足了宾客的隐性需求，酒店就要失去产生利润的空间，如何决策考验着酒店经理人员的伦理价值判断。

3）交通区。大堂中的交通区一般在楼梯、电梯厅前，在设计、装修时要有意识地组织导向。一般可根据门厅布局组织导向，对称的门厅常按中轴线加强导向；自由布局的门厅则常用连续渐变、转折突变及引申渗透等方法引导方向。如醒目的地面图案，明暗有别的灯光照明，有方向性的吊顶、台阶、栏杆和标志牌等都明示或暗示着运动方向，将人们从大堂引导至另一空间。

【知识链接 2-1】

《旅游饭店星级的划分与评定》（GB/14308—2010）对前厅的设施及装饰要求

一星级酒店

1）建筑物结构完好，功能布局基本合理，方便客人在酒店内活动。

2）应有适应所在地气候的采暖、制冷设备，各区域通风良好。

3）各种指示用和服务用文字应至少用规范的中文及第二种文字同时表示，导向系统的设置和公共信息图形符号应符合 GB/T15566.8 和 GB/T10001.1、GB/T10001.2、GB/T10001.4、GB/T10001.9 的规定。

4）设总服务台，并提供客房价目表及城市所在地的旅游交通图等相关资料。

5）公共区域应有男女分设的公共卫生间，有公用电话。

二星级酒店

1）建筑物结构良好，功能布局基本合理，方便客人在酒店内活动。

2）应有适应所在地气候的采暖、制冷设备，各区域通风良好。

3）各种指示用和服务用文字应至少用规范的中文及第二种文字同时表示，导向系统的设置和公共信息图形符号应符合 GB/T15566.8 和 GB/T10001.1、GB/T10001.2、GB/T10001.4、GB/T10001.9 的规定。

4）应有与酒店规模相适应的总服务台，位置合理，提供客房价目表及城市所在地的旅游交通图、旅游介绍等相关资料。

5）公共区域应有男女分设的公共卫生间，有公用电话。

6）公共区域应有适当装修，墙面整洁、光线充足。

7）门厅及主要公共区域应有残疾人出入坡道。

8）应提供贵重物品保管及小件行李寄存服务。

三星级酒店

1）应有较高标准的建筑物结构，功能布局较为合理，方便客人在酒店内活动。

2）应有空调设施，各区域通风良好，温、湿度适宜。

3）各种指示用和服务用文字应至少用规范的中英文同时表示。导向标志清晰、实用、美观，导向系统的设置和公共信息图形符号应符合 GB/T15566.8 和 GB/T10001.1、GB/T10001.2、GB/T10001.4、GB/T10001.9 的规定。

4）应有计算机管理系统。

5）应有与接待规模相适应的前厅和总服务台，装修美观。提供酒店服务项目资料、客房价目等信息，提供所在地旅游交通、所在地旅游资源信息、主要交通工具时刻表等资料，提供相关的报刊。

6）公共区域应设客人休息场所。

7）应有男女分设、间隔式公共卫生间。有公用电话，有应急供电设施和应急照明设施。

8）门厅及主要公共区域应有残疾人出入坡道，配备轮椅。

9）应设门卫应接及行李服务人员，有专用行李车，应客人要求提供行李服务。

10）应提供贵重物品保管及小件行李寄存服务，并专设寄存处。

四星级酒店

1）建筑物外观和建筑结构有特色。酒店空间布局合理，方便客人在酒店内活动。

2）内外装修应采用高档材料，符合环保要求，工艺精致，整体氛围协调。

3）各种指示用和服务用文字应至少用规范的中英文同时表示。导向标志清晰、实用、美观，导向系统的设置和公共信息图形符号应符合 GB/T15566.8 和 GB/T10001.1、GB/T10001.2、GB/T10001.4、GB/T10001.9 的规定。

4）应有中央空调（别墅式度假酒店除外），各区域通风良好。

5）应有运行有效的计算机管理系统。主要营业区域均有终端，有效提供服务。

6）前厅区位功能划分合理。

7）前厅整体装修精致，有整体风格、色调协调、光线充足。

8）设总服务台，位置合理。

9）应专设行李寄存处，配有酒店与客人同时开启的贵重物品保险箱，保险箱位置安全、隐蔽，能够保护客人的隐私。

10）在非经营区应设客人休息场所。

11）门厅及主要公共区域应有符合标准的残疾人出入坡道，配备轮椅，有残疾人专用卫生间或厕位，为残障人士提供必要的服务。

12）应有专职行李员，配有专用行李车，18小时提供行李服务，提供小件行李寄存服务。

13）应有回车线，并有足够泊位的停车场。提供相应的服务。

14）3层以上（含3层）建筑物应有数量充足的高质量客用电梯，轿厢装修高雅。配有服务电梯。

15）主要公共区域应有男女分设的间隔式公共卫生间，环境良好。

16）应有商品部，出售旅行日常用品、旅游纪念品等。

17）应有商务中心，可提供传真、复印、国际长途电话、打字等服务，有可供客人使用的计算机，并可提供代发信件、手机充电等服务。

18）应有公用电话。

19）主要公共区域有闭路电视监控系统。

20）公共区域走廊及电梯厅地面应满铺地毯或其他高档材料，墙面整洁、有装修装饰、温度适宜、通风良好、光线适宜。

五星级酒店

1）建筑物外观和建筑结构应具有鲜明的豪华酒店的品质，酒店空间布局合理，方便客人在酒店内活动。

2）内外装修应采用高档材料，符合环保要求，工艺精致，整体氛围协调，风格突出。

3）各种指示用和服务用文字应至少用规范的中英文同时表示。导向标志清晰、实用、美观，导向系统的设置和公共信息图形符号应符合 GB/T15566.8 和 GB/T10001.1、GB/T10001.2、GB/T10001.4、GB/T10001.9 的规定。

4）应有中央空调（别墅式度假酒店除外），各区域空气质量良好。

5）应有运行有效的计算机管理系统，前后台联网，有酒店独立的官方网站或者互联网主页，并能够提供网络预订服务。

6）应有公共音响转播系统。背景音乐曲目、音量与所在区域和时间段相适应，音质良好。

7）前厅功能划分合理，空间效果良好。

8）设总服务台，位置合理。

9）装饰设计有整体风格，色调协调，光线充足，整体视觉效果和谐。

10）应专设行李寄存处，配有酒店与客人同时开启的贵重物品保险箱，保险箱位置安全、隐蔽，能够保护客人的隐私。

11）在非经营区应设客人休息场所。

12）门厅及主要公共区域应有符合标准的残疾人出入坡道，配备轮椅，有残疾人专用卫生间或厕位，为残障人士提供必要的服务。

13）应有效果良好的回车线，并有与规模相适应泊位的停车场，有残疾人停车位，停车场环境效果良好，能提供必要的服务。

14）3层以上（含3层）建筑物应有数量充足的高质量客用电梯，轿厢装饰高雅，速度合理，通风良好；另备有数量、位置合理的服务电梯。

15）各公共区域均应有男女分设的间隔式公共卫生间，环境优良，通风良好。

16）应有商品部，出售旅行日常用品、旅游纪念品等。

17）应有商务中心，可提供传真、复印、国际长途电话、打字等服务，有可供客人使用的计算机，并可提供代发信件、手机充电等服务。

18）应有公用电话。

19）主要公共区域有闭路电视监控系统。

20）走廊及电梯厅地面应满铺地毯或其他高档材料，墙面整洁、有装修装饰，温度适宜、通风良好、光线适宜。

【深度思考2-1】

问题：酒店前厅被称为"酒店的脸面"，不同类型、不同星级的酒店如何在前厅装饰中体现自己的企业文化和特色，给客人留下难忘的印象？

理解与讨论：酒店前厅装饰设计首先要根据酒店的档次、服务的客人类型对酒店进行定位，然后进行文化理念设计，最后把文化理念物化到具体的装饰陈设中。

2. 大堂装饰艺术原则

（1）实用性原则。酒店入口及门厅（大堂）的设计、装饰首先要服从对客服务的需要，其各个功能区要完整、明确，照明、绿化要便于员工工作和客人进出，大堂中的家具、陈设应满足对客服务的要求。

（2）美观性原则。入口及门厅（大堂）的设计、装饰要注意整体的美观与和谐，其功能的设置、材料的选用及陈设的摆放都应体现美的规律。例如，在大堂设自动电梯会使大堂变小，破坏大堂气氛。

总服务台功能多，标牌多，要特别注意条理化和协调感。过去比较普遍用彩色有机玻璃做标牌，现在较多采用透明有机玻璃刻字，通过底部灯光照射，折光产生字体，既清晰又富有立体感。

（3）文化性原则。大堂是展示酒店特色的重要窗口，从大堂的装饰布置就可以看出整个酒店的装饰风格，加之其不可替代的服务功能，被称为酒店的灵魂。大堂的装饰风格必须与众不同，富有特色，这种特色就是文化。

酒店设计可分为功能设计、文化设计和装修装饰设计。功能设计解决布局规划和流程研究的使用经营问题；文化设计则要为酒店的形象、风格选择定位，确定酒店独特的魅力和品位；最后才是装修装饰设计问题。显而易见，装修装饰是为酒店功能和酒店形象服务的。

酒店设计装饰的文化性就是要有明确的历史、地域、风情、人文、宗教、情景上的综合深入取向。根据国内外酒店大堂设计装饰的文化特色，可分为中式、西式、乡村式和现代式几种类型和风格。

2.1.2 前厅部环境氛围的营造

前厅部环境氛围的营造离不开酒店的总体文化定位，酒店前厅部环境氛围的营造可以从以下几个方面来考虑：

1. 空间结构

酒店前厅部的空间结构设计对大堂的环境氛围有着重要影响。酒店前厅空间是多功能、综合性、有强烈个性的特殊空间，它既要具有高度的舒适性，又要具有较高的美学欣赏功能。因此，酒店前厅的空间结构美，就是要寻求物质与精神的有机结合，达到既能满足旅游者生理功能的要求，又能给人以艺术美的享受。千百年来，各种不同的空间形象，已经逐渐形成自己的造型语言。大空间表示豪华、气派；小空间表示紧凑、温暖。高空间表示庄重、阔气、威严和神秘；低空间表示压抑、亲切和平易。直线表示尊严、庄重和纪律；曲线表示活泼、变幻和亲切。分隔的空间表示秩序、理智、保密、安全和清静；复合的空间表示趣味、变化、合作和开明。上升的空间表示热情、活泼、等级、追求和力量。实空间表示坚固、力量、隔离和停止；虚空间表示欢迎、连续和通过。酒店前厅由于人流频繁，旅客入住和离店结账都在这里进行，空间宜宽敞、高大。

2. 材质美

酒店前厅的环境氛围与其装修、陈设品的材质品格具有紧密的联系，这些装饰材料的艺术表现力不同，给人的审美感受也是不尽相同的。材料表面的精、粗、光、涩，常常影响到色泽深浅变化和寒暖感；质地的松软与挺括、柔韧与坚硬，也容易引起人视觉和触觉上的联想。借助于不同材料所具有的独特的纹理质感，赋形的粗细、疏密和自然风韵，可以调整室内空间感和体量感，根据室内环境的功能要求，充分表现材料本身所具有的美，使室内空间既实用又美观，并富有情调。

酒店前厅是酒店的重点装饰部分，可以采用一些高级材料，起到画龙点睛的作用，达到花团锦簇、精致富丽的艺术效果。许多酒店喜欢用花岗岩和大理石做大堂地面装饰材料，给人一种华美之感。

3. 整体和谐美

整体和谐美是美学范畴中的一个重要方面，没有整体和谐感的酒店室内环境是缺少美感的。因此，为了取得整体和谐的美学效果，必须事先进行整体艺术构思，针对酒店各个部分的物质使用功能和精神审美功能需要，进行气氛、格调及特色方面的全面统一的考虑。

基于以上要素，酒店前厅部环境氛围可分为以下几大类：

（1）中式艺术风格。中式艺术风格以传统的民族形式为基调，以尚古、辉煌、豪华为其特色，通过中国式吊灯、大尺度的盆栽、中式家具、地毯、屏风、壁画及墙上装饰图案等手法，增强民族气息，使住店客人能领略到历史悠久、光辉灿烂的中国文化。现代酒店大堂的中式艺术风格并非完全照搬中国古代建筑的手法、形式、材料，而是在引进、学习国外现代酒店室内装饰手法的基础上，积极挖掘中国古代建筑的优秀传统，创造出既具有时代性，又具有中国传统特色和民族、地区特点的大堂装饰。所以大堂空间一般突破传统模式，采用国际流行的大尺度空间造型手法，空间形态新颖、丰富，界面处理简洁，并注重寻找与中国文化的结合点。

北京昆仑酒店是20世纪80年代初期由中国人自行设计、建造的五星级酒店，在大堂装饰设计时，充分利用和发掘中国古代神话赋予昆仑山的传奇色彩，凸显昆仑酒店独特的审美价值和深厚的历史文化底蕴。其斜坡顶门厅的坡顶为平板装筒灯，多边形休息座边点缀着瓷瓶座灯，整个大空间中最亮处为由投射灯照亮的有"世界最大"之誉的艺术壁毯《莽昆仑》，它以大俯视的角度描绘了昆仑山脉浩大苍茫的雄姿，势不可夺地将入门伊始的客人笼罩在一种大气沉雄的氛围中，而且酒店就是取名"昆仑"，无形中独享了这份文化遗产。

（2）西式艺术风格。20世纪初，欧洲大酒店室内常采用如同皇宫、府邸般的华丽装饰，以显示典雅高贵。这种装饰主要是将文艺复兴和巴洛克风格渗透到室内，形成大酒店式的西方古典装饰主义流派，也被称为欧陆古典风格。这种风格注重古典柱式、线脚及铺地图案等工艺，其完美丰富的形象往往令人赞叹不已。

现代许多酒店设计构思跨越时空，将豪华的西方古典装饰风格糅合到设施先进的现代酒店大堂中，以古典与现代的文化交融、碰撞，创造优雅而别致的室内环境。

香港港岛香格里拉酒店二层高的大堂悬挂着三盏巨形水晶玻璃吊顶，地面中央精致的八角形图案，圆弧形大理石楼梯配着螺旋木扶手。自大堂到接待处的休息厅有深色螺旋大理石柱，鎏金科林斯式柱头，法国路易十五式家具雕花金饰，而地毯的抽象圆形图案及淡紫、黄、红的色彩却带来现代感。

（3）乡土艺术风格。有些酒店为满足客人寻找失落的乡情、人情的心理需求，装饰设计中引进与众不同的传统文化或乡土文化，以其古朴、传统的魅力吸引旅客。

福建武夷山庄休息厅以毛竹筒制灯具，墙面采用地方特产"崇安横纹竹筒席"为饰面，片石砌筑的壁炉，富于山居情趣。兰州金城宾馆大堂水池里布置两架黄河水车模型，趣味横生，令人想起乡村生活。

（4）现代式艺术风格。现代式室内装饰设计摒弃烦琐的装饰和手工艺制品，追求理性、技术的美。

以色列耶路撒冷希尔顿酒店大堂中央立着一个圆球体雕塑，抽象的几何体有一种向心引力，半圆形沙发环绕着它，墙上的三角形装饰、平顶的八角形图案，体现出现实主义抽象造型艺术的特征。

（5）后现代式艺术风格。后现代式不像现代式那样简洁，也不像乡土式那样清新，更不像古典式那样典雅。它通过艺术的抽象变异，产生与以往风格不同的视觉形象，或者以超常和反常创造耳目一新的形象。

日本东京六本王子旅馆大堂装饰设计运用多种几何主题和变视点手法创造新奇的视觉形象。室外的竹林有几枝引入室内并打穿楼板让它生长；休息区沙发脚是正圆锥形和倒圆锥形，色彩为红、绿、黄三种颜色。大堂至二楼的楼梯平台上布置着一尊半身人体雕像，楼梯扶手为镜面玻璃，平台上方还做水平与竖向的装饰性台阶，通过镜面反射、多重雕像和各种角度的台阶构成真假共存、变幻莫测的画面。

【延伸阅读 2-1】

酒店装饰与优雅服务

如果说对优雅商旅生活的向往意味着人在酒店空间内和谐的律动，那么对它的信仰就反映出人们对这种优雅生活序列的追寻，而最能表现这种秩序的莫过于酒店建筑本身。酒店建筑不仅为优雅的商旅生活提供了舞台——一个物质上与精神上的双重庇护场所，而且它自身也成了优雅的代表性符号。它从内而外映射出商旅居停的个性、情感和品位，或者说是个体的存在感。而这一切，却有从传统酒店到现代酒店为之付出的优雅和服务，并贴上了"用心、惊喜、感动、愉悦、优雅"的中国式服务理念标签。

"优雅是一种和谐，非常类似于美丽，只不过美丽是上天的恩赐，而优雅是艺术的产物。"德阿里奥如是说。因为有了艺术氛围，酒店才会有沉静、内敛的意味，值得客人去回味。现代酒店里所陈设的环境艺术品，不仅是酒店经营管理者品味的表现，还可以启发思考、陶冶心灵。在逃离外界的喧嚣之后，那些酒店里的绘画、背景音乐与酒廊里的乐舞也在引导客人找到回应优雅商旅生活的重要基石。而优雅已浸润其中，正在享受着双重的熏陶：来自酒店客人和员工的……

优雅的商旅生活画卷在现代酒店的建筑空间内缓缓地舒展开来：精致的地毯诉说着安详而雍容的岁月，客房内积蓄的商旅生活的能量与似家非家的私密的情感，行政酒廊图书馆正蕴藏着思想与内敛的气韵，皇家套房里的客厅意味着舒展的自由与拥抱的温度，餐厅厨房整齐的餐具提供了沉着淡定的优雅大家庭的用餐氛围和秩序，酒店大堂等公共空间的装饰瓷器或者墙壁上的艺术画，带来片刻凝神思考的移动画面，酒店窗外的风景展示出与日常家庭生活略有不同的细密纹理，如镜的滴水池或酒店上空的流云，喻示着光的静止与流动……显而易见，已经接受优雅服务熏陶的白金管家们，已天然地依附于现代酒店的优雅建筑的氛围下……

加德纳在《人类的居停：房屋的起源与演变》一书中写道："建筑作为一种情感形式，它的结构与人的心理恰好形成呼应。"这就不难理解人类对建筑所附加的生命意义的信仰，它或许正是基于这样一种对应关系：酒店建筑印证出我们自身的存在感，而优雅的现代酒店正向我们生动展示出理想的商旅生活方式是如何优雅起舞的。优雅的现代酒店与酒店人的优雅构成了一个和谐的空间因果序列。

事实上，现代酒店的优雅天赋，可以在每间客房里显示出优雅建筑所能带来的独一无二的感悟。我们将能够匹配自己的态度，并支持自我存在的酒店建筑空间称之为家外之家，它和我们的内在之声合拍。家是优雅生活的内核和摇篮，家外之家的酒店，尤其是现代酒店理应是优雅商旅生活的代表作和情有独钟的驿站。我们一遍又一遍地铭记着"我们是为女士先生提供优雅服务的女士先生"的入职格言。我们一遍又一遍地践行着"规则一：客人永远是对的；规则二：如果客人错了，请参照规则一"的从业训条。这一切帮助我们回想起真正的自我——服务客人是认识自我的开始；酒店则是超越自我的开始。正如一位名人所言："一幢令你心灵得到扩展的建筑物、一个似乎不可能存在的家。这里融汇了记忆、预感、推测、确认等无数感觉，这些感觉不断地燃烧，使你感觉着它的存在。"

活跃于现代酒店的从业者们，也正在用他们优雅的服务理念及其管家服务实践，理性地书写上述的如是说。无论是作为客人还是为客人提供服务的酒店人，当你正在酒店室外的绿荫小道行走或在室内与一幅美术作品凝神对视时，你仍会透过作品将其意境着陆在自己的内心，抛开一切烦琐尘事，关注沉淀在最深处的情感与思考。那些凝结着艺术家对于美和美丽——优雅的另一种解读，将引领我们超越物质生活，到达优雅生活的高度。

现代酒店的优雅生活与艺术品位有着必然的联系。艺术品位表现出优雅生活的审美境界，音乐、雕刻、绘画等艺术形式，又带来源源不断的激情与活力。现代酒店自我凝重的历史和文化底蕴——与百年历练的英式管家一脉相承的服务传统，早已成就了一种时光中的酒店建筑艺术，而它的优雅态度，就是将这种艺术感染力带给每位商旅居停的主人，以及走进去的酒店职业人。

为了让艺术品位与优雅生活真正地融合，自外而内实现酒店人的优雅，酒店以服务文化和中国式服务文化传统的双重演绎，开始了她在商旅空间下的主题漫步——中国酒店服务的新机遇：优雅服务与品质提升！它们共同见证了当下中国酒店业的优雅品位。信步在现代酒店的时光空间，客人在酒店人的伴随下，在光影中感知艺术，在自然与人文的结合中，领略中国式服务的和谐意境。这正是现代酒店人艺术和生活融合的场景写照。

（资料来源：张楠原创。作者简介：张楠：中国酒店论坛组织创始人、主席，锦派国际酒店商学院总裁，锦派酒店顾问机构首席旅业企划顾问，金陵酒店管理集团高级顾问）

2.2 客房布局与装饰艺术

2.2.1 客房类型与功能

酒店客房类型众多，但并非一个酒店中都要具备所有类型，一般一个酒店常以1~2种客房为主，另配1~2种客房类型以扩大接待对象。当然，也有些高档、豪华的酒店以客房类型众多、规格齐全为特色。一般常见的客房类型有以下几种：

1. 单人房

单人房（Single Room）是酒店中最小的客房，一般放置一张单人床，国外酒店通常在单人房中配置沙发两用床或隐藏床，以增加白天起居活动的面积。这种客房的隐私性强，颇受独自旅行者的青睐。特别在发达国家的酒店中所占比例逐渐提高，其中商务酒店的单床间比例更高。

2. 大床间

大床间（Double Room）一般配备一张双人床，主要适合夫妇旅行者居住，也有单身旅行者选择此类房间居住。有的酒店为显示其豪华程度，在单人房间设置双人床，很受商务旅行者的欢迎。

3. 双床间

双床间（Twin Bed Room）又称"标准间"（Twin Room / Standard Room），配备两张单人床。可供两人入住，多用于安排旅游团体或会议客人。如果配备单、双两便床（Hollywood Bed），出租时更灵活。在大床间供不应求时，可将两床合为大床，作为大床间出租。

国外有的酒店有两个双人床的标准设计，以显示其较高的规格。这种两个双人床的客房称为"Double-Double Room"，可供两个单身旅行者居住，也可供一对夫妇或一个家庭居住。

4. 普通套间

普通套间（Junior Suite）一般由两间客房组成，一间为卧室，另一间为起居室。卧室中配备一张大床，与卫生间相连；有的起居室设有盥洗室，内有坐便器与洗脸盆。这种套间可用固定的分室隔墙隔断，也可用活动隔墙隔离。

普通套间的另外两种形式是双层楼套间（Duplex Room）和连接套房（Connecting Rooms）。双层楼套间是起居室在下，卧室在上，两者用楼梯连接。连接套房是指两个独立的双床间，当中间的双扇门相通时，一间布置成卧室，另一间布置成起居室，可作为套间出租。需要时，关上中间的门，仍可作为两间独立的双床间出租。这种连接套房中间的双扇门均需安装门锁，关上时应具有良好的隔音性能。

5. 豪华套间

豪华套间（Deluxe Suite）一般是三间以上组成的套间，除卧室、起居室外，还有一间餐厅或会议室。卧室中配备大号双人床或特大号双人床。

6. 总统套间

总统套间（Presidential Suite）一般由五间以上的房间组成，有男主人房、女主人房、书房、餐室、起居室、随从室等，两个主卧室均配置国王级或皇后级尺度的单人床。装饰布置极为讲究，因此造价昂贵，但出租率很低，三星级以下酒店不必设置。

7. 残疾人房

残疾人房（Handicapped Guest Room）的门（客房门、卫生间门）应达到0.9米宽，以便轮椅进出和搀扶人同行方便。其门锁锁把应采用摇臂执手，而不宜选用球型执手。卫生间应有较大空间，方便轮椅回旋。在墙壁、浴缸、洗脸盆、坐便器边应设牢固的扶手，扶手应具备水平段与垂直段的功能，可方便随处扶靠。房内及卫生间内均应设呼唤按钮，特别是卫生间按钮的位置，高低均应精心考虑，以方便使用。客房内应具备轮椅回旋的空间，通常设单人床，床尺寸为 1.37 米×1.88 米，比正常单人床宽、短。窗帘、空调、电视等均应为遥控。写字台下面的空间应使坐轮椅的人感到舒适。衣橱内的衣架杆应设计成可以自由升降到合适的位置。壁橱采用推拉门。房内所有设施尺寸高度，如洗脸盆、窥镜、晾衣绳、门钩、疏散图等均应降低到乘坐轮椅的人使用方便的高度。房内应为患有耳疾的残疾人和盲人提供视警安全装置。

以上各种类型的客房，都具有睡眠、盥洗、起居、书写、饮食、储存等几方面的功能：

1. 睡眠空间

睡眠空间是客房最基本的空间，其中最主要的家具是床。每间客房的床的数量不仅直接影响其他功能空间的大小和构成，还直接体现着客房的等级标准，在面积相近的客房中，床的数量越多，客房的等级标准越低。床的质量要求是床垫与弹性底座有合适的弹性、牢度好，可以方便移动并且有优美的造型。在床头设有床头软板，以增加舒适感。客房床的尺寸见表 2-1。

表 2-1　客房床尺寸表　　　　　　　　　　　　　（单位：毫米）

名称	尺寸	名称	尺寸
单人床	900×1950～2030	双人床	1350×1950～2030
	950×1950～2030		1400×1950～2030
	1100×1950～2030	皇后级床	1600×1950～2030
大单人床	1200×1950～2030		1800×1950～2030
小双人床	1350×1950～2030	国王级床	2000×1950～2030

床的高度以床垫面离地 450～500 毫米为宜，在小面积客房设计中为了在视觉上创造较宽敞的气氛，也有将床垫面离地高度降至 400～450 毫米。

在床边设有床头柜。传统的床头柜只是作为客人摆放书籍及小物品的家具。现代酒店的床头柜的功能可以满足客人在就寝期间的各种基本需要，它包含的各种基本功能有：电视机开关、广播选频、音量调节、床头灯开关、房间灯开关、脚灯开关、电子钟、定时呼叫、电话机等。

香港九龙日航酒店的客房床头柜除上述功能外，还有可调节 8 个国家的时间的电子钟、深夜时照度自动减半、窗帘的控制开关、可关外门铃及受侵犯时的紧急按钮等先进设施。

2. 起居空间

标准间的起居空间在窗前区。这里放置软座椅、茶几（或小圆桌），供客人休息、会客、观看电视等。此处还兼有供客人饮食的功能，客人可在此饮茶、吃水果及简便食品等。这一区域的照明一般是落地灯。套间的起居空间基本与睡眠空间是隔断或独立的，高级套间还配有专门的餐厅。

一般的酒店为减少干扰，保证安全，不设阳台，但阳台作为起居空间的延伸，能为客房提供优美开阔的视野，位于风景地的酒店较适于采用。位于墨西哥风景地内的卡米诺里尔酒店（Camino Real），背山面海，坐落在沙滩边，每间客房都有一个大阳台，并布置着扶手椅、小圆桌，人们在阳台上可以欣赏蔚蓝色的海湾、柔白的沙滩、近处的绿化以及远处的帆光岛影，令人心旷神怡。

3. 书写空间

标准间的书写空间在床的对面。沿墙设计一长条形的多功能柜桌，靠窗前一端，上面放置电视机，下面方柜内往往是放置各种饮料的小冰箱；靠房门一端是固定式行李架，下面是储存柜或鞋箱；中间是写字台，带有抽屉，可放置文具。有的写字台也兼作化妆台，墙面上设有镜子，同时配置一把凳子或椅子。有的酒店将书写空间与梳妆分开，写字台单独设在床对面或窗前，梳妆台则设在床头柜边或卫生间边、壁柜边。香港文华酒店客房的梳妆台与床头柜相结合且两侧配有镜面，使空间与睡眠空间既有联系又有分隔，形成家庭卧室的气氛。泰国芭提雅日夜大酒店的客房内梳妆台镶嵌在进门后右边的墙上，既节约客房空间面积，又自成一体。

4. 储存空间

储存空间用以储存旅客的衣物、鞋帽、箱包，也可收藏备用的卧具如枕头、毛毯等。其形式一般是壁柜或箱子间，常位于客房小走道一侧，卫生间的对面。有的酒店将客房壁柜设在床的一侧，占有与卫生间长度相同的整片墙面，很气派。壁柜门的开启需注意是否影响客房走道的使用，因此推拉门、折叠门已成常见的形式，有的壁柜内部装有随柜门开闭而自动开闭的灯，既增加壁柜内亮度又节能。

客房中的微型酒吧（Minibar）也通常与壁柜组合在一起，其上半部常陈列着各种酒类、茶杯、托盘、冰桶等，下半部放一小型冰箱。

有的高星级酒店或以商务客人为主的酒店还在客房内设微型保险箱，方便客人自编密码存放现金和贵重物品，给客房储物空间增加了新的内容。

5. 盥洗空间

客房的卫生间是客人的盥洗空间。主要的卫生设备有浴缸、坐便器、洗脸盆。浴缸应带有淋浴喷头及浴帘，底部必须具有防滑功能，上方墙上有浴巾架。

2.2.2 客房装饰设计原则

1. 安全性

客房是客人暂居的主要场所和客人财物的存放处，所以客房的安全是至关重要的。客房的安全主要表现在防火、治安、保持客房私密性等方面。

（1）防火。客房内有大量的易燃材料，如木器家具、棉织品、地毯、窗帘等易燃材料及大量的装饰材料，一旦发生火灾，这些易燃材料会加速火势的蔓延。酒店最好选用阻燃地毯、床罩、窗帘等。还应设置可靠的火灾早期报警系统，如烟感、温感及自动喷洒报警系统，一般装置在客房顶棚中央。客房门背后要求张贴《疏散路线指南》，以备旅客紧急疏散用。

（2）治安。我国酒店客房的治安重点是客房门锁，坚固、安全的门锁以及严格的钥匙控制是酒店安全的一个重要保障。

（3）私密。客房一旦被旅客租用，就是属于客人的私人空间，应该安静、不被干扰。

档次越高的酒店，装修材料的隔声性能就越高。低层和多层酒店客房层可采用走廊两侧错开客房门的方法，以避免客房门直接相对而引起干扰。

【深度剖析 2-1】

近年来，酒店客房卫生间装饰设计兴起一股风潮，用透明或半透明玻璃作为卫生间的隔墙，有的酒店特意打掉原来的实心卫生间隔墙，改成透明或半透明的玻璃幕墙。这种设计给两人居住的标间或单人间的客人带来一定的困扰。一方面用卫生间的客人觉得私密性不够；另一方面，在外面的客人觉得使用卫生间时的灯光、身影会影响自己入睡或造成半夜醒来失眠。

问题：这种装饰设计兴起的原因是什么？酒店客房卫生间的装饰设计应该如何满足客人的生理需要和精神需求？

解析：酒店客房卫生间是酒店客人最私密的空间。虽然客房卫生间隔墙用透明或半透明玻璃装修能够为客人带来新潮感，客人在洗澡时能够同时观看电视，客房的自然光线也能够通过玻璃幕墙直接引入卫生间。但是，这种设计不能很好地满足住店客人的生理需要，尤其是两人同时入住的标准间，这种设计给卫生间内外的客人都带来生理上的不适，从而带来精神上的不悦。这与酒店客房强调私密性是背道而驰的。

2. 经济性

客房装饰应以"物尽其用"为原则，如家具宜尽量减少不必要的抽屉，常接触的部位宜采用不易碰坏、易清洁的饰面材料。为便于互换添补，应尽量减少规格品种，以减少备品备件的种类与数量。

3. 舒适性

客房的舒适程度包括对客人的生理、心理要求的满足，有物质功能与精神功能两个层次。经济型酒店首先要满足客人基本的生理需求，即安全、卫生，保证客人的健康。豪华酒店还需进一步从室内外环境、色彩、摆设等方面来创造有魅力的居住环境。

4. 特色性

客房装饰要想富有特色，就要具有文化含量。即使是国际化酒店集团，也应该针对位于不同国家或地区的酒店进行具体的设计，这样才能做到特色鲜明，不雷同，力求反映酒店所在地区的文化特点。一般可以通过书画艺术、壁挂、图片、陈设等来加以表现。

【知识链接 2-2】

《旅游饭店星级的划分与评定》（GB/14308—2010）对客房设施及装饰要求

一星级酒店

1）客房内应有卫生间或提供方便宾客使用的公共卫生间，客房卫生间及公共卫生间均采取必要防滑措施。

2）客房内应有清洁舒适的床和配套家具。

3）客房照明充足，有遮光效果较好的窗帘。

4）客房门安全有效，门锁应为暗锁，有防盗装置，客房内应在显著位置张贴应急疏散图及相关说明。

5）应有应急照明设施。

二星级酒店

1）客房内应有清洁舒适的床以及桌、椅、床头柜等配套家具。

2）至少50%的客房内应有卫生间，或每一楼层提供数量充足、男女分设、方便使用的公共盥洗间。客房卫生间及公共盥洗间均采取有效的防滑措施。

3）客房应有适当装修，照明充足，有遮光效果较好的窗帘。有防噪声及隔音措施。

4）客房内应配备电话、彩色电视机等设施，且使用效果良好。

5）设有两种以上规格的电源插座。

6）客房内应备有服务指南、住宿须知等资料。

7）客房门安全有效，门锁应为暗锁，有防盗装置，客房内应在显著位置张贴应急疏散图及相关说明。

8）应有应急照明设施。

三星级酒店

1）客房装修良好、美观，应有软垫床、梳妆台或写字台、衣橱及衣架、座椅或简易沙发、床头柜及行李架等配套家具。电器开关方便客人使用。

2）客房内满铺地毯、木地板或其他较高档材料。

3）客房内应有卫生间，装有抽水恭桶、梳妆台（配备面盆、梳妆镜和必要的盥洗用品）、浴缸或淋浴间。采取有效的防滑、防溅水措施，通风良好。采用较高级建筑材料装修地面、墙面和顶棚，色调柔和，目的物照明效果良好。有良好的排风设施，温湿度与客房适宜。有不间断电源插座。

4）客房门安全有效，应设门窥镜及防盗装置，客房内应在显著位置张贴应急疏散图及相关说明。

5）客房内应有遮光和防噪声措施。

6）客房内应配备电话、彩色电视机，且使用效果良好。

7）应有两种以上规格的电源插座，位置方便客人使用，可提供插座转换器。

8）客房内应有与本星级相适应的文具用品，备有服务指南、住宿须知、所在地旅游景点介绍和旅游交通图等，提供书和报纸。

9）床上用棉织品（床单、枕芯、枕套、被芯、被套、床衬垫等）及卫生间针织用品（浴衣、浴巾、毛巾等）材质良好、柔软舒适。

10）客房内应提供互联网接入服务，并有使用说明。

11）客房内应备有擦鞋用具。

四星级酒店

1）应有至少40间（套）可供出售的客房。

2）70%客房的面积（不含卫生间）应不小于20平方米。

3）应有标准间（大床房、双床房），有两种以上规格的套房（包括至少3个开间的豪华套房），套房布局合理。

4）装修高档。应有舒适的软垫床，配有写字台、衣橱及衣架、茶几、座椅或沙发、床头柜、全身镜、行李架等家具，布置合理。所有电器开关方便客人使用。室内满铺高级地毯，或优质木地板或其他高级材料。采用区域照明，且目的物照明效果良好。

5）客房门能自动闭合，应有门窥镜、门铃及防盗装置。客房内应在显著位置张贴应急疏散图及相关说明。

6）客房内应有装修良好的卫生间。有抽水恭桶、梳妆台（配备面盆、梳妆镜和必要的盥洗用品）、有浴缸或淋浴间，配有浴帘或其他防溅设施。采取有效的防滑措施。采用高档建筑材料装修地面、墙面和顶棚，色调高雅柔和。采用分区照明且目的物照明效果良好。有良好的低噪声排风设施，温湿度与客房适宜。有110伏/220伏不间断电源插座、电话副机。配有吹风机。24小时供应冷、热水，水龙头冷热标志清晰。所有设施设备均方便客人使用。

7）客房内应有酒店专用电话机，可以直接拨通或使用预付费电信卡拨打国际、国内长途电话，并备有电话使用说明和所在地主要电话指南。

8）应有彩色电视机，画面和音质良好。播放频道不少于16个，备有频道目录。

9）应有防噪声及隔音措施，效果良好。

10）应有内窗帘及外层遮光窗帘，遮光效果良好。

11）应有至少两种规格的电源插座，电源插座应有两个以上供客人使用的插位，位置合理，并可提供插座转换器。

12）应有与本星级相适应的文具用品。配有服务指南、住宿须知、所在地旅游资源信息和旅游交通图等。可提供与住店客人相适应的书和报纸。

13）床上用棉织品（床单、枕芯、枕套、被芯、被套、床衬垫等）及卫生间针织用品（浴巾、浴衣、毛巾等）材质较好、柔软舒适。

14）应提供客房微型酒吧服务，至少50%的房间配备小冰箱，提供适量的酒和饮料，并备有饮用器具和价目单。免费提供茶叶或咖啡。提供冷热饮用水，可应客人要求提供冰块。

15）有送餐菜单和饮料单，送餐菜式品种不少于8种，饮料品种不少于4种，甜食品种不少于4种，有可挂置门外的送餐牌。

16）客房内应备有擦鞋用具，并提供擦鞋服务。

17）紧急出口标识清楚醒目，位置合理，无障碍物。有符合规范的逃生通道、安全避难场所。

五星级酒店

1）应有至少50间（套）可供出售的客房。

2）70%客房的面积（不含卫生间和门廊）应不小于20平方米。

3）应有标准间（大床房、双床房），残疾人客房，两种以上规格的套房（包括至少4个开间的豪华套房），套房布局合理。

4）装修豪华，具有良好的整体氛围。应有舒适的床垫及配套用品。写字台、衣橱及衣架、茶几、座椅或沙发、床头柜等家具配套齐全、布置合理、使用便利。所有电器开关方便客人使用。室内满铺高级地毯，或用优质木地板或其他高档材料装饰。采用区域照明，目的物照明效果良好。

5）客房门能自动闭合，应有门窥镜、门铃及防盗装置。客房内应在显著位置张贴应急疏散图及相关说明。

6）客房内应有装修精致的卫生间。有高级抽水恭桶、梳妆台（配备面盆、梳妆镜和必要的盥洗用品）、浴缸并带淋浴喷头（另有单独淋浴间的可以不带淋浴喷头），配有浴帘或其他有效的防溅设施。采取有效的防滑措施。采用豪华建筑材料装修地面、墙面和顶棚，色调高雅柔和。采用分区照明且目的物照明效果良好。有良好的无明显噪声的排风设施，温湿度与客房无明显差异。有110伏/220伏不间断电源插座、电话副机。配有吹风机。24小时供应冷、热水，水龙头冷热标识清晰。所有设施设备均方便客人使用。

7）客房内应有酒店专用电话机，方便使用。可以直接拨通或使用预付费电信卡拨打国际、国内长途电话，并备有电话使用说明和所在地主要电话指南。

8）应有彩色电视机，画面和音质优良。播放频道不少于16个，频道顺序有编辑，备有频道目录。

9）应有背景音乐，音质良好，曲目适宜，音量可调。

10）应有防噪声及隔音措施，效果良好。

11）应有纱帘及遮光窗帘，遮光效果良好。

12）应有至少两种规格的电源插座，电源插座应有两个以上供客人使用的插位，位置方便客人使用，并可提供插座转换器。

13）应有与本星级相适应的文具用品。配有服务指南、住宿须知、所在地旅游景点介绍和旅游交通图等。提供与住店客人相适应的报纸和杂志。

14）床上用棉织品（床单、枕芯、枕套、被芯、被套、床衬垫等）及卫生间针织用品（浴巾、浴衣、毛巾等）材质高档、工艺讲究、柔软舒适。可应客人要求提供多种规格的枕头。

15）应提供客房微型酒吧（包括小冰箱）服务，配置适量与住店客人相适应的酒和饮料，备有饮用器具和价目单。

16）客房内应备有擦鞋用具，并提供擦鞋服务。

17）紧急出口标识清楚醒目，位置合理，无障碍物。有符合规范的逃生通道、安全避难场所。

2.2.3 客房主要装饰风格

客房是酒店经济收入的主要来源，是酒店的核心和主要部分。客房给客人提供消除疲劳、积蓄精力、继续旅游的条件。客人在客房中逗留的时间最长，客房设计是否方便实用，装饰陈设是否有独到之处，会给客人留下很深的印象。

在客房装饰陈设上，归纳客人的心理要求，大致有两种倾向：一种是希望客房符合客人的生活习惯与水平，给客人"家外之家"的舒适方便和亲切感。另一种则不愿意住与自己原来生活的环境雷同的客房，他们希望客房有鲜明的地方特色和异国情调，感受异国他乡的风俗习惯和环境气氛。这两方面的要求都不可忽视。客房的装饰陈设，既要注意共性，又不能忽视个性，要尽可能地满足不同层次客人的审美需求。

根据现代旅游酒店的使用功能要求，客房的装修、陈设、家具等均应以现代格调为基础，但在局部的表现上可有所变化，如在家具的线脚、造型和色调上吸取传统风格。

客房室内环境设计，应以一种主要色调，把室内灯光、家具、织物、装饰统一协调起来。在统一中求变化，变化中不失统一。客房装修材料的类型与颜色不宜过多，一般2~3种色彩已经足够。应根据客房室内环境的功能和气氛要求，科学地设计和布置客房。客房家具按其使用功能，一般可分为3种类型：睡眠用家具（床、床头柜等），休息用家具（沙发、茶几等），酒店专用家具（化妆兼写字台、凳、箱子架）。

客房平面自然形成 3 个各具特点的区域为：比较宁静区，近窗明亮区，活动方便区。这 3 个区域恰好和客房家具 3 组类型相呼应：比较宁静区布置睡眠家具的床和床头柜；近窗明亮区布置休息家具的沙发和茶几；活动方便区布置酒店专用家具的箱子架和化妆兼写字台、凳、箱子架这种布局比较符合适用和美观匀称的原则，国内外大多数酒店客房都是依据这种格局布置的。

客房是客人睡眠休息的地方，它的功能要求是安静舒适，在装饰陈设方面，必须体现简洁雅致的格调，宁静的气氛。客房采用白色顶棚均能与任何色彩协调，墙面与地面色宜用比较接近的中间色。床罩与窗帘是最令人注目的部位，因而对房间色调起到主导作用，它们可选用同一种材料、纹样和色调，床头板与软垫面料的材料与色泽也应接近，以取得整体气氛的统一谐调。床、写字台、茶几等家具应统一设计，做到材料、造型、色彩相一致。室内艺术品陈设也应服从客房的功能与气氛要求。画面的内容与形式，思想性与艺术性都要与客房的建筑风格、接待规格相适应。

整个客房的色彩基调以选用明度较低的色彩较为合适，北向的客房应尽量少用冷色调，阳光充足的西向、南向客房可多用些冷色调。空间较小的客房可用冷色调减少拥塞之感，空间过大的客房也可用暖色调增强亲切感。客房的照明应低于酒店其他公共活动部分，为客人创造一个宁静、温馨的环境气氛。

一般地，酒店客房装饰风格主要有以下几种类型：

1. 中式风格客房布置

中式客房常采用天花藻井、格窗、门罩、中式桌椅家具、博古架、古玩饰品来表现中国传统风格。

广东白天鹅宾馆中式总统套房客厅与餐厅的分隔罩由两侧丛生的"竹枝"在屋顶相接而成，茂密的竹叶形成了木质分隔网。上海金门大酒店的中式豪华套房客厅墙面用木质窗格做装饰，使实体的墙面显得古朴。

客房内的家具陈设也是营造主题气氛必不可少的手段。书房中古色古香的书架、博古架，明代、清代款式的书桌、椅子及笔架上倒挂的毛笔、纸、砚、墨文房四宝，无一不传达出中国传统文化的气息。中式客房中悬挂传统灯具也极具渲染气氛的作用。青海宾馆中式豪华套房内的多角宫灯及其灯下悬挂的玉如意、玉圆球及玉铜钱串成的红色灯穗十分惹人注目。其餐桌上的紫砂壶、紫砂杯及博古架旁的落地瓷花瓶也富有中国传统意味。

卧室中的床也是体现中国风格的重要部分。广州白天鹅宾馆总统套房内的总统床就是非常典型的中式古典床，床的四个角上的柱子撑起雕花精致的木罩顶，形成相对封闭的空间。

客房中的挂件饰品也能较好地突出主题。青海宾馆中式豪华套房的床头墙面上挂着四幅清淡幽远的中国水墨画，嵌入镂刻精致的漆木边框中，古典雅致。

武夷山庄的客房装饰则体现了质朴的中国乡土风格。它的床罩、床头软板、沙发罩、窗帘都是统一的大理石纹布料，床头灯罩是用一截精雕竹子做成的，横嵌在床头，两头横向装置灯泡，光线从两边射向两张床，互不影响。床头墙上挂着造型别致的木头雕刻挂件，整间客房散发着自然清新的乡土气息。

2. 西式风格客房布置

西式客房主要以多立斯柱式、爱奥尼柱式、拱券圆穹等西方建筑符号及西式家具陈设来表现西方装饰风格。

北京长城酒店豪华套间采用两个半圆形拱券分隔客厅与餐厅；广东三九大酒店行政套房以天花吊顶分隔客厅与办公区，并以半圆形拱券、爱奥尼柱式进行装饰。

法式客房基调以浅色为主，美式、英式则以深褐色为主。昆明樱花假日酒店总统套房的米色地毯、白色家具、半圆形窗框顶、半圆形拱券，具有典型的法式风格。上海和平酒店的美式、英式套房均以深褐色木板装饰墙面，其床架、沙发架、几架都由深褐色木头制成，其窗帘、帷幔均是深色调。

家具陈设在西式客房装饰布置中也占据重要地位。位于我国台湾中部南投县溪头森林风景区的米堤大饭店，其245间高级豪华套房的家具和陈设，全是意大利和西班牙进口的仿古典珍藏品，多为巴洛克或洛可可式风格。米堤总统套房是全台湾非常雍容华贵的总统套房，其金碧辉煌的家具陈设是法国宫廷的缩影。北京国际酒店总统套房用墙上的半圆形线条、偶尔用作点缀的雕花、雅致的壁灯、西方古典肖像人物画、壁炉、西式闹钟，营造出古典西式风格。上海和平饭店美式套房客厅中设计了壁炉，壁炉中"火光"闪亮，壁炉台上放置的一瓶洋酒和一枚鲜红的玫瑰以及旁边的上射式落地灯，共同营造出了冬日温馨的情调。

【同步案例2-2】

在美国俄勒冈州纽波特海滨有一家不起眼的小酒店，它占地面积极小，整个酒店仅20间客房。店主是42岁的凯布尔和43岁的劳莉，他们合伙经营数年来，生意一直兴旺，在海滨一带享有甚佳的口碑。有不少客人从远处赶来海滨，就是为了想在这家名叫希尔维亚·贝奇的袖珍酒店里住几宿，领略一下这里特别的风情。

如此一家小酒店，何以能够吸引众多游客前来下榻呢？秘诀便在客房的陈设和布局上。

20间客房都有自己的特色，没有两间客房布置得一样。如果说那些客房有什么共同点的话，倒是有一条，即它们的设计思路都是以著名作家及其作品为主题，因此可以说，希尔维亚·贝奇酒店是靠世界大文豪发家发财的。

例如，有一间名叫"福尔摩斯"的客房。小说中对这位大侦探的描述是："头戴半圆筒状的高帽子，身上穿着一件宽大的披风，嘴里老是衔着一个大型的烟斗。"客人在"福尔摩斯"客房里就可以看到那样的帽子、披风和烟斗。客人坐在房里，面前似乎就是那位享誉全球的神探正在推理、分析……

再如，那间被命名为"海明威"的客房，住店客人可以在房里找到《老人与海》《战地钟声》等脍炙人口的世界名著中海明威刻意描述的某些典型场面。例如，一架老掉牙的旧打字机，墙角上挂着一只山羊头。

这家小酒店还有一间名叫"科丽特"的客房，是按照法国著名女作家的小说中的描写布置的。许多新婚夫妇喜欢在这个房间欢度蜜月。

希尔维亚·贝奇酒店的外观很平常，也没有大酒店里常见的游泳池、酒吧、舞厅或健身房，客房里连电视机都找不到。乍一看，这是一家小客栈，然而，只要在酒店内待上一会，你马上会察觉出这里没有别的酒店、宾馆或者大酒店里常见到的现象：跌跌撞撞、胡言乱语的醉汉，炫耀自己富有的珠光宝气的女士，吵闹的迪斯科音乐……在这里，只见客人在静静地阅读、默默地思索，偶尔有人交谈，那也是在交流读书心得和评论。

每年来希尔维亚·贝奇酒店度假的客人成千上万，酒店经常挂上"客满"的招牌。

（资料来源：蒋一枫，张楠. 酒店营销180例[M]. 上海：东方出版中心，1999：127-128.）

问题：希尔维亚·贝奇酒店与一般的西式酒店相比，其装饰的独特性是如何体现的？

分析提示：一般的西式酒店主要是通过对西方建筑元素的运用来体现西式风格，而希尔维亚·贝奇酒店则是定位于通过西方大文豪及其文学作品来体现其独特的风格，对各个客房中标志性场景的选择和装饰，既体现了酒店主人的爱好，又照顾到顾客的审美情趣。

3. 现代风格客房布置

现代式客房最突出的特点是线条简洁，材料与图案完整。以中性色彩或淡色为主，有时会出现一个或两个非常明亮的点缀色。现代风格排斥过于明显的式样，但有时会有一些小的几何图案或抽象图案。这类风格的客房强调室内家具的低水平线，材料的质地要求真实，同时避免过多的装饰。

一般北向的客房因少见阳光宜多用暖色调，如浅米色或浅橘色，而阳光充足的西南、南向的客房宜采用浅绿色、浅紫色等中性或较浅的冷色调。客房顶棚采用能与任何色彩的墙面都相协调的白色。墙面色与地面色宜选用比较接近的中间色，如米色、浅灰色。窗帘和床罩对房间的色调起到主导作用，一般应选用同种材料、纹样及色调，有的还要与沙发面料、软座椅面料相一致，以取得统一的视觉效果。北京长城饭店客房的室内装修，以地毯颜色为基调，分为三个色彩系统：北翼为紫红色地毯，南翼为橘红色地毯，西翼为绿色地毯；墙面分别贴以白色、浅米色、浅米灰色三种浅色壁纸；室内床、休息椅、台灯等家具陈设均与三种颜色系统相呼应协调。

有的酒店还充分利用现代工业新颖的材料和高科技对客房进行布置，如德国普福朗姆宾馆的"蓝色维纳斯"套房，电视机可随意转动，可产生漩涡水流的浴盆让人倍感舒适，浴盆基座的橙、黑、黄、白彩色构成了一幅充满诗意的风景画。客房通过运用当代的光纤技术，再现繁星闪烁的天空，混声系统与星光闪闪的视觉效果一起营造了一种宁静的环境。

客厅一般是套房中采光和通风都比较好的一间，其布置宗旨应是"宽敞、舒适和明快"。顶棚、墙壁可倾向于淡色调或灰白色，墙纸图案也宜简洁。地毯、地砖和木地板是客厅常用的地面铺装材料，色彩宜浓重，使其显得沉稳，并对墙面和家具起衬托作用。客厅是绿化装饰的重点，有条件的酒店可以按季节变更纺织品及绘画、壁挂等点缀品，从心理上改变室温。客厅的灯具很丰富，吊灯、地灯、射灯、壁灯及台灯都可以运用。

卧室强调其私密性，环境要求宁静舒雅。窗帘通常设两层，内层配质地较薄的纱帘，外层配质地较厚的布帘。纱帘白天不拉开，外帘白天拉开，傍晚拉闭。纱帘可以丰富室内空间气氛，使室内明暗对比减弱，气氛柔和含蓄。卧室的灯具装设不可过高，床头灯的照明范围要控制，特别是双人卧室，一人用灯时，不应影响另一人睡眠。

【教学互动 2-1】

观点：在客房卧室灯光设计中，一般主张卧室的照明不宜太亮，所以很多酒店卧室灯光主要靠廊灯、台灯和床头灯进行照明，有时造成客人晚上在客房里阅读不到床头灯下、台灯下就看不清楚。

问题：酒店客房灯光设计该如何适应不同客人的需要？

卧室的色调以淡雅、温柔为宜，烟台亚细亚大酒店的客房就布置出几种温馨的格调；其标准客房以褐色为基调；一般套房卧室床头的墙面嵌上大面积的蓝色呢绒，顶上两盏筒灯用作床头灯，光束照射在蓝色的床头墙面上，营造出宁静的卧室气氛；而其豪华套房卧室营造出一种浪漫情调，柔红色的地毯，大红色的门框、墙脚线，以及床头嵌入红框之内的色调清新明朗的油画，使整个空间充满温暖的气氛。

卧室的观赏品以文静、雅致为上，如山水花鸟画、水彩画、油画及挂毯等。

书房应安静、简洁和有条理，色彩宜淡雅，书房中的观赏品一般要求文静高雅，富有情趣，绘画和字幅是书房中常见的装饰品，文房四宝也是常见的摆设。书橱中常备以普通工具书及适合客人需要的报刊书籍。照明设备适宜于局部照明，一般台灯必不可少。

在高级套间和总统套间内还设有会议室，也可用作餐厅，以会议为主兼作餐厅的，色彩宜单纯高雅，不要有过多的装饰品，主要以绿化植物及插花为主。以餐室为主兼作会议室的，室内色彩宜选用暖色调，装饰画可以是蔬菜、水果等静物画，以烘托气氛。

卫生间要求清洁整齐，常采用大理石、马赛克、瓷砖和各种防水性能强的材料。卫生间的色彩可用纯色体现洁静之美，也可用白、黑、蓝、绿、红等色互为搭配，创造出富有梦幻般的气氛，以体现强烈的现代感。

【同步案例 2-3】

新概念酒店

相对于传统酒店（Hotel），新概念酒店（Yotel）是一种与传统酒店背道而驰的新概念酒店理念。2006 年，世界上第一个 Yotel 诞生于伦敦希思罗机场。

Yotel 结合了日本的胶囊旅馆小的特点与英国航空头等舱的空间设计概念。面积仅为 10.5 平方米的 Yotel 房间可分为标准间和豪华间，房间内的基础设施包括索尼纯平彩电及环绕立体声系统、空调、可翻转双人床、专用浴室、情调灯光，以及包括淋浴喷头在内的豪华浴室物品、豪华床上用品等，还可提供自动入住、结账等。

Yotel 中真正具有革命性的当属其房间的窗户设计。它摒弃了传统的外开窗，而改为内开窗，窗户朝向走廊而开，这样可以通过走廊内的反射机制和照明作用使房间内被自然地照亮。这同时也使得 Yotel 能够以其他酒店所不敢触及的市中心、机场，甚至地下等空间作为其选址的首选。当然，由于设计所获得的成本节省也使客人获益匪浅，使他们能够以付得起的价格享受超豪华的酒店入住体验。

（资料来源：https://tieba.baidu.com/p/334036838）

讨论：Yotel 在设计与服务方面有哪些创新点？

本章概要

★ **主要概念**

门厅，中式艺术风格，西式艺术风格，乡土艺术风格，单人房（Single Room），大床间（Double Room），双床间（Twin Bed Room），普通套间（Junior Suite），豪华套间（Deluxe Suite），总统套间（Presidential Suite），残疾人房（Handicapped Guest Room）。

★ **内容提要**

- 本章主要介绍了前厅大堂的主要组成部分及各部分装饰设计的要点，强调大堂的装饰艺术应遵循实用性、美观性、文化性等原则，并根据国内外酒店大堂设计装饰的文化特色，可分为中式、西式、乡土式和现代式等几种类型和风格。
- 介绍了酒店客房的类型及其功能，对客房空间功能进行了划分，阐述了各部分装饰设计的要点，以及中式风格客房布置、西式风格客房布置、现代风格客房布置的美学元素和要点。

单元训练

★ **观点讨论**

观点 2-1：前厅被称为"酒店的脸面"，是客人首先到达和最后离开的地方；客房是客人在酒店停留时间最长的空间，前厅和客房的装饰设计关系到酒店的档次和氛围，是酒店开拓市场和吸引客人的软实力。酒店员工尤其是酒店管理层应该具有良好的审美能力，才能在酒店装饰设计、更新改造及日常艺术氛围的营造方面提出较好的建议。

★ **常见质疑**：酒店大堂、客房的档次是靠金钱堆出来的，只要购买昂贵的材料，就能实现好的效果。

释疑：只靠金钱堆不出高雅、独特的酒店装饰风格。酒店装饰是在酒店建筑给定的空间形态中进行的再创造，它具有装饰酒店建筑物及其环境的功能，同时又具有一般造型艺术的表现特征。酒店装饰艺术以酒店环境的分类而言，分实质环境与非实质环境两种。实质环境装饰内容，一是指建筑自身的构成要素，属于建筑本体的固定形态，如梁、柱、顶棚、地面、门窗等；二是室内一切固定或活动的家具或装饰物品的摆放。酒店的非实质环境装饰，是指凡是与装饰空间有关的多种要素，如墙面、地面、顶棚的饰面处理，壁画、壁饰、雕塑及工艺品陈设等可以体现精神品格，营造富含情调内涵氛围的设计。

酒店前厅、客房装饰设计首先要进行理念设计，从狭义的形式美感上升到艺术构思，全面筹划整体审美效果，以营造特定的环境氛围，其中包括对材料、样式、色彩巧妙地选择与合理的配置。没有经过理念及文化设计的酒店装饰容易犯的毛病是昂贵材料的堆砌，缺少主题和文化内涵。

★案例分析
【相关案例】

白天鹅宾馆的装饰艺术

背景与情境： 经过三年的改造，白天鹅宾馆已于 2015 年 7 月 15 日正式对外复业，那么，改造后的白天鹅宾馆又有何新亮点？位于宾馆中庭，表达思乡情绪的"故乡水"在改造工程中被原汁原味地保留下来，新增的灯光和音乐效果使之更加迷人。"故乡水"将根据一年四季变化调整灯光，冬季时，还能通过 3D 特效投影出飘雪景观。"故乡水"旁最具标志性的濯月亭仍然保留，并参考林兆璋等专家的改造意见，找来白天鹅宾馆建造时聘用的室内绿化公司进行重新修饰，使之得以传承。在面对引桥的酒店大堂门口，霍英东为白天鹅宾馆量身定做的镇店之宝、寄寓着吉祥如意的玉雕双龙头船也已回到原位。玉船本是很传统的装饰，白天鹅宾馆从中国美术学院请来教授对其进行改造，在保留玉船传统美学的基础上，融入现代元素，加上了一个带有水的不锈钢底座。

此外，白天鹅宾馆原有的 843 间客房被改造成 520 间，房间面积分为 30 平方米、60 平方米和 90 平方米，60 平方米左右的房间为主要房型，约有 380 间，另外还保留着原来 150 间 30 平方米的标准房型。在硬件配套上，白天鹅超越国际五星级酒店的客房水平，酒店客房配置了高科技窗帘以及白天鹅宾馆专门定制的 High-TV，"白天鹅宾馆是国内首家启用这种电视的酒店。电视里除提供酒店服务信息外，还有可提供旅游资讯的 App，同时，还可收集客户住宿的大数据，为白天鹅宾馆今后利用大数据助力市场经营打下基础。"白天鹅宾馆的副总经理张添向记者介绍。

其实论面积，白天鹅宾馆的总统套房不算最大，论设施也不算最豪华，但却成为全城豪华酒店总统套房中的"经典"，凡造访广州的国家首脑、政府要员，或是世界 500 强的公司总裁，通常都会指定入住白天鹅宾馆总统套房，方才与其尊贵身份相符，这与白天鹅宾馆独具特色的总统套房设计密切相关。白天鹅宾馆整个 28 层近 1500 平方米，划分为东西两区 9 个套房，又可分为东西两大套，每个大套都配备总统房、夫人房、会客厅、书房和钢琴房、健身房等。由于 9 个套房都相对独立而又互相联系，白天鹅宾馆总统套房可以提供其他酒店所不能提供的个性化选择——比如在 2804 装修陈设上，偏重体现东方特色，接待过亚洲国家元首；2801 偏向西式风格，接待过英国女王、尼克松等西方国家首脑；2809 设计成双床房，是为了迎合日本贵宾夫妇分床而睡的习惯；而东区附套 2805 因为独具室内庭院，反而"喧宾夺主"成为最受总统们欢迎的一间。白天鹅宾馆总统套房尽管风格、功能上略有差别，却都能体现出岭南文化的特色，如都采用精美的雕花龙床，房内多见岭南风格的木窗格、精美的屏风，这种豪华尊贵而又内敛的风格，多年来一直未曾改变。

白天鹅宾馆的总统套房有别处许多难以企及的优势，比如它独占了沙面的优雅和宁静，它可以居高临下地饱览广州最美丽的江景，然而白天鹅宾馆的工作人员会自豪地告诉你，它最吸引人的地方是每个房间都有名人造访的故事和回忆。例如，1984 年早春，邓小平如何俯瞰珠江两岸景色。1985 年尼克松下榻白天鹅宾馆，在留言簿上写道："我曾经住过美国和全世界的许多酒店和总统套间，我认为没有一间能超过白天鹅宾馆。"

广州白天鹅宾馆的客房设施还有两个非常显著的特点：

其一，非常注重品牌效应。烟灰缸是以白天鹅宾馆的店徽为图案，用黄铜制成的。房内的电话,是为白天鹅宾馆特制的:在电话机的平面上,上部印有中英文对照的宾馆总机、传真、国际、国内长途及酒店接线生的号码;中部为数字键;下部有10个专用按键,并分别用中、英文和国际通用标志予以说明。这10个专用按键分别是:接待、行李、委托代办、客房中心、留言、送行、汽车服务、洗衣、结账处和大堂副理。有了这10个专用按键,为客人省掉了查询电话指南的麻烦。接待 VIP 客人用的水果篮,做成两只白天鹅造型,用白瓷烧制而成,果篮中有一片芭蕉叶作为点缀。晚上9点前,服务生已为住店的客人开好了夜床,并在床头柜上放一个橘红色带黑盖的小圆盒,里面放两块巧克力,圆盒外面缠一月白色的纸带,纸带上写有如下字样:"白天鹅矗立于广州沙面,该地原是珠江边的一片沙滩,面对白鹅潭,清代咸丰年间,才被建成一个前面临江、后靠市区、中隔一条河流的小岛。"短短几句话,不仅向客人交代了白天鹅的地理位置,连它的变迁过程都深深地印在了顾客心中。房间内的垃圾桶,也用与家具同样的木料进行了外包装,这就解决了很多酒店都存在的垃圾桶与房间格调不协调的问题。

其二,为客人想得周到。在床头控制柜上除了放有广州市的电话号码簿和白天鹅宾馆纪念册外,还放有一个特制的电筒。作为一家五星级酒店,停电的概率绝对是很小很小的,但还是采取了以防万一的防范措施。卫生间洗脸台左边的墙壁上,装有四个可选的频道,并有音量控制开关的收音系统,客人在洗漱的同时,听听轻柔的音乐,真可谓心旷神怡。在灯光照明上,除按星级标准配置外,行李架上方和恭桶顶部各设有一盏灯,如果行李架没有灯,客人开密码箱时,就要把箱子搬到写字台或床头柜上去开;恭桶上方的这盏灯,对于那些习惯在恭桶上阅读当天要闻的人来说,无疑是一个极大的满足。酒店多装了一盏灯,客人就多了一份方便。

(资料来源:仇学琴. 酒店前厅客房服务与管理[M]. 天津:南开大学出版社,2011:192-193. http://www.ycwb.com/ycwb/2007-03/10/content_1409944.htm;《羊城晚报》2015年7月9日)

问题:
(1)白天鹅宾馆如何营造前厅气氛?
(2)白天鹅宾馆的客房装饰有何特点?
(3)白天鹅宾馆如何做到审美性和舒适性的统一?

建议阅读

[1] 陈世旺,仇学琴,干雪芳. 酒店装饰艺术[M]. 北京:旅游教育出版社,2001:1-23.
[2] 仇学琴. 酒店前厅客房服务与管理[M]. 天津:南开大学出版社,2011:20-28;181-194.
[3] 明月国际(香港)出版集团公司. 高端酒店22全球高端酒店室内空间软装饰装修设计图片书籍[M]. 香港:明月国际(香港)出版集团公司,2014:14-334.
[4] DAM 工作室. 酒店大堂设计[M]. 武汉:华中科技大学出版社,2014:18-324.

第 3 章　前厅预订服务与管理

学习目标

理论知识：学习和掌握前厅预订的相关概念，常见客户预订来源，酒店的预订渠道，酒店预订方式及其特点，超额预订的意义与风险。用其指导"同步思考""延伸思考""深度思考"和相关题型的"单元训练"。

实务知识：学习和把握酒店预订部的主要工作任务、散客预订流程、团队预订流程及其他注意事项；VIP 预订流程和注意事项，预订资料处理，预订后续工作要求，超额预订应考虑的因素，预订纠纷的处理要求，以及"业务链接"等程序性知识。用其规范"同步案例""深度剖析""教学互动"和相关题型的"单元训练"。

认知弹性：运用本章的理论与实务知识研究相关案例，对本章"引例""同步案例"和"相关案例"等业务情境进行分析。

【引例】

罗伯特先生无房了

背景与情境：某日，一位外籍客人罗伯特先生经本地公司订房入住某大酒店，他要了一个标准间预住两天。但是，在总台办理入住手续时，接待员告诉罗伯特先生，他的预订只有 1 天。现在又正值旅游旺季，第二天的标准间难以安排。罗伯特先生听后大怒，强调自己让本地接待单位在为他订房时是明确要住两天的，订房差错的责任肯定在酒店。由此，接待员与客人在总台僵持起来。

（资料来源：佚名. 罗伯特先生无房了[EB/OL]. [2012-7-8]. http://bbs.meadin.com/thread-1183176-1-1.html）

在订房时，由于种种原因会出现一些差错，接待员应立足于尽快解决客人的问题，而不是停留在与客人争论责任在哪一方；应重视客人的意见，迅速提出双方均可接受的合理建议，切不可在总台僵持。要把握客人心理，无论责任在何方，从酒店的长远和整体利益出发，都应该尽力留住客人，尽快安排客人入住酒店，之后再寻求较合适的办法争取更多的回头客。

3.1　预订概述

预订工作是酒店客房营销的重要渠道之一，主要负责客房预订及酒店其他产品和服务预订等工作。预订工作越详细，订房量越大，客房的入住率越高，酒店的利益就越大。预订业务还可以帮助酒店提早为客人预备好房间，提前让各部门做好人力、物力、财力的安排和调配，进而提供令客人满意的个性化服务。预订做得好的酒店，不仅能为酒店带来收益上的成效，而且可以通过预订与客人建立良好的关系，提高客人对酒店的满意度。

3.1.1 预订的含义和任务

1. 预订的含义

预订是指客人在抵店前要求酒店为其保留客房的预先约定并与酒店达成租住协议的过程。客人可以通过电话、传真、信函、网络预订等各种方式与酒店联系预约客房。预订一经酒店确认,酒店与客人之间便达成了具有法律效力的预期使用客房的合同关系,酒店有义务按照事先约定的条件为客人提供客房。尤其在旅游旺季期间,预订对于酒店而言,一方面可以提前做好人员、物品、设施及卫生等方面的接待准备,另一方面又可以使酒店提前占有客源市场,有效制定价格策略,提高客房出租率,获得理想的平均房价,从而提高酒店收益。

2. 预订的任务

酒店预订部的主要任务是对客房以及其他酒店产品和服务的销售。良好的预订能够为酒店争取客源,提高酒店的入住率,为酒店创造收入。通过预订,酒店能够及时了解顾客需求,掌握客源动态,为管理层提供决策依据,预测酒店未来的业务。通过酒店信息系统来导入预订数据报表,可以帮助酒店高层管理人员更好地协调各部门的业务工作,提高工作效率和对客服务的质量。

3.1.2 预订的渠道、方式和种类

1. 预订渠道

(1) 客户预订来源。酒店通过各种销售渠道将产品及服务推广到客源市场,常见的客户预订来源有:

1) 通过协议公司预订,包括散客预订、团队预订和会议预订。
2) 通过旅行社预订,包括散客预订和团队预订。
3) 通过携程、艺龙、去哪儿、Agoda、Ebooking 等在线订房网络系统预订。
4) 通过公司自有预订网络、集团化中央预订系统预订。
5) 通过酒店自有客户群体、会员系统预订。

【业务链接 3-1】

Opera 系统处理预订注意事项

通过 Opera 系统处理预订信息时需注意以下操作要点:注意每天在系统里检查重复的预订;要确保获取散客到店的预计时间;如果预订通过在线渠道而来,则需要完善预订客人的信息,备注付费方式等,如图 3-1 所示。

(2) 预订渠道划分。酒店的预订渠道(见图 3-2)一般分为两类:直接预订渠道和间接预订渠道。

直接预订渠道即客人不经过任何中间环节直接向酒店订房,如客人本人或委托他人、接待单位、旅游团体或会议的组织者直接向酒店预订所需的客房。客人通过直接渠道订房,酒店所耗成本相对较低,而且能对订房过程进行直接有效的控制与管理,酒店可以使客人成为自己酒店开发和维护的客户。**间接预订渠道**是指客人委托中介机构或第三方办理订房手续,如通过旅行社、酒店代理商或在线代理商(OTA)等方式向酒店预订房间。酒店往

往利用中介机构与客源市场的联系及其影响力,利用其经营规模等方面的优势,通过间接销售渠道,将酒店的产品和服务更广泛、更顺畅、更快速地销售给客人。

图 3-1 Opera-PMS 预订界面

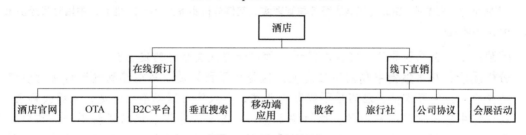

图 3-2 酒店预订渠道

2. 预订方式

酒店的预订方式主要分为电话预订、面谈预订、传真预订、信函预订、合同订房和网络预订等方式。酒店常见的预订方式,如图 3-3 所示。

图 3-3 酒店常见的预订方式

(1)电话预订。电话预订是客人订房最主要、最常见的方式。其优点是客人能够直接、迅速、方便地与酒店沟通,便于酒店快速地获得客人的预订信息和偏好。其缺点是通过电话与客人进行沟通可能会出现人为错误而导致客人预订出现偏差。酒店在进行电话预订时应注意电话礼仪,具体了解客人的预订信息,在结束电话前再次与客人核对预订内容,切忌让客人等候太久。

【同步案例 3-1】

准确无误的预订

背景与情境： 4月25日，陈先生打电话到某酒店订房处。他说道："我是你们酒店的常客，我姓陈，想预订5月1日至5月4日的标准间3天。"预订员小马查阅了5月1日至5月4日的预订情况，表示酒店会给他预留3210房间至5月1日下午18:00时。

5月1日下午13:00时，陈先生来到前厅，看到公示牌上显示酒店标准间客满，他不慌不忙地出示证件，要求办理入住手续，并说明自己办理了预订。接待员小张查阅了预订后抱歉地说："对不起，陈先生，您没有预订啊？""怎么可能，我明明在4月25日预订了3210房间。""对不起，我已经查阅了，3210房间已出租，入住的是一位程先生，请问您是不是搞错了？""不可能，我预订好的房间，你们也答应了，为什么不讲信誉？"

接待员小张一听，赶紧检查预订才发现，原来预订员一时粗心，把"陈"输入成了"程"，而正好有一位程先生入住时，小张以为就是预订人，随手就把程先生安排入住了3210房间。于是小张抱歉地说："陈先生，实在抱歉，本店的标准间已经客满，请您和您的朋友入住4230豪华间可以吗？八折优惠，虽然价格要高些，但还是物有所值的。"陈先生不同意，并且很生气，认为酒店有意欺骗他，立即向大堂副理投诉。

（资料来源：曹希波. 新编现代酒店服务与管理实践案例分析实务大全[M]. 北京：中国时代经济出版社，2013：104-105.）

问题： 是什么原因导致了客人的投诉，如何避免此类事件的发生？

分析提示： 从本案例中我们不难发现，这是由于预订员小马在接到电话订房时疏忽大意而造成的，致使客人抵达酒店后不能顺利入住，客人的心理得不到满足，从而投诉酒店。

在预订中容易遇到一些问题，如协调不够、房态显示错误、记录资料不全、预订员对房价变更缺乏了解等。当一位常住顾客熟悉并喜欢了某间酒店的某间客房，在他的心里面就形成了一种固定的模式。这就是顾客消费的"心理定式"。从事服务工作，一般只有顺应客人的这种心理定式，服务工作才能做好。针对本案例的做法，一般要诚恳地向其解释原因并致歉。

（2）面谈预订。面谈预订的表现形式为客人直接来到酒店与预订员进行面对面的交谈，当面预订客房。这种方式能够让酒店有机会更详尽地了解客人的需求，当面回答客人提出的问题，同时预订员也能够有机会运用销售技巧，向客人推荐酒店其他的产品和服务。与此同时，预订员或接待人员还可以直接向客人展示客房和其他设施设备来帮助客人更好地了解酒店的产品，帮助客人做出最快的选择。面谈预订的成功与否取决于预订员的沟通技巧、专业知识，以及酒店其他部门和产品的配合。

（3）传真预订。通常与酒店合作的旅行社和会议主办方经常采取这种订房方式，商务公司也会采取传真的方式向酒店预订客房。采取传真预订客房的方式，可以确保客人预订信息的准确、迅速和内容详尽。传真还可以作为书面凭证，不易出现订房纷争等情况。酒店销售部会向商务公司提供订房单，客人在上面填写姓名、房型、入住及离店日期、协议价格、付款方式（如公司付费或客人自付），盖公司章后传真到订房部或销售部即可。

（4）信函预订。信函预订是一种传统而正式的订房方式，对客人和酒店有一定的约束作用。其特点为正式但传递速度较慢，目前已较少采用。通过信函预订，可以详细表达客人所需房型、房态及特殊要求。

（5）合同订房。合同订房是指酒店与旅行社或公司之间通过签订订房合同，客人达到合同期间优惠使用客房的目的。这种预订方式要求预订员在接到合同订房时对订房合同的价格体系了解清楚，并核对相关信息。

（6）网络预订。网络预订是指通过网络向旅游消费者提供酒店、餐饮、机票、旅游路线等旅游产品预订服务的过程。通过在线旅游代理商，消费者可以选择通过线上线下支付预订费用。网络预订是目前酒店市场上较为普遍及先进的订房方式，使用方便，订房效率高，客源广泛，同时可以将连锁酒店的订房系统、航空公司、旅行社等机构进行联网，实现资源共享，使客人更快捷地了解酒店及相关利益共同体的服务和设施。但酒店在使用网络旅游代理商出售产品和客房时需要向网络运营商支付佣金，并且对酒店的直接预订渠道有一定的影响。

【延伸思考3-1】

问题：网络预订为什么是目前酒店市场上较为普遍及先进的订房方式？

理解要点：随着21世纪互联网科技和电子商务的迅猛发展，尤其是智能手机的兴起，现代人的工作、生活已离不开网络。随处可见的"网上交易""网上购物"已颠覆了人们传统的思维和经营模式。借助网络不仅可以提高人们的工作效率，而且可以提高人们的生活质量。随之而来的网络预订成为目前酒店最主要的预订方式之一，很多酒店的大部分预订都来自网络。

【深度思考3-1】

背景资料：而今的酒店业，作为重要消费场景应用之一，正在被互联网所深深影响。在营销版块，OTA平台通过自身官网、社交工具以及其他主流网站，继续深耕线上产品的开发设计与宣传销售，进一步提高话语权；而以民宿、公寓等短租品牌为代表的新生力量，则通过追求个性化体验来获取住宿市场份额。据艾瑞咨询数据显示，2016年中国在线旅游市场交易规模达5903.6亿元，增长率为33.3%，线上渗透率为12.0%，与2015年相比提升1.3个百分比。最新的比达咨询（BDR）监测数据则显示，2017年上半年度在线旅游市场交易规模达3547.8亿元，增长率为12.6%。

（米订商学院. 2017上半年中国酒店业移动互联网营销数据分析报告[EB/OL]. [2017-08-30]. http://www.jiagle.com/jiudian_xinwen/1349008.html.）

问题：酒店官网为什么不能成为顾客首选的预订网络？

理解与讨论：酒店官网存在以下一些问题：

（1）回报效果低，投资回收期长。通过对多家酒店的调查，酒店网站的在线网络预订寥寥，而有时客人通过网上预订后，酒店未及时跟进或根本无人关注，经常发生客人到达后没有订单的尴尬状况，所以国内该方式使用频率很低。大部分酒店网站只能作为酒店的一个宣传窗口，作为酒店滞后于"E时代"的标志之一，而一些酒店的在线预订形同虚设。

（2）网站设计技术落后，忽视网络营销基础工作。有许多酒店制作了几个网页，就等着客户上门了，很少做网络营销的基础工作。有的网站营销目标不明确，属于纯静态页面制作，主页一般都是几幅图片和千篇一律的文字介绍，几幅图片也不外乎是酒店的外观、大堂、客房和餐厅的照片，这一切都限制了酒店官网预订网络的发展。

3. 预订种类

酒店预订的种类一般分为临时类预订、确认类预订、保证类预订及等待类预订，如图3-4所示。

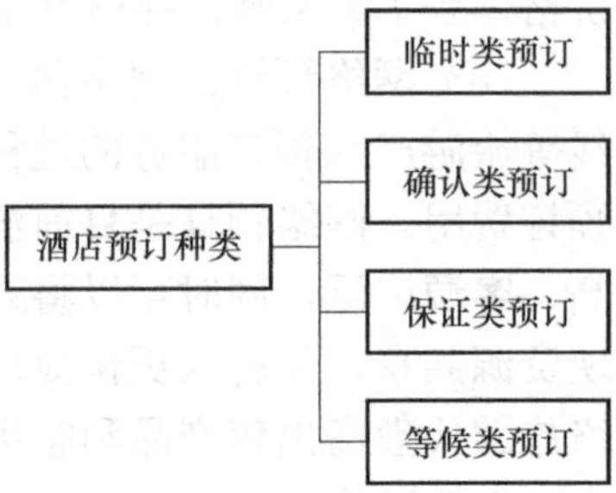

（1）临时类预订。**临时类预订是指客人在临近入住时才向酒店联系订房。通常这种订房日期与抵店日期非常接近，有时甚至在抵达酒店当天才联系订房。**目前，此类预订在时间允许及房源充足时，酒店可以以手机短信方式与客人确认预订。

（2）确认类预订。**确认类预订是指客人的订房要求已被酒店接受，酒店与客人就房价、付款方式、取消条款等方面达成协议，并以书面、邮件形式或手机短信等方式确认过的预订。**这种订房方式一般不强求客人预付定金，但规定客人必须在预计抵店当天的一定时限内到达酒店，若客人到了规定时间没有抵达酒店并且酒店也联系不上客人，在酒店用房紧张或满房的情况下，可以将房间出售给他人。

图3-4 酒店常见预订种类

（3）保证类预订。**保证类预订是指客人通过使用信用卡、预付定金、订立合同等方法进行预订，以确保酒店应有的收入。**保证性预订可以避免因为客人预订房间后不到店或临时取消订房，造成客房不能出售而引起的经济损失。如果客人预订了客房但又没到酒店，而且没有提前向酒店取消订房，酒店有权从预付定金中按合同收取一天的房费。对客人而言，酒店必须为客人保留房间到预计抵店日的次日中午为止，这样才可以保证客人的用房要求。

【同步思考3-1】

问题： 保证类预订的担保类型有哪些？

理解要点： 保证类预订的担保类型有预付款担保、信用卡担保和合同担保。

预付款担保是指客人通过交纳预付款而获得酒店的预订保证。

信用卡担保是指客人使用信用卡来担保所预订的酒店客房。

合同担保是指酒店同经常使用酒店设施的客户单位签订合同以担保预订。合同内容主要包括签约单位的账号、地址以及同意为因失约而未使用的订房承担付款责任的说明。同时，合同还应规定通知酒店取消的最后期限，如签约单位未能在规定的期限通知酒店取消，则酒店可以向对方收取房费等条款。

（4）等待类预订。**等待类预订是指酒店在客房已经订满，或者客人想要的某一房型已经订满而客人又有预订要求的情况下，酒店将此类客人列入等候名单（Waiting List）。**如果有客人取消订房或提前离店，酒店通知等待类预订客人。将客人列入等候名单时，需要向客人询问姓名、联系方式，以便酒店有空房时按一定顺序与客人取得联系。

【知识链接 3-1】

OTA 五折促销触动了酒店业的哪根神经

自 4 月初，去哪儿网启动在全国范围内酒店五折促销活动以来，行业内为之展开的纷争就一直不断，让局外人看得眼花缭乱、不知所以。近日，随着携程网和艺龙网的加入，五折的战争有进入白热化的趋势。

去哪儿网表示，促销活动目前尚没有明确的结束时间。此次活动给酒店带来了很多流量，而消费者也得到了最大实惠，有的城市 100 多元就能住豪华酒店。对去哪儿网来说，自掏腰包补贴酒店回馈消费者，是在培育酒店在线预订市场。

酒店行业不是没有过阻止去哪儿网五折的行动。在 4 月底，这个活动开始不久，湖南省旅游饭店协会联合 20 家酒店抵制去哪儿网的五折，理由是"此举已严重扰乱湖南省酒店市场的正常经营秩序，违背了市场公平竞争的基本原则，属单方面恶意违规行为"。随后让人看不懂的则是，山东省旅游饭店协会先声援湖南省旅游饭店协会，后发声明表示力挺去哪儿网。湖南省旅游饭店协会近期宣布，300 多家酒店对去哪儿集体断供。

如果把事件中的当事者分为三方：消费者、酒店和 OTA，谁在其中受益？谁又是受害方呢？

首先，消费者看起来是没有受害的，以便宜的价格得到同样的商品，消费者应该是受益者。

其次，对酒店而言，问题就会复杂一些。酒店行业的季节性差异非常明显，旺季的时候房间供不应求，淡季的时候门可罗雀。旺季，酒店之间竞争关系不太明显，不同档次酒店之间的价格阶梯也十分分明。5 月是市场上的传统淡季时间，客源有限，所以价格就变得非常敏感。尤其是对高星级酒店而言，价格长期以来是品质和身份的象征，降低标价在心理上不能接受，但如果选择关闭与去哪儿网合作不参加五折，又害怕竞争对手参加，顾客都跑到竞争对手的酒店去住。

有统计数据显示，中国酒店每天需求大概是 1000 万间/夜，而消费者在 OTA 的预订总量不到需求量的 10%。对这个数据的一种解读是，消费者还没有在 OTA 预订的习惯。笔者更倾向的解读是，酒店给 OTA 每天预留的房间数有限，销售完了，这个渠道就关闭，这样才能维持不同销售渠道的价格差异。

最后，据去哪儿网副总裁兼目的地服务事业部 CEO 向笔者确认，去哪儿网此次贴钱打折，目的在于发展新增用户，提高手机 App 的市场占有率。他认为，这笔钱花得值得，去哪儿网在其中获益匪浅。

也就是说，在事件的三方中，消费者和 OTA 都可以看作是受益者，而酒店实在看不出能以什么理由作为受害者出现。在自愿交易的基础上，选择交易伙伴无非是对利益的权衡。在目前市场上，定价权还是牢牢掌握在酒店自己手中，不是 OTA 能够强迫交易的，因为酒店可以随时关闭 OTA 这个销售渠道，不提供房源。但问题在于，怎么调整销售策略，以便适应 OTA 带来的市场变化，恐怕才是酒店行业面临的真正问题。

（资料来源：鄢光哲. OTA 五折促销触动了酒店业的哪根神经？[N]. 中国青年报，2015-06-04（11）.）

3.2 客房预订程序

预订员应该掌握酒店的订房标准,通过计算机管理系统确定的预订流程来为客人服务。首先在预订工作开始前完成准备工作,掌握酒店当天的房价、可售房型和房态等信息。当接到客人从不同预订渠道的预订时,应明确客源并受理及确认预订。若客人的预订有任何变更或取消,则按照酒店标准操作流程及时核对和变更,最终通知酒店各部门做好接待工作。

3.2.1 客房预订流程

预订部的预订流程,如图3-5所示。

1. 散客预订流程

(1) 预订前的准备工作。预订员来到酒店进行接班工作时,应自觉检查仪容仪表,整理工作环境,准备好工作所需的报表、表格等必需品,并与同事进行交班工作。预订员需要了解客房的布局、类型和位置。掌握本酒店餐饮、会议、康乐等方面的有关情况;了解报价产品的销售情况、价格和优惠内容、近期推出的各项活动内容和促销项目、业务等信息。

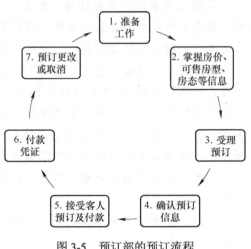

图3-5 预订部的预订流程

(2) 掌握当天房价、可售房型和房态等信息。预订员在上岗前,应该及时掌握酒店当天可售房型和房态以及销售价格,可以帮助酒店更好地开展客人问询及销售工作,提高客房的出售率及收益。

(3) 受理预订及确认。预订员需要通过网络、邮件、电话、传真、新媒体等方式或中央预订系统处理订房,并负责处理从销售部、旅行社、OTA、公司等途径获得的订房信息。

(4) 预订资料的记录储存。将客人的预订信息及时输入计算机系统,按照日期存放各类预订单。若客人预订需要通知其他部门,将预订单在预订部备份之后,将副本分发至相关部门。

(5) 受理预订时应遵循的操作程序。在受理客人预订时应遵循以下操作程序:

第一,问候客人,使用酒店标准操作流程及礼貌用语问候宾客。接受客人来自不同渠道的预订,根据客人的需求,合理推荐酒店的可出售房。

第二,提供所有适合客人询问房型的信息,正确描述房型的差异(位置、大小、朝向、房内设施等)。

第三,在与客人对话的同时,把有关内容记录在订房系统页面上。

第四,在酒店系统中查询房态,核查是否有重复预订、受理预订取消、预订变更等事宜,将信息及时录入计算机(如Opera系统),并通知相关部门。

第五,与客人确认房价。

第六,确认客人抵离时间,并询问客人是否需要交通工具及接送机服务,询问有无其他特殊服务要求。

第七，确认客人联系方式并确定预订类型，准确提供承接预订的电话号码或承接预订员的姓名。

第八，预订员与客人再次确认预订信息：客人姓名、到店日期、入住天数、房型、房间数、房价、预订保留时间和联系方式，并以书面或口头形式确认，最后与客人礼貌道别。

第九，核查协议公司、旅行社等相关合作单位的信息，做好计算机的档案录入工作。

第十，跟进留言报告中的事项，确保及时更新订房资料。

第十一，对预订函进行发送确认、回复等工作。

第十二，以抵店日期、字母顺序管理预订资料。

第十三，核查是否有重复档案并做合并工作。

第十四，核查任何与实际不符的数据并更正。

第十五，确认住店客人是否续住，并在计算机中做好标注。

第十六，对 VIP 客人提前做好指定用房工作并与前台做好沟通。

具体预订操作程序，如图 3-6 所示。

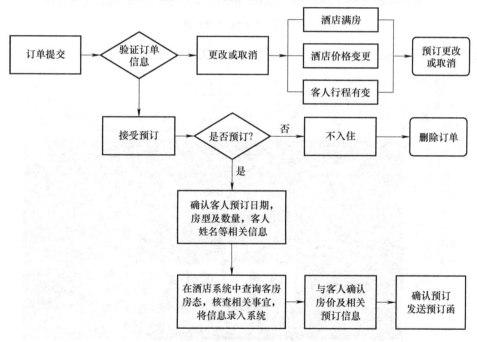

图 3-6　前台客房预订操作程序

【业务链接 3-2】

Opera 预订实操演示

1. 建立 Individual Profile

Tom Wang：1984 年 5 月 10 日生于中国昆明市五华区

家庭住址：南京路 225 号 1 栋 201

家庭电话：158888888

工作传真：0871-2154545

他通常使用现金结账，偶尔也用信用卡结账，信用卡号为：VISA（×××××）
此人办理预订时需要通知总经理。

具体操作步骤如下：

第一步：进入系统，如图 3-7 所示。

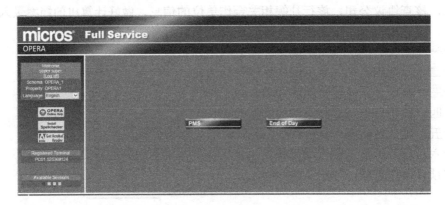

图 3-7　Opera 登录界面

第二步：单击 Opera 的"PMS"按钮进去，如图 3-8 所示。

图 3-8　PMS 登录界面

第三步：单击"Reservations"选项卡，就会显示 Reservations 下面的菜单栏，如图 3-8 所示。

第四步：单击 Profile，输入需要处理预订的名字：Tom Wang，然后单击"Search"按钮，如图 3-9 所示。

第五步：输入名字后得知，Tom Wang 的 Profile 没有客史，因此单击右边的新建按钮，如图 3-10 所示。

第六步：单击名字后面的绿色小地球标识，如图 3-11 所示。

第 3 章 前厅预订服务与管理

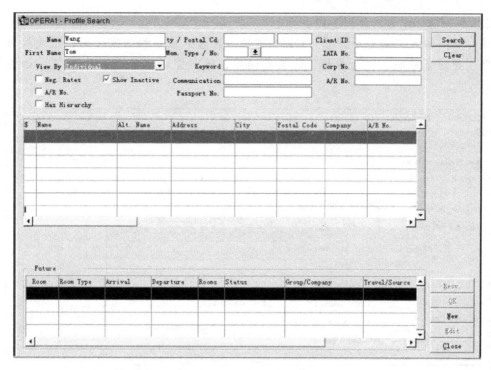

图 3-9 Profile Search 散客界面

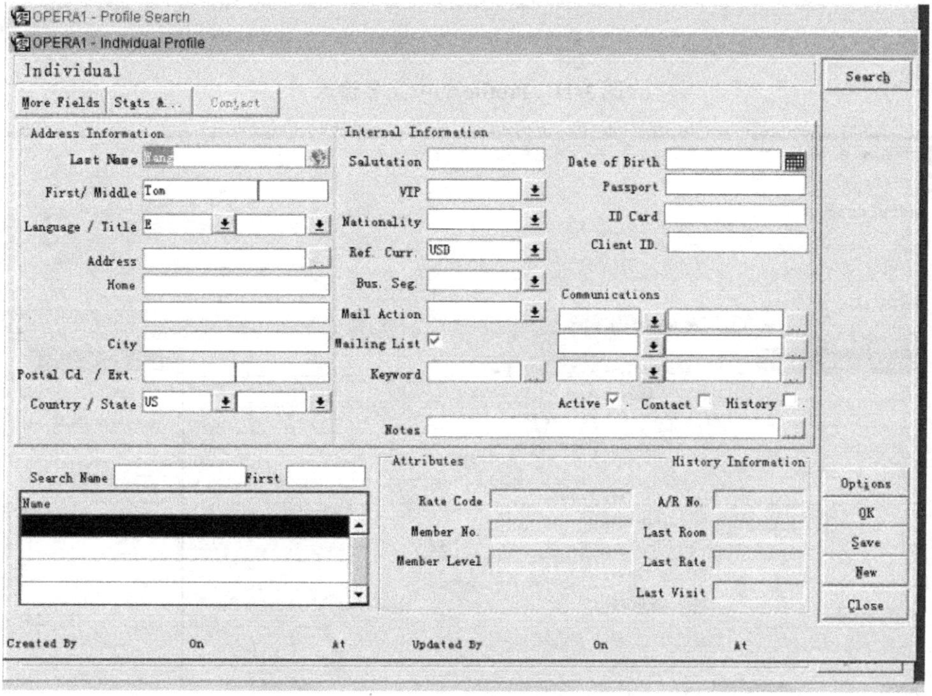

图 3-10 Individual Profile 客史档案的建立

第七步：中文名字输完后，单击"OK"按钮，再输入王先生的地址：昆明市五华区南京路225号一栋201号，如图3-12所示。

第八步：输入完地址后单击"OK"按钮，再输入城市和国家代码，依次填写完出生日期、身份证号码、电话号码、传真号码等，输入完后单击"OK"按钮，如图3-13所示。

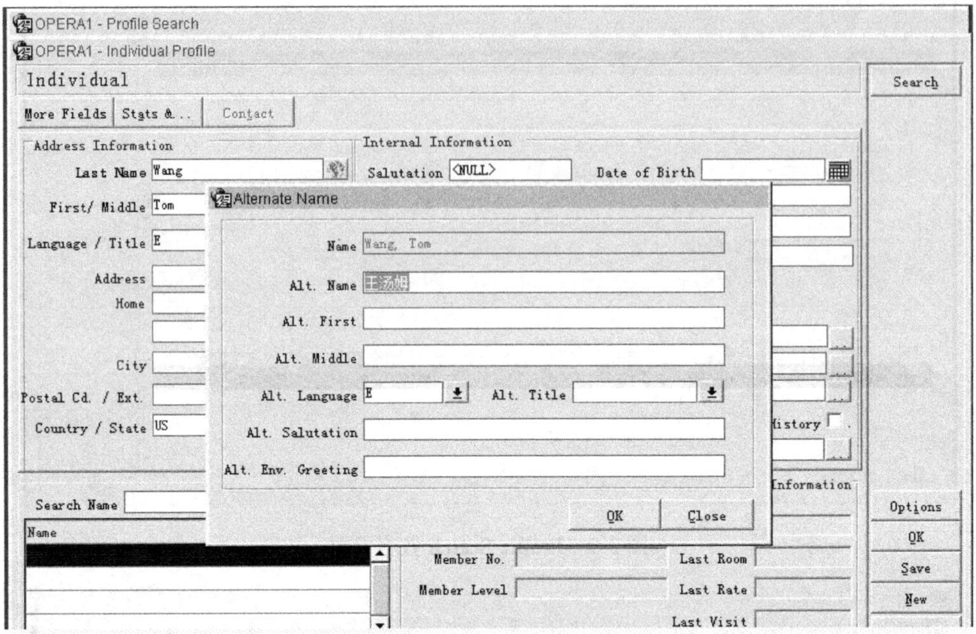

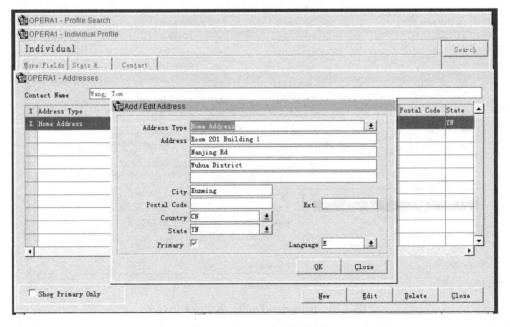

图3-11 Profile的中文名输入

图3-12 Profile的地址填写

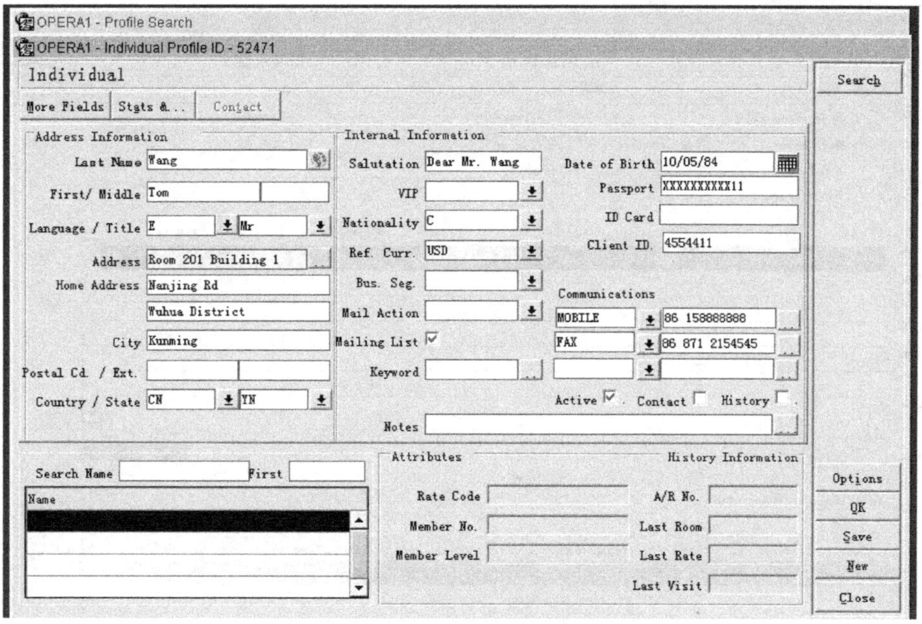

图 3-13 Profile 的档案信息输入

2. 有协议价格的预订

Tom Wang 致电前台，预订了 2016 年 9 月 10 日入住一晚的高级大床房，备注要求无烟房间，所有费用自理。王先生是红星公司的总经理，红星公司已经和酒店签过协议价格。

第一步：单击"Reservations"界面的纵列菜单键的"New Reservation"，如图 3-14 所示。

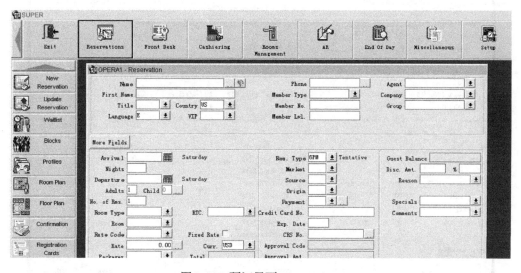

图 3-14 预订界面 Reservations

第二步：单击"Name"后面的三个点的那个图标，进入"Profiles"界面，选择 Tom Wang 的"Profile"，连接到预订界面中，如图 3-15 所示。

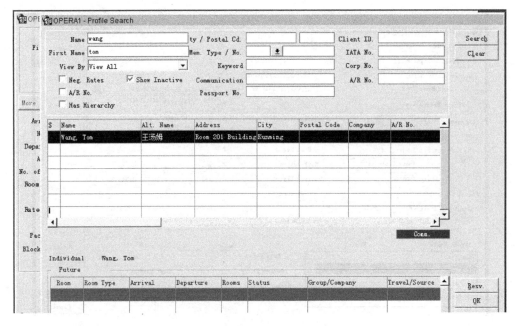

图 3-15 Profile Search 界面

第三步：名字填写完整后，在"Arrival"里面输入 2016 年 9 月 10 日，在 Nights 处填写 1，依次将空格处填写完整，选择王先生对应的房型是高级大床房，备注上安排无烟房间，在"Room Type"处选择王先生预订的房型，RTC 处的房型是影响价格的，选择对应的红星的协议价，如图 3-16 所示。

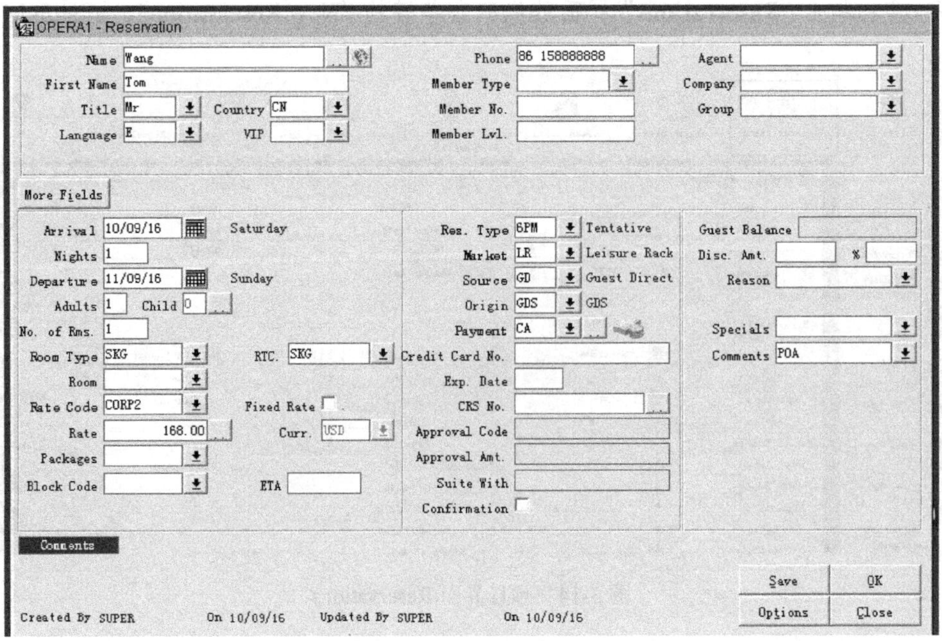

图 3-16 Reservation 界面

第四步：将王先生的付费方式添加进"Comments"中，如图 3-17 所示。

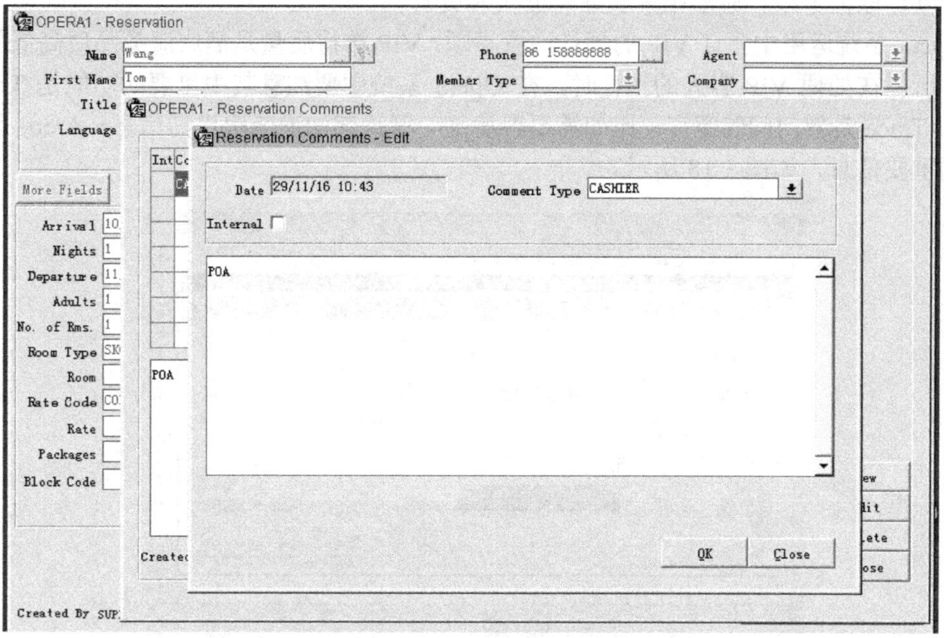

图 3-17 Comments 付费方式的填写

第五步："Comments"填写完整后单击"OK"按钮后即保存和关闭界面，此时普通散客的预订已经完成了。

客人的特殊要求或者个人喜好备注在"Opera"系统里面，如 Alerts、Comments 或 Trace 等。

2. 团队预订

团队预订是指酒店预订部接受来自旅行社、合约公司等渠道的小型或大型团体的预订。预订部在处理团队预订单时，除按照散客预订程序操作外，还应注意以下几点：

1）接收团队订房单，检查有关项目资料是否齐全。

2）检查核对团队名称、国籍、团队代码、团队人数、房型、房数、房价、离抵店日期、付款方式、挂账信息及其他特殊要求。上述资料不全时，应立即跟销售部或相关团队单位联系，补全资料。

3）团队预订确认后在确认单上签字并发回相关单位。

4）在酒店系统中填写团队预订单并进行排房，及时通知前厅部，然后将团队订房单存档。

5）团队抵店前 24 小时再次与销售部或相关单位进行最后确认。

6）团队抵店当天早上，将团队预订单交给前台接待处。

3. VIP 预订

如果客人是常客或 VIP 客人，应确认接待规格，及时发出 VIP 通知单，通知客房、餐饮、康乐等相关部门，按本店相应标准及程序有针对性地接待，在系统里面做好备注。在客人预抵店时间而客人未能到达时，应主动与客人联系，核实情况后取消预订，按相关标准处理预订取消手续，通知相关服务岗位（人员）。

Opera 系统运用中预订 VIP 的预订注意事项：VIP 接待质量是酒店服务品质高低的重要体现，所以在处理 VIP 客人的预订时，在 Opera 系统中要注意其中重要的功能是 Trace 和 Alerts。Trace 是部门间的留言，比如需要客房部、餐饮部知道或跟进的信息。Alerts 是提示客人的重要信息，如图 3-18 所示。

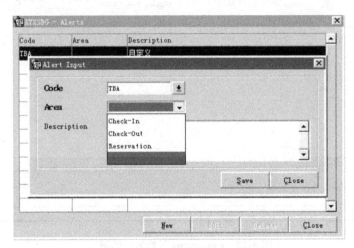

图 3-18　重要信息及 VIP Alerts 的填写

【深度剖析 3-1】

背景： 从飞猪早先提出的"信用住"，到携程随后跟进的"闪住"，再到"刷脸入住"，通过数据打通和硬件落地实现对前台人工的完全替代，使"去前台化"几乎成为国内智慧酒店解决方案中的一种必然选择。

然而，当"无前台化"尚未席卷酒店业之时，一种跨国而来更加强调酒店与客人"交互性"的智慧酒店解决方案正在国内悄然落地。基于 Beacon 技术定位客人位置，让酒店可以提前做出针对性的住前准备和定制化的接待。通过打通 OTA、PMS、智能门锁等住前、住中、住后数据，为身处酒店中的客人提供更精准的推送服务。

显然，智慧酒店解决方案在探索阶段正走出两条泾渭分明的路径。

尽管技术和智能化的科技运用确实为顾客的入住体验带来了一些提升，但与互联网企业的预期不同，一部分酒店业者并不认为"去前台化"是一个正确的解决方案。

"免押金和查房从理论和流程上说得通，但要说对于酒店效率和成本有多大改观，我觉得并没有改变。"一款尾房 App 运营者表示，"以飞猪信用住为例，很多酒店在这个渠道的客源占比一般。而除了直签之外，第三方供应商根本无法实现，比例就越来越低，这样的占比我觉得并不会改变整个效率。"

"我觉得完全去前台化不可行，就以排房为例，这是所有前台在接待培训时的第一课，不同国籍、文化、民族的消费群体等在排房上是有讲究和要求的，完全靠机器怎么去做判断和辨别？"一名拥有多年从业经验的前厅部主管用这一点强调人工前台的不可取代性。

显然，目前业者对于两类智慧酒店解决方案的观点不一。不同类型酒店，不同类型客群，不同的成本收入结构，产生了对智能酒店解决方案各异的实际需求。未来，哪种方式才会是智慧酒店解决方案更好的发展路径，目前仍然无法得出结论。

（资料来源：杨凡."无前台"智慧酒店解决方案深陷争议，"强交互"打法能否破局？[EB/OL].（2017-02-28）[2017-02-28]. http://chuansong.me/n/1615101651437 整理）

问题：你如何看待智慧酒店？酒店业真的能实现"去前台化吗"？为什么？

解析与讨论：随着科技的发展和社会的进步，智慧酒店代表酒店未来的发展趋势，所谓的"去前台化"目前还只是一种理念。酒店业一直是人力资源密集型行业，因其提供的是服务，在体验经济时代，有些带给顾客的情感化、个性化服务只能依靠人来提供，人在对客服务过程中必不可少。但是科技智慧可以降低所需人力数量，降低酒店成本。

3.2.2 预订核对与更改

酒店在接受预订后，客人在抵店前会由于各种原因对原来的预订提出变更或取消，预订员应该重视并处理好预订的变更工作。在客人提出预订的更改和取消时，预订员应该灵活应对，为客人处理完成之后，需要迅速做好由于变更和取消后闲置客房的补充预订工作，并及时通知酒店总台和预订部经理。

1. 预订变更

酒店在接受客人预订后，会由于种种原因在抵店前临时发生一些改变。预订人员在接到相关要求时，首先应该询问客人姓名及原始预订信息，查看是否能满足客人变更的要求。若客人的预订为可更改的预订，则询问客人需要更改的入住条件，并在酒店系统中更改预订信息，填写预订单。若涉及特殊安排，则应提前通知相关部门。在为客人更改完预订之后，完成客房更改单并填写更改原因，并将更改单与新的预订信息交给订房部主管，完成预订更改程序。

2. 预订取消

客人在酒店完成预订程序后，可能会由于种种原因没有办法按照原定计划到达酒店而向酒店提出取消预订。预订员在接到客人预订取消要求时，首先应该询问客人的姓名以及原始预订信息，在系统中查看客人的预订是否能取消。若客人的预订类型为保证类预订，则向客人表示无法为其办理取消并向客人解释原因。若客人的预订可取消，则为客人在系统中取消之后，在系统中填写取消信息并备注原因。在完成取消预订之后，询问客人是否需要新的预订，若客人需要，则为其做新的预订。

【教学互动 3-1】

主题：在现实生活中，有时当预订客人超过预抵店时间还没有出现，酒店将客人的预订取消，结果客人后来又来了。

问题：如何掌握"取消预订"的时限？

要求：同"教学互动 1-1"的要求。

3.2.3 预订资料处理

客房预订员在处理所有预订信息时必须保证信息的准确性，预订单上的信息与计算机里录入的资料务必保持一致。当预订员将已确认的订房信息及时准确地输入计算机时，需要仔细检查预订单是否填写完整。确认客人的姓名、离抵店的日期、所需房间数、房型、入住人数及房价、客人是否有接机的需要，以及订房人的姓名和联系方式。将预订资料输入系统时，要注意不要将日期、房间类型、房价、房间数、客人姓名输错。在系统中完成预订后，需记录下预订的确认号，并将预订确认书连同预订号发送给客人。

3.2.4 预订后续工作

1. 准备接待

在客人抵店前一周，将酒店重要客人的预订信息通知相关部门，做好客人抵店前的各项准备。在客人抵店前夕，将客人的详细入住信息以书面形式通知相关部门并做好准备工作。在客人抵店当天，由前台工作人员提前排房，客房部服务人员做好查房，根据客人的等级安排不同级别的酒店人员负责迎接。

2. 后续网络评价

预订部在完成预订后应实时跟进了解离店客人对入住酒店的体验及网络评价。将好的评价继续发扬，不好的评价要找到根本原因进行改进。如有本部门意见及建议，部门共同讨论并协商改进措施，并做好相关培训。将每次事件记录好，做成案例分析装订成册，便于之后的员工取其精华，吸取教训。

3.3 预订管理

预订管理是指酒店通过科学运用管理信息系统中的预订功能接受和处理客人的订房信息，并根据酒店实际运营状态实施有效的控制，这要求酒店预订部主管和收益经理不但要掌握科学的管理方法，还要基于市场需求的变化正确地决定酒店的预订决策，通过对酒店市场上日益复杂的信息资源及细分市场上客源的需求进行系统分析和总结，保证并且提升酒店的总体经济效益。

3.3.1 超额预订

1. 超额预订的概念及意义

酒店客房作为一种特殊的商品，具有时间性和不可储存性的特点，所以客房的销售成果会直接影响到酒店的总体收益。为了吸引更多的客源，提高酒店的入住率及客房收益，酒店最常采用的一种方式是超额预订。

超额预订是指在酒店客房已经订满的情况下，再适当地增加订房数量。 例如，假设酒店拥有300间客房，在酒店所有房间都订满的情况下，预订部再多接受10间房的预订，店实际的预订房间为310间房，也就是超额预订了10间房。

由于酒店客房具有不可储存的特点，使客房在销售活动中增添了复杂性。当客人延迟入住、没有入住、临时取消订房或提前退房而导致酒店出现空房时，酒店若不能及时把房间出售出去，就会给酒店客房的收入造成损失。所以实施超额预订的意义在于弥补酒店因客人原因而出现的空房增多、收入减少的情况。例如，某酒店当天只剩下10间客房，但该酒店接受了 15 间房的预订，即超额预订了 5 间。在入住当天，若有 2 间房的客人由于天气的原因临时取消了预订，有 1 间房的客人提前办理离店，2 间房的客人没有出现，那么超额预订刚好弥补了临时取消、提前离店及没有入住的客人空出来的房间，酒店的入住率达到 100%，酒店避免了客房收入的损失。

2. 超额预订的风险管理

超额预订是有一定风险的，如果酒店不能够准确地把握超额预订的房间数量，会给酒店造成经济损失并且带来一定的负面影响。

例如，若酒店在某一天超额预订了 5 间客房之后，仅有 1 间房的客人没有来入住，2 间房的客人因故取消入住，那么酒店将面临有 2 位客人来到酒店却没有房间入住的情况，这时酒店就不得不把客人介绍到其他酒店入住。在这样的情况下，酒店需要承担客人在另一家酒店的住宿费用包括相关的交通费用及住宿费。若被送出酒店的客人向周围的人抱怨或在社交网站上宣传不太理想的入住经验，那么还会对酒店的声誉和信誉造成负面的影响。

超额预订对酒店内部员工的工作也会增添难度。通常被安排到其他酒店入住的客人都是当天最晚到达的客人，处理这些客人的投诉和不满的员工通常都是前厅的夜班经理和职员，他们都将直接面对来自客人的负面情绪及投诉。长期在这样的压力下工作会使他们抵触超额预订的工作，负面情绪增多，甚至选择离开这样的工作环境。

但从长远来看，超额预订能够帮助酒店最大限度地扩大客房的销售量，最终为酒店带来利益。所以针对酒店的预订部和收益管理部门需要提高超额预订预测的准确性，将超额预订的房间数控制在合理的范围内。根据酒店业的行业经验来看，每天超额预订的房间数应该占当天预订总数的 8%～15% 较为合理。

3. 超额预订应考虑的因素

首先，根据客人预订形式的不同会影响到超额预订的制定。若酒店当天的临时类预订和确认类预订较多，那么超额预订的弹性就较大。相反，若酒店的保证类预订较多，那么为了确保客人的住宿房间，酒店就不应该过多地超额预订，以免出现客人到店没有房可住的情况。

其次，酒店在实施超额预订时，不仅要关注市场的需求和酒店的实际经营状况，同时还要考虑不可控因素，如天气、突发事件等。恶劣的天气通常会导致航班取消、交通瘫痪等情况。如遇到这种情况，酒店可以大胆预测临时取消房，延迟入住和到期不出现的客人会增多，从而增加超额预订的房间数。

最后，酒店还需要关注在本地举办的大型会议、会展等活动。若一周之后会有某个大型活动将在本市展开，届时将会有大批活动相关人员及参与人员来到该城市，市场上的需求将大大增加，客房就会出现供不应求的现象。此时酒店可以提高活动期间的房价，使酒店的收益最大化。

【同步业务 3-1】

背景：绝大多数酒店在一年中的大部分时间不会客满，但在旺季、周末、节假日可能出现因客满而客人无房的现象。

问题：超额预订过度应该采取什么样的补救措施？

解析提示：按照国际惯例，酒店方面应该：①酒店内部挖潜力，如在同一个团体内部加床以减少占房数,把套房改成标准间,在会议室等空地加床,利用酒店员工用房,打折出租轻微损坏的空客房等。②与部分客人商量劝其退房并提供方便。③仅某类客房超额预订时,可采用房间升级的方法解决问题。④对一般类订房不受理。⑤立即与另一家相同等级的酒店联系,请求援助。同时,派车将客人免费送往,如果找不到相同等级的酒店,可安排客人前往另一家级别稍高一点的酒店,高出的房费由本酒店支付。⑥如属于连住,则店内一有空房,在客人愿意的情况下,再把客人接回来,并对其表示欢迎。⑦如果客人属于保证类预订,还应支付客人在其他酒店住宿期间的第一夜房费,或客人搬回酒店后可享受一天免费房的待遇,免费为客人提供一次长途电话话费或电传费,以方便客人能够将临时改变地址的情况通知有关方面。

3.3.2 预订纠纷的处理

酒店的客房预订一旦经过酒店确认之后就形成了酒店与客人之间的一种约定,但有时当预订内容不准确或其他信息有错误时,酒店和客人会对预订产生一定的纠纷,常见的预订纠纷有以下几种类型:由于酒店超额预订而导致部分客人没房,客人表明已有预订但酒店系统里查询不到,客人提前或延后抵店,在价格上发生争执,不理解酒店的相关政策或当地法规等。

若纠纷产生的原因是酒店的责任,酒店相关负责人应该积极调查纠纷产生原因,在最短的时间内帮助客人解决并给予满意的答复。若原因在于客人,那么酒店就需要与之共同协商。在解决预订纠纷的时候,酒店需要维护自身的合法权益,同时又要站在客人的角度为客人着想,帮助客人解决问题。

【职业道德与企业伦理 3-1】

国庆房价的争端

背景与情境: 与酒店有订房协议的某公司王先生于9月25日入住该酒店,房价为协议价338元/间天。因生意上的谈判不是很顺利,王先生在酒店多住了几天。10月8日,王先生到前台结账,当收银员将王先生的账单打印好送到王先生手中后,王先生脸上的笑容立即转为不悦的表情。他指着账单上10月1日~10月3日的房价问收银员:"为什么这三天的房价是588元?"收银员解释说这三天是法定假日,酒店有特殊的房价政策,与平时价格不一样。王先生本来对酒店的服务相当满意,自从与酒店签订了协议后,他今年以来至少有10天在酒店消费。他对收银员说:"我在你们酒店住了这么长时间,也算是老顾客了,你们还要在节假日按普通散客门市价收房费?真是岂有此理。如果你们一定要按此价执行,我大不了以后不住你们酒店了。"收银员见状不知如何解释,只好把大堂副理找来。

(资料来源:仇学琴. 酒店前厅客房服务与管理[M]. 天津:南开大学出版社,2011:49-49.)

问题: 大堂副理该如何妥善处理?该案例对于酒店旅游旺季的调价问题有何启示?

分析提示: 这一案例的关键是酒店与王先生所在的公司签订的订房协议条款,如果协议中说明在节假日入住该酒店,房价要涨,那么王先生就应该按照旺季价格结算;如果协议中未做说明,酒店方则应该按照入住时的价格结算。同时,酒店在王先生刚入住时未做说明,是负有责任的。

本章概要

★主要概念

预订，直接预订渠道，间接预订渠道，预订方式，临时类预订，确认类预订，保证类预订，等待类预订，超额预订。

★内容提要

- 本章主要介绍了前厅预订服务与管理的基本理论和主要内容，包括预订概述，预订的含义、任务、渠道方式和种类，客房预订程序的工作流程和资料处理，预订管理过程中的超额预订及预订纠纷的处理。
- 预订是指客人在抵店前要求酒店为其保留客房的预先约定，与酒店达成的租住协议。
- 酒店的预订方式主要分为电话预订、面谈预订、传真预订、信函预订、合同订房和网络预订。酒店预订的种类一般分为临时类预订、确认类预订、保证类预订及等待类预订。
- 酒店预订部的主要工作是对客房以及酒店其他产品和服务的销售。酒店预订部在接受客人预订时，应根据不同预订方式及种类采取相应的处理方式。
- 团队预订是指酒店预订部接受来自旅行社、合约公司等渠道的小型或大型团体的预订。通常团队预订应由预订主管或团队负责人来处理。
- 预订管理是指酒店通过科学运用管理信息系统中的预订功能接受和处理客人的订房信息，并根据酒店实际的运营状态实施有效的控制。

单元训练

★观点讨论

观点：超额预订会给酒店带来正面和负面的影响，但从长期发展的角度看，做好超额预订利大于弊。

常见质疑：实施超额预订会影响酒店的信誉和口碑。

释疑：如果酒店不能够准确地把握超额预订的房间数量，会给酒店造成经济损失并且带来一定的负面影响。但只要预订部及收益管理部门加强对市场需求的分析，掌握消费者的消费习惯，提高预测的准确性，超额预订能够大幅度提高酒店的客房入住率及客房收益率。

★案例分析

【相关案例】

预订的客房没有了

背景与情境：当于先生夫妇于6月14日中午到达某酒店的时候，前厅接待员告诉于先生现在不能立即办理入住手续，因为有的客房还没有清理完毕。前台主管向他们解释，客房部现在缺少服务员，房间要等到下午4:30才能全部清理完毕，并分别递给他们俩每人一张午餐贵宾卡作为补偿，于先生夫妇觉得安慰了许多。

但是，当他们下午 4:30 返回前台要求办理入住登记的时候，却被告知客房已经全部满员，他们必须另外找别处过夜。于先生感到非常惊讶，他觉得是接待员搞错了，于是出示了他们的登记确认卡，并解释说他们中午已经来过了，本来是应该办理入住手续的，只因当时客房没有完全清理好，接待员让他们 4:30 再来的。接待员当即表示歉意，向于先生解释说，酒店房间确实已经客满，酒店原来就是按照超员 10%办理预订手续的，非常不幸，于先生确实必须另寻住处。

于先生问为什么他们中午来办理入住登记时不说明情况呢？接待员解释说，按照酒店惯例，通常都要给超员预订的顾客午餐贵宾卡，并告诉他们下午 4:30 再回来，这是因为通常正常办理预订的顾客如要取消预订一般会在下午 4:00 前办理，这样的话，酒店就可以把房间转给那些超员预订的顾客。

没有办法，于先生夫妇当晚只好再寻找别的酒店住宿。于先生回到家后，给相关部门和机构写信投诉，表达了他的不满。

（资料来源：曹希波. 新编现代酒店服务与管理实践案例分析实务大全[M]. 北京：中国时代经济出版社，2013：112-113.）

问题：
（1）此案例涉及本章的哪些知识点？
（2）酒店在决定超额预订房间数量的时候应该考虑哪些因素？
（3）如何处理因超额预订引起的投诉？
（4）如何妥善处理因超额预订而造成的客人没有房间可住的情况，让客人满意？

建议阅读

[1] 李肖楠，刘艳. 酒店前厅运营与管理[M]. 北京：化学工业出版社，2016：33-67.

[2] 江美亮. 酒店前厅规范化作业流程·服务细节·疑难解答[M]. 广东：广东经济出版社有限公司，2014:01.

[3] 袁照烈. 酒店前厅部精细化管理与标准化服务[M]. 北京：人民邮电出版社，2016：35-40.

第4章 前厅接待、离店服务与管理

学习目标

理论知识：学习和把握前台接待业务的概念，前台接待在酒店中的地位，客人停留期间的总台服务的概念与类型，前台入住登记的相关知识，酒店客房的基本状态，酒店常见房态。用其指导"同步思考""深度思考"和相关题型的"单元训练"。

实务知识：学习和把握前台接待总体规范，总台接待业务的流程，客房状况的控制方法，为客人办理换房、提前或延期离店的方法及程序，担保支付的内容与原则，客人账户管理的内容和原则，外币兑换业务的内容、原则、方法与操作程序，贵重物品寄存与管理的原则与程序，总台收银业务的内容、原则与操作流程，客人信用控制的原则以及夜间稽核管理的内容和原则，以及"业务链接"等程序性知识。

认知弹性：运用本章理论与实务知识研究相关案例，对本章"引例"和"相关案例"等业务情景进行分析。

【引例】

客人被多收 700 元房费

背景与情境：某日，郑先生打电话到酒店前台，称自己的信用卡本月无缘无故被酒店多收了 700 元钱。酒店大堂经理立即展开了调查并得知，郑先生 5 月 26 日入住，原本订至 5 月 29 日，但他于 5 月 28 日早上提前退房后离开酒店。前台领班小敏为其办理了退房手续，将所有资料投到财务部门。但是 10 分钟之后，这间房被重新恢复入住，操作日志显示是小敏负责的，但小敏和当班的主管均没有印象当日为客人办理过恢复入住手续。同时，酒店查看了 5 月 28 日的催预退记录及夜审对租记录。因 5 月 28 日不是客人的离店日期，所以无此房的预退记录。客房部晚上开夜床时报告大堂经理此房无行李，同时在当晚大堂经理对租时也查出没有入住登记单。5 月 29 日大堂经理查"离店日期"时发现此房无人无行李且没有联系方式，则通知前台。

7 月 2 日，财务查账时发现此房押的是信用卡，预授权早已失效，因此判定为前台漏结账目。虽然前台领班小敏和主管意识到是前台员工的失误，将押信用卡的账目挂临时账，但他们认定客人没有来前台退房就是逃账，决定手工追收这笔账，于是在 POS 机上成功追收回 700 元钱。但郑先生坚持自己已经于 5 月 28 日就把账结清离开了酒店。现在问题就在于为什么 5 月 28 日房间会再恢复入住，是否确实是客人返回来了，而不承认呢？5 月 28 日已产生了一晚的房费到底应该由谁来承担呢？酒店应该如何解决类似事件？

（资料来源：根据百度文库改编：http://wenku.baidu.com/view/3e879a431ed9ad51f01df2d2.html?from=search）

前厅部是酒店的活动中心，是为客人提供各种综合服务的部门。酒店通过前厅部建立与宾客之间长远的联系。由于前厅是客人最先和最后接触酒店的地方，前厅部的运营与管理对酒店的市场形象、服务质量以及酒店的管理水平和经济效益都有至关重要的影响。由于前厅部的工作与业务具有接触面广、业务复杂、关系酒店全局等特点，在现代化酒店里前厅部往往被认为是整个酒店的核心部门，是酒店的信息中心、服务中心、接待中心和协调中心。无论是在前厅员工培训与管理方面，还是部门运营和发展的手段要求都会高于酒店的其他部门。因此酒店需要正确地认识和管理前厅部，进一步加强员工的培训和发展，共同协调酒店的对客服务工作，以优质的服务接待四海宾朋。

4.1 接待概述

前台接待是前厅部对客服务极为关键的部分。前台通过积极开展客房预订业务为抵店客人安排住房和办理登记入住手续，负责客人在店停留期间的总台服务，以及为离店客人办理离店手续等相关工作来带动酒店各部门的经营活动。前台接待始终是为客人服务的中心，是连接客人与酒店的纽带。

首先，前台接待服务贯穿客人的住店始终。前台接待人员为客人提供服务从客人抵店前的预订就已经开始了，贯穿于客人到店、入住，直到客人结账离店的全过程。这就要求前台接待人员在与客人交往的过程中能够提供个性化、主动性、快捷细致的服务，提高顾客对酒店的满意度。

其次，前台接待是酒店的形象代表，是酒店对客服务开始和最终完成的场所，是客人对酒店第一印象和最后印象形成之处。前台的环境氛围、工作效率及服务质量水平都直接代表着酒店的总体水平和形象。

再次，前台的销售效果将直接影响酒店的经济效益。前台销售最主要的产品是酒店的客房，以前台通过对客房的销售来带动酒店其他各部门的经营活动。这就要求前台接待人员在岗位上积极向客人销售酒店客房，介绍酒店的设施和服务，宣传和推销酒店的各种产品，并能够和来电客人建立良好健康的联系，为酒店增加潜在的客户群体。

最后，前台接待是与客人建立良好宾客关系的重要环节。客人到店时，应向客人表示欢迎，热情地向客人介绍本酒店的各类产品和服务。在客人入住过程中有什么困难或疑惑，都要及时排忧解难，帮助客人解决问题。

【同步思考 4-1】

问题：前台接待服务的主要内容有哪些？

理解与讨论：前台接待服务的主要工作包括：住宿登记（Check-in）、修改客单、更换房间、调整房价、客人续住、取消入住、延迟退房等。

一般来说，酒店前台接待总体服务规范如下：

1）按照服务礼仪规范整理好自己的职业形象，保持良好的服务态度，保持工作区域的清洁和整齐。

2）热情快捷地为客人提供入住登记、离店结账及问讯服务。

3）熟悉前台操作流程，保持较强的工作责任心和良好的内外沟通协调能力。

4）熟练掌握并执行酒店运营的相关标准。

5）积极销售客房并适时推销酒店其他服务和产品。

6）了解酒店有关挂账、会员卡和现金管理等政策和程序，严格执行酒店财务制度和价格政策。

7）熟练掌握前台操作流程，熟练操作快捷键以提高效率，及时学习更新知识，以便高效、准确地完成前台各项业务。

8）熟练制作、管理客房门卡，根据房态，保持房卡房的有效性。

9）做好客人信息的档案收集和管理工作，及时更新并查看计算机备注、留言或提醒项目，及时处理。

10）了解有关安全和紧急事故处理程序，懂得预防事故的措施。

11）熟悉整个酒店的产品知识，熟知酒店的周边环境，如游览、购物、娱乐等信息，在客人问询时，快速地帮助客人解决问题。

4.1.1 入住登记相关知识

酒店前台接待员直接负责客人入住登记工作。在酒店入住的客人，一律凭护照、身份证等有效证件登记入住。我国承认的有效证件包括：居民身份证、军官证、护照、港澳通行证、港澳同胞来往内地通行证、台湾居民来往大陆通行证。前台接待员要认真学习相关的法律法规，执行各项规章制度，将安全管理放在重要的位置上。若到店客人没有有效证件，则需要问明情况和原因，先填写住宿登记表。之后酒店可派人与客人一起到附近派出所登记核实身份并开具有效证明，才能为客人办理后续入住手续。

【同步思考 4-2】

问题：前厅接待为客人办理入住登记手续的目的是什么？

理解要点：①通过法律手段明确酒店与客人之间的责、权、利。②遵守国家法律中有关入住管理的规定。③获得客人的个人资料，有助于酒店提供个性化服务、建立客史档案及日后推介酒店产品等工作的开展。④满足客人对客房和房价的要求。⑤掌握客人的付款方式，保证客房销售收入。

4.1.2 总台接待业务流程

由于前台是酒店业务活动的中心，总台接待能够收集到有关酒店经营管理的各种信息并对这些信息进行认真的整理和分析。酒店管理机构会定期向总台寻求相关数据和报告作为酒店制订计划和经营策略的参考依据。

一般来说，总台接待在工作时需要遵循以下工作规范，如图4-1所示：

1）做好各个班次的交接工作，熟悉并核查要求打印的报表。
2）按照规定领取或交接备用金。
3）查看并熟悉酒店房况，留意需要特殊安排的客人需求。
4）了解客人特殊要求，并逐一协调落实，将未尽事宜及时传达下一班督办。
5）在接待过程中应做到两次以姓氏礼貌称呼客人。
6）出于安全及隐私原因，在接待过程中不应将客人所住的房间号在公共场合说出。
7）客人有入住意愿后，按照相关规定检验、登记、传输有效证件，做到"一客一证"，准确无误。

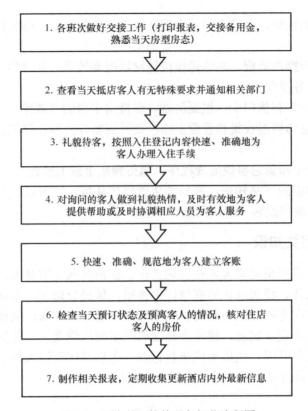

图 4-1　酒店前厅接待服务规范流程图

8）严格按照入住登记内容快速准确办理入住手续，登记后向客人重复重要细节并得到客人确认，每客接待时间一般不应超过 3 分钟。

9）对询问的客人做到礼貌热情，及时有效地为客人提供帮助或及时协调相应人员为客人服务。热情、礼貌、耐心、清晰、准确回答客人问询的事项。对暂不能回答的问题应表示歉意，并尽快查阅有关资料或咨询有关部门后予以答复，不得推托、不理睬客人或简单回答"不知道""不行""没有"等。

10）招呼行李员为客人服务，指示客房、电梯的方向，祝客人入住愉快，对客人选择本酒店应致以真诚的谢意。

11）根据预订要求为预抵达的团队排房，制作房卡，根据房态，及时掌握房况和团队入住时间。

12）登记完成后，快速、准确、规范地将入住资料输入计算机并建立账户，下班前认真检查有无工作遗漏，保证无人为责任事故发生。

13）将已排用房及各种特殊要求及时通知相关部门，做好接待准备。

14）跟办留言报告中的事项，核查 VIP 和客人特殊要求是否已完成。

15）核查预离客人的情况，并做好相应的结算准备。

16）核查是否有重复的预订并取消，同时按酒店政策取消未确认的预订。

17）检查核对住店客人的房价。

18）制作相关报表，及时发往相关部门及领导。

19）定期收集、更新酒店内外最新信息，了解本地区交通、游览、购物、娱乐等信息，以备客人咨询。

20）熟知酒店内服务设施情况，及时了解酒店当日各项活动的地点、时间及相关信息，为客人提供高效、便捷、准确的信息服务。

* Opera 在前台办理入住和退房时，应该特别注意账目的操作事宜，如同时几间房由一间房支付费用，则应该做窗口的余额转账。收银界面右键工具栏如图 4-2 所示。

图 4-2　收银界面右键工具栏

1. 接待前的准备工作

前台接待人员在正式接待到店客人前需要做好准备工作，如图 4-3 所示。

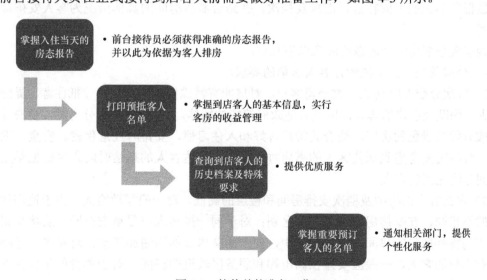

图 4-3　接待前的准备工作

首先，应该掌握入住当天的房态报告，在客人到店前，接待员必须掌握准确的房态报告，并以此为据为客人合理排房。

其次，接待员需要打印预抵店客人名单，并且了解到店客人的基本信息，如客人姓名、客房需求、入住时长、有无特殊要求等。在核对房态报告及预抵名单时，前台接待人员需清楚酒店是否有足够的空房来接待所有抵店客人，是否有剩余的房间可以接待无预订直接抵店的散客，以及是否可以尝试增值销售及超额预订。

再次，接待员需要查询到店客人的历史档案，只要客人曾在酒店入住过，根据客史档案，为客人采取适当的措施，确保客人的再次入住能够令其满意。

然后，部分客人在订房时，可能会有某些特殊要求，接待员需要实时通知相关部门做好准备工作。例如，客人对羽毛过敏，接待员就应该首先为该客人提前安排房间，然后让客房部更换房间内的所有羽毛制品，并在房内留言告知客人，这一切工作都必须在客人抵店前做好。

最后，接待员在做准备工作时，需要掌握重要预订客人的名单，如社会名流、新闻媒体工作者、高级行政人员、知名人士等。酒店通常会为这些重要人士安排特殊的私人化、个性化的服务，如预先排房、到店专人迎接、在客房内办理登记入住手续等。由于这些重要人士能够在较大范围影响酒店的收益及口碑，前台工作人员需要将重要客人的名单分发到相关部门，让各部门能够提前准备，为重要的客人提供一个良好的入住体验。

在客人到店前，接待员除了以上的准备工作，还应该提前准备好客人入住登记所需的文件、用具、钥匙等，查看客人是否有提前到达的邮件、信息、留言等内容。

2. 客房的分配

为满足有预订客人对客房的要求，并争取酒店客房的最大销售，前台接待人员负责在客人到店前为客人分配房间。负责分配房间的员工必须了解和掌握酒店各类房型的优缺点、位置、朝向、房价及销售点，同时必须掌握入住当日的订房情况、房型和房态。在分配房间时能根据客人的不同特点、需求及档次，并结合酒店房间的具体情况为客人安排最适合的房间。

为客人分配房间时还需要注意以下几点：

1）分房前应认真审核预订客人房单的要求。

2）依次分配 VIP 客人、大公司客户、对房间有特殊要求的客户、预抵住客、提前到店的客人、团队及会议的客人，以及其他政府接待的团体。为 VIP 客人分房时，要安排环境较好或有优美景色的房间，结合其特殊喜好和入住习惯，安排时注意保密、安全、卫生及服务。分房时要考虑到原住客人的离店时间和当天到达客人的抵达时间，尽量把早走客人的房间分给先到的客人。

3）根据客人的类型及档次安排房间和楼层的高低，对一般零散客人，由于他们住酒店的目的不相同，在安排房间时要有所区别；对于同一批客人应尽量安排同一层楼及相同标准、相同窗外风景的房间，并尽量集中，便于团队内部的沟通和活动；对年老、行动不便或带有小孩的客人，一般应安排在离电梯和服务区较近的房间；对于单身的年轻女性应安排在女性楼层或远离角落的房间。

4）为提前抵店的客人尽可能安排干净的房间。若酒店当下没有干净的房间，可为其先安排走客房，并及时通知客房服务人员打扫；为没有到店时间的客人分房时应首先安排干净的房间，以便客人随时到来。为抵店时间较晚的客人分房时，应根据客人抵店时间安排走客房，以便干净的空房能够给提前到店或直接到达酒店的客人入住。

5）为团队或会议方分房时，应考虑到大批量同时入住的情况。前台接待员与主管需要与销售部相关负责人确认团队和会议的预抵时间，并为其排房。为其安排房间需尽量安排在同一楼层或相近楼层，若酒店没有足够的空房，则安排脏房然后通知客房部及时打扫。在抵达时间前1小时左右再次确认房间是否都已成为干净空房，提前准备房卡，如仍然有脏房，须立即通知客房部赶房，避免失误的发生。

3. 散客办理登记手续

当客人到达酒店前台时，接待员需要按照酒店的 SOP（Standard Operating Procedures）为客人办理入住登记手续。

1）在客人距离前台 3 米左右时，面带微笑地欢迎并问候客人。

2）礼貌地请客人出示有效证件，并在系统里查找客人预订。若客人有预订，则与客人确认入住信息，包括入住天数、人数、客房类型、房价内包含的优惠、付款方式及有无留言等。若客人没有预订，则询问客人对房间有无要求，根据客人的需求为其推荐最适合的房型，同时，接待员可以尝试向客人做升级销售。

3）若酒店有会员项目，则询问客人是否是酒店会员；若客人还没有加入到会员项目，则热情地向客人介绍项目特点及优惠政策。

4）打印客人的入住登记单，请客人确认入住信息之后签字。

5）礼貌询问客人的预付款付款方式（常见为现金支付、信用卡支付或微信支付、支付宝支付），告知客人预付款的金额并按照规定收取，并请客人在押金单或信用卡预授权单上签字确认，提醒客人保管好单据以备退房时使用。

6）告知客人酒店服务的信息如早餐用餐时间和地点，以及酒店提供的其他服务设施、网络连接方式、店外交通等。

7）制作房卡，在房卡套上写上客人的姓名、房号及离店日期，面带微笑双手递交给客人，并祝客人入住愉快。

8）整理客人的资料，完成入住登记手续。

登记入住流程图，如图 4-4 所示。

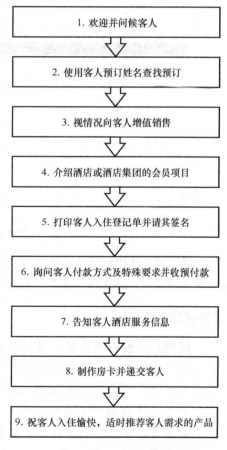

图 4-4 登记入住流程图

【业务链接 4-1】

Check in 入住登记之散客接待操作演示

Mr. Tom Wang 于 2016 年 9 月 10 日下午 4 点到达酒店办理入住，在办理入住的时候交给前台 1000 元的押金，他订了一个高级大床房房间，要求无烟房。

Opera 操作第一步：根据王先生的全名，找到王先生的预订，收取证件，询问王先生的入住需求，根据王先生的要求安排合适的房间，收取押金，制作房卡，办理入住，如图 4-5 所示。

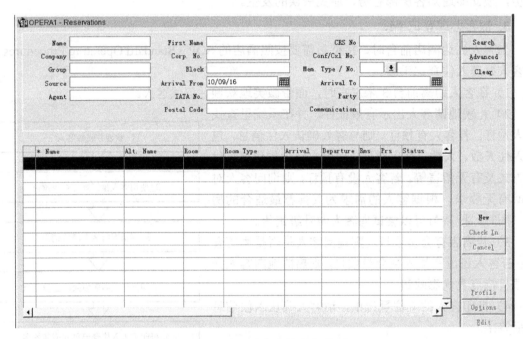

图 4-5 有预订客人的查询界面

第二步：选中如图 4-6 所示的预订，双击后进入预订界面，将房间按照客人的要求安排，进去后单击"Check In"按钮，后续操作如图 4-7～图 4-9 所示。

【深度思考 4-1】

问题：一般在酒店前台接待中，以下客人酒店可以不予接待：衣冠不整者；患重病及传染病者；多次损害酒店利益和名誉的人；拟用信用卡结账，但其信用卡未通过酒店安全检查的人（如已被列入黑名单，或已过期失效，或有伪造迹象等）；被酒店或酒店协会通报的不良分子（或列入黑名单）的人；无理要求过多的常客；带酒店不允许入内的宠物者等。但现在有些酒店，比如苏州君来世尊酒店允许带宠物入住，但酒店负责人坦言允许带宠物入住酒店是一把"双刃剑"。为什么说允许带宠物入住酒店是一把"双刃剑"呢？

理解要点： 对于家有爱宠的人士而言，酒店肯接受宠物入住，无疑是一大利好，解决了有宠物的家庭又想旅游度假又不放心爱宠的两难境地。点赞之外，当然也不乏质疑的声音。"我对狗毛、猫毛过敏，如果酒店里住过了猫狗，我就拒绝入住。""宠物狗袭击陌生人的事情常有发生，保不准哪一刻它们就性情大变袭击人了呢？""宠物身上难免会有一些寄生虫和病菌，万一消毒措施不到位，传染给了酒店里其他的客人怎么办？""有的养宠物的人，喜欢把猫和狗放到床上去，如果这家酒店允许宠物入住，我的心里就有阴影，你怎么保证我入住的房间已经消毒干净了呢？"等。这部分排斥宠物入住酒店的客人则表态，如果酒店推出这样的服务，自己会退避三舍，另选别家。

对此，君来世尊酒店负责人坦言，"这样的服务是一把'双刃剑'。"国内尚没有相关的明确规定出台，酒店也是在做一定的尝试，例如设置专门的"宠物房"、行走路径和通道，单独清洗床单被子等，为了避免宠物的叫声干扰，还规定了客人不能单独留宠物在房间，必须有一人陪同。"实施下来，携带宠物入住的客人都很配合我们的管理，目前也没有接到其他客人投诉，没有客人因此退房。"

君来世尊酒店传媒部一位负责人表示，虽然现在几乎没有人在做这样的服务，但是他们会坚持接纳宠物入住，"酒店边上就有湿地公园，适合度假，我们的自身条件比较适合接纳度假人群携带宠物入住，我们将一直坚持下去。"

而业内专家认为，以人为本的服务当中的"人"指的是所有相关人，包括了携带宠物入住的客人、其他的客人、酒店的工作人员等，酒店努力去降低宠物与同时间入住酒店其他客人交叉的可能性，但是事实上，横向交叉避免了，可纵向交叉却很难避免。一些业内专家对酒店接纳宠物入住的举措持观望立场。

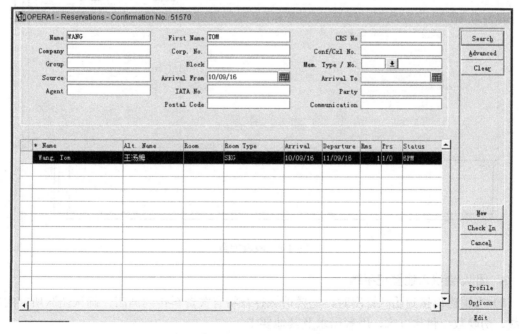

图 4-6　查找客人预订的界面

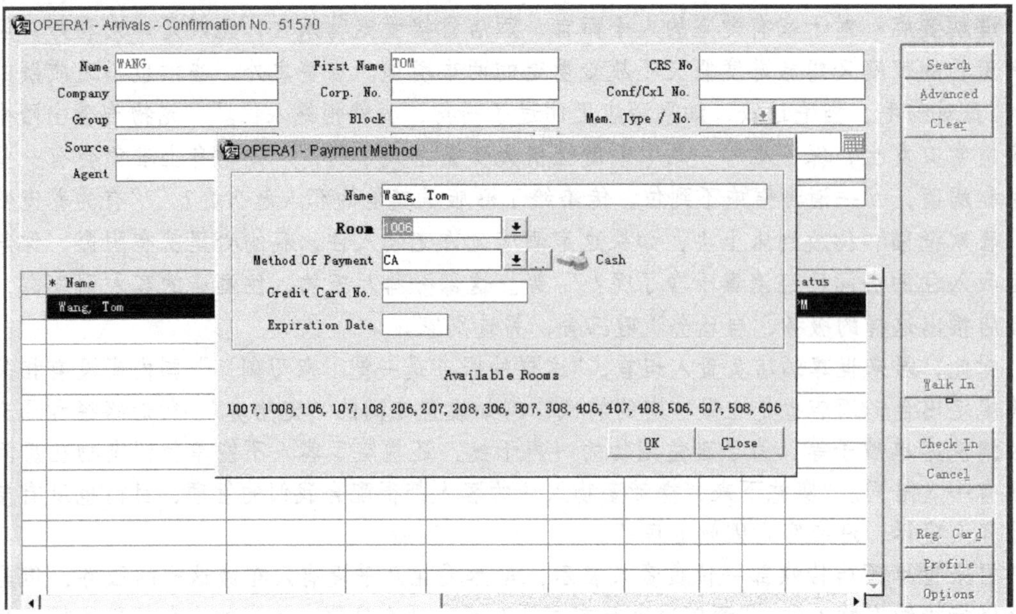

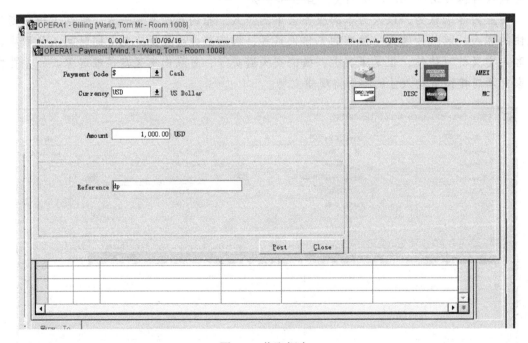

图4-7 房间安排

图4-8 收取押金

4. 团队/会议入住登记手续

1）当销售部接到团队订房时，先要请旅行社将有关资料传到酒店，确认团队所需的房间数、房晚数、付款方式、用餐需求及其他要求。

2）在团队和会议方抵店前，应掌握团队接待通知单的内容，按要求提前分房；打印团表并分发至相关部门，提前准备好团队房卡、欢迎信、餐券等其他物品。

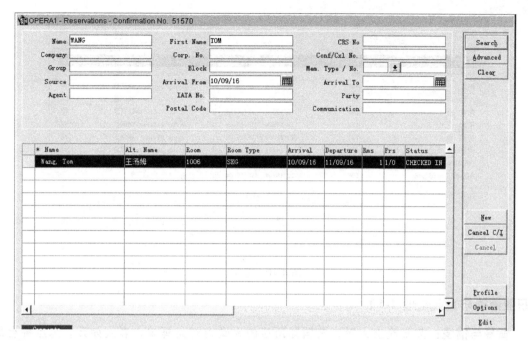

图 4-9　Check In 房间

3）团队到达的前一天，将资料再复查一次，落实各部门之间的准备工作，避免团队到达酒店后发生混乱。

4）团队到达的当天，前台服务员应预先将有关资料整理好，将房间安排好，提前制作好房卡，以便团队领队及时分配房间。

5）团队抵店时，需专人迎接并领至团队接待区域。领队到酒店分配团队用房时，由接待员将房卡交给领队，领队可预先帮助客人办理入住手续，核对团队入住信息的准确无误。

6）向领队收取团队的有效证件并填写团队入住登记表。

7）原则上办理 16 人以上团队的入住手续时间不超过 20 分钟，16 人以下团队（含 16 人）不超过 8 分钟。

8）与团队领队确认就餐、叫醒、行李、交通等其他各项服务事宜，并通知相关服务人员（部门）及时向客人提供服务。递交房卡，请礼宾部同时负责行李递送。

9）登记结束后，快速、准确、规范地将入住资料输入计算机并建立账户，避免人为责任事故的发生。如果是会议团队，在会议团队抵达前三天，和会务负责人确认用房名单、房型、房晚总数，签订会议用房合同，支付会议及用房押金。

会议团队抵达前一天，将团队资料整理好，提前安排好房间，在当晚过完夜审后由夜班人员将房卡制作出来。

会议团队入住当天，前台接待员要和会议负责人保持良好沟通，将房卡给会议负责人，由会议负责人分配相应的住客房间，办理团队入住。

在 Opera 中团队入住要注意分房的事项，不能将一间房同时安排给两个不同的客人，如图 4-10 所示。

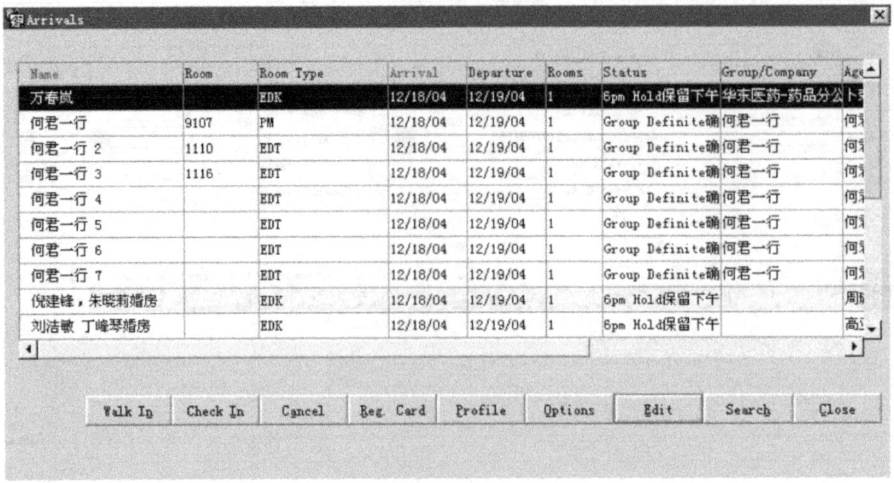

图 4-10　分房

【职业道德与企业伦理 4-1】

背景与情境：某日晚上六时，某国际酒店的大堂内灯光辉煌，客人如云。总服务台的接待员小马正忙着为团队客人办理入住手续。这时两位香港客人走到柜台前向小马说："我们要一间双人客房。"小马说："请您稍等一下，我马上为这个团队办好手续，就替你们找空房。"其中一位姓张的客人说："今晚七点半我们约好朋友在外面吃饭，希望你先替我们办一下。"小马为了尽可能照顾这两位客人，于是一边继续为团队办手续，一边用计算机查找空房。经过核查，所余空房的房金都是每间 218 元的。他如实告诉客人。此时那位姓张的先生突然大发脾气："今天早上我曾打电话给你们酒店，问询房价，你们说双人标准间是每间 186 元，为什么忽然调成 218 元了呢？真是漫天要价！"小马刚要回话，这位姓张的客人突然挥掌向小马的脸打去，小马没有防备，结果挨了一记耳光！他趔趄了一下，脸变得煞白，真想回敬对方一下。但他马上想到自己的身份，决不能和客人一般见识，更不能意气用事，于是尽量克制，使自己镇定下来。接着用正常的语气向客人解释说："186 元的房间已经住满了，218 元的还有几间空着，由于楼层不同，房金也就不一样，我建议你们住下，尽快把入住手续办好，也好及时外出赴宴。"这时另一位客人李先生见他的朋友张先生理亏，想找个台阶下，于是就劝张先生说："这位接待员还算有耐心，既然如此劝说，我们就答应住下吧。"张先生见势也就软了下来。

小马立刻招手让行李员把客人的行李送到房间。然而，当时从小马紧握着的那只微微颤抖的手，可以看出他正在极力压抑着内心的委屈。周围的其他客人都纷纷对那位先生的粗鲁行为表示不满，那位张先生一声不响地和李先生办好手续便匆匆去客房了。

那位张先生事后深感自己的不是，终于在离店时到总台向小马表示歉意，对自己的冒失行为深感遗憾。

（资料来源：曹希波. 新编现代酒店服务与管理实践案例分析实务大全[M]. 北京：中国时代经济出版社，2013：137-138.）

问题：小马的做法对吗？碰到客人突然袭来这种情况服务员该如何处理？

分析提示：客人张先生的所作所为肯定是不对的。而小马的表现是无可非议的。他既不还手，也不用恶语回敬。他懂得作为酒店的从业人员就是得理也应该让人，这样才会多留住两位客人，并让他们最后拥有一次愉快的住店经历。当然小马在客人突然袭击之际，自然会感到委屈，这就需要克制自己，不与客人一般见识。小马的宽容举止典型地体现了"客人总是对的"这句话的真谛。如果酒店员工都能从这个高度来要求自己，酒店的服务质量就可以产生质的飞跃。

4.1.3 客房状态控制

1. 酒店客房基本状态下的处理方式

1）可供入住的状态：客房已经打扫干净，设施设备正常运转，楼层主管已经完成查房，随时可供客人入住。

2）干净房的状态：客房已经打扫干净，但楼层主管还没有查房，暂时不能让客人入住。

3）住客状态：客人正在使用客房，还没离店。

4）走客房的状态：原住客人已离店，但房间还没有打扫或正在由客房服务人员打扫整理，暂时不能让客人入住。

5）待维修状态：房间内部出现某些原因，短期内不能出售（租）给客人。

2. 酒店常见房态（中英文）

1）住客房（Occupied，OC）即客人正在住用的房间。

2）走客房（Check Out，CO）表示客人已结账并已离开客房。

3）空房（Vacant，V）暂时无人租用房间。

4）未清扫房（Vacant Dirty，VD）表示该客房为没有经过打扫的空房。

5）外宿房（Sleep Out，SO）表示该客房已被租用，但住客昨夜未归的客房。

6）短期维修房（Out of Service，OOS）表示该客房需要进行小维修而暂时不能出租。

7）长期维修房（Out of Order，OOO）表示该客房因设施设备发生故障，需要长时间维修不能出租。

8）已清扫房间（Vacant Clean，VC）表示该客房已经清扫完毕，可以重新出售，也称OK房。

9）请勿打扰房（Do not Disturb，DND）表示该客人的旅客因睡眠或其他原因而不愿服务人员打扰。

10）贵宾房（Very Important Person，VIP）表示该客房住的是酒店的重要客人。

11）常住房（Long Stay Guest，LSG）即长期由客人包租的房间。

12）请即打扫房（Make Up Room，MUR）表示该客房住客因会客或其他原因需要服务员立即打扫的房间。

13）轻便行李房（Light Baggage，L/B）表示住客行李很少的房间。

14）无行李房（No Baggage，N/B）表示该房间的住客无行李，应及时通知总台。

15）准备退房（Expected Departure，E/D）表示该客房住客应在当天下午2:00以前退房，但现在还未退房的房间。

16）加床（Extra Bed，E）表示该客房有加床。

17）双锁房（Double Lock，D）住客在房内双锁客房，服务员无法用普通钥匙打开房门。

【延伸思考 4-1】

问题：前厅部与客房部在掌握客房房态方面有哪些差异？

理解要点：前厅部与客房部因为工作重点不同，所以对房态的判断标准也不同。前厅部对客房状况的判断标准以客人入住和结账记录为标准，客房部对客房状况的判断是以行李情况为标准。前厅部掌握客房状态是以客房销售为中心，反映未占用，而客房部是以客房处于良好的使用状态为中心，反映为可使用性。

酒店内部会出现前台显示的客房状况与客房部查房结果不一致的现象。导致这个现象产生的原因有很多种，例如客人已经结账离开酒店，但前台接待员没能及时更改客房状况；客人未付房费就离开酒店；无行李客人外出，客房部查房时误以为客人已退房；客人要求延迟离店，但行李放在礼宾部保管，客房部服务人员误认为客人已离店；客人已换房，但前台接待员没有在系统中为客人完成换房操作，或客人的行李还留在原来的房间；客人要求提前办理入住手续，但未进到房间；预订部、销售部和前台接待处沟通出错，导致房态显示不正确等。种种情况都有可能造成前台和客房部房间状态不一致。

较为有效的做法是提前对客房进行控制。在客人预抵前一天或几天提前将客房分派好，做好交班记录，使这些房间不能再出售给其他客人。这样可以保证客人的住房，使房间能够得到较好的控制。具体操作方法如下：

一是设计和制作房态控制表并加强各部门房态信息沟通。酒店会使用客房状态报表、客房状况调整表及客房状态差异表在各相关部门之间传阅，及时进行房态的核对和妥善处理，以确保客人入住登记的准确性。预订部、销售部、前厅部及客房部之间应该加强信息的沟通，确保客房的预订显示及状态显示的正确性。

二是实施房态差异控制策略。酒店应该制定完善的客房状态检查和控制制度，完善客房的检查和变更程序，减少房态出错的可能性，杜绝漏洞。同时酒店还需要加强员工的业务技能培训，要求其严格遵循酒店的标准操作规程，避免因员工个人失误而导致的客房状况差异情况的发生；领导层也应加强管理和监督，从总体上降低房态差异发生的概率。酒店前台与客房部都有义务保持房间状况的准确性，双方应本着协作的精神共同处理因房态差异而发生的突发事件。

前厅部和客房部之间的房态管理与沟通，对控制房间状态的准确性有着至关重要的作用。楼层服务员及前台接待员应加强对房态管理的认识，严禁客人未办理入住手续就事先入住，严禁客房服务人员擅自替客人开房，人为扰乱房间状况。另外，每个部门都应确定分管房态的领班或主管，督导检查各岗位的房态操作规范。房态沟通通知人和受理人均应保持沟通记录，如工作中出现错误，双方均无记录，当事双方都须承担相应责任。

【同步案例 4-1】

重复卖房之后

背景与情境：一天晚上 12 点多钟了，酒店大堂来了两男两女，他们要求开两个双人标准间。前厅的接待员小刘查阅了房态后，紧张地忙碌起来。查预订单—选房—入机—住宿登记—交迎宾卡—做钥匙卡等各个环节都很快捷，四位客人很快就拿到分配的 1201 房间和

1203房间的钥匙，愉快地上了电梯，向下榻的客房走去……谁知他们走出电梯出示了房卡，楼层服务人员发现，1201房间有客人住，肯定接待员将房间开重了。客房服务员立即表示歉意，并请客人稍等，待她询问一下再说。四位客人非常生气，立即乘电梯返回大堂，径直走向接待处，质问这是怎么回事。当客人在大堂大吵大闹时，保安走了过来阻止，客人更加生气了，上去就卡住保安，酒店经理也走过来了……

（资料来源：百度文库 http://wenku.baidu.com/view/b7ef4b77aaea998fcc220e8d.html?from=search）

问题：什么原因导致了此次事件的发生？发生此类事情该如何处理？从这件事件中应该吸取的教训是什么？

分析提示：Double check-in（双重卖房）是酒店前厅最容易发生、也是较严重的一种工作失误，因为它往往会给客人造成极其不好的影响。因此，我们都应该对容易出现双重卖房的几个操作环节严格把关，特别是要核对房卡、预订单、计算机房态、实际房态等显示的资料是否一致。

遇到这种情况的一般处理方法是：接到报告后，管理人员应迅速赶到楼层，向客人表示歉意；通知前厅重新安排房间，房间尽量安排在本楼层距原来的房间不要太远，房间的格调、大小、方向尽量与原来的相同；房间安排好后，让行李员将房间钥匙和重新填好的迎宾卡送上楼层，带客人到新的房间；换出客人原来的迎宾卡和房间钥匙；帮助客人将行李拿到所调的房间；如果客人没有特别提出折扣优惠，酒店一方无须特别提示，在客人入住后，对此房间应多加以重视，给予更多的关照，切切不能再出现问题；查找重复卖房的原因，登记入档，吸取教训。

4.2 客人停留期间的总台服务

前台是酒店的活动中心，在客人心目中它是酒店管理机构的代表。由于客人入住登记在前台，离店结账在前台，客人在酒店内遇到困难需要寻求帮助时找前台，客人对酒店感到不满投诉时也找前台。前台工作人员的言行举止、服务水平将会给客人留下深刻的印象。如果前台工作人员能以彬彬有礼的态度待客，以娴熟的技巧为客人提供服务，并且能够妥善处理客人投诉，认真有效地帮助客人解决疑难问题，那么客人对酒店的其他服务也会感到放心和满意。反之，客人对一切都会感到不满。所以前台接待员的工作直接反映了酒店的工作效率、服务质量和管理水平，直接影响酒店的总体形象。前台接待员在客人停留期间，除常规服务流程外，最常帮助客人办理的业务是换房、加住、转账，处理客人提前或延期离店问题，以及帮助客人支付担保金、问询服务、外币兑换等。

4.2.1 换房

客人提出换房申请主要有两种原因：一种原因是客人目前居住房间的房型、价格、舒适程度、朝向、楼层、噪声等不同因素达不到客人的要求；或是客人自身的原因如入住人数、日期、需求发生改变；或是房间设施出现故障；房间所处位置周围噪声太大；客人不满意房间周围的景色；客人的办事处或朋友所在房间与其相距太远；客人有亲属朋友要来同住，房价承受有困难等情形下，客人会提出换房申请。另一种原因是酒店在经营过程中的某种原因导致需要客人更换房间。由于换房会给客人和酒店带来一定的麻烦，所以在处理过程中需要谨慎。

【业务链接 4-2】

换房操作演示

一位入住的王先生不满意目前的房间,和前台反映房间烟味太大,要求换房,操作如图 4-11～图 4-14 所示。

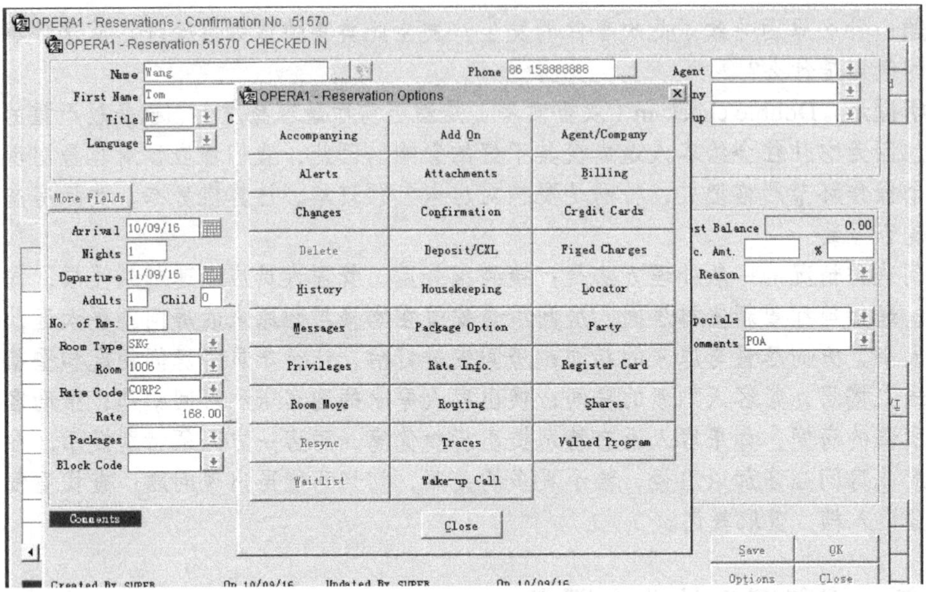

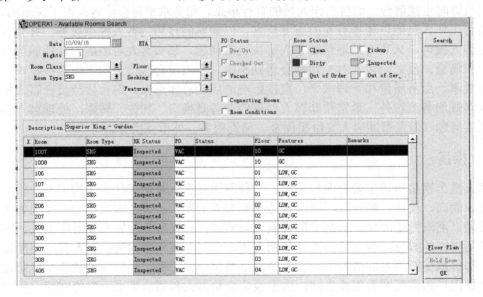

图 4-11　换房

第一步:先单击"Reservation"界面的"Options"。

第二步:单击"Room Move"后选中要换去的房间,单击"OK"按钮。

图 4-12　换房的房号选择

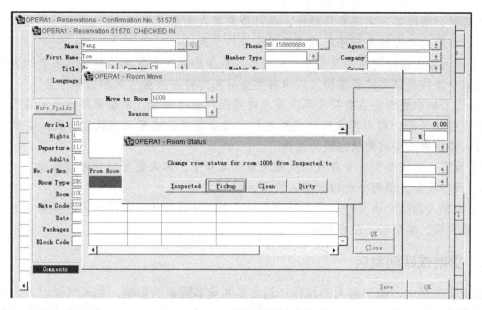

图 4-13　换房前的房态选择键

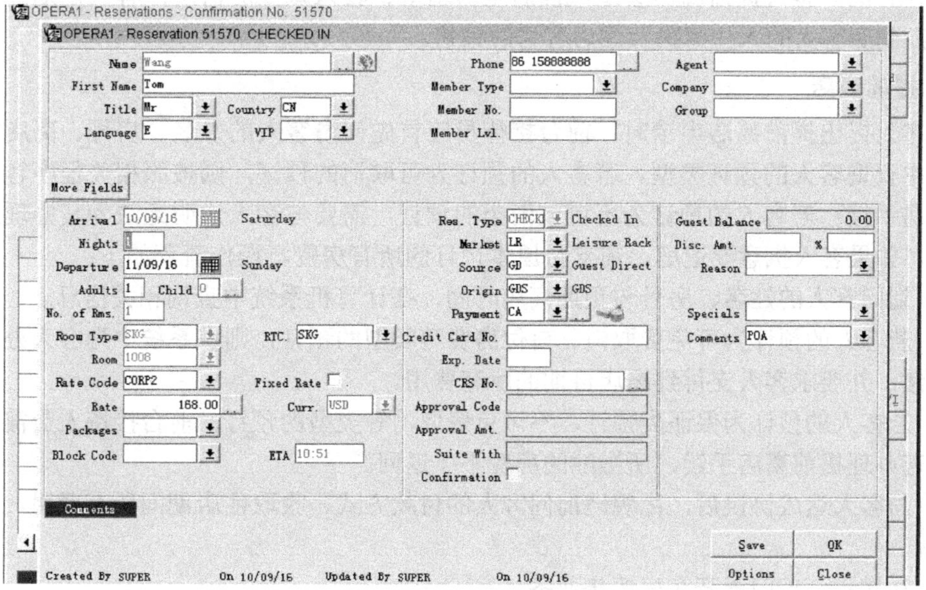

图 4-14　换房后的新房间号

换房应该备注清楚从哪间房换到哪间房，换房应通知客房部和礼宾部。

如果是客人提出换房申请，前台接待员需要询问客人换房原因，并在酒店系统中查找是否有满足客人需求的同等级的房间。一旦有空房，就按照客人提出换房的先后顺序安排换房。若酒店没有适合的房间，首先应该向客人致歉，并尝试向客人进行增值销售。若客人不愿意，应请示上级主管是否可以为客人免费升级到较好的客房。如果酒店由于自身原因需要客人换房，事情就会变得比较麻烦，可能会引起客人的不满与抵触，所以在处理上应特别慎重。首先，应该向客人说明原因，以寻求客人谅解，并为客人准备同等级或更高级别的房间,帮助客人完成换房程序,尽可能使客人满意。

前台为客人处理换房程序时应遵循以下操作步骤:

1)询问客人换房的原因及需求,根据客人换房的原因为其选择符合其要求的房间,这就要求前台接待员熟悉并且掌握酒店每种类型房间的特点及房间的朝向等特点。

2)在系统中查询是否有符合客人要求的房间,要确保客人对新更换的房间满意。如果酒店有适合的房间,则向客人确认换房时间与换房需求。在房间确认后,及时在系统中进行更改,并将原来房间的状态改为脏房。

3)为客人制作新的房卡并且回收原来房间的房卡,客人需要时为客人提供。

4)行李服务,请行李员帮助客人换房。

5)将客人的登记单与资料转到新的房间账夹,并通知相关部门客人的换房申请,如礼宾部、餐饮部、客房部、洗衣房等。

4.2.2 提前或延期离店

在现实生活中,由于客人的旅行计划会受到众多因素的影响,如天气原因、公司工作的临时变动、个人身体不适或临时事件的发生,这些都会导致客人提前离开酒店或在酒店延长入住时间。客人提前离店会造成酒店空房增多、收入减少的情况;客人延期离店也会影响后期到店客人的入住情况及酒店客房的销售。

1. 提前离店

当客人提出提前离店申请时,前台接待员应首先问清客人的姓名、房号、离店时间,在系统中查询客人的预订类型。若客人的预订为可取消的预订,则按照相关程序客人办理提前退房手续;若客人的预订为不可取消类的预订,需要与客人说明无法为其办理提前离店手续,如果客人执意要退房,需支付原本预订的所有房费。操作流程如下:

1)询问客人的姓名、房号与预期离店时间,在计算机系统中查询相关信息。

2)若客人的预订为可免费取消、自付房费等类型的预订,则在系统中为客人办理提前离店手续,并要求客人支付到离店日期的所有费用。

3)若客人的预订为保证类预订、不可免费取消等类型的预订,前台接待人员需要与客人说明若办理提前离店手续,所缴纳的房费不予退回。

4)与客人达成协议后,礼貌地询问客人的付款方式,收取住店期间所有费用,完成退房手续。

5)通知预订部门展开客房销售业务。

2. 延期离店

客人由于种种原因需要在酒店多住几个晚上,前台接待员在处理时首先应该询问客人的姓名、房间号与预计离店时间,并在系统中查询是否有空房。其次,应查询客人的付款方式与预订类型。

1)询问客人的姓名、房号与预期离店时间,在计算机系统中查询客人的预订。

2)查看客人的预订类型和付款方式,以及酒店未来几日的空房状况。

3)若客人的预订为房费自付,则按照酒店门牌价或协商后的其他价格收取房费,查看客人房账及押金状况;若押金额不够,则向客人收取押金,再为客人办理延住手续。

4）若客人预订为公司付费，则需要向客人确定续住日期的房费支付方式。如果依然由公司付费，那么前台负责人就需要向公司发一份续住付费的确认传真。若公司不予确认，则需要按照前台价格权限为客人办理续住。

5）若客人的预订来自旅行社或 OTA，则不能按原本价格为客人办理续住，客人需要重新通过旅行社或 OTA 预订房间或按照酒店门市价入住。

6）若客人续住的房间房费已提前支付，则在为客人办理续住手续时需要客人重新交纳预付金或押金。

7）若客人续住的房间房费还未支付，则需要查看客人房账及押金情况，如果押金不能够支付客人的房费及其他费用，客人需要补交押金。

【同步业务 4-1】

背景：一位客人曾在某度假酒店度假入住别墅，但酒店在该客人需离店日的下午 1 点多还没有联系上他，到 2 点多客人才打电话说要续住，可是当天的别墅房没有了。前台的同事不清楚情况，同意客人续住，并收取了一晚的房费。然而，酒店的空房已经无法满足客人的要求，当晚有一位预抵客人却没有可入住的房间，酒店就把业主代表的公寓给腾出来了，折腾到了半夜，并免了客人的房费，之后客人投诉到了酒店管理层。

（资料来源：迈点网案例改编 http://bbs.meadin.com/thread-1190819-1-1.html）

问题：酒店应该如何妥善处理客人延住的需求？

解析与讨论：在接到客人续住请求时，首先要确认该房型是否有足够的房间可以续住。如果不可以续住，一定要及时告知客人，并协助客人安排其他酒店。

4.2.3 担保支付

为了确保客人的正常入住以及酒店的收益，酒店在客人入住前和抵店时都需要担保支付。如若客人未按预订入住，酒店就会根据实际情况扣除全部或部分房费。

当客人提前在酒店网站或通过其他渠道预订酒店时，为确保其抵店日期的正常入住，酒店会要求客人预付定金或者通过其他方式来保证其订房要求。通常客人会提供信用卡信息作为担保，以保证其预订能够顺利获得确认。如果用户的信用卡信息有效，酒店会优先给予房间确认且延长保留时间。使用信用卡作为担保的预订，订单一经确认将不可取消或修改。因此入住的客人在预订客房、填写担保订单前应该慎重考虑是否会对行程进行修改，以免造成客人不必要的损失。如果客人未按订单上约定的时间或房间数量入住，酒店将按国际惯例扣除相应的房费。相反，客人使用信用卡信息担保成功之后，酒店有义务与责任为客人保留房间到预抵时间的次日中午为止。需要注意的是，在网上预订酒店使用信用卡进行担保并不等同于使用信用卡消费，信用卡担保只是按照酒店规定向发卡银行提出申请暂时冻结一部分款项，并非直接交易或支付。如果客人对于其旅行计划不太确定，那么可以选择无须担保支付的预订类型。但是，在旅游旺季或市场需求大于供给的情况下，若没有在预计时间到达酒店，无担保的预订有可能会被取消，对此客人应该理解。

当客人按照原定计划来到酒店入住，前台接待人员同样会向客人收取押金担保，目的是避免客人逃账给酒店带来经济损失。如果客人离开酒店时没有来到前台办理结账手续，酒店可以从客人交纳的押金中把客人在酒店内的消费金额扣除。目前酒店市场上较常见的担保形式有两种：现金押金和信用卡预授权。酒店常见的担保形式，如图 4-15 所示。

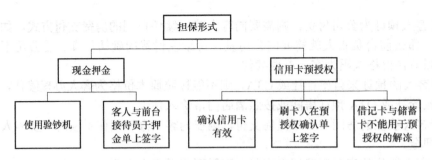

图 4-15 酒店常见的担保形式

1. 现金押金

客人来到酒店前台办理入住时需要向酒店支付一部分担保。如果客人没有提前支付房费，那么需要的担保费用为入住期间的所有房费外加酒店规定的潜在性消费金额。如果客人的房费已经提前支付，那么只需交纳酒店规定的潜在性消费金额。收取押金时，当客人面数清并使用验钞机验明钞票真伪，然后前台接待人员需要打印现金押金单，注明客人姓名、房号及金额并在收款人处签字作为凭证。请客人签名后将押金单的客人联交由客人保管，并提醒客人退房时凭押金单退押金。客人结账离店时，可以选择使用押金支付在酒店内的所有消费，也可以选择其他方式，酒店将押金退还给客人。

2. 信用卡预授权

当客人选择使用信用卡支付担保时，酒店采取的方式是从信用卡里扣除预授权，即银行会暂时冻结信用卡里的一部分资金作为押金。员工刷取预授权之前，首先确认信用卡是否有效，然后在银行 POS 机上刷取相应的预授权，请刷卡人在预授权确认单空白处签字，核对无误后将信用卡及其他证件交还给客人，并说明酒店正式冻结这部分资金。需要注意的是，银行借记卡与储蓄卡不能用于预授权的解冻，只能在退房时使用。当客人离店时，根据客人在店的消费情况，可选择使用信用卡预授权来支付所有费用，也可以选择其他银行卡或其他付款方式来支付。在客人完成退房手续确认付款金额准确无误后，酒店应及时撤销预授权，恢复客人的信用卡额度，减少可能发生的经济纠纷和损失。

4.3 总台收银服务

客人离店服务是前厅部对客服务的最后一个环节，其主要工作为客账的控制及客人的送别。客账控制主要由离店客人的账目准备、收银服务、离店后的相关工作、夜间审计等部分组成，其中为离店客人办理结账收银、退房手续是前台收银处的主要工作。

作为前台收银员在处理收银服务时需态度热情，服务专业，使客人满意度最高，并避免客人投诉。收银员的主要工作是处理并保证酒店客人在店期间所产生的所有费用、资料及手续办理妥善，方便客人结账付款，同时需要向客人追回客房钥匙，以免丢失或被客人带走。对于超过酒店规定退房时间还没有退房的客人，需要及时联系，确认客人的退房时间以及是否要延住。对于没有预付房费或押金不足的客人需要特别留意，以防客人跑账的给酒店造成经济损失。客人在前台接待处办理退房手续时期望酒店账单能准确无误地反映其消费情况，而员工能够高效快速地为其办理离店程序。

4.3.1 客账管理

客账就是反映住店客人的房费以及在住店期间产生的所有费用的账目。客人在前台办理入住时，接待员会根据客人预订类型的不同及住宿登记表的要求设立不同的客账账户。一般来说，客账账户的要素包括客人姓名或团队名称、房间号码、房价、房间数目、抵店日期、离店日期、住店人数、结账方式等。账户的分类又分为散客个人账户、团队账户、应收款账目等。为客人建立客账是为了方便客人在店期间的一切消费活动。客人在酒店内的所有消费账单在注明房号经其确认签字后，可转到前台收银处做统一结账。其次，若客人在酒店内的房费与其他费用由旅行社或其他委托单位统一支付结账，前台收银处可以将客人的消费清单送到酒店后台，由财务部向相关单位收取费用。

【教学互动 4-1】

观点：对于提供一次性结账服务的酒店，酒店前台要做好客人住店期间的客账管理，客人在酒店内的所有消费账单在注明房号经其确认签字后，可转到前台收银处做统一结账。
问题：如何在做好客账管理的同时，让客人感到更加便利，体现出对客人的充分信任？
要求：同"教学互动 1-1"的要求。

4.3.2 外币兑换业务

外币兑换业务是指酒店为其住客提供将外汇兑换成人民币的服务。根据酒店与银行签订的待兑换外币业务协议内容规定，银行将向酒店提供一定数额的兑换备用金，酒店需由专人管理外币兑换的资金流动，并且单独设立保险柜保管外币及备用金，与酒店内部的资金区分开来。酒店员工应该每天按照银行最新公布的外汇牌价更新酒店外汇牌价显示牌上的价表，并准备当天所需的外币兑换证明单。

当客人来到前台兑换外币时，接待人员首先需要核实客人的房号及姓名，请其出示有效证件，确认客人为酒店在店客人之后，现场鉴别外币现钞或旅行支票的真伪，审核是否属于酒店兑换范围，核点外币现钞或旅行支票，并填写外币兑换证明单。

办理旅行支票兑换业务时，要求客人在前台当面进行签名复签，并认真核对旅行支票上的签名是否与客人的复签一致，经审核上述内容符合规定后，接待人员计算出兑换人民币的数额，在外币兑换证明单一式三栏上加盖清晰的外汇兑换专用章，请客人确认签字，将人民币及外币兑换证明单第二栏，即客人联，一同交给客人复点。

在外币兑换员下班前，需要进行外币和备用金交接工作。当兑换业务完成之后，兑换员应将外币兑换表及所收现金或旅行支票放入袋内装好并密封，在口袋封口处写上自己的名字，放入指定保险箱。当兑换员下班需要交接工作时，办理交接手续，清点兑换备用金金额以及外币或旅行支票。

【同步案例 4-2】

客人只有外币

背景与情境：一辆出租车在酒店门口停下，门童小方赶忙上前为客人拉开车门，车内的刘先生正准备付车费，小方等了一会儿，不见刘先生出来。原来，刘先生身上只有港币和美元，而司机不收外币。小方见状，忙问司机车费多少，旋即从口袋里掏出45元给司机，并对刘先生说："先生，我先帮您把车费垫上，等您兑换外币后再还给我好了。"刘先生连声道谢。

刘先生匆匆走进大堂，径直来到外币兑换处。

刘先生："小姐，帮我兑换5000港币和2000美元好吗？"

兑换员："很对不起，先生，现在没有那么多现金了。"

刘先生："这怎么办？我刚下飞机，身边只有外币，兑换不了钱我也没有办法交押金住店呀，我还得抓紧时间买礼物送给朋友呢！"

兑换员："先生，要不这样吧，您把港币和美元给我，我写张水单给您，您马上去银行兑换，至于住房押金，您可以暂时留下外币，等您兑换了之后再更换，您看这样可以吗？"兑换员考虑了一会儿微笑着对刘先生说。

刘先生："好，好，那真是太好了，谢谢你了，也谢谢你们的酒店！"

（资料来源：百度文库 http://wenku.baidu.com/view/b7ef4b77aaea998fcc220e8d.html?from=search）

问题：为什么客人会对酒店的服务如此满意？

分析提示：心理学认为，人们的生活经历，对于一个人一生的人生态度、人生信念、个性爱好以及生活方式的选择都会有极大的影响。酒店从业人员都懂得，客人的每一次消费经历和接受服务的体验都将会指导其消费行为，决定着这位客人是否愿意再次光临。作为酒店不仅要尽可能使酒店的产品、氛围、环境和服务令客人满意，更重要的是还要让客人在酒店的整个消费经历中感到满足。所以，酒店都非常看重客人的历史档案，关注着每一位客人的每一次消费经历。

本案例虽然只是一件小事，但所有的服务人员都能站在客人的立场上去提供服务、设计服务、改进服务。这些服务人员有一个共同的特点，那就是在整个服务过程中，时刻准备着为客人提供最好的服务，给客人带来一次愉快的体验。开水单、先预交外币押金是许多酒店常用的方法，虽然这种方法不符合一般酒店的外币兑换操作规范，但酒店赢得了"上帝"的青睐，这正是经营企业所需要的。

4.3.3 贵重物品的寄存与保管

酒店有义务和责任为住店客人提供舒适的入住环境与私人化的服务，与此同时还要确保客人在店内的人身安全、财产安全及权益安全。其中，酒店为客人提供的免费贵重物品寄存与保管服务是保证客人财产安全的重要措施之一。

酒店为客人提供的客用保险箱通常分为两种：一种是在客房内配备的小型保险箱，密码由客人自行设置，酒店大堂经理处配有万能钥匙，在客人无法打开保险箱时可帮助客人开启。另一种是在前厅收银处或在前厅办公室内一间独立的房间配备贵重物品保管箱，由前台服务员或主管负责管理。

为了确保客人贵重物品的安全，酒店在《入住登记表》《宾客服务指南》上都会专门声明"贵重物品请存放在前厅保险箱内免费保管，否则，物品如有遗失，酒店概不负责"。此类保险箱通常是由一组小型保险箱组成，每个小的保险箱各配有两把钥匙，一把由收银员保管，另一把由客人保管，只有两把钥匙同时使用才能开启保险箱。

在使用贵重物品保险箱时，客人必须填写贵重物品寄存单，收银员则应填写保险箱使用记录登记本。每个班次的收银员都必须认真核实保险箱的使用情况及钥匙数目是否准确。如若客人遗失了保险箱钥匙，应由大堂经理出面处理，在核实客人身份之后，请其填写开箱记录，向客人说明赔偿费用并请其签字确认。通知工程人员到场撬锁，在撬锁时，客人、大堂经理、收银员等相关人员必须同时在场确认。非酒店住店客人及员工，一律不得使用保险箱。

前台接待员为客人办理贵重物品存放时应遵循以下程序：

1）在客人入住及住店过程中若有物品要寄存，须问清客人的寄存要求。

2）请客人出示房卡及钥匙，确认客人身份无误后，请客人填写贵重物品寄存单，向客人说明使用须知和注意事项，签字确认。

3）为客人选择适合的保险箱，在贵重物品寄存单上写上箱号。打开保险箱，向客人说明保险箱的使用方法，告知客人客用保险箱只有在两把钥匙同时使用时才能打开。

4）请客人存放贵重物品，当着客人的面锁上保险箱，并将其中一把钥匙交由客人保管，另一把由收银员保管。

5）在保险箱使用记录登记本上记录各项内容，如存放日期、保险箱号、客人姓名、房号、开箱时间及经办人签名等；将保险箱使用记录登记本存放在专用的柜子里，收银员要保证保存资料的完整。

若客人在存放中途有开箱需要，收银员首先应请客人出示房卡和保险箱钥匙，说出保险箱号，找出保险箱使用记录登记本，请客人填写开箱记录及有关内容。其次，核对客人的签名，看是否与寄存单的签名一致。若无问题，则使用两把钥匙为客人开箱。开箱完毕后，经办人需要在寄存单上签名，最后在保险箱使用记录登记本上说明情况。

当客人来到前台要求终止使用保险箱时，应请客人出示房卡和保险箱钥匙，报出保险箱号并出示贵重物品寄存单。当客人取出寄存物品时，经办人需要检查保险箱内是否有物品的遗漏，之后锁上保险箱，收回客人的钥匙，请其在寄存单的相应位置填写取件日期和时间并签名。最后经办人应在保险箱使用记录登记本上记录该保险箱退箱的日期和时间并签名，在备注栏中注明"退还"字样，将贵重物品寄存单存档。

【同步案例4-3】

背景：某酒店有一个外国团队下榻，退房后在前厅的保险柜内遗留了一包首饰，等到发现时，客人都已经上飞机去澳门了。在旅行社的协助沟通下，客人同意把首饰寄到澳门。可是等到快递公司来取件时却告知酒店，像这种贵重金属在没有国家的特别证明的情况下，是不允许快递出境的。后来酒店礼宾部设法多方面沟通，仍然没有快递公司能够收件。最后，酒店不得已联系到旅行社相关人员，帮忙把该首饰带到了澳门。虽然最终把首饰还给了客人，但过程还是非常困难的。

（资料来源：迈点论坛改编 http://bbs.meadin.com/thread-1190819-1-1.html）

问题：酒店应该如何做才能避免此类情况的发生？

解析与讨论：在为客人办理退房的过程中，可以适时地提醒客人房间的抽屉和保险柜有没有检查过，确认房间是否有遗留物品，以及在前台保险柜里是否有寄存物品。一旦房间内或酒店保险柜内遗留一些贵重物品，事后的邮寄就会非常麻烦，特别是涉及现金、首饰、电子电器设备、药品、化妆品等，快递公司通常都不予受理。

4.3.4 总台收银业务流程

办理退房结账手续是客人离开酒店前接受酒店提供的最后服务之一。收银处需要保证客人在店期间的所有费用及资料都能够即时结清。

客人常见的付款方式有现金、信用卡、旅行支票及挂账等。若客人使用现金结账，则收银员需要现场当着客人的面点清付款金额，并且检查现金的真伪，方可结清账目。若客人使用信用卡结账，则在客人办理离店手续时，请客人出示信用卡，核对客人信用卡的号码、有效期及签名，确保信用卡的有效性、完整性和真实性。若客人使用旅行支票结账，则需要客人按照当天的兑换率兑换为人民币现钞，然后再结清账目。若客人为公司或旅行社挂账，则收银员应打印客人在店期间的费用明细单，请客人确认消费细节并签字。之后找齐公司或旅行社担保付款凭证等相关文件，一同交到财务部，由财务部负责后续结算。

通常客人期望办理退房结账手续的时间不要超过三分钟。这就要求前台收银员能有效准确地为客人办理离店手续，使客人的满意度最大化。

在为客人办理收银业务时应注意以下操作标准，前台收银操作流程如图4-16所示。

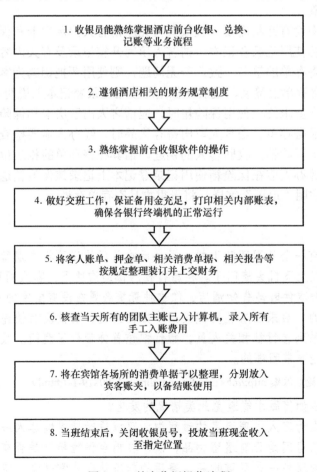

图4-16 前台收银操作流程

【业务链接4-3】

（Check out）退房操作演示

王先生在入住了一晚后于2016年9月11日上午11点来到前台办理退房手续。Opera操作步骤如下：

第一步：检查客人的账单，进入收银界面，如图4-17、图4-18所示。

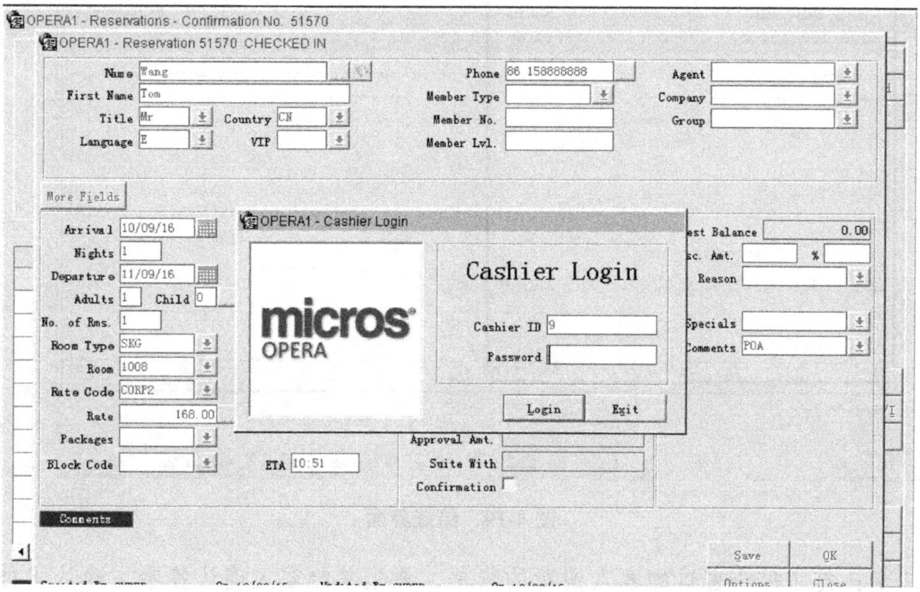

图4-17 登录收银界面

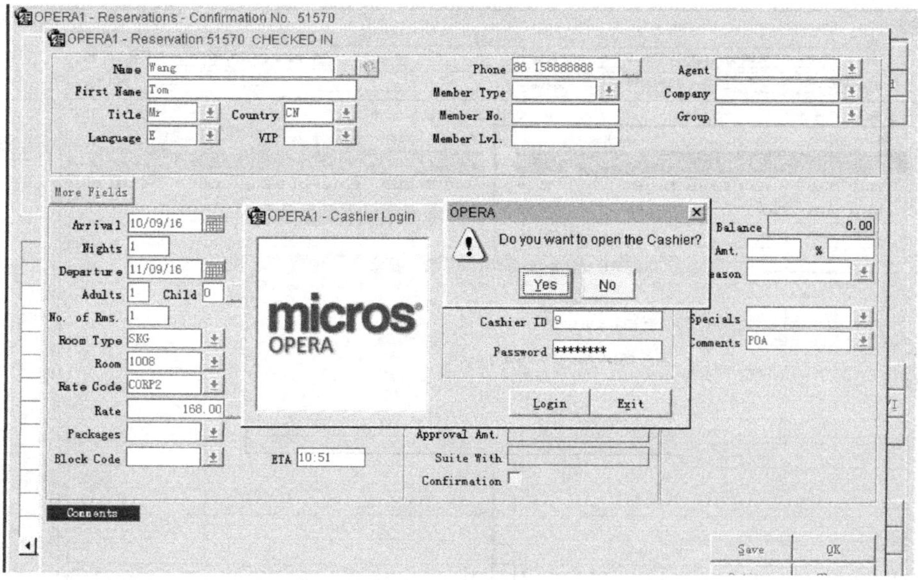

图4-18 打开收银界面，单击"Yes"按钮

结账时一定要注意，结清"Billing"里面的任何一个窗口的账目，如图 4-19 所示，等到每一个窗口的账目余额为 0 才可以单击退房。

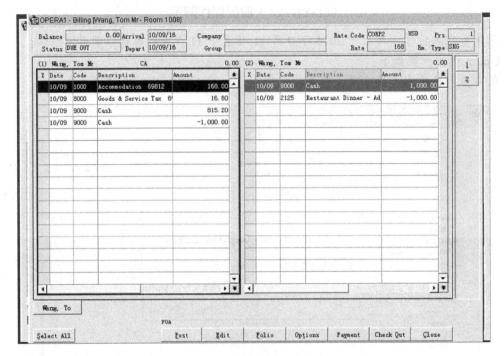

图 4-19　结账界面

第二步：打印每个窗口的客人消费的账单，将账单给客人确认签字，确认支付方式，结清每个窗口的账目后，单击"Check Out"，如图 4-20 所示。

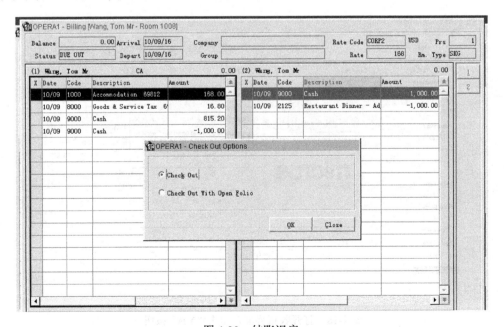

图 4-20　结账退房

单击"Check Out"后出现要求选择目前退房的房态应该全部放置为"Dirty"。通知客房部查房，退房手续办理完毕（见图4-21）。

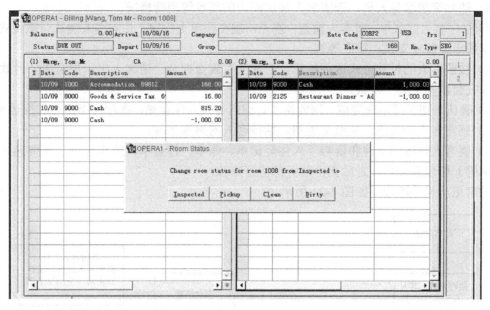

图4-21 房间退房的状态

在Opera系统中，应该注意结账处理的挂账操作要点。挂账是酒店的应收账户（AR）在处理，注意挂账要核对公司名称或者旅行社名称，确保准确无误，如图4-22所示。

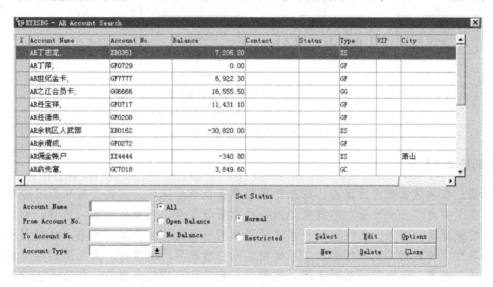

图4-22 公司应收账户页面

1. 散客结账程序

1）当客人来到前台结账时，询问客人的名字和房号，确认客人的身份并以客人的姓氏称呼客人。

2）检查客人的账目，询问客人是否还有其他消费，确认所有账目已入账，并查看系统中客人结账有无特殊事项注明。

3）通知客房服务人员，查清客人在房间内的酒水等消费情况。

4）打印客人的账单，请客人检查，若无问题在账单上签字，并向客人确认付款方式（现金、信用卡、旅行支票、挂账等）。

5）按照客人的付款方式进行结算。若客人有现金押金，请客人出示押金单。付款后，请客人在付款单上签字确认。

6）确认一切手续办理完成，回收房卡，询问客人入住意见，推荐行李服务和交通服务。

7）感谢客人的入住，并微笑道别，期待客人的再次光临。

8）将客人结账的文件和资料（入住登记单、账单、押金单、信用卡单、消费确认单、挂账单等）整理并装订，之后交由财务部进行审核。

散客退房操作流程，如图4-23所示。

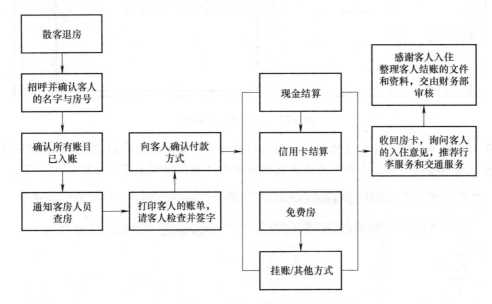

图4-23 散客退房操作流程

【深度剖析4-1】

背景： 在酒店住宿之后退房，往往都要等服务员查房完毕，虽说是短短两三分钟的等待，可多少有点"接受审查"的意味。对一些急着赶飞机、赶火车的客人来说，则有点火烧眉毛的味道了。昨天，入住杭州一家汉庭酒店的王女士却被告知，只要入住时付清全部房费，就可以不再支付入住押金，并可提前拿到住宿发票。退房时，关上房门即可离店，完全省略了查房、结账等一系列手续。这种"一走了之"的退房服务，让王女士惊讶之余也觉得格外温馨。

不过，真要全面推行"无停留退房"，对其他的酒店同行，特别是一些高星级酒店来说，显然不是那么容易。目前看来，大部分宾馆、酒店尚难推广这一服务。

那么，想要享受免查房服务，需要具备哪些条件呢？

说法1：这个问题很简单。基于内部管理需要，必查；基于客人信用，可查、可不查。

信用度符合的客人,不查便可结账离店,但这并不代表酒店可以免去查房的动作、不报遗失物、不报损毁等。

说法2:分层次对待。例如,对首住客人查房,对有不良记录的客人查房,其他人可以免查房。

说法3:实施免查房前,应该根据酒店以往的退房数据(如客赔、消费等情况如何,酒店的客源结构、客人需求如何),经过慎重的考虑,并保证推出该服务前酒店已经有相应的配套管控措施。每家酒店的情况是不一样的。酒店内部管理的模式、流程,应该根据上面说的变化做出相应的调整,市场竞争越是激烈,越应以客人的需求或满意度为中心进行调整、完善。

说法4:酒店客源层次不同,不能一概而论,不宜放开全员免查房,只能划定客户群体,某些酒店将储值卡客户与协议客户划为免查房群体。

说法5:根据酒店客房的配置定位来决定。例如,经济型酒店客房,只有基本的家具、电视、衣架,甚至连易耗品都不提供,没有必要查房。通常酒店都会根据各自的运营情况来灵活处理,全免查房不适用于高星级酒店,只针对重要客户、长住客户、回头客户、信用担保客户;而经济酒店配置最基础,不应该收押金,但客人离店时还是要查房,查设备设施及遗留物品⋯⋯

说法6:免查房是建立在房间用品相对简单或无商品等基础上的,它所带来的整体效果相对于损失还是要有利不少。免查房主要适用于经济型酒店,通过节约时间成本来提高入住感受,进而提高入住率。

(资料来源:先之教育 http://arts.9first.com/trainning/9438_1.shtml)

问题:为什么有些酒店开始推行免查房服务了?什么样的酒店才能享受免查房服务?

解析与讨论:目前大多数品牌的经济型酒店金卡会员都可以享受免查房、免押金待遇,而且现在手机互联网在酒店中的应用越来越广,相信免查房的酒店也会越来越多。

大数据时代的到来,也意味着免查房已经成为一种行业趋势,它的全方面实行,还需要酒店与客人信任关系的进一步加强。在未来,免查房可能会变成一种常态。

2. 团队结账程序

1)在团队离店前一天根据团队需求准备好团队总账单,确认所有消费账目已入账。

2)在团队离店前,与领队联系并沟通团队付账情况,经领队确认后在总账单上签字,若客人有其他消费则由客人各自结清。当领队确保总账无误结清之后才可离开酒店。

3)回收全团钥匙,若客人有行李要求,通知礼宾部同事。

4)前台收银员结清团队账单后将所有文件和材料交由财务部审核及后续跟进。

团队结账操作程序如图4-24所示。

图4-24 团队结账操作程序

【同步案例 4-4】

背景：某酒店的一位员工在给客人退房时没有仔细查看结账方式，将某香港旅行社的预付订单打印给客人签字。客人签字时表示非常吃惊，因为自己支付给旅行社的房价与酒店订单上的价格不一致，这时该员工才发现了这一问题，但为时已晚，不管怎么跟客人解释客人都不予理睬并把账单带走了。大概过了一周左右，酒店方面收到了旅行社的投诉，并表示要在其渠道内停止销售该酒店的房间。

（资料来源：迈点论坛改编 http://bbs.meadin.com/thread-1190819-1-1.html）

问题：为什么酒店会受到旅行社的投诉？酒店收银员在为客人结账时为什么需要注意客人的预订渠道？

解析与讨论：打印账单前若不注意看客人的预订及付款方式，很容易错误地把公司挂账或旅行社支付房费的账单打印给客人，如此前台收银员会将酒店和相关方的协议价透露给客人。由于旅行社或 OTA 会向酒店收取佣金，预付订单价格结算的价格是有差价的，若把价格透露给客人容易引起客人或旅行社的投诉。因此需要加强员工培训，特别注意此类房间结账时的价格保密。

4.3.5 客人信用控制

酒店客人的信用管理主要集中在客人的信用控制、应收账款的制度建设、成本管理以及风险防范等方面。酒店成立信用管理部门以制定信用政策、收集酒店各部门意见，由总经理、财务总监、前厅部经理、餐饮部经理等相关人员定期召开会议，规范酒店应收款的管理体制，加强风险防范的管理，加强客人的信用管理，防止坏账、跑账的发生。

前厅部的客人信用管理应注意以下几点：

1）为客人办理入住登记时，应根据酒店的规定向客人收取一定押金。如客人需要延住或在入住期间消费金额超出押金时，应及时通知客人到前台补足押金，不允许出现超出限额的情况发生。

2）挂账协议单位有效签单人若为入住客人担保免交押金，必须由有效签单人亲自到前台，并在预订单上签字担保，如本人无法到场的，可通过有效传真件提供担保。

3）除有担保的挂账以外，所有客人的账目原则上必须在离店时立刻结清，前台接待员不得压单不结或延日结账。对于临时挂账及有特殊原因已离店但未结清账项的情况，前台负责人应打印报表，说明原因，并上报财务部。

4）销售代表或前厅部接待员，餐饮部经理或总监级以上的人员为了提高销售额，需要为客人提供担保免交押金，但在为客人提供免押担保时需要在客人的预订单上签字确认。

5）由于相关部门操作失误，导致客人离店未结的款项，需按照酒店规定的坏账、跑账处理办法由相关负责人自行赔付。

6）针对客人故意逃账并未结账款的情况，由前厅部报客户资信评定小组审批，按酒店规定的坏账、跑账处理办法处理。

【同步案例 4-5】

预订酒店信用卡担保细节多 典型案例看端倪

背景与情境：2010 年 8 月 14 日，谢某通过携程公司客服电话预订了上海外滩茂悦大酒店的三间江景房，房费共计 6039 元。双方通过电话约定，付款方式为现金支付，信用卡使用类型为担保。2010 年 8 月 17 日约 12 时，谢某致电携程公司，要求取消订单，客服人员告知上海外滩茂悦大酒店不同意取消，当天如果不入住将会按照约定扣除房费 6039 元。谢某遂致电银行，要求拒付。银行客服人员表示卡未做冻结，建议做挂失处理并与商户进行协商。2010 年 8 月 24 日，谢某的信用卡被扣划 6039 元。由于谢某为该笔款项进行交涉而延期支付，产生了 101.19 元利息，29.78 元滞纳金。谢某已经向该行归还了上述款项合计 6169.97 元。谢某认为银行在接到明确要求不付款的情况下，擅自从信用卡扣款的行为严重侵犯了其合法权利，遂诉至一审法院，请求判令该行与携程公司共同赔偿损失 6169.97 元。后因未获一审法院支持，谢某向上海二中院提出上诉。

上海二中院认为，基于银行与特约商户推出信用卡担保新类型支付方式，在未事先告知当事人信用卡担保将采取"无密扣款"的情形下，违反持卡人与银行领用合约中"信用卡凭密码消费"的约定，在持卡人违约而需履行信用卡担保责任时，径行扣划信用卡内款项的行为构成侵权，并应当赔偿持卡人因此遭受的损失。因此撤销原审判决，改判该行赔偿谢某损失人民币 130.97 元，携程公司对上述款项承担连带责任。

这个案件中存在着一个争议焦点：在目前国内信用卡普遍凭密码或签字消费的情形下，信用卡担保作为新型支付方式，能否在未事先告知持卡人的情况下进行"无密扣款"呢？在促进金融创新的同时，如何兼顾金融消费者权益保护？

（资料来源：腾讯财经 http://finance.qq.com/a/20111215/001912.htm）

问题： 酒店如何加强收银业务的管理及操作程序？酒店应该如何维护自己的经济利益？

分析提示： 一方面，银行没有履行告知义务。

银行和携程公司在谢某未输入密码的情况下进行"无密扣款"，存在过错。理由是：在邮购服务中通过信用卡进行"无密扣款"作为银行和特约商户联合推出的一项新类型银行卡业务，银行以及特约商户在推出该项业务的同时，当与持卡人原先约定的"消费凭密码"方式冲突时，负有事先告知客人的义务。携程公司关联公司上海华程西南旅行社有限公司与该行之间签订的《邮购结算业务合作协议书》，只能约束合同的当事人，而不能约束谢某。同时，当一项类型新颖、专业性强的信用卡新业务推出时，赋予持卡人对此类新业务下信用卡扣划方式的注意义务，将过分加重金融消费者的负担，有失公允。况且，若新类型业务下信用卡扣划方式根本改变了银行与持卡人之间的事先约定，应得到持卡人的明确同意。

另一方面，信用卡担保要约成立。

信用卡担保是一种要约行为。谢某以其信用卡对酒店预订行为提供担保，在要约成立以后，有执行相应合同的义务，应充分关注到系争（注：法律名词，双方争执）信用卡扣款行为是为了结算谢某与携程公司之间的信用卡担保债务。该行和携程公司未经谢某授权进行"无密扣款"，造成了谢某信用卡资金及利息、滞纳金损失人民币 6169.97 元。尽管携程公司与该行进行"无密扣款"存在过错，但是该笔资金的划付清偿了一笔应付信用卡担保债务。该行和携程公司对谢某信用卡进行"无密扣款"的行为构成对谢某侵权的同时，同一法律行为也使谢某在客观上受益，即消灭了该笔信用卡的担保债务。因而，客观受益部分即该笔信用卡担保债务金额人民币 6039 元，应当在全部损失金额人民币 6169.97 元中予以相抵。这样做兼顾了信用卡支付结算法律关系与基础关系之间存在的关联性，也符合诉讼经济原则。因此，该行和携程公司进行"无密扣款"给谢某造成的实际损失金额为人民币 130.97 元。

从本案的判决结果可以看出，信用卡担保行为受到了《合同法》的保护，这同时也是一种约束。游客在用信用卡进行担保时，应慎重选择酒店和中介服务商，注意各项细节，最大限度地保护自己的权益。

4.4 夜间稽核管理

夜间稽核管理也称为夜间审核，其工作目的是避免酒店各部门工作出现差错，以致逃账、漏账等情况的发生，确保酒店营业收入的合法性、完整性、可靠性和及时性；同时也确保对客人结算的快捷、准确及营业收入报表对决策的依据作用。夜审工作人员需要对酒店各项营业收入和各个收银点上交的单据、报表、账单等相关文件与酒店计算机系统中的数据进行核对。

夜间审核主要分为三个部分：客房收入、餐饮收入、康乐及其他收入等。

夜审人员针对客房收入审核的工作内容主要包括以下几点：

1）夜审人员上班前要接管前台收银员的工作，做好工作和钱款的清点和交接工作。

2）检查当天出勤的所有前厅收银员是否已全部交来收银员报表及账单。将前厅收银员交来的入账明细与计算机核对是否相符，如不符需要查明原因，若不能及时查明需要在交班本上记录详情，请日审人员跟进。

3）检查核对前厅收银员的所有账单、收据等单据的份数与附件是否与前厅收银系统中的《客房入账明细报表》相符，如不符应逐一查对，把未交和缺失账单的收银员的名字和缺失账单详情记录在交班本上，留给次日的日审再审并调查。

4）核查当日入住和离店的客人信息，查看房租是否全部入账，应收半天房租或全天房租是否已经计收，免收半天或全天房租是否有规定的批准手续，在操作日志上查看房价是否是客人入住时确定的房价，如不一致是否有房价变更单。

5）核查结账单后所附单据是否齐全，如有押金单缺失是否已注明原因，核对无押金单的账单是否有信用卡预授权，且单号金额等是否与计算机系统中的数据相符。检查押金单号、金额是否与预收订金一致，核对各种挂账单单号是否与计算机一致，最后查看所有单据签字手续是否齐全。

6）核查入住登记单、押金单是否与前厅收银结账单明细相符，各种挂账单据的消费是否已正确输入计算机。

7）核查储值卡结账是否有客人签字，结账金额是否与系统中一致。

8）核查协议房价是否准确，入住客人是否是协议公司的员工或相关人员。检查协议房价账单后是否有入住登记单以及是否有销售部预订单，并核对入住登记单上的明细是否与结账单相符。

9）核查所有的收入调减是否合理，是否有相应经理级签名。

10）账单审核完毕后，将服务中心交来的房态表与接待处的房态进行核对。

11）核查消费、赔偿等收费是否符合酒店规定的标准，是否正确计入房间费用。

12）核对网络订房是否有传真单，团队和会议订房是否有团队联系单；检查会务费、场租费、用餐标准、联系人签字、房价、结算方式等。

13）核对客人入住登记单的明细项目是否完整，客人姓名、房价、抵离日期、客人签字等。

14）核对今日的账款金额是否与计算机系统中的金额相符。

15）将有问题的账单做标记并在交班本上登记，将所有账单按结账方式分类归集装订。

16）核对所开发票是否与账单一致，并检查消费金额与发票金额，发票金额不能大于消费金额。

17）检查各站点所开发票是否按顺序正确登记，有无缺号，发票底联要与发票登记表一致，对于错票、废票是否及时做了退票处理。

18）把所有审核完的账单按结账方式分类统计并用计数器计算统计各分类金额。所有的挂账单也要按部门分类统计打印汇总。

本章概要

★**主要概念**

接待、收银、问询、住客房、走客房、空房、未清扫房、外宿房、短期维修房、长期维修房、已清扫房间、请勿打扰房、贵宾房、常住房、请即打扫房、轻便行李房、准备退房、加床、双锁房。

★**内容提要**

- 本章主要介绍了前台接待、离店服务与管理，主要包括前台接待的概念，入住登记的相关知识，总台接待业务流程，客房状况的控制，客人在店期间的换房处理，提前或延期离店的处理及担保支付，总台客账管理，外币兑换业务，贵重物品的寄存与保管，客人信用控制以及夜间稽核管理的内容。

- 前台接待是前厅部对客服务关键的部分。前台通过积极开展客房预订的业务，为抵店客人安排住房和办理登记入住手续，负责客人在店停留期间的总台服务及为离店客人办理离店手续等相关工作，以带动酒店各部门的正常经营活动。

- 客人停留期间的总台服务是指前台接待员在客人停留期间帮助客人办理如换房、提前或延期离店、支付担保金等业务。由于客人入住登记在前台，离店结账在前台，客人在酒店内遇到困难需要寻求帮助找前台，客人对酒店感到不满投诉时也找前台。所以前台接待人员需要为客人处理各种事宜，如接待、预订、问询、收银等客人在酒店期间的所有服务。

- 总台收银服务是指前台接待处理酒店客人在店期间所产生的所有费用，将资料及手续办理妥善，方便客人结账付款离店，同时需要向客人追回客房钥匙以免丢失或被客人带走。其主要工作为客账的控制及客人的送别。客账的控制主要由离店客人的账目准备、收银服务、离店后的相关工作、夜间审计等部分组成。

- 夜间稽核管理也称为夜间审核，其工作目的是避免酒店各部门工作出现差错、逃账、漏账等情况的发生，确保酒店营业收入发生的合法性、完整性、可靠性和及时性，同时也确保对客结算的快捷、准确及营业收入报表对决策的依据作用。夜审工作人员需要对酒店各项营业收入和各个收银点上交的单据、报表、账单等相关文件与酒店计算机系统中的数据进行核对。

单元训练

★观点讨论

观点：酒店业可以说是最早对外开放的一个行业，酒店提供的服务范围非常广，涉及很多消费领域，吸收了很多国际惯例，形成了一些行规，如加收开瓶费，加收服务费，包间、包台最低消费，物品损坏照价赔偿（实为高价赔偿），一次性餐具由消费者买单，洗衣造成破损按洗衣费的若干倍赔偿，胶卷损坏或丢失按胶卷价格赔偿，行李丢失赔偿限额的规定等。

常见质疑：以上这些所谓的行规都是霸王条款，消费者有权维护自己的正当利益。

释疑：以上矛盾主要涉及消费者权益的保护问题，客观上存在一些法律空白，发生纠纷比较频繁。对此要客观地分析，一概地斥之为霸王条款显然不当，关键要看这些规定是否合法，酒店是否尽到了充分的告知义务，客人是否自愿选择酒店的服务。目前，酒店业是一个激烈竞争的行业，与电信、石油、公路、银行等垄断行业有很大区别。国际惯例如何本土化，如何与我国传统文化相适应是值得研究的问题。

★案例分析

【相关案例】

广州一酒店漏登涉恐线索旅客信息 违反《反恐法》被罚10万元

背景与情境：本网从广州市公安局新闻办公室获悉，广州警方日前依据《中华人民共和国反恐怖主义法》（简称《反恐法》）对一家酒店做出10万元罚款处罚。据悉，这是广州市首例根据《反恐法》规定对违法企业做出的处罚决定。

据了解，广州警方近期在对旅业的日常治安检查中，发现广州市鸿X酒店违反实名登记管理规定，没有登记一名旅客的身份信息。经调查证实，该漏登信息的旅客与一条涉恐线索有关。

按照《中华人民共和国反恐怖主义法》第八十六条规定，电信、互联网、金融业务经营者、服务提供者未按规定对客户身份进行查验，或者对身份不明、拒绝身份查验的客户提供服务的，主管部门应当责令改正；拒不改正的，处20万元以上50万元以下罚款，并对其直接负责的主管人员和其他直接责任人员处10万元以下罚款；情节严重的，处50万元以上罚款，并对其直接负责的主管人员和其他直接责任人员，处10万元以上50万元以下罚款。住宿、长途客运、机动车租赁等业务经营者、服务提供者有前款规定情形的，由主管部门处10万元以上50万元以下罚款，并对其直接负责的主管人员和其他直接责任人员处10万元以下罚款。

日前，广州警方依法对该违法酒店做出10万元罚款处罚，并对酒店当天值班主管人员做出1万元罚款处罚。据悉，这是广州市首例根据《反恐法》规定对违法企业做出的处罚决定。

广州警方提请所有旅业的经营者和管理者，务必严格依法落实旅客住宿实名制登记工作，坚守一人一证件原则，仔细核对证件信息，杜绝为了拉客盈利，放松警惕，自食苦果。同时，广州警方提请广大旅客朋友，宾馆、酒店温馨告知"请出示您的身份证"的时候，请予以配合，如确实发生未携带身份证件须办理入住的情况，请到当地派出所核对个人身份信息后，凭派出所开具的证明再登记入住宾馆、酒店。

（资料来源：林龙勇，邓海鹏，岑柏瀚. 广州一酒店漏登涉恐线索旅客信息 违反《反恐法》被罚 10 万元[EB/OL]. 人民网-广东频道. 2016-04-26.）

问题：
（1）该案例涉及本章的哪些知识？
（2）通过上述案例可以看出有效证件的处理对于酒店的正常运营有什么影响？
（3）如何加强住宿业的证件收集及员工管理工作？

建议阅读

[1] 刘伟. 现代酒店前厅运营与管理[M]. 北京：中国旅游出版社，2009：139-152.
[2] 迈克尔 J 奥法伦，丹尼 G 拉瑟福德. 酒店管理与经营[M]. 张延，张迅，译. 5 版. 大连：东北财经大学出版社，2013：4.1-4.8.

第 5 章 前厅日常服务与管理

学习目标

理论知识：学习和把握前厅日常服务与管理的相关概念，"金钥匙"的起源、服务哲学和服务理念，以及在中国的发展，商务中心的主要职能、设备用品和服务项目等陈述性知识；能用其指导"同步思考""延伸思考""深度思考"和相关题型的"单元训练"。

实务知识：学习和把握店外迎送客服务应履行的工作，迎送客服务程序，散客抵离店行李服务规程，团队客人换离店行李服务规程，行李寄存和提取服务规程，问询与留言服务规程，进出店邮件的处理要求，客用钥匙的管理要求，总机服务工作要求，总机员工素质要求，总机服务要点，商务中心服务要点，以及"业务链接"等程序性知识。

认知弹性：运用本章的理论与实务知识研究相关案例，对"引例""同步案例"和"相关案例"等案例情境进行分析。

【引例】

令人满意的微小服务

背景与情境：在上海的某一酒店，一位中年犹太人在办理入住手续时，极力要求住 8012 房间，经查询该客房已售出。总台服务员在向客人表示歉意的同时，积极查询计算机里的资料，很快从计算机里的资料中获知 8012 客房的隔壁 8010 客房还未出售。于是，服务人员积极向这位客人推销 8010 客房，并许诺，8012 客房的客人退房后马上为他调换房间，客人勉强同意了。办完这位客人的入住手续后，负责这项工作的服务员猛然想起两年前本酒店也遇到过类似的事情：两位年逾八旬的犹太老妇人来本酒店住宿时也极力要求住 8012 房间。她们声称这样做是为了纪念半个世纪前为躲避战争与屠杀，历经三个月的艰辛，终于在 8 月 12 日这一天被上海所接纳。而当时她们的逃难所大致就在该酒店附近，所以请酒店满足她们的要求。服务员想到这里，很快把想法转告给八楼服务台。负责服务那位犹太客人客房的服务员在服务过程中，一边询问不高兴的客人，一边安慰似的给客人讲两位老妇人的故事。客人听到服务员提起的两位老妇人，动情地说："她们中的一位是我的母亲，一位是我的姨母。她们都已经不在世了。这次我特意转道来上海，只能停留两天，可我很遗憾未能如愿。"服务员听罢完全明白了客人此次来沪的动机和烦恼的原因，并表示尽最大努力满足他的心愿。服务员又说："按中国人的习惯，您住在您母亲曾经住过的房间的隔壁，应该有陪伴的意义。"客人听完这句话，立刻表示很愿意"陪伴"，并说："我母亲经常说上海是东方的天堂，现在我明白了她的含义。你们像天使一样美丽而善良，我不再为此烦恼了。"两天后，客人满意地离开了。

（资料来源：前厅客房服务与管理（第 2 版）[EB/OL]．（2013-10-17）[2017-07-27]．http://www.doc88.com/p-1466195586574.html．）

当前是信息时代的新世纪，经济的全球化和科技的进步促进了生产力成百上千倍的提高，物质生活的极大丰富又推动了人类对精神层面的更高、更多的追求。在竞争日益激烈的酒店服务行业中，服务质量是酒店的生命线，越来越多的酒店管理者开始认识到，要取得并保持竞争优势、不断地提高经济效益，就必须不断地提高服务质量和顾客的满意度，而前厅作为酒店的窗口，直接代表了酒店的形象，其服务质量与各部门的工作质量，以及服务过程中的每一个环节的服务质量紧密联系在一起。所以酒店管理者必须创新性改革，加强前厅服务与质量管理，建立高品质的酒店服务体系，才能适应当前酒店业的发展趋势。

酒店前厅是销售酒店产品、组织接待工作、调度业务经营和为客人住店提供一系列综合性服务的部门。酒店前厅系列服务是指前厅部业务范围内的有关问询、代办、查询、电话、商务、邮件等服务。

5.1 礼宾服务

礼宾服务是客人到酒店消费的第一和最后接触点，它承担着现代酒店的重要服务功能，主要为客人提供迎送服务、行李服务、车辆预订等服务。它直接关系到客人的住宿满意度和对酒店的印象，因此常被形象地喻为现代酒店的"招牌"或"名片"。其英文名称为"Bell Service"或"Concierge"。"Concierge"一词源自于古法语，意为"保管蜡烛的人"，主要是指在荒无人烟的边境地区，照顾过往旅行商队的人。经过多年演变，在一些知名的政府建筑、宫廷和城堡里，逐渐译为"钥匙保管人"。礼宾部员工应该掌握对客服务程序，为客人提供满意、周到的个性化服务。

礼宾服务是现代酒店对客服务中的一种新概念，它把迎送客人服务和为进出店客人提供行李服务合为一体，并做出具体分工。按照服务程序标准化要求对上述两项服务作合理分工，突出客人应享受的礼宾待遇。它比过去传统的行李服务的概念更能体现酒店与客人之间的关系，拓宽了对客服务的内容。

礼宾部代表酒店直接负责迎送每一位客人，是前厅部的一个分部门，为客人搬运行李及行李的寄存服务。此外，还整理客人的邮件及整个酒店的报纸和邮件的派送，并负责客人车辆的安排。礼宾部的工作渗透于其他各项服务之中，缺少这项工作，就会直接影响到酒店内部沟通以及酒店对外的声誉和形象。客人入住酒店第一个接触的部门便是礼宾部，而离店时最后接触的也是礼宾部，所以，礼宾部的言行举止直接代表着酒店，是酒店前台的"门面"。

礼宾部的工作特点是人员分散工作，服务范围大。在大中型酒店中，礼宾部一般下设迎宾员、门童、行李员、派送员、机场代表等几个岗位。礼宾部的工作人员在客人心目中常被视为"酒店代表"，其服务态度、工作效率和质量都会给酒店的经济效益带来直接的影响。

5.1.1 迎送宾客服务

酒店迎送宾客服务主要分为店外迎送与店内迎送两种类型：店外迎送服务主要由酒店代表负责；店内迎送服务主要由门童与行李员负责。

1. 店外迎送服务

店外迎送服务是指酒店为了更有效地对客服务，在机场、火车站及码头设立接待处，安排酒店代表专门负责住店客人的迎接和送行服务，并及时向客人推销酒店各类产品和服务。随着酒店商务化程度的提高，宾客接送服务需求的产生，越来越多的高星级酒店都在国际空港设置驻机场代表，专门负责酒店宾客的接送机服务。

店外迎接员（机场代表）要特别注意自己的仪表、仪容，举止言谈要温和得体，动作要迅速准确，要具备强烈的工作责任心，有较强的应变能力、人际交往能力以及独立工作能力。

（1）迎接服务。

1）客人抵达之前应履行下列工作：①准确掌握客人所搭乘的航班、车次及客人情况。②提前做好准备工作，备好接机牌或接站牌。③安排好交通工具。④站在最显眼的位置举牌等候。

2）客人到达时应履行下列工作：①代表酒店向客人表示欢迎和问候。②根据预抵酒店的客人名单予以确认无误。③搬运并确认行李件数，拴好行李牌。④引领客人上交通车。

3）客人乘车至酒店途中应履行下列工作：①主动介绍本地和酒店概况。②始终与酒店前台保持联系，及时通知变化情况。

4）客人抵达酒店后应履行下列工作：①引领客人到前台办理入住手续。②将行李物品交付行李员运送至客房。③协助大堂副理做好 VIP 贵宾的接待。

（2）送别服务。

1）客人离店前应履行下列工作：①提前一天请需要送机服务的客人确认具体时间，以免出现错漏。②做好送机人员和交通工具的调度安排。

2）客人离店送机应履行下列工作：①提前一天从前台处获取需要送机服务客人的信息，包括姓名、客房号、离店时间以及所搭乘的航班、车次。②根据客人离店的准确时间，提前做好交通工具的调度安排。③与行李组联系，做好行李运送安排。④按时将客人送到机场、车站等，协助客人办理行李托运和其他相关手续。⑤与客人告别，感谢客人光临酒店，并真诚欢迎客人再次光临。

【业务链接 5-1】

驻机场代表服务程序和标准，见表 5-1。

表 5-1 驻机场代表服务程序和标准

程序	标准
准备工作	1）定时从预定处取得需要接站的客人名单（Expected Arrival List，EA） 2）掌握客人的姓名、所乘的航班（车次）、到达的时间、车辆要求及接待规格等情况 3）根据预定航班、车次或船次时间提前做好接站准备，写好接站的告示牌，安排好车辆，整理好仪容仪表，提前半小时至 1 小时到站等候 4）备好接机牌，正面刻有酒店的中、英文名称，反面是客人的姓名，牌子手把的长度为 0.5 米左右

(续)

程序	标准
到达机场迎接客人	1）注意客人所乘航班、车（船）次到达时间的变动，若有延误或取消，应及时准备通知酒店总台 2）站立在显眼位置举牌等候、主动问好、介绍自己、代表酒店欢迎客人 3）根据预抵店客人名单予以确认 4）帮助客人搬运行李并确认行李件数，挂好行李牌，迎领客人前往接站车前
送客人上车	1）开车前10分钟应将客人送到开车地点，引导客人上车，协助客人将行李装上车 2）开车时站在车前右方2米左右，微笑着挥手向客人道别 3）如果需要随车同行，在行车途中，可以根据具体情况，或简要介绍酒店服务项目内容和当地风貌，或陪同客人聊天，或放音乐让客人自便 4）将客人接到酒店后，引领客人到总台办理入住手续，并询问客人是否需要提供离店服务。VIP客人接站到店后，请大堂副经理为客人办理入住登记手续
通知客人抵店信息	1）电话通知大厅值班台客人到店的有关信息：客人姓名、乘车号、离开车站时间、用房有无变化等 2）若没有接到VIP客人或指定要接的客人，应立即与酒店接待处取得联系，查找客人是否已乘车抵达酒店。返回酒店后，要立即与前台确认客人的具体情况并弄清楚事实及原因，向主管汇报清楚，并在接站登记簿上和交班簿上写明

2. 门厅迎送宾客服务

门厅迎送宾客服务是对宾客进入酒店正门时所进行的一项面对面的服务。**门厅迎接员（Doorman），也称迎宾员或门童，是代表酒店在大门口迎接宾客的专门人员，是酒店的"门面"，也是酒店形象的具体体现。**因此，门童必须服装整洁，仪容仪表端正、大方，体格健壮，精神饱满，与保安员、行李员相互配合，保证迎客、送客服务工作的正常进行。迎宾员要承担迎送，调车，协助保安员、行李员等工作的任务。迎送宾客服务程序如下：

（1）迎宾服务。当客人抵店时，门童要主动相迎，为来店客人拉开车门，热情欢迎客人；协助客人下车并卸下行李，提醒客人清点行李以防物品遗留在车上，并招呼前厅行李员，将客人引领入店。

（2）送行服务。当客人离店时，门童要将客人的用车召唤至大门口，协助行李员将客人的行李装上车，并请客人核对行李，协助客人上车坐好，轻关车门，向客人致意送别，并表示欢迎客人再次光临。

（3）贵宾迎送服务。贵宾接待是酒店给下榻的重要客人的一种礼遇。门童要根据预订处发出的通知，做好充分准备，要讲究服务规格并在向贵宾致意时有礼貌地称呼其姓名或头衔。根据接待规格的需要，应接员还要负责升降该国国旗、中国国旗、店旗或彩旗等。

（4）安全保卫。安全保卫负责注意门厅出入人员动向，做好防爆、防盗工作；协助保安人员做好贵宾抵离时的安全保卫工作。

（5）门前调度。门前调度负责确保酒店门前车道畅通，指挥正门前交通及车辆停放事宜；为住客召唤出租车，负责大门口附近车辆的清理工作。

（6）检查环境。检查环境是指负责检查门厅环境卫生及室温。

（7）回答客人问询。因工作岗位所处位置的特殊性，经常会遇到客人问询，对此，应以热情友好的态度，准确地答复客人的问询，对没有把握的问题，应向客人表示歉意，并礼貌地请客人到问询处询问。决不可使用"不知道""不清楚"等简单生硬的否定性语言答复客人。

【业务链接 5-2】

门厅迎送宾客服务程序和标准，见表 5-2。

表 5-2　门厅迎送宾客服务程序和标准

操作步骤	主要操作步骤	注意要点
准备工作	1）了解当天即将抵店的重要客人和团队 2）了解酒店当日举行的大型活动	准备工作要充分
迎接客人	1）将客人所乘车辆引领到适当的地方停车，以免门前交通阻塞 2）趋前开启车门，用手臂挡车门为客人护顶，并协助客人下车。原则是女宾、老年人优先 3）面带微笑地使用恰当的敬语欢迎前来的每一位客人 4）协助行李员卸下行李，注意检查有无遗漏物品	1）热情礼貌 2）动作规范 3）配合行李员工作 4）老人、儿童行动不便的要搀扶
送别客人	1）离店时，为客人打开大门，问候并询问客人离店后所去地点，调度、召唤出租车，并注意看管随客人而出的行李 2）协助行李员将客人行李放入车后行李箱，为客人拉开车门，护顶，请客人上车，并祝客人旅途愉快 3）驱散可疑闲杂人员，维持店前秩序	1）根据客人的需要，及时提供服务 2）送别时招手示意，直到看不见车为止

【同步案例 5-1】

兑换港币

背景与情境：一辆出租车在江苏南通大酒店的店门口刚停住，门厅迎宾员小陈主动迎上前去开车门，但坐在车内的一位中国香港客商并不着急下车。他手里拿着一张一百元面额的港币，等待司机找零钱。

司机说："请您付人民币或者外币兑换券好吗？我们不收港币。"

门厅迎宾员小陈便问司机："车费一共多少？"

司机回答说："人民币 56 元就够了。"

当时小陈身穿制服，口袋里没有钱可以付。他本来心想着自己又不是管钱的，关我什么事，后来又想到这种事涉及酒店声誉，于是他便请客人坐在车内稍等片刻，然后急忙奔到总台说明原委，由他个人担保向总台暂支人民币 60 元付清了车款，然后有礼貌地向客人说："等您办好入住手续，兑换人民币以后再还我也不迟。"客人感到满意，大步走进了酒店。

客人为了要付给总台客房押金，并准备一会儿出去要派用场，于是到外币兑换处要求换 8000 元港币，收银员手边正好没有足够的备用金，本来拟婉言请客人自己到附近银行去兑换，后来想到这会给客人带来不便，而且人地生疏也不安全，于是主动和总台联系希望暂不支付押金，经同意后接着征求客人意见，问他可不可以将港币交给外币兑换处，先开好单，马上由酒店派人到附近银行兑换人民币，再通知他凭单来取款。客人对此方法表示同意，于是就进客房休息了。

（资料来源：外币案例[EB/OL].（2017-03-14）[2017-07-27]. http://www.54lou.com/other/201703161949.html.）

问题：门厅迎宾员的职责是什么？此案例中，门厅迎宾员超常规服务的意义是什么？

分析提示：门厅迎宾员小陈本身的工作职责虽然不是负责兑换外币，但他懂得，当客人有困难时，应当主动设法帮助解决，如果用"不""我不是……""我不会""没有"等这类的否定句是不妥的。

在酒店行业大力提倡超值服务的今天，决不能轻易地拒绝客人，就是婉言拒绝也不足为取。酒店员工应该牢牢树立"客人的需要是我们根本的服务项目"思想，哪怕有困难和麻烦，也应该尽全力用诚实、高效的超值服务去赢得住店客人的满意。

5.1.2 行李服务

行李服务是前厅服务的一项重要内容，由行李员负责提供。内容包括客人行李搬运和行李保管服务。 由于散客和团队的客人有许多不同的特点，因此，其行李服务的规程也有所不同。

1. 散客行李服务

（1）散客入住行李服务。散客抵店行李服务流程如图5-1所示。

图5-1 散客抵店行李服务流程

1）散客乘车抵店时，行李员应主动上前迎接，向客人表示欢迎，帮助客人卸下行李，并请客人清点过目，准确无误后帮客人提携。但对于易碎物品和贵重物品不必主动提携，如客人需要帮助时，行李员要特别小心，注意轻拿轻放，以防丢失破损。

2）行李员提着行李走在客人的左前方，引领客人到接待处办理入住登记手续，如属大件行李，则需要行李车。

3）引领客人到达接待处后，行李员应放下行李，站在总台前客人侧后1.5米处，并随时听候接待员及客人的召唤。

4）客人办完入住手续后，应主动上前从接待员手中接过房卡，引领客人入客房。

5）引领客人到达电梯门时，应放下行李，按电梯按钮。当电梯门打开时，用一只手扶住电梯门，请客人先进入电梯，然后进入电梯靠右边侧立并按楼层键。电梯到达后，请客人先出电梯，行李员随后提行李跟出，继续引领客人到所在房间。

6）到达客房门口时，行李员先放下行李，按酒店既定程序敲门、开门，以免碰到重复卖房给客人造成不便。房内无反应再用钥匙开门。

7）打开房门后，将房卡插入取电盒内使房间通电，开灯，推开房门，以手势示意请客人先进。

8）将行李放在客房行李柜上，然后简要介绍房间设施、设备及使用方法，介绍时手势不能太多，时间不能太长，应控制在2分钟以内，以免给客人造成索取小费的误解。如果客人以前曾住过本店，则不必再介绍。

9）房间介绍完毕，应征求客人是否还有吩咐，在客人无其他要求时，应礼貌地向客人道别，并祝客人在本店住得愉快。离开时，将房门轻轻拉上。

10）离开房间后，迅速从员工通道返回礼宾部，填写《散客行李（入店/出店）登记表》。

【业务链接 5-3】

散客抵店的行李服务与标准，见表 5-3。

表 5-3　散客抵店的行李服务与标准

操作步骤	主要操作内容	注意要点
出门迎接	1）行李员主动迎接抵达酒店的客人，为客人打开车门，请客人下车，并亲切问候 2）从出租车内取出客人行李，请客人确认行李件数，以免遗漏 3）迅速引导客人走进店门，到前台办理入店登记手续	1）要热情礼貌 2）易碎或贵重物品请客人自己拿 3）检查行李件数
引领客人入店，办理入店手续	1）行李员引领客人至前台，把行李放置在离前台 4 米以外的地方，系好本店行李牌，手背后直立站在行李后方，直到客人办理完毕全部入店手续 2）对于住在行政楼层或商务楼层的客人，需引导客人至行政楼层或商务楼层办理入店手续，并需帮助客人搬并放好登记台前的座椅，请客人入座，退后 3～4 米，站立等候客人办完手续	1）用左手提行李，行走时身体要自然 2）过重、过大的行李要用行李车 3）待客人办入住登记时不可左顾右盼，随时听从客人吩咐
引导客人入住房间	1）客人办理完入店手续后，行李员从前台服务员手中接过客房钥匙，清晰地将房间号码登记在行李牌上 2）如果几位客人同时入店，应在办理完手续后，请每位客人逐件确认行李，在行李牌上写清客人的房间号码，并礼貌地告诉客人在房间等候，然后迅速将行李送入房间 3）引导客人至电梯厅，按叫电梯。在途中向客人介绍酒店设施和服务项目，以便客人初步了解酒店 4）电梯叫到，请客人先进电梯间，并为客人按下相应楼层示意键，然后将行李提进电梯间，靠边放置在电梯里，继续向客人介绍酒店有关情况，回答客人问讯 5）电梯到达目的地楼层后，请客人先走出电梯，行李员随后赶上，走在客人之前，引领客人进入客房	1）准确地在行李牌上写上房号 2）引领时走在客人左前方两三步远，用右手指示方向 3）边走边向客人介绍酒店的设施和服务项目 4）介绍安全通道 5）上下电梯，客人先进先出
房间服务	1）引导客人到达房间，把行李放在房门外左侧，并简短地向客人介绍紧急出口及客人房间在酒店的位置 2）开门之前，向客人介绍如何使用钥匙开门及钥匙的其他用途（如小酒吧钥匙） 3）为客人打开房门，介绍电源开关，并把钥匙插入开关内 4）请客人首先进入房间，行李员进入后把行李放在行李架上，帮助客人把脱下的外衣及要挂的物品挂入壁橱内，帮助客人打开或拉上窗帘 5）向客人介绍如何使用电视和收看各频道节目，以及酒店内提供的节目 6）向客人介绍电话的使用方法，店内各主要服务部门的电话号码及空调、收音机、床头灯等电器设备	1）先敲门，再开门 2）按规定介绍房间里的设施设备使用情况 3）如果客人没事，介绍完迅速退出

(续)

操作步骤	主要操作内容	注意要点
房间服务	7）告知客人写字桌上放有酒店介绍，以便客人更多地了解酒店服务信息 8）向客人介绍小酒吧，并提醒客人注意放在酒吧上的价格表 9）向客人介绍卫生间内的设施，提醒客人注意电源的使用 10）向客人介绍酒店的洗衣服务及电话号码 11）介绍完毕，询问客人是否还有其他要求，最后祝愿客人居住愉快	1）先敲门，再开门 2）按规定介绍房间里的设施设备使用情况 3）如果客人没事，介绍完迅速退出
登记	1）待送完客人后，回到行李台登记房号、行李件数、客人入店时间 2）如遇到早到而暂时无法进入房间的客人，应将行李放在行李台旁，代客人保管，并标明"入店"字样，待客人房间安排好后，再送入房间 3）如果客人没有进入房间，而由行李员直接将行李送入客房，须注明"开门"字样	记录及时、准确、完整

（2）散客离店行李服务。散客离店时行李服务流程，如图 5-2 所示。

图 5-2　散客离店时行李服务流程

1）当礼宾部接到客人离店搬运行李的通知时，要问清客人的房号、姓名、行李件数及搬运行李的时间，并决定是否要带上行李车，然后指派行李员按房号收取行李。

2）在征得客人同意后可进入房间，并与客人核对行李件数，检查行李是否有破损情况，如有易碎物品，则应贴上易碎物品标志。

3）弄清客人是否直接离店，客人需要行李寄存，则填写行李寄存单，并将其中的一联交给客人作为取物凭证，向客人道别，将行李送回行李房寄存保管。待客人来取行李时，核对并收回寄存单。

4）如客人需直接离店，装上行李后，应礼貌地请客人离开房客，主动为客人叫电梯，为客人提供电梯服务，引领客人到前厅收银处办理退房结账手续。

5）客人离店时协助行李装车，向客人道别，并祝客人旅途愉快。

6）完成行李运送工作后，将行李车放回原处，填写《散客行李（入店/出店）登记表》。

【业务链接 5-4】

散客离店的行李服务与标准，见表 5-4。

表 5-4　散客离店的行李服务与标准

操作步骤	主要操作内容	注意要点
接到通知，收取客人行李	当客人离店打电话要求收取行李时，行李员必须问清客人房间号码、行李件数和收取行李时间	问清房号、行李件数
登记	行李员在离店登记单上填写房间号码、时间、行李件数，并根据房间号码迅速去取客人的行李	做好记录

(续)

操作步骤	主要操作内容	注意要点
收取客人行李	1）在3分钟之内到达客人房间，轻敲三下，并告知客人"行李服务"或待客人开门后，向客人问候 2）和客人一起确认好行李件数，并帮助客人检查是否有遗漏物品。如发现遗留物品，应直接还给客人或交给行李部经理 3）行李员把客人的行李放在行李台旁边，告知领班客人的房间号码，站在一旁等候客人	1）及时收取行李 2）查清行李件数 3）放好行李，以免拿错
帮助客人离店	1）确定客人已付清全部房费，办理完离店手续后，引导客人出店，帮助客人将行李放入出租车内 2）为客人打开车门，并请客人上车护顶 3）向客人礼貌告别："欢迎下次再来"	及时将行李放到车上，热情招手送客直到远去

2. 团队客人行李服务

团队客人的行李一般由单位从车站、码头、机场等地装车运抵酒店，而酒店行李员的工作只是按团队名称清点行李件数，检查行李有无破损，做好交接手续，负责店内行李的运送与收取。

（1）团队入住行李服务。

1）团队行李到达时，行李员推出行李车，与行李押运员交接行李，清点行李件数，检查行李有无破损，然后双方按各项规定程序履行签收手续。如发现行李有破损或短缺，应由行李押运单位负责，并请行李押运人员签字证明，并通知陪同及领队。如行李随团到达，则还应请领队签字确认。

2）填写《团队行李（入店/出店）登记表》，见表5-5。

表5-5 某酒店《团队行李（入店/出店）登记表》

团队名称		人数		入店时期		离店日期	
入店/出店	时间	总件数		酒店行李员	领队	行李押运员	车号
房号		入店件数			离店件数		备注
	行李箱	行李包	其他	行李箱	行李包	其他	
合计							

3）清点无误后，立即在每件行李上贴上行李标签或系上行李牌。如果该团队的行李不能及时分送，应在适当的地点摆放整齐，用行李网将该团队所有的行李罩在一起。妥善保管。要注意将入店行李与出店行李，或是几个同时到店的团队行李分开摆放，避免出错。

4）在装运行李之前，应再清点检查一次，无误后才能装车，走行李通道送行李上楼层。装运行李时应遵循"同团同车、同层同车、同侧同车"的原则。

5）行李送到楼层后，按房号分送行李。

6）送完行李后，将每间客房的行李件数准确地登记在《团队入店行李登记表》上，并按团队入住单上的时间存档。

【业务链接 5-5】

团队抵店的行李服务与标准，见表 5-6。

表 5-6 团队抵店的行李服务与标准

操作步骤	主要操作内容	注意要点
接收行李	1）当团队行李送到酒店时，由领班向团队行李员问清行李件数、团队人数，并请团队行李员在入店登记表上登记姓名和行李车牌号等 2）由领班指派行李员卸下全部行李，并清点行李件数，检查行李有无破损。如遇破损，要请团队行李员签字证实，并通知团队陪同及领队 3）整齐摆放行李，全部系上有本酒店标志的行李牌，并用网罩住，以防止丢失、错拿	1）分清团队、人数 2）分清行李件数 3）系好行李牌
分检行李	1）根据前台分配的房间号码分检行李，并将分好的房间号码清晰地写在行李牌上 2）与前台分房处联系，问明分配的房间是否有变动，如有变动，须及时更改 3）及时将已知房间号码的行李送至房间 4）如遇行李姓名卡丢失，行李应由领队帮助确认	1）分送行李要准确 2）同房间同车，同侧同楼层同车 3）不同团队的行李分车送
送行李到房间	1）将行李平稳地摆放到行李车上，在推车入店时，注意不要损坏客人的物品和酒店设施 2）在进入楼层后，应将行李放在门左侧，轻轻地敲门三下，报出"Bell Service" 3）客人开门后，主动向客人问好，固定房门，把行李送入房间内，待客人确认后方可离开。如果客人的行李不见了，应婉转地让客人稍候并及时报告领班 4）对于破损和无人认领的行李，要与领队或陪同及时取得联系，以便尽快解决	1）运送行李动作要文明 2）按规定敲门
行李登记	1）送完行李后，应将送入每个房间的行李件数准确地登记在团队入店登记单上 2）如果是开门直接送入，则应注明"开门"字样，并核实总数是否与刚入店时一致	及时记录

（2）团队离店行李服务。

1）根据团队入住登记表上的离店时间，做好收取行李的工作安排，带上该团队订单和已核对的等级行李件数的记录表，领取行李车，上楼层搬运行李。

2）在规定的时间内依照团号、团名及房间号码到楼层收取客人放在房门口的行李，并做好记录。收取行李时要核实行李上所挂的标签是否一致。

3）行李员收取行李时。应从走廊的尽头开始，以避免漏收和走回头路。如有客人的行李未放在门口，应通知该团陪同，并协助陪同通知客人把行李拿出房间，以免耽误时间。对置于房间内的行李则不予运送。

4）将团队行李汇总到前厅，再次核对并严加看管，以防丢失。核对行李件数是否与记录相符，领队或陪同一起过目，并签字确认。与团队的行李押运员一起检查、清点行李，将行李罩好，并贴上标签。做好行李移交手续；特别要和领队核实该行李总件数是否包含领队的行李。

5）行李集中，运到行李部，检查后，并在《行李进出店登记单》上签字。

6）行李完成交接后，由领班填写《团队行李（入店/出店）登记表》并存档。

【业务链接 5-6】

团队离店的行李服务与标准，见表 5-7。

表 5-7　团队离店的行李服务与标准

操作步骤	主要操作内容	注意要点
准备	1）仔细审阅前台送来的团队离店名单 2）提前 3 天将欲离团队的团号、房间号、人数与计算机内的档案核实 3）核对团队入店时填写的行李表，并重新建立新表 4）夜班领班将核实后的表格转交下一班领班	1）查清要离店团队的编号名单 2）夜班编制离店表，交接班时，如有特殊情况要交代清楚
收取行李	1）依照团号、团名及房间号码到楼层收取行李 2）与客人确认行李的件数。如客人不在房间，则检查行李牌号及姓名 3）如客人不在房间，又未将行李放在房间外，则应及时报告领班解决 4）根据领班指定位置摆放行李并罩好，以免行李丢失	1）仔细对照名单收取行李 2）不同的团队分别收取、摆放
核对	1）统计行李件数的实数是否与登记数吻合 2）由领班与陪同或领队一起确认件数，若无误，请其在团队离店单上签字 3）从前台得到该团行李放行卡后，方可让该团队离开	1）按规定确认、签字 2）有放行卡，方可放行
行李放行及资料存档	1）由领班问清行李员所取的团队行李的团号和团名 2）待团队行李员确认行李件数后，请其在离店单上签上姓名和车牌号 3）领班把团队离店登记单存档	记录存档

【企业伦理与职业道德 5-1】

小陈的做法正确吗？

背景与情境：某美籍华人旅行团到达某酒店的第二天上午 8:00 左右，该团中的张女士急匆匆地跑到大堂副理处投诉说，她的钱包不见了，内有 600 多美元，并非常肯定地说："我已经找遍了房间所有的地方和行李箱，都没有。我记得很清楚，放在房间内的桌子上了，刚才我还看到有客房服务员进我的房间。"该团 8:20 要出发到景点，整车的客人都等着呢！

大堂副理小陈立即打 110 报警，由当地公安机关来调查处理此事。

（资料来源：酒店前厅部案例[EB/OL].（2016-01-15）[2017-07-27]. https://wenku.baidu.com/view/bb7d3e063186bceb18e8bb8c.html?re=view.）

问题：在面对此类突发事件时，你认为大堂副理小陈的做法正确吗？

分析提示：向110报警是一个查处的办法，但作为酒店，是要考虑给客人安全感的。若110警车开到酒店门口，身穿制服的公安人员在酒店出入，住店客人看到后的第一感觉肯定是该酒店发生重大案件了，客人安全感大大下降，会给酒店带来间接的损失。故此法不妥。

因此，对于酒店而言，为了杜绝此类事件发生，保障客人的安全，维护客人的权益，应做好以下几个方面：①酒店应该加强安全保卫工作，要杜绝失窃现象的发生。②要对服务员进行素质培训，使之具备一个酒店从业人员最基本的素质。同时要制定一系列严格的规章制度及处罚制度。③一旦有失窃现象发生，酒店管理人员要沉着冷静。应懂得最基本的失窃处理常识，如保护现场，及时请保安部会同破案等。

3. 行李寄存和提取服务

（1）行李寄存服务。由于各种原因，有的客人希望将一些行李暂时存放在礼宾部。礼宾部为方便客人存放行李，保证行李安全，应开辟专门的行李房，建立相应的制度，并规定必要的手续。

1）寄存行李的要求。行李房不寄存现金、珠宝、玉器、金银首饰等贵重物品，以及护照等身份证件。上述物品应礼貌地请客人自行保管，或放到前厅收款处的保险箱内免费保管。已办理退房手续的客人如想使用保险箱，须经大堂副经理批准。

酒店及行李房不寄存易燃、易腐烂、易碎及具有腐蚀性的物品，不寄存违禁物品。不接受宠物寄存，一般酒店不接受带宠物的客人入住。提示客人行李上锁，对未上锁的小件行李须在客人面前用封条将行李封好。

2）行李寄存程序。客人前来寄存行李时，行李员应热情接待、礼貌服务，并应弄清客人的行李是否属于酒店不予寄存的范围，问清行李件数、寄存时间、客人姓名及房号。

填写《行李寄存单》，并请客人签名，上联附挂在行李上，下联交给客人留存，并告知客人下联是领取行李的凭证（见表5-8）。

表5-8　某酒店《行李寄存单》

行李寄存单（酒店联）		
姓名 NAME：	日期 DATE：	房号 ROOM NO.：
行李件数 LUGGAGE：		时间 TIME：
客人签名 GUESTS SIGNATURE		
行李员签名 BELLBOY's SIGNATURE		
行李寄存单（顾客联）		
姓名 NAME：	日期 DATE：	房号 ROOM NO.：
行李件数 LUGGAGE：		时间 TIME：
客人签名 GUESTS SIGNATURE：		
行李员签名 BELLBOY's SIGNATURE：		

将短期存放的行李，如半天或一天的行李放置于方便搬运的地方；如一位客人有多种行李，应用绳索系在一起，以免拿错。

经办人须在《行李寄存记录本》上进行登记，并注明行李存放的件数、位置及存取日期等情况，见表5-9。如属非客人寄存，客人领取的寄存行李，应通知客人前来确认领取。

表 5-9　某酒店《行李寄存记录本》

日期	时间	房号	件数	存单号码	行李员	领取日期	时间	行李员	备注

（2）行李领取服务。

1）他人前来领取行李时，须收回《行李寄存单》的下联，请客人当场在下联单上签名；将上下进行核对，看二者的签名是否相符，核实无误后将行李交给客人，最后在《行李寄存记录本》上做好记录。

2）如果是客人寄存，他人来领取，须请客人把带领人的姓名、单位或住址写清楚，并请客人告知带领人凭《行李寄存单》的下联及证件前来领取行李。行李员须在《行李寄存记录本》的备注栏内做好记录。

3）如果客人遗失了《行李寄存单》，须请客人出示有效身份证件，核查签名后，请客人报出寄存行李的件数、形状特征、原房号等。确定是该客人的行李后，须请客人写一张领取行李的说明并签名（或复印其证件）。

4）来访客人留存物品，让住店客人前来领取的寄存服务，可采取留言的方式通知客人，并参照寄存、领取服务的有关条款进行。

5）帮助客人把行李送到指定地方，并礼貌地向客人道别。

【业务链接 5-7】

行李寄存和提取的操作程序，见表 5-10。

表 5-10　行李寄存和提取的操作程序

操作步骤	主要操作内容	注意要点
填写行李寄存牌	1）有礼貌地递给客人行李寄存牌，并向客人介绍行李寄存牌上需填写的项目，提醒客人本店对散客过期不取行李仅保留30天 2）向客人询问所存行李件数和提取行李时间，并亲自在行李寄存牌的上联和下联为客人填写清楚 3）请客人填写行李寄存牌，须写清当天日期、客人姓名、房间号码 4）行李员同时在单据上写清自己姓名，撕下下联收据递给客人，并提醒客人凭此提取行李	仔细检查行李寄存牌，要填写清楚
保管客人所存的行李	1）将存放半天或一天的行李放在屋外侧，以便搬运。将长期存放的物品放在存储室的行李架上，如果一位客人有多件行李，应用绳索连在一起，以免错拿 2）在《行李寄存登记本》上登记所存行李情况，标明位置、件数、日期、颜色及存放人姓名和寄存牌编号等，如有贵重物品，应做明显标志 3）如发现客人逾期不取行李，应及时通知行李部经理	1）分类存放 2）存放时间长的行李放里面 3）易爆、易腐蚀、怕碰等物品不能寄存
为客人查找提取行李	1）礼貌地收回客人寄存行李牌下联收据 2）礼貌地向客人询问行李的颜色、大小及存放时间，以便查找 3）根据收据上的编号，翻查《行李存放登记本》，找到行李	1）应按寄存单查找行李 2）准确地将行李交给客人

（续）

操作步骤	主要操作内容	注意要点
为客人查找提取行李	4）把行李取出后，交与客人核实，确认后撕掉行李上的寄存牌和客人的寄存收据，并划去《行李存放登记本》上的原始记录 5）帮助客人将行李搬运出店或送到房间 6）如遇客人遗失收据，应报告当班领班。检验客人身份，核对无误后，方可领取	3）对丢失寄存单的客人应自己核对，防止行李被冒领

【同步案例 5-2】

旅客行李在上海五星级酒店寄存处失踪获赔 1.4 万元

背景与情景：5 月 11 日中午，杭州出差来沪的余小姐入住上海市龙之梦酒店。由于房间正在整理无法立刻入住，酒店方让余小姐将行李箱放在行李寄存处。晚上 10 点余小姐回到酒店，却被告知行李箱找不到了。"行李箱里有一台 IBM 笔记本电脑，还有一些衣物、化妆品、充电器和几本书。"余小姐说，她在保安室查看过监控录像，但未发现行李下落。据余小姐估算损失物品价值约 2.4 万余元。

龙之梦酒店则认为自己没有责任。酒店方称，工作人员曾询问过余小姐行李中是否有贵重物品，余小姐回答说没有。"我们已尽了告知、注意义务，行李吊牌背后也有告知事宜，酒店大堂内还有免费提供存放贵重物品的保管箱。"但张小姐还是向酒店进行索赔。

（资料来源：位新萍.现代饭店安全管理[EB/OL].（2012-06-15）[2017-07-27]. http://www.doc88.com/p-672405641106.html）

问题：行李寄存服务的要求和程序是什么？在此案例中，前厅部经理应如何解决好此类问题。

分析提示：礼宾部为方便客人存放行李，保证行李安全，应开辟专门的行李房，建立相应的制度，并规定必要的手续。作为服务提供方龙之梦酒店有义务以合理方式告知客人上述格式条款的存在及内容。但事实上，行李吊牌是余小姐寄存行为完成后才拿到的，形式上更接近于"收据"而非"合同文件"。因此，龙之梦酒店声称已尽到提示义务的说法不成立，法院审理后认为，龙之梦酒店未对寄存物品尽到妥善保管义务致其丢失应承担赔偿责任。参考保险公司的评估报告，法院酌定龙之梦酒店赔偿余小姐 1.4 万元。龙之梦酒店自愿提供余小姐豪华套房免费住宿一晚，法院予以准许。

【同步思考 5-1】

问题：何为酒店前厅个性化服务？

理解要点：酒店前厅个性化服务就是以客人需求为中心，在满足客人原来需求的基础上，针对客人个性特点和特殊需求，主动积极地为客人提供特殊的服务，是对客人采取"量体裁衣"定制式的适合他的服务。

【延伸思考 5-1】

问题：当前酒店前厅个性化服务存在哪些问题？

理解与讨论：

1）酒店的规范性不明确，会让个性化服务变得错乱，导致失误。

2）前厅缺乏个性化服务所需要的客人资料收集整理与有效流通。

3）在前厅服务培训和管理中还存在着"五轻五重"现象，导致个性化服务水准不易提高，即重应知，重死记硬背，重标准规范程序，重短线应时节走过场，重表彰上榜奖励；轻应会，轻实际操作，轻个性特点发挥，轻长线练内功打基础，轻分析总结推广。

4）前厅服务人员缺乏对个性化服务的机理、内容、形式、特点以及与标准化、规范化服务的相互关系及区别的理解，服务指导上清规戒律多，个性特点发挥少。

5）前厅服务管理中，往往对服务员要求高，对管理人员要求低，认为服务纯粹是服务员的事，不了解管理是一种更高层次的服务。只有优化管理才有优质服务。不善于深入服务实际去发现好的做法，以总结推广形成经验和品牌。

6）不少前厅服务员在服务实践中有创新、有个性特色表现，并取得较好效果，但不善于注意积累、总结提高并上升为经验，以形成个人服务风格品牌。

【同步业务 5-1】

问题： 酒店应如何挖掘前厅服务的潜力，提升前厅服务质量？

解析提示： 前厅服务的好坏直接影响着客人满意度和忠诚度。因此，做好酒店前厅服务创新是赢得客人心的捷径。

1. 前厅服务应对特殊天气的措施

特殊天气比如大风、大雾、冰雹、暴雪等，会对客人的行程造成影响，同时也会影响酒店前厅服务环境。为回避经营风险，协助客人合理安排行程，前厅可以启动如下特殊天气服务预案：

在酒店大厅醒目位置不间断地播放机场、高速公路的开放及关闭情况，以及市内交通管制措施等。

客人在退房时，要及时提醒客人天气状况可能对客人出行的影响。

通过短信或电话及时通知预抵客人酒店所在地的天气状况，提醒客人做好应对措施；如果不能成行，建议客人及时取消预订。

根据不同天气状况做好应对措施，如防滑、租借物品等服务。

做好客人因天气变化而产生的交办事宜。

2. 前厅设置百宝箱

前厅是客人进出酒店的门户，在进出酒店时，他们会有很多的服务需求，但很多酒店前厅因缺少相应的物品和服务设计，往往无能为力，错过了为客人提供惊喜服务的良机。甚至很多时候，面对客人开口的需求显得措手不及。酒店应在总结客人需求的基础上，在前厅设置一个百宝箱，为个性化服务提供物质方面的支持。

百宝箱内要存放常见的药品、办公用品、女士用品、服务用品等。例如药品，要常备速效救心丸、风油精、创可贴等，一旦遇到客人心脏病突发、蚊虫叮咬、手指划破等情况，可及时提供相应帮助。不同酒店客源不同、气候条件不同，对常用药品的需求也不尽相同，前厅部可根据情况确定药品种类。其他物品也要在总结对客服务需求的基础上，不断增加种类，方便对客服务。百宝箱要设立专门的台账，及时补充使用物品，并时时关注客人新的需求，不断添加物品，为客人提供更多的个性化服务。

3. 个性房卡皮

大部分酒店选择纸质的房卡皮来装客房钥匙，既普通、单调，又失去了宣传地域文化的一个良机。其实，酒店的房卡皮可以从以下几个方面彰显特色和个性：

（1）皮质房卡皮：从材质上可以突显高档，有条件的酒店可以选择牛皮为材料制作皮质房卡皮，为贵宾客户、回头客等特殊客源群体专享，显示其尊贵。在设计时，还可以将房卡皮做成多用途，不仅可以存放房卡，还可以存放信用卡、照片、名片等。

（2）生肖房卡皮：十二生肖是中国文化的瑰宝，对国内客人具有较大的影响力，对国外客人来说，也是体验中国文化的一个途径。当客人入住出示身份证件时，前台服务人员就可以断定客人的属相，可以将该属相的房卡送给客人。酒店还可以将十二生肖文化进行深化，将生肖的运程、俗语以及该属相的名人等信息印在房卡皮的后边，增强生肖文化的氛围。

（3）姓氏房卡皮：姓氏是中国传统宗族观念的外在表现形式，姓氏文化更是中华民族文化的重要组成部分。酒店可以将姓氏引入房卡皮的制作，将姓氏的发源、变迁等历史印制在房卡皮上，根据客人的姓氏发放房卡皮。当然，我国的姓氏繁多，不能一一而举。酒店可以将常见的大姓设计在房卡皮上，其他姓氏可以用别的特色房卡皮补充。

（4）地域文化特色房卡皮：酒店房卡皮无疑是宣扬地域文化的"宝地"，当来自异地的客人拿到房卡时，就可以领略当地浓厚的文化氛围，激发客人对当地文化探索的欲望。因此，酒店不仅可以将地域的历史文化印制在房卡皮上，甚至还可以把当地的民俗、饮食文化等设计在房卡皮上。

（5）国籍房卡皮：当我们身居国外，看到鲜艳的五星红旗时会倍感亲切，相信国外的客人见到他们国家的国旗国徽时，也会有同样的感觉。如果酒店的客源以外宾为主，建议酒店可将主要客源国的国旗和中国的国旗印制在房卡皮的封面，既突显对客人的尊重，又能给外宾留下深刻的印象。

（6）以重大活动为背景的房卡皮：一个地区的酒店在某一个时间段总会接待一些大型活动的来宾。酒店可以在这段时间以此次重大活动为背景来设计房卡皮，以突显酒店对这些客人的欢迎和对此次接待活动的重视。

（7）附带快速退房卡：许多酒店针对酒店的常客推出了快速入住和快速退房服务。但从实践上来看，快速入住执行得比快速退房要好。符合快速退房条件的客人只要将附带在房卡皮上的"快速退房卡"填好，放进快速退房箱内，就可以不用到总台退房。酒店将会按照"快速退房卡"上的地址将账单邮递到客人手中。

4. 为早离店的客人打包早餐

酒店早餐开启之前，总会有些客人办理离店手续。有些客人会在前一天打电话通知总台，第二天因离店较早无法用早餐，希望酒店提供打包服务。

一般情况下，酒店会提供早餐打包服务，但对于没有提出打包早餐需求的客人却置若罔闻，不提供早餐打包。实际上，酒店在早上客人离店之前不提供早餐是酒店服务不到位的表现，主动提供该服务是留住客人心的一项重要举措，因为早餐对于早起的客人而言特别重要。因此，酒店前厅要根据酒店以往离店情况，不管是否预订打包早餐服务，都应主动提供该服务。

5. 为离店的投诉客人、常客和贵宾客人打包水果和水

酒店前厅服务是为投诉宾客创造满意、为常客和贵宾提供特别关注的最后机会。前厅不仅要认真倾听投诉客人的意见和处理投诉，还要在处理好投诉的基础上，真诚地表示出对客人的歉意。为投诉客人的旅行提供水果和矿泉水就是开展弥补服务的一种方式。对于常客和贵宾，酒店前厅是道别和加深印象的时机。对于他们在路途上的需求不要漠不关心，应主动提供，让他们在回程的路上记住酒店温馨到位的服务，为下一次的抵临创造条件。

6. 特殊客人的安排

针对客人的差别，前台服务人员在房间安排上要给予不同的关注。

（1）投诉的客人：酒店在接受客人投诉时一般会表现出高度重视，保证立即整改，下一次客人入住时不再出现类似的情况。但很多酒店的口头承诺"保证"只是应付客人的手段。客人离店了，酒店并没有研究如何整改，或者认为一些意见仅仅是此客人的特殊需求，并没有记入客户档案。等投诉客人再次入住酒店时，酒店早把上次的保证忘到脑后，并没有采取有效措施落实上次的保证，会引发客人再次投诉，或会让客人对酒店十分失望而不再次入住。因此，为了确保投诉客人的满意，要对预订宾客认真核对，发现投诉客人入住时，要对其上次投诉事项进行认真落实。例如，客人投诉房间不安静，在排房时千万不要安排在电梯边，对安排的房间一定要注意落实，避免上次投诉的问题再次出现。

（2）晚到的客人：每天凌晨，酒店都会迎来一些客人。这些客人抵达后，在走廊内边走边聊天、洗漱、看电视、打电话等都会产生一些人为的噪声，可能会对周边的客人产生影响。因此，酒店在为此类型的客人排房时，应尽量安排隔壁无人的房间。如果房间出租率比较高，应在靠近电梯边的角落安排房间，将其影响降至最低。

（3）有客史的回头客：回头客是酒店的宝贵资源。为把回头客塑造成忠诚顾客，酒店一般会收集回头客的消费习惯，形成客史档案。一旦有回头客预订，预订中心要及时查看客史档案，根据其喜好的房间号码、朝向、楼层、房型等安排房间。如果因房间较满等无法满足其个性化需求，应在客人未抵达前电话通知客人，并采取一些弥补措施，取得客人的谅解。一旦其他客人退房，能满足其要求，应及时征询其意见是否调换房间。

（4）团队、会议客人：团队、会议客人具有行动统一、内部拜访联络频繁、对酒店服务环境影响大的特点。在为会议、团队客人安排房间时，应尽量安排在较低楼层，同时最好集中在一个或几个楼层。会务组的房间应尽量安排在靠近电梯，在团体客人房间同一楼层或者较低楼层。一是方便团队、会议客人寻找，二是减少团队、会议成员乘坐电梯的频次。

7. 特色接机服务

接机服务不仅是为客人提供的服务项目，也是一次在公众场合进行公关营销的活动。有的酒店在接机时，手里拿着一张白纸，上面手写着被接人的名字，不仅不专业，也是对被接客人的不尊重。为了做好接机服务，要准备以下物品：

（1）与酒店档次一致的接机牌：在公众场合，酒店使用的物品体现酒店的档次和水准。因此，在机场、码头等接机接站时，必须选用体现酒店特色和档次的接机牌。除非手写的

字体能体现酒店的特色,否则要使用打印字体。有些酒店接机人员认为与被接者认识,不需要接机牌了,实际上是不对的。接机是代表酒店的专业和对客人尊重的一个服务项目,不要因为熟悉就省略或简化。同时,接机也是一次免费对外展示形象的机会,要做好这次免费的广告。

(2)雨伞:不管下雨还是晴天,雨伞都是接机服务的必备品。下雨可以避雨,晴天可以遮阳。千万不要嫌麻烦,一旦下起太阳雨,会让人措手不及。

(3)茶水、矿泉水、冷热毛巾:要根据被接贵宾的喜好准备好茶水、常温或者冰镇的矿泉水。毛巾要根据季节使用保温桶准备,夏天要提供冰毛巾和常温毛巾,冬季应提供热毛巾。

(4)点心:客人下机时,可能在飞机上或者登机前已用过餐,但为防万一,最好准备点儿酒店的特色点心,供客人选择。

(5)报纸、杂志和轻松幽默的故事:根据客人的喜好准备杂志和报纸供其阅览。如果客人比较健谈,希望聊天,可按照客人引导的话题进行交流或倾听。如果客人喜欢你作为谈话的引导者,可以用当地高雅幽默的小故事和笑话,帮客人打发路途中的无聊。

酒店的服务创新需要结合酒店的市场定位和消费者的消费需求,通过特色服务、定制服务以及整合资源的服务,搭建系统的服务框架,提高服务附加值。除了政府部门采取多种扶持措施,以及营造良好的外部环境之外,酒店服务创新更应加强服务创新管理,通过各种行之有效的管理方法,把服务创新的水平与能力提升到一个新的层次。在服务创新能力方面,酒店服务更具针对性,内部沟通迅速而有效,对特定细分市场需求变化的反应快速,能够抓住服务开发的最佳时机,根据形势的变化及时调整经营方向,积极地调动资源进行服务创新。酒店的宽松和自由的服务创新内部环境,更有利于服务创新的开展。

【深度思考 5-1】

问题:酒店前厅个性化服务为什么如此重要?

解析与讨论:

(1)寻找新的机会,抢占新的市场。哪里有需求,哪里就有机会。顾客的需求是酒店财富的源泉。顾客的需求不断发展变化,酒店经营者应不断研究顾客的需求、按顾客的需求改进和调整酒店的产品和服务项目,创造新的盈利机会,也能在激烈的市场中抢占更多的市场份额。

(2)满足顾客的个性需求,创造自己特有的服务品牌。顾客的需求是酒店经营活动的出发点和归宿。顾客的需求多种多样,顾客的喜好与要求往往会与酒店的规定有所不同。在这种情况下,就要求服务人员适当偏离标准操作程序,根据顾客的具体要求,灵活地提供特殊服务。

(3)树立良好的企业形象,以竞争取胜。急客人之所急,及时、准确地提供特殊服务,往往成为树立酒店良好形象的契机。恰到好处的个性化服务能使顾客真切感受到酒店的关怀,体会到酒店以顾客利益为重,从而将友好、周到的酒店形象让顾客记忆深刻。

(4)在行业中取得竞争优势。酒店应为顾客提供竞争对手不易模仿的、顾客认为是重要的个性化服务。通过优质的个性化服务与顾客建立特殊关系,形成顾客对酒店的忠诚感,并利用良好口碑不断为酒店招徕新客人,以便取得竞争优势。

【同步业务 5-2】

问题：酒店前厅应如何提高个性化服务质量？

解析提示：从酒店前厅的角度，要提升个性化服务质量，应采取如下措施：

（1）建立准确、完整的客人档案。酒店使用计算机建立顾客数据库，存储每位顾客，尤其是重要宾客和常客的客史档案。根据其预订与进店办理手续时提供的信息和服务人员在客人住店时的观察，把客人的爱好、习惯、消费活动、旅游目的等信息储存起来，进行处理、分析，以利于服务人员有针对性地提供特殊服务，投其所好令其满意；并据此进行关系营销、联络感情，提高客人回访率。

（2）加强员工培训工作。管理人员通过持之以恒的员工培训工作，向员工灌输服务观念，丰富员工的服务知识与技能，培养员工的服务营销意识，鼓励员工发挥创造力和主观能动性。使全体员工以优质服务作为自己的行为准则，努力提高服务能力和自信力，在服务工作中，热情、主动地为顾客解决实际问题，提供体贴、周到、富有人情味的服务。

（3）适当授权，同时表示对员工的绝对信任。要使顾客的正当需求及时得到满足，服务人员必须具备迅速做出各种与服务工作有关的决策的权力。管理人员应支持并鼓励服务人员根据顾客的具体要求，灵活地提供优质服务，授予服务人员偏离标准操作程序的权力，以便服务人员采取必要措施满足顾客具体的独特的要求。

（4）加强企业内部各部门的沟通与协作。以顾客利益为重，为顾客创造更高消费价值，是酒店全体成员的共同职责。个性化服务的提供，有时涉及几个部门。只有沟通渠道畅通，各部门鼎力合作，才能保证服务的及时、有效。管理人员应建立明确的沟通和协作制度，增强部门间的理解和上下级的沟通，奖励内部服务激励协作精神，使协调工作成为各部门各成员的共同行为准则。

（5）建立奖励机制。酒店还要建立行之有效的考核和奖励制度，综合内部和外部效率考核服务实绩，奖励优质核心服务基础上的特殊服务。管理人员可通过顾客意见调查、工作日志抽查、班组工作评议等途径收集优质服务信息，及时、合理地运用多种方式奖励、表彰创造性提供优质服务的员工，使优质服务成为全体员工的共同价值观念，在全员中形成关心顾客、助客为乐的服务风尚。

（6）企业的设备设施要完善。例如，针对残疾旅客的特点，酒店应为其提供更为细致周到的服务，消除其享用酒店产品和服务的障碍。北京亚运村内某酒店为迎接参加残运会的运动员，将电梯门、客房门加宽以便于轮椅出入，还对部分客房设施进行改造，方便了旅客享用酒店设施与服务。

（7）营造良好的企业工作环境。树立"以人为本"的服务型企业理念，注重感情的投资和人际关系的协调，关注员工的切身利益，以使员工和企业形成一个"情感共同体"。营造一种"人尽其职，才尽其用"的企业氛围。

5.1.3 金钥匙服务

1."金钥匙"的起源

"金钥匙"是前厅部下设的一个岗位，归前厅部经理直接管理。"金钥匙"的全称是"国际酒店金钥匙组织"（UICH），是国际性的酒店服务专业组织。

"金钥匙"的原型是19世纪初期欧洲酒店的"委托代办"(concierge)。而古代的concierge是指"宫廷、城堡的钥匙保管人"。从委托代办的含义可以看出,"金钥匙"的本质内涵就是酒店的委托代办服务机构,演变到今天,已经是对具有国际金钥匙组织会员资格的酒店的礼宾部职员的特殊称谓。

"金钥匙"已成为世界各国高星级酒店服务水准的形象代表,一个酒店加入了国际酒店金钥匙组织就等于在国际酒店行业获得了一席之地;一个酒店拥有了"金钥匙"这种首席礼宾司,就可显示不同凡响的身价。换言之,大酒店的礼宾人员若获得金钥匙资格,他也会倍感自豪。因为他代表着酒店个性化服务的标志,是酒店内外综合服务的总代理。

国际酒店金钥匙组织的服务哲学是:尽管不是无所不能,但一定要竭尽所能。在现实中,"金钥匙"通常身穿燕尾服,衣领上佩戴交叉金钥匙,它象征着委托代办就如万能的金钥匙一般可以为客人解决一切难题,所以"金钥匙"被客人视为"万能博士""百事通"及解决问题的专家。

"金钥匙"是现代酒店个性化服务的标志,是酒店内外综合服务的总代理,也是礼宾服务的极致,能够满足客人的各种个性化需求。有"金钥匙"的酒店能够让客人感到"宾至胜家"。

酒店"金钥匙"的人生哲学:在客人的惊喜中找到富有乐趣的人生。

它的服务理念是在不违反当地法律和道德观的前提下,使客人获得满意加惊喜的服务,让客人自踏入酒店到离开酒店,自始至终都感受到一种无微不至的关怀和照顾。金钥匙的服务内容涉及面很广,如向客人提供市内最新的流行信息、时事信息,以及举办各种活动的信息;为客人代购歌剧院和足球赛的入场券;为城外举行的团体会议做计划,满足客人的各种个性化需求,包括计划安排在国外举行的正式晚宴;为一些大公司做旅程安排;照顾好外出旅行客人和在国外受训的客人的子女;甚至可以为客人把金鱼送到地球另一边的朋友手中。如今国际酒店金钥匙组织已拥有超过四千五百名来自34个国家和地区的成员。

在中国一些大城市里,"金钥匙"委托代办服务被设置在酒店大厅,他们除了照常管理和协调好行李员和门童的工作外,还负责许多其他的礼宾职责。

【业务链接 5-8】

国际金钥匙组织中国区申请入会条件和程序

1. 基本条件

申请人必须年满21岁,品貌端正,是在酒店大堂工作的礼宾部首席礼宾司。需具备至少五年的酒店从业经验(在酒店担任过任何职位均可,且至少有三年以上从事委托代办服务工作经验和必须达到一定的工作水平),至少掌握一门以上的外语,参加过国际金钥匙组织中国区的服务培训。

2. 必备文件

申请人必须把申请书(申请表格)连同7份证明和文件递呈国际金钥匙组织中国区总部。

1)申请人标准一寸彩色照片两张。

2)申请人工作场所照片。

3)两位会员(具备资格三年以上的正式会员)的推荐信,在一个月内答复申请。如果该地区没有符合资格的推荐人，则应把申请表格直接寄至总部。

4）申请人所在酒店总经理的推荐信。

5）参加金钥匙学习的资格证书复印件。

6）在酒店工作的新旧证明文件。

7）申请人在前厅部期间服务的案例。

3. 批准程序

如果申请人被审核符合入会资格，总部行政秘书会把金钥匙组织的相关资料交给申请人（包括交会员费通知等）。申请人完成以上程序并被审核符合所有申请资格后将收到由总部行政秘书发出的授徽通知。经总部授权专人授徽后，该会员及其酒店才正式成为国际金钥匙组织成员。

相关文件按照程序分别会递呈国际金钥匙组织中国区主席、国际金钥匙组织中国区首席代表、秘书长和申请人所在城市地方的金钥匙分会备案。

2. "金钥匙"在中国的发展

国际酒店金钥匙组织拥有34个成员，分别是澳大利亚、奥地利、比利时、巴西、加拿大、中国、丹麦、英国、捷克、法国、德国、俄罗斯、希腊、荷兰、中国香港、匈牙利、爱尔兰、以色列、意大利、日本、卢森堡、马来西亚、墨西哥、摩洛哥、挪威、新西兰、菲律宾、葡萄牙、罗马尼亚、新加坡、西班牙、瑞典、瑞士、美国。

在1997年1月意大利首都罗马举行的国际金钥匙年会上，中国被接纳为国际酒店金钥匙组织的第31个成员。1999年2月，中国酒店金钥匙组织被划归中国旅游酒店协会管辖。国际金钥匙组织执委在第44届国际金钥匙年会上决定2000年第47届年会在中国召开，因为广州是中国"金钥匙"的发源地，所以成为亚洲第二个举行年会的城市，这是广州市的荣誉，也是中国旅游界的盛事。中国"金钥匙"组织是国际"金钥匙"组织团体会员，同时是中国旅游酒店协会的一个专业委员会。

现在在中国的酒店里，出现了这样一群年轻人，他们身着一身考究的西装和燕尾服，衣领上别着一对交叉的金钥匙徽号，永远彬彬有礼，永远笑容满面，永远专业机敏。他们是国际金钥匙组织的成员——中国酒店"金钥匙"。

酒店"金钥匙"的一条龙服务正是围绕着客人的需要而开展的。例如从接受客人订房，安排车到机场、车站、码头接客人；根据客人的要求介绍各特色餐厅，并为其预订座位；联系旅行社为客人安排好导游；当客人需要购买礼品时帮客人在地图上标注各购物点等。最后，当客人要离开时，帮客人买好车、船、机票，并帮客人托运行李物品；如果客人需要的话，还可以订好下一站的酒店，并与下一个城市酒店的金钥匙落实好客人所需的相应服务。让客人从接触到酒店开始，一直到离开酒店，自始至终都感受到无微不至的关怀。人们不难想象酒店金钥匙对城市旅游服务体系、酒店本身和旅游者带来的影响。

【业务链接5-9】

我国酒店金钥匙组织会员的能力及业务要求

1. 思想素质

1）拥护社会主义制度，热爱祖国。

2）遵守国家的法律、法规，遵守酒店的规章制度，有高度的组织纪律性。
3）敬业乐业，热爱本职工作，有高度的工作责任心。
4）有很强的顾客意识、服务意识，乐于助人。
5）忠诚于企业，忠诚于顾客，真诚待人，不弄虚作假，有良好的职业操守。
6）有协作精神和奉献精神，个人利益服从国家、集体利益。
7）谦虚、宽容、积极、进取。

2. 能力要求

1）交际能力：乐于和善于与人沟通。
2）语言表达能力：表达清晰、准确。
3）协调能力：能正确处理好与相关部门的合作关系。
4）应变能力：能把握原则，以灵活的方式解决问题。
5）身体健康，精力充沛，能适应长时间站立工作和户外工作。

3. 业务知识和技能

1）熟练掌握本职工作的操作流程。
2）会说普通话和至少掌握一门外语。
3）掌握中英文打字、计算机文字处理等技能。
4）熟练掌握所在宾馆的详细信息资料，包括酒店历史、服务时间、服务设施、价格等。
5）熟悉本地区三星级以上酒店的基本情况，包括地点、主要服务设施、特色和价格水平。
6）熟悉本市主要旅游景点，包括地点、特色、开放时间和价格。
7）掌握本市高、中、低档的餐厅各 5 个（小城市 3 个），娱乐场所、酒吧 5 个（小城市 3 个），包括地点、特色、服务时间、价格水平、联系人。
8）能帮助客人安排市内旅游，掌握其线路、花费时间、价格、联系人。
9）能帮助客人修补物品，包括手表、眼镜、小电器、行李箱、鞋等，掌握这些维修处的地点、服务时间。
10）能帮助客人邮寄信件、包裹、快件，熟悉邮寄事项的要求和手续。
11）熟悉本市的交通情况，掌握从本酒店到车站、机场、码头、旅游点、主要商业街的路线、路程和出租车价格。
12）能帮助外籍客人办理签证延期等问题，掌握有关单位的地点、工作时间、联系电话和手续。
13）能帮助客人查找航班托运行李的去向，掌握相关部门的联系电话和领取行李的手续。

4. 中国酒店金钥匙服务项目

1）行李及通信服务：运送行李、电报、传真、电子邮件及跑腿。
2）问询服务：指路等。
3）快递服务：国际托运、国际邮政托运、空运、紧急包裹、国内包裹托运等。
4）接送服务：汽车服务、租车服务、接机服务。
5）旅游：个性化旅游服务线路介绍。

6）订房服务：房价、房类、折扣、取消预订。
7）订餐服务：推荐餐馆。
8）订车服务：汽车及轿车等租赁代理。
9）订票服务：飞机票、火车票、戏票。
10）订花服务：鲜花预订、异地送花。
11）其他：美容、按摩、跑腿、看孩子、邮票等。

5. 中国酒店"金钥匙"的行为准则

1）中国酒店"金钥匙"组织的座右铭是："友善待客之道为服务之本。"
2）中国酒店"金钥匙"组织的工作口号是："友谊、协作、服务"。
3）中国酒店"金钥匙"组织的使命是："为全世界旅行者提供高效、准确、周到、完美的服务，倾尽全力将卓越的服务体现在我们所做的每一件工作中，为客人解决难题，带来惊喜。"

【同步案例 5-3】

订婚的故事

背景与情境：1月21日，中都酒店金钥匙小孙在大厅遇见6017房客申先生，他礼貌地上前问好，看出申先生好像有什么事似的，便主动问道："先生，有什么可以帮您的吗？"于是申先生就把周三要订婚的事情告诉了小孙，因为家人都不在郑州，很多事情都不太清楚，找个商量的人都没有。小孙关切地说："有什么困难可以和我们说，我们一定会尽力帮助您的。"申先生说："到时要送礼金，想请您帮忙找个小盒子，大概装6万元现金。"小孙满口答应。告别客人后，小孙很快从精品店找来一个装茶杯的盒子，但盒子颜色是白色的，好像和喜庆的气氛不合，于是小孙又找来一张红色的礼品包装纸，准备包装一下盒子，同时到商务中心下载了一张精美的卡通图片（两只可爱的小老鼠身着结婚礼服步入婚礼殿堂），贴在礼盒内侧。很快，一个包装精美、饱含着吉祥和祝福的礼盒呈现在大家眼前，当申先生回店拿到礼盒时非常高兴，不停地说："谢谢！"这时，申先生又不好意思地说："还有两件事需要麻烦一下：一是刚买的5千克糖果想请你们帮忙分装一下，装成22袋；二是送的礼金定为66666元6角（6个6比较吉利），想请你们帮忙换一下零钱。

小孙爽快地答应了客人的要求，一边协调礼宾部的同事，利用工作空闲时间帮助客人包装糖果，一边联系财务部帮忙换零钱。很快，糖果包好了，并送到了客人的房间。可是换零钱时遇到了麻烦，因为按老风俗，送彩礼的钱面值应该尽量为双数，可财务出纳那里只有三张20元的，没有2元的和2角的，于是小孙决定去外面的银行看看能不能换一下，跑了几家银行只换到3张2角的，还是没有3张2元的，最后只好用6张新的1元代替。第二天上午，小孙将申先生的礼金用红丝带全部扎好，正准备出发时，与申先生同行的一位长者说："按风俗，最好能用一块红布把礼盒包起来。"可是哪里有红布呢，眼看时间快到了，小孙马上联系礼宾部的小田外出给客人购买。申先生说："时间快到了，我们先去，如果买回来了，麻烦直接给我们送去。"说着留下了中午用餐的地址。小田马上出发，用最短的时间买到红布，并送到申先生订婚的酒店。申先生看见小田冻红的脸，对中都酒店的服务表示由衷的感谢。申先生一行订婚宴结束回到酒店后，第一件事就是来大堂表示感谢，小孙只是微笑着说:"没事的,我们只是做了一些小事,只要能帮助您解决问题,对我们来说就足够了。"

(资料来源:金钥匙服务经典案例[EB/OL].(2010-10-10)[2017-07-27]. http://www.soluxeint.com/2010/0915/165.html.)

问题:此案例中,"金钥匙"小孙提供了哪些服务?体现了金钥匙服务的什么精神?

分析提示:国际金钥匙组织的服务哲学是:尽管不是无所不能,但一定要竭尽所能。为全世界旅行者提供高效、准确、周到、完美的服务,倾尽全力将卓越的服务体现在我们所做的每一项工作中,为客人解决难题,带来惊喜。

5.2 问询与留言服务

酒店的住店客人来自各地,必然有很多情况要了解,酒店的每一位员工都应随时回答客人的询问,协助解决客人遇到的问题。在前厅专设问讯处,就是为了方便客人、帮助客人,使酒店的服务达到更完美的境界。前厅问讯处的服务项目包括解答客人的各种问询、提供留言、处理邮件以及控制客用钥匙。

5.2.1 问询服务

问询服务是指问询员在掌握住客信息及其他大量信息资料的基础上,尽可能地解答客人提出的问题,尽量满足客人的要求,尽力帮助客人,以达到完美服务的境界,给客人以宾至如归的感觉。

1. 客人查询服务

客人查询包括在住客人、预订客人、离店客人三种情况。通常用于总机房或问讯处按房号或客人姓名查找客人的资料,并根据客人的请勿打扰、资料保密等特殊要求处理客人查询。

有关住宿旅客的问询是来访客人问讯的主要内容之一,一般应在不触及客人私生活的范围内进行回答,这类问询一般包括以下两方面的内容:一是客人是否住在酒店,二是客人的房间号。

接到客人问询时,首先从计算机中查看客人是否住在酒店,然后确认其房间号,接着向客房内打电话,将某人来访的消息告诉客人,经客人同意后才将房间号告诉来访者。如果客人不在房内,问讯员可根据情况通知行李员在酒店公共场所帮助来访者寻找被访的客人。

问询员需要特别注意的是,绝不能未经客人的许可,就把来访者带入客人房间,或者直接把房间号码告诉来访者。酒店必须注意保护客人的隐私,保证客人不受无关人员或客人不愿接待人员的干扰。

2. 回答到店访客的问询

若访客到店询问关于住店客人的信息,如客人是否在该酒店入住、房号、房间电话甚至同宿人的情况时,但是不能讲清询问的缘由或者住客没有留言可以接受访客的问询,一般情况下,要对住店客人的信息做保密处理。

若访客确知住客下榻在该酒店，问询房号或者电话号码时，问询员首先应与住客联系，是否愿意将信息告知访客或接受访客拜访。如果住客在酒店，则可以征得客人的意见；如果住客暂时不在酒店，可请访客留言，以便联系。

即使客人已经离店，一般情况下，也尽量不要把离店客人的信息、去向等告诉来访者。

3. 回答住店客人的问询

（1）回答客人有关酒店内部信息的问询。例如，酒店各类客房不同季节的房价表、服务项目及收费标准和时间，本酒店营业推广、促销活动的内容，内部服务设施的分布情况，酒店疏散通道平面图及消防设施配置图，酒店主要负责人及有关人员的地址、电话号码，酒店当日活动安排表、各项规定、制度等，酒店所属集团提供的旅游宣传品（如旅游小册子、风景明信片）等。

（2）回答客人有关酒店外部信息的问询。

1）关于酒店周边相关设施及配套服务情况问询。当地著名电影院、剧院地址和即日上演的节目及时间；当地银行，特别是可兑换外币的银行的地址及营业时间；当地大医院的地址及电话号码，特别是急诊处的电话号码；当地著名工商机构名称、地点及营业时间；当地与市郊名胜地的距离、特点及营业开放时间；当地供外宾参观的工厂、学校、幼儿园、村庄的地址及电话号码；当地著名大专院校以及学术研究机构的名称、地址和电话号码；当地政府各部门及各旅游机构的地址及电话号码；当地其他主要酒店的电话号码；当地各大购物中心的地址及营业时间等。

问询员要做出使客人满意的答复，必须熟悉本酒店所有的服务设施、服务项目和经营特色，以及酒店的各项有关政策，并积极、热心地向客人宣传和推销酒店产品。

2）关于城市交通状况的问询。各种交通工具（包括飞机、火车、轮船、汽车等）的时刻表、价目表及里程表；出租汽车至市内主要景点、机场、车站和附近城市的里程及每公里收费标准；交通部门关于购票、退票、行李重量大小的详细规定；酒店所在城市至国内其他大城市的距离；地区市的详细地图等。

3）关于城市风土人情及娱乐方面的问询。当地的主要风土人情及习俗；当地著名的土特产商品以及风味餐厅的地址、电话号码及营业时间；当地主要公园、游乐场、风景点的地址及开放时间；当地著名展览馆、博物馆的地址、开放时间；当地著名娱乐场所的地址及开放时间、比赛项目及场次安排等。

4）其他询问。有关时差计算方法的资料；全国、全省、本市的电话号码簿及邮政编码簿；各类人名、地名、汉英、英汉、汉日、日汉等词典；当天本市的天气预报；本市及全国各地主要旅游城市的气象资料等。有些酒店在公共区域包括大堂安置了计算机终端，用计算机终端来查阅信息使得宾客可以不依靠前厅员工，自己就可以获得所需信息。此外，许多酒店用书面的日程告示或闭路电视系统来显示每日的活动。展示每日活动内容的布告栏通常将团体名称、活动内容、各项活动的时间及时发布，因此，可减少在总服务台的问询数量，客人同时也可以及时获得信息。

为了准确地回答客人问询，为客人提供满意的服务，问询员必须具有较高的素质，较宽的知识面，外语流利，熟悉酒店设施及服务项目，熟悉所在城市风光、交通情况及兄弟酒店的情况，懂得交际礼仪及各国、各民族风土民情及风俗习惯。回答客人问讯时，问询员必须热情、耐心、有礼貌、态度和蔼可亲。

5.2.2 留言服务

留言服务是指来拜访住客的来访者未见到住客，或者住客未见到约定的来访者，都可以通过问询处的留言服务，及时帮助他们传递信息，保证客人活动的正常安排。

1. 访客留言服务

当被访的住店客人不在酒店时，问询员应主动向来访者建议留言。如果客人愿意留言，将访客留言单交给客人填写，然后经问询员过目，由客人签名；也可由客人口述，由问询员记录，客人过目签名。访客留言单一式三联，填写好的留言单一联放在钥匙架上；第二联送电话总机，由接线员开启客房电话机上的留言指示灯；第三联交行李员从客房门下送入客房。

留言具有一定的时效性，所以留言服务的基本要求是：传递迅速、准确。有的酒店规定问讯员每隔一小时打电话到客房通知客人，这样可以保证客人在回房间一小时之内得知留言的内容。为了对客人负责，对不能确定是否住在本店的客人，或是已退房离店的客人，不能接受访客留言，除非离店客人有委托。访客留言单，见表 5-11。

表 5-11 访客留言单

女士或先生：	房号：		
当您外出时			
来访客人姓名	来访客人电话：		
□有电话找您	□将再来找您		
□请回电话	□将再来看您		
□来访时您不在			
留言：			
经手人：	日期：	时间：	

【教学互动 5-1】

背景资料：某天，两位外宾来酒店前厅，要求协助查找一位叫柏特森的美国客人，同时出示了一份公务公文，想知道他是否在此下榻，并想尽快见到他。问询员立即进行查询，果然有一位叫柏特森的先生。于是问询员接通了客人房间的电话，但长时间没有应答。问询员便告诉来访客人，这位先生确实住在本店，但此刻他不在房间，也没有他的留言，建议来访者在大厅休息等待或另行约定。这两位来访者对接待员的答复不太满意，并一再说明他们与柏特森先生的关系，要求问询员告诉他们柏特森的房间号码。问询员和颜悦色地解释道："为了住店客人的安全，本店立有规定，在未征得住房客人同意之前，不便将房间号告诉他人。两位先生远道而来，正巧柏特森先生不在房间，建议你们可以给柏特森先生留言，或随时与我们联系，我们随时乐意为您服务。"来访客人听了接待员这一席话，便写了一封信留下来。晚上，柏特森先生回到酒店，问询员将来访者留下的信交给他，并说明为安全起见和不打扰他休息的原因，接待员没有将房号告诉来访者，敬请他原谅。柏特森先生当即表示予以理解，并表示这条规定有助于维护住房客人的权益，值得赞赏。

（资料来源：住店客人信息保密时的案例 [EB/OL].（2016-06-25）[2017-07-27]. http://www.luosangbbs.com/article-357-1.html.）

问题：接待员没有满足访客的要求，是否违背酒店"顾客就是上帝"的宗旨？为什么？

2. 住客留言

住客离开房间或酒店时，希望来访者知道他的去向，可填写住客留言单（见表 5-12），此单存放在问询架内如有客人来访，问询员可将留言的内容转告来访者。留言单一式两份，一份存放问询处，另一份放在总台。因留言有时效性，若错过了有效时间，可将留言单作废。为了确保内容的留言准确性，受理电话留言时，一定要做好相关记录，复述给对方，以得到确认。

表 5-12 住客留言单

日期：	
女士或先生：	房号：
我将在_____时间回店	我在_____
□酒店内	
□酒店外　电话	
留言：	
经手人：	客人签字：

5.2.3　邮件服务

邮件服务是指在有些酒店中，由邮政部门派人设点服务，有些酒店由传达室代办，有些酒店则由行李员、问询员或接待员代办，包括为客人代发、代寄邮件，代售邮票、明信片等，以及处理进出店的邮件等服务。邮件的种类很多，包括信件、传真、包裹等。

1. 进店邮件的处理

处理进店邮件的基本要求是：细心、准确、快捷、守密。特别是商务客人的商务信函、邮件等，直接关系到客人的生意进展，处理正确与否关系重大。

1）收到邮局送来的当日邮件时，应仔细清点，并在邮件收发登记簿上登记。然后将邮件分类，分为酒店邮件和客人邮件两类。酒店邮件请行李员送到有关部门。

2）根据邮件上的信息查找客人，按客人房号发一份住客通知单，通知客人来取，字迹是否清楚，项目是否填全，要请客人当面处理好。

3）寄给住店客人名单上查无此人的邮件，应根据不同情况进行处理。

① 对寄给已离店客人的一般邮件，如果客人离店时留下地址，并委托酒店转寄邮件，酒店应予以办理，否则应按寄件人的地址退回。客人的传真等，通常应按原址退回。

② 预订但尚未抵店客人的邮件，应与该客人的订房资料一起存档，待客人入住时转交。

③ 如果客人订房后又取消了订房，除非客人有委托，并留下地址，一般要将邮件退回。

④ 对客人姓名不详或查无此人的邮件，急件应立即退回，平信可保留一段时间，经过查对，确实无人认领后再退回。

2. 出店邮件的处理

1）接受客人交来准备寄出的邮件时，应首先仔细检查邮件的种类，对确实难以办理的邮件应礼貌地向客人解释。

2）检查邮件是否属于禁寄物品，不能邮寄时要耐心解释；检查邮件是否超重，字迹是否清楚，项目是否填全，要请客人当面处理好。

3）礼貌地询问客人邮件的寄出方式，并在邮件上注明。

4）将所有要寄出的邮件进行分类，每日在指定时间前送邮局统一办理邮寄，并作记录。

5）将邮局开出的收据送交客人。

6）每班结束工作时，清点邮票数目和现款。

5.2.4 客用钥匙的控制

酒店客用钥匙的控制与收发，既是对客人的一项服务，又是一种保护客人人身与财产安全以及酒店财产安全的重要手段。

酒店的客用钥匙通常是由问讯处管理，主要是指收发钥匙服务。

1. 机械钥匙的管理

1）客人办理入住登记手续后，问讯处根据接待处发出的住房通知单，按房号把钥匙交行李员，由行李员带领客人进房，然后再将钥匙交给客人，并提醒客人外出时将钥匙存放在总台，以免丢失。

2）住客外出时把钥匙放回问讯处，问讯员应随即将该钥匙按房号放进钥匙架内。

3）住客外出归来，到问讯处领取钥匙。问讯员在发出钥匙之前，应有礼貌地要求客人出示"欢迎卡"，核对无误后方可发出钥匙。如遇熟悉的客人，在确保客人的住房与钥匙房号一致的情况下，也可直接将钥匙交给客人。

4）客人把钥匙遗忘在房间里，经核对客人的资料后可填写"开启房门通知"交给客人，由楼层服务员为客人打开房门，问讯员应默记客人姓名、房号及特征，以便准确、快速地交钥匙给客人。

5）住客退房结账时，将钥匙退给问讯处或收银处，问讯员应随时到收银处取回钥匙，按房号放置好，并及时调整住客资料。

6）及时准确地掌握钥匙回收情况，大夜班服务员应打印一份在店客人报表，仔细核对钥匙，发现客房确实无客人住而钥匙又不在总台，应及时查找原因，并做好记录。

2. 磁卡钥匙

IC卡智能门锁由五锁舌锁蕊制造，防撬、防插、防撞；而且IC卡的密码为42个亿组成，杜绝了传统门锁的互开性，如果遗失了卡片可及时挂失，不必担心被别人盗开。因为IC卡智能门锁系统通过门锁管理软件对智能门锁系统进行管理。

1）解决了传统门锁的缺陷，可以一卡多用给酒店提高了工作效率（可制作酒店内部一卡通）。

2）时间控制的IC卡解决了房客拖欠房租的问题，避免了酒店跟客人的冲突。

3）可以随时查询有关客人的资料及房间开门记录。

4）采用智能门锁，客人可以随身携带，即使丢失，也不用像传统的机械门锁钥匙丢失需要换锁。

【同步案例 5-4】

多角色的诈骗

背景与情境：一天傍晚，北京某酒店服务总台电话铃声响了。服务员小遥马上接听，对方自称是住店的一位美籍华人的朋友，要求查询这位美籍华人。小遥迅速查询了住房登记的有关资料，向他报了几个姓名，对方确认其中一位就是自己要找的人，小遥未加思索，就把该美籍华人所住的房间号 818 告诉他了。过了一会，酒店总服务台又接到一个电话，自称是 818 房的美籍华人，说他有一位姓谢的侄子来看他，此时他正在谈生意不能回来，请服务员把他的房间钥匙交给其侄子，让他在房间等候。接电话的小遥满口答应。又过了一会，一位西装革履的男青年来到服务台前，自称谢先生，要取钥匙，小遥以为是刚才电话时提到的谢先生，就把 818 房钥匙交给了那位青年。晚上，当那位真的美籍华人回房时发现一只高级密码箱不见了，其中放有一份护照、几千美元和若干首饰。

以上即一位犯罪青年分别扮演的"美籍华人的朋友""美籍华人"和"美籍华人的侄子"3 个角色，演了一出诈骗酒店的恶剧。几天后，当这位神秘的男青年再出现在另一家酒店，用同样方法诈骗时，被具有高度警惕性、严格按酒店规章制度、服务规程办事的总台服务人员和大堂副理、大堂保安识破，当场抓获。

（资料来源：宾馆安全案例分析[EB/OL]．（2011-09-05）[2017-07-27]．http://www.docin.com/p-254225547.html.）

问题：酒店客用钥匙的控制与收发必须注意哪些服务细节，从而避免安全事故的发生？

分析提示：冒名顶替是坏人在宾馆犯法作案的惯用伎俩。相比之下，本案中的这位犯法青年的欺骗手法实在很不高明。总台服务员只要进步警惕，严格按规章制度办，罪犯的骗局完全是可以防范的。

首先，按酒店通常规定，为了保障进住客人的隐私，其住处对外严格保密，即便是想了解其姓名等情况的朋友、熟人，要打听其进住房号，总台服务员也应拒绝。变通的办法可为来访或来电者拨通客人房间的电话，由客人与来访或来电者直接通话；如客人不在，可以让来访者留条或来电留电，由总台负责转送或转达给客人，这样既遵守了酒店的规章制度，保护了客人的隐私，又沟通了客人与其朋友、熟人的联系。本案例中打电话者连朋友的姓名都叫不出，使人生疑，总台服务员更应拒绝要求。

其次，"美籍华人"打电话要总台让其"侄子"领了钥匙进房等候，这个要求也不应该被允许。由于按酒店规定，任何人只有凭住宿证明方能领取钥匙进房。凭一个来路不明的电话"委托"，如何证明来访者的正当性？总台服务员仅根据一个电话便轻易答应他人的"委托"，明显违反了服务规程，是很不应当的。总台若能把好这两关，罪犯的欺骗诡计依然来得及制止。

5.3 总机服务

前厅总机连通客人与酒店的同时也维持着酒店内部运转系统，传递着与酒店相关的多种信息，在大量信息系统交汇融合中帮助酒店各部门之间相互协调与合作。因此，保证酒店总机有一个良好的运行环境以及专业的工作程序是保障酒店正常运行的必备条件。

5.3.1 总机服务项目

总机是酒店前厅部的组成部分，有少量酒店把总机与酒店客房服务中心合并，但大部分酒店还是独立设置。总机提供的服务项目有转接店内、外电话；挂接国际、国内长途电话；提供叫醒和呼叫找人、留言查询、"免电话打扰"服务等。

1. 总机服务工作要求

1）熟练使用办公软件。因为总机经常是在电话与计算机之间切换，必备的软件使用是不可缺少的。

2）熟悉所在地的各种公共设施及电话，交通线路，重要枢纽点到酒店的乘车路线及费用往来时间，公共游乐设施的距离及费用，如果客人要你帮忙设计一下出游路线或者去医院等地，需要第一时间对其做出答复。

3）熟悉并能背诵酒店的具体概况，包括酒店地址、对外电话、传真，近一个月内所有活动的具体方案及价目表，所有房型、房态及其近期门市价、前台价、网络价，熟悉每个餐厅及活动场所的方位，熟悉会议室大小及其不同的摆桌容量，这些都是客人来酒店经常会问到的信息。

4）背诵酒店二级以上所有领导的电话，以便在接听的同时称呼其职位。

5）背诵酒店各部门各房间的电话号码，包括洗衣库房等，以便同事或客人需要转接电话时在5秒钟内完成接通。每次总机在培训新员工入职时大量的背诵都是极大的挑战。

2. 总机员工素质要求

1）熟悉本组范围内的所有业务和知识。

2）认真做好交接班工作。

3）按工作程序迅速、准确地转接每一个电话。

4）对客人的询问要热情、有礼、迅速地应答。

5）主动帮助客人查找电话号码或为住客保密电话。

6）准确地为客人提供叫醒服务。

7）掌握店内组织机构，熟悉店内主要负责人和各部门经理的姓名、声音。

8）熟悉市内常用电话号码。

9）熟悉有关问询的知识。

10）掌握总机房各项设备的功能，操作时懂得充分利用各功能键及注意事项。

11）在工作中，不闲扯、不谈笑，不看书、报纸、杂志。

12）如下情况，必须严格保密：客人的情况，客人不对外公开的情况，客人的房号等。

3. 总机话务员接电话所必须遵守的原则

1）铃响三声内接听电话。

2）通话结束后，要等客人先挂电话方可轻轻地挂断电话。

3）无论心情如何，都要将笑容传入听筒。

5.3.2 总机服务要点

1. 接听报岗

接听电话时第一步要做的就是报岗，让致电者清楚是哪里在接听电话，具体操作内外线是不一样的。因为话务员一接起电话就要马上反应报岗内容，所以这段话必须记得非常熟悉，达到本能的反应。

具体操作程序如下：

1）外线：早上好/下午好/晚上好，某某酒店，请问有什么可以帮您的？

Good morning/afternoon/evening, xx hotel. Can I help you?

2）内线：早上好/下午好/晚上好，电话服务中心，某某在讲话，请问有什么可以帮您的？

Good morning/afternoon/evening, this is guest service center xx speaking. Can I help you?

2. 电话转接及留言服务

1）向来电话者热情问好，然后认真聆听客人讲话再转接，并说："好的，马上为您转接。"如果客人需要其他咨询、留言等服务，应对客人说："好的，马上为您查询。"

2）在等候转接时，为客人播出悦耳的音乐。

3）接转之后，如果对方无人接听，话务员应在铃响五次之后向客人说明："对不起，电话没人接，请问您是否需要留言？"若需要留言，则问清客人是要语音留言还是文本留言。多数情况下为语音留言，则马上将电话转至需要留言的房间话机。若是给酒店管理人员的留言，则由话务员清楚地记录下来，通过寻呼或其他方式尽快将留言转达给有关人员。

3. 回答问询及查询服务

无论是店内还是店外的客人，常常都会向酒店总机提出各种问询，因而，话务员必须了解店内外一般的信息资料，特别是酒店各部门及酒店附近的主要有关单位的电话号码，以方便客人查询。

查询电话服务的工作程序通常是：

1）如果客人查询的是常用电话号码，话务员须以最快的速度对答，体现工作效率。因此话务员平日应将那些常用的电话号码进行熟记、背诵。

2）如果客人是查询非常用电话号码，话务员必须请客人稍等，保留线路，而后以最有效的方式为客人查询号码，在确认号码正确无误后，再及时通知客人。如果所查询的号码比较难查，一时之间查不出来，则应请客人留下电话号码，等查清后再主动与客人进行联系，将号码告诉客人。

3）如果来电是查询客人房间的电话，话务员务必要注意为客人保密，不能泄露住客的房号，应先接通，然后让客人直接与来电人通话。来电时如果总台电话占线，话务员可通过计算机为客人查询。

4）若来电找人，则问清要查询的是酒店员工还是住店客人，若是酒店员工，则问清要查询人的姓名、部门，确有此人马上将电话转接相关部门或人员。若查询住店客人，则问清要查找人的姓名、国籍等相关信息，核对后，经住店客人同意，将电话转入客人房间。

4. 寻呼电话服务

1）话务员应将被寻呼者的姓名及电话号码清楚地记录下来。
2）将寻呼者的姓名、性别以及留言留下的电话号码也清楚地记录下来。
3）记录之后复述第1）、2）项，确保信息正确。
4）话务员必须熟记酒店领导及工作人员的电话号码。

5. "免电话打扰"服务

1）话务员要将所有提出免电话打扰服务要求的客人姓名、房号记录在交接本上，并注明接到此通知的时间。
2）话务员将这些客人房间的电话号码通过话务台锁上，并要及时准确地把这一信息通知给所有的当班人员。
3）客人取消了免打扰服务后，接到通知的话务员应立即通过话务台释放被锁住的电话号码，并在交接班本上注明取消的时间。
4）在客人接受免打扰服务期间，若有人来电要求与客人通话联系，话务员应将客人不愿意被打扰的信息礼貌地告知来人，并建议其留言或是等客人取消免打扰服务之后再进行联系。

6. 叫醒服务

（1）人工叫醒服务的程序。
1）受理客人的叫醒服务预订。
2）确认房号和叫醒的时间。
3）填写叫醒记录，再次跟客人复述确认。
4）使用定时钟定时。
5）使用电话叫醒客人时，话务员先向客人问好，告知叫醒时间已到。
6）核对叫醒记录。
7）若无人应答，隔5分钟再人工叫一次。再次无人应答时，立即通知大堂副理和客房部，查明原因，采取措施。

（2）自动叫醒服务的程序。自动叫醒服务的程序跟人工叫醒服务程序的前三步一致，不同的是确认客人的叫醒预订后，要输入计算机，并检查屏幕显示与打印机是否一致，然后审核当日叫醒记录，并检查设备是否运转正常。注意查看是否有无人应答记录的房间，立即改用人工方式叫醒客人，并通知客房服务中心，做详细记录。

（3）叫醒失误的原因。
1）酒店方面的可能原因：话务员漏叫；话务员做了记录，但忘了输入计算机；记录得太潦草、笔误或误听，输入计算机时输错房号或时间；计算机出了故障。
2）客人方面的可能原因：客人本身错报房号；电话听筒没放好，无法振铃；睡得太死，电话铃响没听见。

【同步案例5-5】

叫醒失误的代价

背景与情境：小尧是刚从旅游院校毕业的大学生，分配到某酒店房务中心是为了让他从基层开始锻炼。今天是他到房务中心上班的第二天,轮到值大夜班。接班没多久,电话铃响了,小尧接起电话:"您好,房务中心,请讲。""明天早晨5点30分叫醒。"一位中年男子沙哑的声音。"5点30分叫醒是吗?好的。没问题。"小尧知道,叫醒虽然是总机的事,但一站式服务理念和首问负责制要求自己先接受客人要求,然后立即转告总机,于是他毫不犹豫地答应了。

当小尧接通总机电话后,才突然想起来,刚才竟忘了问清客人的房号!再看一下电话机键盘,把他吓出一身冷汗,这部电话机根本就没有号码显示屏!小尧顿时心慌,立即将此事向总机说明。总机告称也无法查到房号。于是小尧的领班马上报告值班经理。值班经理考虑到这时已是三更半夜,不好逐个房间查询。再根据客人要求一大早叫醒情况看,估计十有八九是明早赶飞机或火车的客人。现在只好把希望寄托在客人也许自己会将手机设置叫醒。否则,只有等待投诉了。

早晨7点30分,一位睡眼惺忪的客人来到总台,投诉说酒店未按他的要求叫醒,使他误了飞机,其神态沮丧而气愤。早已在大堂等候的大堂副理见状立即上前将这位客人请到大堂咖啡厅接受投诉。

原来,该客人是从郊县先到省城过夜,准备一大早赶往机场,与一家旅行社组织的一个旅游团成员汇合后乘飞机出外旅游。没想到他在要求叫醒时,以为服务员可以从电话号码显示屏上知道自己的房号,就省略未报。

酒店方面立即与这家旅行社联系商量弥补办法。该旅行社答应让这位客人可以加入明天的另一个旅游团,不过今天这位客人在旅游目的地的客房预订金270元要由客人负责。接下来酒店的处理结果是:为客人支付这笔定金,同时免费让客人在本酒店再住一夜,而且免去客人昨晚的房费。这样算下来,因为一次叫醒失误,导致酒店经济损失共计790元。

(资料来源:酒店服务案例[EB/OL].(2014-01-12)[2017-07-27]. http://www.canyin168.com/glyy/kfgl/kfal/200706/6788.html.)

问题: 因为一次叫醒的失误,酒店竟为此付出790元的代价,是成本还是"投资"?

分析提示: 对于酒店服务来说,这790元既是成本,也是"投资"——花钱买教训!由本案得出的教训和应采取的改进措施有二:一是所有"新手"上岗,都应当有"老员工"或领班带班一段时间,关注他们的工作情况,包括哪怕接一次电话的全部过程。例如,与客人对话是否得体完整、是否复述、是否记录等。必要时要做好"补位"工作。二是所有接受客人服务来电的电话机都必须有来电显示屏,并有记忆功能。这样既利于提高效率、方便客人,也可防止类似本案事件的发生。

【业务链接 5-10】

叫醒服务时,电话没人接怎么办?

客人提出叫醒要求时,服务员要根据客人的要求在《叫醒时间表》或《交班记录表》上做好详细记录,叫醒客人的时间必须准确,并有礼貌地说:"早上好……"但有时房间无人接听电话怎么办?

这时应立即通知楼层,当值服务员去敲门,确保做好叫醒客人的服务。

有时即使有人听电话,但五分钟内还需要服务员亲自敲门嘱咐客人起床时间已到,做到双重保险,以防客人接完电话后埋头又睡着了。

7. 火警电话的处理
话务员在接到火警电话时,首先要冷静,要依照下列程序和办法去处理。

1)当班的话务员接到火警电话时,要保持极其清醒的头脑,弄清火灾发生的地点及火情。

2)立即通知总经理及驻店经理,并说明有关情况。

3)通知工程部、保安部、医务室等有关部门及火灾区域部门领导立即赶到火灾发生地点,在通知时要清楚地说明火情及具体地点。

8. 要求服务
住店客人通常会有很多额外的要求服务,比如点餐、洗衣、租车、购买物品等,话务员接到这样的要求电话时,一定要清楚地表达需要加收 15%的服务费后,再问客人是否继续服务。

9. 跟进服务
一般我们处理完客人的要求后会跟进一下结果,看看客人是否满意。

(1)要求处理前跟进。

××先生/女士,您是需要一床新被子对吗?是的。

请问还有什么可以帮你的吗?不用了,谢谢。

(2)要求处理后跟进。

打电话到客人房间,××先生/女士,您需要的一床被子已经送到,请问您还满意吗?谢谢,非常满意。

祝您今天过得愉快!

10. 骚扰电话
在为客人提供服务的同时,当然不会排除遇到一些无聊的客人打来骚扰电话和你聊天,这个时候我们要态度坚决地拒绝他们的要求,但是应该注意,话务员是不允许挂客人电话的,必须等客人挂断电话方可轻轻地挂断电话。如果客人还不挂电话,则可以告诉他:"先生,请您马上挂断电话,我们的所有通话都在监控当中,如果您再不挂断的话,我们的保安员将在五分钟后到达您的房间。"这样说通常情况下骚扰电话都会自动挂断。

11. 过滤电话
过滤电话是在接听外线电话查询住店客人或酒店高层领导人所必经的一个环节,如果住店客人有免打扰或有其他原因,对来访电话有所要求,我们必须经过过滤才可进行转接,还有酒店高层领导的电话不是谁都可以打进的,通常情况下这种电话我们可以直接转到领导秘书那里进行过滤。

具体操作程序如下:

1)"您好先生,您是要找杜乐乐女士对吗?""是的"。

"好的,马上为您查询。"放音乐保留来电者的电话。通过计算机查询后确定有这位女士,但这个时间段杜女士设定了免打扰。马上致电杜女士。

"杜女士您好,这里是电话服务中心,很抱歉打扰您,外线有一位先生需要和您通话,请问您需要接听吗?""哦,你帮我问问是谁吧?"

接起保留电话,"先生您好,您能提供一下您的姓名吗?""王军。"

再次保留来电者电话,穿梭通话到杜女士。"杜女士,是王先生在线上,请问您需要接听吗?""接听。""好的,马上为您接通。"如果客人不想接听,则回复来电者杜女士现在不方便接听电话,请您稍后再打来好吗?

2)"您好,您是要找我们酒店的营销部赵总对吗?""是的。"

保留来电,拨通赵总秘书电话。"您好,这里是电话服务中心,外线有客人找赵总,我把电话转过去可以吗?""可以,转过来吧。"马上为其转接。

秘书回答再过滤一下,则穿梭回到来电。"您好,您能提供一下您的姓名和公司吗?"提供后将电话再次保留,穿梭到秘书回复,接听则转,不接则委婉回复来电者,"对不起,赵总正在开会,不方便接听电话,请您稍后再打过来好吗?"

【企业伦理与职业道德 5-2】

应客人要求立即转电话错了吗?

背景与情境:公司的毛先生是杭州某三星级酒店的商务客人。他每次到杭州,肯定入住这家三星级酒店,并且每次都会提出一些意见和建议。可以说,毛先生是一位既忠实友好又苛刻挑剔的客人。

某天早晨 8:00,再次入住的毛先生打电话到总机,询问同公司的王总住在几号房。总机李小姐接到电话后,请毛先生"稍等",然后在计算机上进行查询。查到王总住在 901 房间,而且并未要求电话免打扰服务,便对毛先生说:"我帮您转过去",说完就把电话转到了 901 房间。此时 901 房间的王先生因昨晚旅途劳累还在休息,接到电话就抱怨下属毛先生不该这么早吵醒他,并为此很生气。

(资料来源:酒店管理案例[EB/OL].(2012-06-21)[2017-07-27]. http://www.doc88.com/p-849510004090.html.)

问题:总机李小姐的做法是否妥当?

分析提示:李小姐应该考虑到通话的时间,早上 8:00 是否会影响客人休息,应迅速分析客人询问房间号码的动机。此时毛先生的本意也许并不是要立即与王总通话,而只想知道王总的房间号码,便于事后联络。在不能确定客人动机的前提下,可以先回答客人的问话,同时征询客人的意见:"王总住在 901 房,请问您需要我马上帮您转过去吗?"必要时还可以委婉地提醒客人,现在时间尚早,如要通话是否 1 小时之后再打。这样做既满足了客人的需求,又让客人感受到了服务的主动性、超前性、周到性。

现代酒店管理崇尚 CS 理论。规范化服务、超前服务如果违背了客人的本意,就说明酒店服务还不到家,还不能让客人满意。客人对酒店服务的要求越来越高,服务永无止境。酒店全体员工都应该把"宾客至上"的服务宗旨落实到行动上;应站在客人的立场上,为客人着想,认真地揣摩客人的心理,服务到位,真正做到使客人满意。

5.3.3 总机语言环境

酒店前厅都会接待各国的客人,他们在中国使用较多的语言有汉语、英语、日语、韩语等,为了更好地和国外客人沟通,在总机接听电话时也需要用不同的语言。一个完善的总机房都会安排会不同语种的工作人员,在特殊情况下某些小语种使用困难时,国际通用的英语就会发挥很大的作用。

5.4 商务中心服务

5.4.1 商务中心服务项目

为满足客人的商务需要,越来越多的酒店设立了商务中心。通常商务中心设在酒店一层或二层的公共区域内,并有明显的指示标记牌,便于客人查找。中心除拥有先进、齐全的设备和物品外,还应配备具有一定专业经验的工作人员。

商务中心是现代酒店的重要标志之一,是客人"办公室外的办公室",具有安静、隔音、舒适、幽雅、整洁等特点。其主要职能如下:提供各种高效的秘书性服务;为客人提供、传递各种信息;直接或间接为酒店争取客源(特别是商旅客人)等。

商务中心拥有的设备及用品包括:复印机、传真机、电传机、多功能打字机、程控直拨电话、录音机、装订机、碎纸机及其他办公用品,同时还应配备一定数量的办公桌椅、沙发,以及相关的商务刊物、报纸、指南、资料等,商务中心提供 24 小时的服务,显现出它在酒店中的特殊地位。由于商务中心工作的特殊性,要求商务中心的人员热情礼貌。

商务中心的服务项目包括复印、打字、电传、传真、电报、翻译(多种语言)、听写/会议记录、抄写、文件核对、代办邮件、会议室出租、文件整理及装订、信息咨询、安排会晤等。

5.4.2 商务中心服务要点

1. 复印服务程序

1)主动问候客人,按要求受理此项业务。
2)问明客人要复印的数量及规格,并做好记录。
3)告知所能达到的最快交文件时间。
4)告诉客人复印价格。
5)复印后清点,按规定价格计算费用,办理结账手续。
6)复印完毕,取出复印件和原件如数交给客人,询问客人是否需要装订或放入文件袋。
7)礼貌道谢。
8)在《复印登记表》中登记。

【业务链接 5-11】

复印服务流程与规范,见表 5-13。

表 5-13　复印服务流程与规范

服务程序	服务规范
询问复印要求	（1）询问复印要求 1）接待员主动热情地接待客人，确认客人是住店客人还是非住店客人 2）询问客人要求复印的数量、形式（是单面还是双面复印，是否需扩大或缩小，颜色是加深还是变淡），并向其介绍收费标准
复印	（2）复印 1）商务中心文员按照客人的要求，选择合适的纸张放入送纸箱 2）将复印原件在复印平面上定好位置，选择复印规格，按动复印键，先复印一张，请客人查看复印效果 3）如客人无异议，则可按照客人要求的数量连续复印 4）复印完毕，取出复印原件交给客人（若原件是若干张，注意不要将顺序搞乱），并按照客人要求为其装订
结账	（3）结账 1）接待员根据复印张数和规格，填写收费单，注明服务项目、页数、收费原价及金额。收费单一式三联，开好后，将二、三联撕下，第二联交商务中心收银处，第三联交给客人，如客人不要，立即做粉碎处理 2）若客人要求挂账，请客人出示房卡，并在单据上签字；非住店客人须付现金 3）若客人要求开发票，将发票第二联交给客人，第三联连同收费单的二、三联交前厅收银处

2. 打印服务程序

1）了解并记录客人的相关要求。

2）说明收费标准，询问付款方式。

3）告诉所能达到的最快交文件时间。

4）浏览原稿件，不明之处向客人提出。

5）记录客人的姓名、联系电话、房号。

6）打字完毕后认真核对一遍，并按照客人的要求予以修稿、补充，确保无误。

7）客人确认文件定稿后，询问文件是否存盘及保留时间，或按客人的要求删除。

8）通知客人取件，送到客人房间或指定地点。

9）收费，礼貌道谢。

【业务链接 5-12】

打印服务流程与规范，见表 5-14。

3. 传真发送与接收服务程序

1）礼貌问客人，了解发往地区。

2）查看客人提供的地区号码，并进行核对。

3）向客人说明收费具体标准，如按时间或页数计算。

4）输入传真号码后，先与稿件上号码核对，确认无误后，再按发送键。

5）传真发出后，应将发送成功报告单连同原件一起交给客人。

表 5-14　打印服务流程与规范

服务程序	服务规范
询问打印要求	（1）询问打印要求 1）客人要求打印文件时，商务中心接待员首先要了解客人需打印的内容、数量，需要完成的时间 2）根据客人要求，确认是否可以在客人要求的时间内完成。如无问题，向客人说明打字收费标准 3）仔细阅读资料内容，如字迹模糊的，应先与客人口头核对一遍 4）了解客人的要求（如字体、字号、格式）并向其确认最快的完成时间 5）问清客人房号，请其留下联系电话，以便于随时联络
打印文件	（2）打印文件 1）接待员迅速上机打字，要按照客人的要求准确地打印 2）检查打印的初稿是否有错字、漏字和漏段 3）若客人较多或暂时不能给客人打印时，应有礼貌地向客人解释，若客人不急，告诉客人打好后，会打电话通知其前来校对
修改文件	（3）修改文件 1）接待员请客人校对打印出的文稿 2）若客人要求修改，应及时上机进行修改 3）将修改后打印出的正稿交给客人并请其检查确认
确认是否保留	（4）确认是否保留文件 1）客人检查确认后，接待员要询问客人是否保留文件电子版 2）若客人要求保留，则存盘并记录保留时间 3）若客人不要求保留，则删除文件
结账	（5）结账 1）接待员根据客人文件的字数和打印的张数，开具商务中心收费单 2）询问客人付款方式，若客人要求挂账，则请其出示房卡并在收费单上签名确认，将收费单送到前厅收银处入账；若是非住店客人，应请其现金付账

6）办理结账手续，账单上标明传真号码以及发送所用时间。

7）填写《商务中心日发送传真报表》。

8）如果接收传真，到问询处确认收件人姓名及房号，并将接收报单与来件存放在一起。

9）填写《商务中心日传真来见报表》。

10）电话通知客人。按酒店服务标准，或请客人来取，或派行李员送到房间。客人不在，可留言（留言单右上角应注明客人离店日期、时间，以便能在客人离店前将传真送给客人）。开出的账单交前厅收银处，以备结算。

【业务链接 5-13】

传真收发服务流程与规范，见表 5-15。

4. 会议室租用服务程序

1）接到预约，要简明扼要地向客人了解租用者的姓名或公司名称，酒店房间号码或联系电话，会议的起始时间及结束时间、人数、要求等项目内容，并做好记录。

2）介绍租用费用，带领客人参观所租的会场。

表 5-15 传真收发服务流程与规范

服务程序	服务规范
准备工作 收、发传真 办理结账、登记	(1) 准备工作 1) 客人来到商务中心要求接收或发送传真时,接待员应根据服务规范向客人说明收费标准 2) 接待员将收到的传真根据传真上的传真号和所标的页数分好并用订书器订好 3) 检查客人准备好的文件、资料或帮助客人打印的文件、资料是否符合传真要求,请客人确认要发送的国家及地区代号、传真号码等 (2) 收、发传真 1) 发送传真 ① 接待员按照发送传真的程序将所有传真文件正文朝下,放入纸槽内,拨国家代号或地区区号、传真号码,听到对方传真信号后,按启动键 ② 若对方的传真与电话为同一线路而对方处于通话状态,须拿起电话告知对方接通传真机,听到传真信号后再按常规方法发送 ③ 发送完毕后,将传真号码、发送页数及所用时间写在《收费单》上 ④ 若客人多或线路不通暂时发不出去,应礼貌地向客人解释;若客人不着急,告诉客人发出后将把原件送回房间,填写《收费单》,请客人先签单;若非住店客人,须先付 100%押金,发出后通知客人来取原件 2) 发送传真 ① 接待员打电话通知客人,告诉客人商务中心刚收到他的传真,按客人的要求由行李员将传真和《商务中心收费单》一同送到客人的房间交给客人,由客人在《商务中心收费单》"客人签字栏"中签字 ② 若客人不在,可请总机用留言的方式通知在店的客人 ③ 若是当日有预订的客人的传真,填写《商务中心收费单》,并连同传真送到前厅接待处,并请总机用留言的方式通知客人 (3) 办理结账、登记 1) 接收或发送完毕后,接待员将传真原件及发送报告交给客人 2) 若是住店客人确认其挂账,则将客人的传真和《商务中心收费单》送到前厅接待处,放入客人的档案夹中;非挂账或非住店客人则请其直接付账

3) 预收订金。租用会议室以收到预订金时开始有效,如果客人取消预约未及时通知酒店,影响酒店的再次出租,不退还预订金。

4) 在会议室出租预定单上做好相关记录。

5) 将上诉情况汇报主管或领班以及问询处,将预订单副本交前厅部。

6) 根据客人要求在其他部门的配合下安排布置会场或会议室。

【业务链接 5-14】

会议室租用服务流程与规范,见表 5-16。

5. 受理票务服务程序

1) 礼貌询问客人的订票需求,如航班、线路、日期、车次、座位选择及其他特殊要求等。

2) 通过计算机快捷查询票源。如遇客人所期望的航班、车次已无票时,应向客人致歉,并做解释,同时主动征询客人的意见,是否延期或更改航班、车次等。

3) 客人出示有效证件或证明,办理订票手续,注意与登记单内容进行核对。

4) 出票、确认。

5) 向客人微笑致谢,目送客人。

表 5-16　会议室租用服务流程与规范

服务程序	服务规范
确认可租会议室 确定要求 下发会议租用通知单	（1）确认有无可租用会议室 1）客人要求租用会议室开会，接待员应了解参会人数以及会议召开日期 2）根据这两项基本信息查找会议订单，确认客人所需日期是否可提供适用的会场 （2）确定会议的具体要求 1）若有合适的会议室，接待员应问清会议室的摆位方式（一般分课堂式、座谈式、剧院式等）、会议所需设施（纸、笔、白板、投影机、麦克风、电视机、录影机等） 2）了解客人是否需在会场内摆放绿色植物或鲜花，如需要的应将所需摆放的品种、数量提前知会酒店以做好准备 3）清楚记录预订人的姓名、单位、联系电话 4）复述会议室的预订日期、时间、人数、摆位方式、所需设备及其他会议特殊要求、预订人的联系资料 5）确保无误后，问清客人是否需提前过来看场以及费用如何支付，如客人表示单位有专人签单的，请其提供签单人姓名 （3）下发会议租用通知单 1）所有资料落实后，接待员填写会议室租用通知单，将所有资料准确无误地记录在通知单上 2）将会议通知单分别派送到客房办公室、会场负责楼层、前台收银处、前厅接待处，商务中心保存一联以备查询 3）将会议室的预订资料写在交班本上并输入到计算机系统的预订日历上，发送至相关部门（总经理室、公关营销部、客房部等）

【业务链接 5-15】

票务委托服务流程与规范，见表 5-17。

表 5-17　票务委托服务流程与规范

服务程序	服务规范
填写订票单 购票 取票	（1）填写订票单 1）客人委托订票时，票务员应问清客人要订的票务种类和信息 2）根据客人提供的信息填写订票单并再次与客人核对信息 ① 代订机票时，要填写航班时刻、目的地名称、票价、客人姓名、有效身份证件号码及联系方式等 ② 代订火车或船票时，要填写班次、目的地名称、票价、客人姓名及联系方式等 ③ 代订演出票时，要填写剧院名称、演出名称、开始时间、票价、客人姓名及联系方式等 （2）购票 1）票务员按客人的要求及时与民航、铁路、轮船公司或汽车公司联系订票 2）若客人所订时间的机、车、船票已售完，或没有机票有火车票，或没有客人要求的班次而有另外的班次时，要及时征询客人的意见，客人同意改订时即向有关交通部门确定 3）送票员将票送到后，要仔细核对票面信息与订票单是否相符 （3）取票 1）票务员通知客人携带证件（护照、身份证、出差证明或工作证）到商务中心取票 2）客人取票时，要将客人的证件审查清楚，请客人认真核对票上的日期、时间、车次及票务种类 3）核对正确后，向客人收取票款和手续费。若客人要求挂账，则请其出示房卡并签单确认后入账 4）若客人要求将票送到房间，则通知行李员将票送到房间当面交客人并收取票款和手续费

【业务链接 5-16】

秘书服务流程与规范，见表 5-18。

表 5-18　秘书服务流程与规范

服务程序	服务规范
报价 提供秘书服务 结账	（1）报价 1) 客人提出秘书服务时，接待员应向客人了解具体的服务要求 2) 根据客人的要求，联系可提供服务的公司，确认收费、具体工作、时间等并向客人报价 （2）提供秘书服务 1) 客人接受报价后，接待员与服务公司敲定秘书人员的接洽时间与地点并请客人确认 2) 填写服务确认书（中文或英文版）并请客人在服务确认书上签名认可 3) 向客人收取订金，告知客人如临时取消，订金将作为损失费，不予退回 4) 对客人已确认（指已书面确认并支付预付金）的秘书服务，应按客人的要求及服务公司的报价填写《秘书服务确认书》，签名确认并盖上商务中心专用章，填写日期。 5) 经前厅部经理签名确认后，将该《秘书服务确认书》发至服务公司，要求服务公司签名、盖章确认并回传。 6) 预约当天，秘书人员到达后，将其介绍给客人并跟踪服务过程 （3）结账 1) 服务完毕后，接待员询问客人服务质量。收取剩余的费用或请客人签单，确认最终费用 2) 开具商务中心收费单，请客人签单或付现金

【业务链接 5-17】

借用物品服务流程与规范，见表 5-19。

表 5-19　借用物品服务流程与规范

服务程序	服务规范
提出借用要求 借用物品 收回借用物品	（1）提出借用物品要求 1) 客人提出借用物品要求时，接待员应询问客人借用的物品的种类、借用期限和归还日期 2) 检查需借用的物品是否可借出，无法借出的应向客人解释说明 （2）借用物品 1) 若物品可以借出，接待员填写借条并请客人签字后，将物品交给客人。若客人要求送到房间，则通知行李员携物品和借条到客人房间，请客人在借条上签名确认 2) 借出物品后，通知楼层客人借用的物品，请其在客人归还时暂代保管；对于已退房但仍未归还物品的，由客房服务员协助在房内查找 3) 在计算机的"退房留言"栏内输入"请联系商务中心" 4) 写交班记录。交代清楚情况，请同事在归还时间内跟办归还工作 （3）收回借用物品 1) 若客人到退房当天仍未归还，接待员应致电前厅收银处，请其在客人退房时通知本组 2) 若客人退房时前厅收款来电查询，要礼貌地向客人索取物品 3) 客人归还物品时，检查是否有损坏，出现损坏马上请领班处理赔偿事宜 4) 物品归还后，将借条当面撕毁或还给客人并立即把"退房留言"取消。若出现损坏情况，借条暂不交还客人

【业务链接 5-18】

出租计算机服务流程与规范，见表 5-20。

表 5-20　出租计算机服务流程与规范

服务程序	服务规范
介绍出租信息	（1）介绍计算机出租信息 1）客人要求租用计算机时，接待员应向客人介绍可出租的计算机型号和收费标准 2）了解客人要使用的软件
检查设备	（2）检查设备 1）根据客人要使用的软件，接待员选择与其相匹配或兼容的计算机型号并检查设备运行是否正常 2）对于客人自带的软件或磁盘，应在使用前先杀毒
出租计算机	（3）出租计算机 1）接待员开启计算机，安装客人要使用的软件，然后由其自行操作并开始记录客人的使用时间 2）客人使用结束后，停止计时，检查计算机是否完好
结账	（4）结账 1）接待员根据客人的使用时间，开具商务中心收费单，询问客人的付款方式 2）若客人要求挂账，则请其出示房卡并签单确认，将收费单交前厅收银处入账

本章概要

★主要概念

礼宾服务，门厅迎接员，行李服务，金钥匙，问询服务，留言服务，邮件服务，总机，商务中心。

★内容提要

- 酒店前厅是客人进入酒店的第一个接触点，又是离开酒店的最后接触点，它关系到客人的住宿满意程度和对酒店的印象。在现代化酒店里，前厅往往被认为是整个酒店的核心部门，无论是在前厅设置、员工素质还是服务管理手段上，都要求高于其他部门。因此，前厅的日常业务服务与管理已成了酒店管理的重要组成部分。
- 前厅的系列服务是为了给客人在酒店居住期间的生活提供方便，体现"酒店一切为了客人"的服务理念。本章通过礼宾服务、问询留言服务、总机服务、商务中心服务等方面的讲解，要求学生了解当今酒店的系列服务包括的内容，它们彼此之间的相互关系及每一项服务中对消费者的承诺。通过本章的学习，对酒店服务工作能有一定的认识。

单元训练

★观点讨论

观点：当前是信息时代的新世纪，经济的全球化和科技的进步，促进了生产力成百上千倍的提高，物质生活的极大丰富又推动了人类对精神层面的更高更多的追求。在竞争日益激烈的酒店服务行业中,服务质量是酒店的生命线,越来越多的酒店管理者开始认识到,要取得并保持竞争优势、不断地提高经济效益,就必须不断地提高服务质量和客人的满意度,而前厅作为酒店的窗口,直接代表了酒店的形象,其服务质量与各部门的工作质量以及服务过程中的每一个环节的服务质量紧密联系在一起。所以酒店管理者必须创新性改革,加强前厅服务与质量管理,建立高品质的酒店服务体系,才能适应当前酒店业的发展趋势。

常见质疑:酒店前厅服务是有章可循的,属于程序性服务活动,按部就班地向客人提供服务,也意味着向客人提供了高效、专业的服务,没有必要进行创新性改革。

释疑:前厅服务和管理的创新将成为一种潮流。在信息时代,为适应"以人为本、和谐社会"的理念,酒店这一以"人"为中心运作的经济体,势必对各种服务手段和管理模式采取一种"向前看"的态度,各类服务手段的创新、管理方式的创新、经营模式的创新将层出不穷,越来越多的酒店也将认识到只有创新才有出路,只有创新才能与时俱进,否则将会被历史前进的车轮所淘汰。所以酒店管理者必须创新性改革,加强前厅服务与质量管理,建立高品质的酒店服务体系,才能适应当前酒店业的发展趋势。

★案例分析
【相关案例】

要求退票的醉酒客人

背景与情境:一天下午4时,一位客人来到酒店票务处,询问他的两张明天上午飞往北京的机票能不能退掉。按照酒店与航空公司的协议:票既售出,在规定时间之外是不能退回的,否则要交纳高额退票费。为了使客人不受损失,票务处的小霞好心答应帮助客人代售一下,客人点点头就急匆匆地走了。

夜已经深了,酒店依然热闹繁忙。这时候,那位退票客人和另外一名客人从大堂匆匆走过来,可以看得出来客人醉醺醺的,他们说是来拿退票费的。票务处的小霞说:"我们一直在帮你们代售,可没人要。"谁知客人却说:"你不是答应一定帮我们退掉吗?怎么又变卦了呢?不行,我们只要钱,不要票了,其他的我们不管。"小霞一听惊呆了,心想面对这样不讲理的客人,该怎么办?她耐心地解释着,谁知客人不听解释,继续威胁她说,不退就投诉她不遵守承诺。小霞面对客人的态度与要求毫无办法,只好打电话找值班经理。

由于有事在身,值班经理没有及时赶来。客人等得非常不耐烦,便开始大吵大闹起来。正在这时值班经理来了。当他走到客人身边时,客人用非常粗暴的语气对值班经理吼道:"你怎么现在才来?让我在这儿等了半天!你是怎么当经理的?"值班经理连忙心平气和、笑容满面地解释说:"先生,十分抱歉,刚才我正在处理另一位客人的问题。"但这位客人一句也不听,依然用极不礼貌的语气,指手画脚地继续在值班经理面前吼叫不停。经理仍表现得十分冷静,继续以抱歉的态度对客人说:"对不起,先生,是我们的工作没做好,让您生气了。但您要求退票的时间太晚了,这样您必须付退票费。"可是客人仍不罢休,又要求找总经理。

值班经理看到两位客人不依不饶,只好又按照客人的要求打电话给周总,当时周总正在回酒店的路上,答应一会儿就到。大约过了五分钟,周总到了,值班经理就把情况叙述给周总听，然后周总把客人请到了大堂吧……

（资料来源：酒店服务投诉案例[EB/OL]．（2013-04-13）[2017-07-27]．http://www.hbrc.com/rczx/shownews-1493398-13.html．）

问题：

（1）此案例涉及本章的哪些知识点？

（2）在本案例中，"忍一时风平浪静，退一步海阔天空"，这是我们每一个人在酒店的服务中，都应遵循的处事信条。你认为对吗？请说明理由。

（3）在本案例中，小霞、值班经理在解决投诉中存在什么问题？你有何好的对策和建议？

建议阅读

[1] 颜燕，高午阳．酒店前厅客房服务与管理[M]．北京：北京师范大学出版社，2011：60-105．

[2] 郑燕萍．前厅客房服务与管理[M]．上海：复旦大学出版社，2011：90-113．

[3] 李光宇．前厅客房服务与管理[M]．北京：化学工业出版社，2013：60-80．

[4] 孟庆杰，马桂顺，周广鹏．酒店管理理论与实务[M]．北京：清华大学出版社，2013：173-176．

[5] 秦承敏，王常红．前厅客房服务与管理[M]．大连：东北财经大学出版社，2015：62-96．

第 6 章　前厅部宾客关系管理

学习目标

理论知识：学习和把握"前厅部宾客关系管理"的相关概念，顾客满意理论，顾客让渡理论，顾客忠诚理论，系统论等宾客关系管理的相关理论，宾客关系管理的内涵，酒店 CRM 支持系统运行模型，宾客投诉的作用、种类和原因，正确处理投诉对酒店的作用，建立客史档案的意义，客史档案的内容，VIP 客人的等级划分，以及"知识链接"和"延伸阅读"等陈述性知识。

实务知识：学习和把握大堂副理的主要职责、素质要求、岗位职责和权限设置，宾客关系主任的岗位职责和任职要求，投诉的处理原则、一般程序、预测和防范，酒店对客人的义务与权利，处理酒店与客人关系的原则和技巧，良好宾客关系建立的途径，客史档案的收集途径与管理内容，建立客史档案的方式与原则，VIP 客人的接待规格和接待总流程，VIP1 接待标准，以及"业务链接"等程序性知识。

认知弹性：用本章理论知识与实务知识研究相关案例，对本章"引例""同步案例"和"相关案例"等业务情境进行分析。

【引例】

大堂副理被投诉

背景与情境：某星级酒店，一位住店客人向酒店大堂副理投诉声称自己在住酒店期间患了感冒，原因是酒店空调没有保持 24 小时恒温所致，为此要求酒店退还所有房费。因大堂经理无法满足客人的要求，客人便提出同酒店总经理进行直接电话沟通。大堂副理回应这超出了自己的权限，客人坚持说如果自己的要求得不到满足就要闹到底。该当值大堂副理无奈之下，建议客人报警，并重重地挂断了前台台面上的电话。毫不退让的客人又以受到大堂副理摔电话威胁，导致自己一个晚上没睡好为理由，要投诉大堂副理。这个棘手的事件究竟要怎么处理才好？

（资料来源：根据迈点论坛资料改编。佚名. 因客人无理取闹大堂副理当客人面重挂电话被投诉[EB/OL]. [2016-1-27]. http://bbs.meadin.com/thread-1183176-1-1.html）

改革开放以来，我国酒店业取得了突飞猛进的进步，总体管理水平在不断提高，基本上实现了同发达国家同步。与此同时，作为酒店的衣食父母——宾客也日渐理性与成熟，理性消费与维权思想进一步得到提高；并且由于供过于求，酒店方面的利润空间越来越小，高星级酒店的服务对象不得不从以前的"王谢堂前燕"，开始放下身段面向普通消费者，步入"寻常百姓家"。在这个过程中，酒店业如何更好地维护宾客之间和谐的关系，使酒店的普通消费者转变成为酒店的忠诚客人，更是酒店业整体在思考的问题。在上述大堂副理被投诉的案例中，酒店大堂副理的重要职责之一原本是代表酒店总经理受理客人投诉，通过投诉的妥善处理，进一步拉近酒店与宾客间的距离，化干戈为玉帛。可是，什么原因导致大堂副理不能解决客人的投诉？是上级授权不足还是大堂副理认定客人无理取闹、自己在努力维护酒店的利益？为什么大堂副理会当客人面发火？是客人无事生非还是大堂副理处理投诉技巧不足？酒店又该如何减少客人投诉，提高客人对酒店的满意度？带着这些问题，我们进入本章学习。本章将主要介绍宾客关系管理的概念、支撑宾客关系管理的相关理论、酒店宾客关系管理系统的构建、大堂副理与宾客关系主任的职责、处理客人投诉及突发事件的相关知识和技能、良好宾客关系的建立、客史档案的建立和VIP客人的接待程序。

6.1 宾客关系管理相关理论

6.1.1 顾客满意理论

顾客满意理论又称4Cs营销理论（The Marketing Theory of 4Cs），是由美国营销专家罗伯特·劳特朋（R. F. Lauterborn）教授在1990年提出的与传统营销的4P相对应的4C理论。它以消费者需求为导向，重新设定了市场营销组合的四个基本要素：即消费者（Consumer）、成本（Cost）、便利（Convenience）和沟通（Communication）。它强调企业首先应该把追求顾客满意放在第一位，其次是努力降低顾客的购买成本，然后要充分注意到顾客购买过程中的便利性，而不是从企业的角度来决定销售渠道策略，最后还应以消费者为中心实施有效的营销沟通。这一营销理念也深刻地反映在企业营销活动中。在4C理念的指导下，越来越多的企业更加关注市场和消费者，与顾客建立一种更为密切的和动态的关系。

【同步思考6-1】

一些酒店管理者认为，在酒店企业生产运营中，酒店应该是一门心思提升酒店产品及服务质量，只要做到产品和服务质优价廉就是企业运营的最高境界。

问题：请思考一下，在这种思想指导下生产出来的产品符合当前消费者的需求吗？

理解要点：罗伯特·劳特朋教授的4C理论。

6.1.2 顾客让渡价值理论

顾客让渡价值理论是1996年美国著名的市场营销专家菲利浦·科特勒（Phillip Kotler）首次提出的。顾客让渡价值是指顾客总价值与顾客总成本之间的差额。顾客总价值是指顾客购买某一产品或服务所期望获得的一组利益，包括产品价值、服务价值、人员价值和形象价值等。顾客总成本是指顾客购买某一产品所耗费的时间、精神、体力以及所支付的货币资金等，因此顾客总成本包括货币成本、时间成本、精神成本以及体力成本等。一般情况下，消费者在购买产品时总想把有关成本降到最低限度，而同时又想从中获得更多的实际利益，以使自己的需要获得最大限度的满足。因此顾客在选购产品时，往往从价值和成本两方面进行比较分析，从中选择出价值最高、成本最低，即顾客让渡价值最大的产品作为优先选购的对象。

【延伸思考6-1】

按照酒店业目前发展的状况，酒店产品依然处于供大于求的态势。从消费者角度看，能让消费者获得最大的顾客让渡价值的酒店便是消费者满意的酒店。

问题：在当前信息技术出现革命性进步的情况下，酒店如何跟上趋势发展，使消费者获得最大的顾客让渡价值？

理解要点：信息技术的进步降低了酒店和客人之间信息不对称的情况，使酒店可以更为便捷地与消费者沟通，通过智慧酒店平台更容易发现客人的喜好特征，降低客人在选择和享受酒店产品服务时花费的顾客总成本。因此，未来消费者喜爱的酒店必定是与互联网深度融合，应用大数据、云计算、人工智能等先进信息技术的智慧酒店。

6.1.3　顾客忠诚理论

顾客忠诚的内涵可以分别从行为和态度两个方面进行界定。从行为视角看，比较典型的是以顾客的重复购买次数、忠诚行为的持续时间和购买比例等来定义顾客忠诚；从顾客态度视角看，比较典型的则是以口碑宣传、推荐意向和重复购买意向等来定义顾客忠诚。针对酒店行业来说，顾客忠诚是指顾客对某一酒店产品形成依赖，形成最佳甚至唯一的选择，因而出现反复购买的行为。美国学者斯莱特（Slater）和马弗（Marver）发现吸引一个新的消费者的费用是保留一个老顾客的 4~6 倍。研究表明，顾客的稳定率每增加 5%，企业的利润就会随之增长 75%。顾客的忠诚反映了一家企业的盈利能力。一家酒店拥有的忠诚顾客越多，经济效益就越好；同时，社会形象会更加出色。所以，顾客忠诚度真正体现了一家企业的市场价值。

6.1.4　系统论

"系统"一词，来源于古希腊语，是"由部分构成整体"的意思。系统论产生于 20 世纪 40 年代，理论生物学家冯·贝塔郎菲（L. von Bertalanffy）是这门科学的创始人。贝塔郎菲认为，系统是处于相互作用中的要素的复合体。他提出了系统论的四个基本原则：整体性原则、相互关系原则、有序性原则和动态性原则。系统论认为，系统的运行效果是通过各个子系统相互作用的效果决定的。它通过和周围环境的交互作用不断地进行自我调节，以适应自身发展的需要。

整体与局部的关系是系统科学关注的基本问题之一，贯穿于系统研究的各个方面。系统中各要素都处于系统内部的主要关键点上，既相互关联又互相制约，构成了一个不可分割的整体。在管理工作中，就是要把所研究和处理的对象当作一个系统，运用系统论的方法找出系统内部关键的子系统，通过分析影响子系统的运作要素、系统与环境之间的规律性的变化，动态地找出解决问题的方法。现代管理理论、管理技术的创新，都离不开系统论的启发和指导。酒店的建设与运营作为一项非常复杂的系统工程，要很好地适应企业的内外部环境，它的成功运营离不开系统论思想的指导。

【深度思考 6-1】

酒店管理中经常说到的一句管理格言是：100-1=0，意思是说宾客在与酒店发生联系（预订、居留、退房）的时间里，如果有一件事情达不到客人的满意，那么以前所做的一切努力就可能达不到让客人满意的目的。因此，酒店提供优质服务永远在路上。

问题：应用系统论的观点说明为什么会出现 100-1=0 的现象？并提出解决方案。

理解要点：系统论告诉我们，酒店运营是通过一个个关键的子系统相互发生作用得以实现的。在酒店这个复杂的系统里，任何一个子系统出现故障，都达不到让客人满意的目的。譬如前厅系统，如果客人与前厅部发生关联时，得到的服务无法让客人满意，那么客房和餐饮就是服务工作做得再好，客人依然会对酒店服务不满意。解决方案是，重视客人的需求，权力下放给直接为客人提供服务的一线人员。善于发现客人的需求，参考海尔"人单合一"的解决模式。

6.1.5 宾客关系管理的概念

综合上述观点，本书认为**宾客关系管理（Customer Relationship Management）是企业开展经营过程中以客户为中心的新型商业模式，是一种旨在改善企业与客户关系的新型管理运作机制，是一项企业经营与发展战略，需要从企业发展战略角度进行系统的顶层设计。**宾客关系管理强调企业要树立以客户为中心的思想，通过现代信息技术的运用，更准确地掌握和预测顾客的需求，关注高价值客户，通过信息的传递和利用，各部门协同为客人提供更具针对性的服务，提高顾客的满意度和忠诚度，实现企业的经营目标和社会使命。

6.2 酒店宾客关系管理的内涵

酒店宾客关系管理包括酒店企业管理理念、企业运行管理模式和管理运行技术三个层次的内涵。首先，宾客关系管理是一种遵循客户关系导向的企业战略。宾客是企业最重要的资源，企业的最终目的是通过实现客户价值的最大化来实现企业的经营目标。酒店应重视与宾客的双向沟通，在对客户信息充分挖掘研究的基础上，识别有价值的客户，分析和满足他们的行为、期望和需求。通过改进对客户的整体服务水平、提高客户满意度和忠诚度，不断争取新客户和商机，为企业创造稳定长远的利润。其次，酒店客户关系管理是一种企业运行管理模式，固化在酒店企业的生产和服务过程中。客户关系管理是一种旨在改善企业与客户之间关系的新型管理运作模式，它凭借企业文化理念、企业运行制度将以宾客为中心的价值观念实现于酒店的市场营销、酒店生产与服务环节等与顾客相关的领域。酒店一方面通过科学的管理决策提高产品提供的针对性，吸引更多的客户，降低服务成本；另一方面，通过售前、售中、售后各部门的协同合作，提高服务效率，控制各种可能导致客户不满的行为，提高顾客的满意度和忠诚度。最后，酒店客户关系管理以信息技术为凭借得以实现。

从微观运行方面而言，客户关系管理的实现是一种信息技术的应用。酒店凭借大数据、云计算、传感器、人工搜集记录的客史、酒店前后台计算机管理系统等当代信息技术工具将宾客衣食住行的数据，通过云计算中心分析客户大数据信息等手段，为酒店开展优质服务提供一个更加智能化的决策方案。酒店宾客关系管理包含了理念、机制和技术三个层面。理念是企业文化，潜移默化改变酒店员工的服务思想。飞速发展的信息技术是实施的辅助手段，制度化的运行机制是酒店宾客关系管理能否取得成功的关键。三者互相支撑，构成了酒店宾客关系管理的运营模型。酒店宾客关系管理运营模型，如图6-1所示。

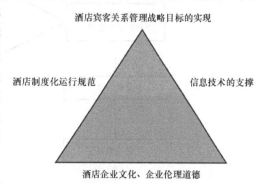

图6-1　酒店宾客关系管理运营模型

【同步业务 6-1】

问题：如何建立酒店宾客关系运行架构？

解析提示：通过上述客户关系管理理论的学习，我们已经明白宾客关系管理对于酒店的重要性。尽管先进理论是指导酒店企业前进的方向，但如果仅有理论而没有具体的组织架构与制度来保障理论的实施，再优秀的理论都只是空中楼阁。同学们可以从设立与酒店规模相当的组织机构并进行人员配置方面来落实和维护良好的宾客关系，并且需要建立相应的管理制度。

【深度剖析 6-1】

为什么现实生活中有的酒店有了完善的组织架构和人员配置，但还是不断地出现宾客的投诉和不满，导致酒店企业整体服务质量不能获得提高？酒店要怎样运作才能提升宾客满意度呢？

解析与讨论：健全的组织架构和制度保障仅仅是酒店宾客关系管理与维护工作运行的开始。根据酒店服务质量 100-1=0 的法则，可以得出酒店宾客关系管理是整个酒店的运行要务，需要酒店整体配合。在此基础上请讨论酒店怎样提升宾客满意度。

6.3 酒店宾客关系管理系统的构建

酒店要成功实施宾客关系管理，需要建立全新的思维模式，即企业不再只是对客营销，而是着眼于通过各分系统组织职能的宾客关系管理项目来培养对客关系。宾客关系管理是全员参与的系统工程，宾客关系管理的成败不是管理者或专家能决定的，也不只是大堂副理和宾客关系主任能够独立完成的。它是一项需要酒店所有部门和员工持续不断地共同努力和协同作战的系统工程。在此理论基础上，构建酒店 CRM（宾客关系管理）支持系统运行模型。酒店 CRM 支持系统运行模型结构图，如图 6-2 所示。

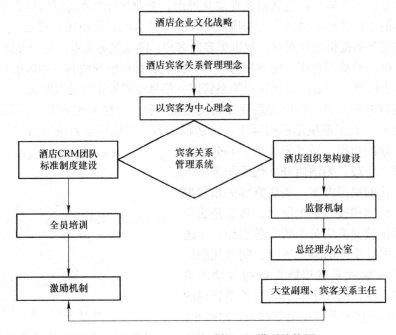

图 6-2　酒店 CRM 支持系统运行模型结构图

【深度剖析 6-2】

问题：酒店 CRM 支持系统结构图是否包含对【同步业务 6-1】和【深度剖析 6-1】问题的解答？为什么？

解析与讨论：是的，因为酒店做好宾客关系管理是一项系统工程，即在已经设立正确的组织战略方向的基础上建立闭合的组织架构，制定详尽的工作制度和工作程序来保证系统的运行。

6.4 大堂副理及宾客关系主任

按照我国星级酒店评定标准，三星级及三星级以上酒店必须设立大堂副理岗位。不同的酒店赋予大堂副理不同的工作内容。一般而言，**大堂副理是酒店总经理的代表，对外负责处理日常宾客的投诉和主动征询客人的意见，平衡协调酒店各部门与客人的关系；对内负责维护酒店正常的秩序及安全，对各部门的工作起监督和配合作用**。因此，大堂副理在酒店工作中扮演了一个特殊的角色，他既是酒店利益的代表，更是宾客权益的维护者，是酒店和宾客沟通的桥梁。

【同步案例 6-1】

熊孩子磕伤，酒店面临飞来横祸该如何处理？

背景与情境：一天，两位客人带了孩子在酒店前台开了一间客房。客人进到房间入住后，大人们在一起聊天，孩子自己在床上玩。可是，正当客人谈兴正浓时，忽视了对孩子的照看。结果，孩子一个不小心从床上掉了下来，头磕在床角上。因为床角是木制的，孩子的头当时就磕破了，血流不止。客人当时没和酒店任何工作人员说，而是自己抱着孩子去医院包扎。孩子在医院经过包扎治疗后，客人回来开始找酒店方面投诉，说酒店的床有问题，要酒店赔医药费和免房费。酒店逐级汇报后不同意，客人便在大堂又吵又闹，并且开始辱骂酒店人员，甚至推倒前台计算机，还乱砸东西。介于孩子的确是在酒店房间受的伤，酒店没有报警。但闹到这个局面，酒店应该怎么处理才好？

（资料来源：根据迈点论坛资料改编。佚名.熊孩子磕伤，酒店面临飞来横祸该如何处理？[EB/OL]. [2016-11-22].http://bbs.meadin.com/thread-1195085-1-1.html）

问题：酒店应该如何妥善处理孩子受伤事件？

分析提示：大堂副理的重要职责之一原本是代表酒店总经理受理客人投诉；通过投诉的妥善处理，可以进一步拉近酒店与宾客间的距离，化干戈为玉帛。在事件出现后，大堂副理应该在第一时间赶到现场安抚客人。解决案例中客人投诉问题的关键是如何划分酒店在事故中承担的责任。酒店方可以提出的理由是酒店客房使用权已经出租给客人，作为孩子的监护人，客人自身没有尽到监护义务。客人方面的观点是酒店家具设计有问题，而事故又是在酒店房间发生的。同学们可以根据《消费者权益保护法》等法律法规要求，从酒店、客人两个方面的立场进行讨论，以找出最佳解决方案。

6.4.1 大堂副理

1. 大堂副理的主要职责

大堂副理的主要职责是代表酒店总经理接待每一位在酒店遇到困难而需要帮助的客

人,并在自己的职权范围内予以解决,包括回答客人问讯、解决客人的疑难、处理客人投诉等。因此,大堂副理是沟通酒店和客人之间的桥梁,是客人的益友,是酒店建立良好宾客关系的重要环节。

2. 大堂副理的素质要求

1) 热爱酒店工作,有良好的外部形象,举止大方、风度优雅。
2) 以身作则,敬业乐业,性格开朗,有高超的人际沟通技巧。
3) 掌握与客人沟通的语言能力(至少一门外语)及所在地方言。
4) 有较强的酒店意识、整体管理意识、公关意识、整体销售意识和培训意识。
5) 了解各部门的运作程序。
6) 熟悉本市历史,了解本地区游乐场所、购物及饮食场所有关事项。
7) 了解主要国家的风土人情。
8) 有一定的法律知识。
9) 有较强的自我控制能力,处事不惊,不卑不亢。
10) 有较强的判断、分析、处理问题的能力。
11) 有敏锐的观察力,对问题的发展有预见性。
12) 有丰富的社会阅历,社会经验丰富,有较强的口头及笔头表达能力。
13) 需具备三年以上酒店管理经验,其中含一年以上前厅部总台工作经验。

【同步业务 6-2】

背景资料:当前,不少运行中的酒店在选拔大堂副理人选时,往往习惯于选拔高学历、高颜值、年轻化的员工。当然,这种类型的员工在充当酒店"面子"时,非常靓丽,但遇到复杂的投诉时,就往往力不从心。

问题:针对大堂副理的素质要求,什么样的人选才符合大堂副理岗位?

理解要点:根据大堂副理的岗位职责、素质要求和要完成的工作任务应该具备的能力和社会阅历等进行分析。

3. 大堂副理的岗位职责

1) 代表总经理接受及处理酒店客人对酒店内所有部门和工作区域(包括员工个人)的一切投诉,听取宾客的各类意见和建议。
2) 会同有关部门处理宾客在酒店内发生的意外事故(伤亡、凶杀、火警、失窃、自然灾害等)。
3) 解答客人的咨询,向客人提供必要的帮助和服务(报失、报警、寻人、寻物)。
4) 维护宾客安全(制止吸毒、嫖娼、卖淫、赌博、玩危险游戏、酗酒、房客之间的纠纷等)。
5) 维护酒店利益(索赔、催收)。
6) 收集客人意见并及时向总经理及有关部门反映。
7) 维护大堂及附近公共区域的秩序和环境的宁静、整洁。
8) 督导、检查在大堂工作人员的工作情况及遵守纪律情况(前台、财务、保安、管家、绿化、餐饮、动力、汽车等部人员)。

9）协助总经理或代表总经理接待好 VIP 和商务楼层客人。
10）夜班承担酒店值班总经理的部分工作；如遇特殊、紧急情况需及时向上级汇报。
11）向客人介绍并推销酒店的各项服务。
12）发现酒店管理内部出现的问题，应向酒店最高层提出解决意见。
13）协助各部维系酒店与 VIP 客人、熟客、商务客人的良好关系。
14）负责督导高额账务的催收工作。
15）定期探访各类重要客人；听取意见，并整理好呈送总经理室。
16）完成总经理及前台经理临时指派的各项工作。

6.4.2 宾客关系主任

宾客关系主任是一些大型五星级豪华酒店设立的专门用来建立和维护良好的宾客关系的工作岗位。宾客关系主任直接向大堂副理或值班经理负责。他的主要工作是与客人建立良好的关系，协助大堂副理欢迎贵宾以及安排团队、会议客人等临时性的工作任务。

1. 宾客关系主任岗位职责

1）掌握酒店各项设施、功能及营业时间。
2）协调本部门和其他部门之间的工作沟通。
3）及时、准确地引导进店宾客，协助大堂副理解决宾客投诉。
4）每日征询宾客对酒店的建议，修订成册。
5）协助进店团对宾客的入住登记工作。
6）如遇有宾客生病应及时协助处理，向上级及时汇报，并做好事后慰问工作。
7）及时处理宾客遗留在酒店的物品，主动帮助宾客联系查找。
8）协助本部门各个岗位的日常工作，及时补充岗位空缺。
9）协助上级领导对 VIP 的迎送工作，和 VIP 在店其间的事务处理。
10）负责大堂各岗位的运作情况：员工仪容仪表、劳动纪律、服务质量以及公共区域清洁卫生、秩序，设备完好情况。
11）认真完成上级领导交办的其他各项任务。

2. 宾客关系主任任职要求

1）文化程度：大学专科以上学历，酒店管理相关专业毕业。
2）工作经验：一年以上四星级酒店前厅部工作经验，熟悉酒店各个部门的工作性质和工作职责。
3）语言能力：熟练掌握一门以上外语，听、说能力较强。

【同步案例 6-2】

客人入住酒店后发生的一件事

背景与情境：今天晚上回到房间，俩小孩提出要换酒店，我感到很奇怪。结果孩子说："妈妈，大厅里的那个穿黑衣服的叔叔掐得我脖子好疼。"这是孩子今晚第二次提出要换酒店了，我们两个大人就严肃地跟孩子说："你们一定要诚实，确定叔叔是那样做的吗？"俩孩子委屈地说："妈妈，我给你做示范，那个叔叔就是这样做的。"于是两个孩子摆出姿势给我们看。我的孩子还说："我的玩具掉到喷泉里了，那位叔叔还说，你活该！"

看到孩子不是在撒谎，我们就打电话到前台，转到大堂副理，说明情况后，对方非常客气地说可以看看录像再回复。他们稍后给了回复："是有小孩子在大堂的喷泉边玩耍，大堂值班人员上前把他们劝开，不能确定值班人员是否动了孩子的脖子。"具体我和大堂副理的争执就不说了，就说说那位大堂副理的话吧：

（1）你的孩子脖子上原来有没有掐痕呢，你能确定我们大堂人员动了孩子的脖子吗（他的意思是没有证据，你就不能说孩子受到了伤害）？

（2）我们这里每天有这么多孩子，我们不可能对每个到喷泉边的孩子都去劝阻（我的答复是：要不你们不开喷泉，要是开了，你们就得保证来酒店人员的安全，有义务去提醒每个人）。

（3）因为不能确定我们的员工是否动了你们孩子的脖子，所以我们不能给你们道歉。

（4）你们的孩子说的话是真的吗（他认为孩子撒谎）？

（5）你相信你的孩子，我相信我的员工，这件事你若那样认为我也没办法（拒不道歉）。

鉴于以上话语，我们俩妈妈11点到大堂去看录像，因为录像看不太清楚，只看到大堂人员动了孩子的身体，看不清楚是脖子还是肩膀。我们说因为不能确定，所以你们就认为孩子受到惊吓跟你们没有关系吗？他们回答说：这个世界上最先进的摄像头在这里拍，都看不清楚，那我也没办法了。并且，我们一说话，那位工作人员就说："听我说，您先听我说。"总是让我们听他讲。最后，我火了，说道："总是听你说，你闭嘴，能不能听我们说。"

鉴于他一直不道歉，我们让他找一个上级的领导来处理此事（我们从来没有提赔偿的事，就是要一个酒店的态度，我就不相信堂堂一个五星级酒店连个会说话的人都没有），这位工作人员要去给经理反映情况，我们说就当面反映。结果他在汇报的时候，就直接把他自己的结论汇报上去了（不是事实和事情经过，而是他自己的判断）。遭到我们的抗议后，来了一个经理，好像是总经理办公室的，只说了几句话，就化解了矛盾：

（1）我确定你们的孩子没有撒谎，因为我也有孩子。

（2）不论事情经过怎么样，我们对孩子受到的惊吓表示道歉。

（3）给孩子个小礼物或者果盘给孩子压压惊。

后来酒店送了8个小海豚给孩子和200元的代金券（据我了解周六做活动本来就有的）。到了房间后，我的孩子还说："妈妈，你去了这么长时间，你是不是跟别人吵架了，其实我也没事，脖子也不是特别疼。"

问题：如果你是当值大堂副理，你应该如何受理客人的投诉？

分析提示：结合上述大堂副理的工作程序，运用"同理心、仔细聆听"对客人的要求做出判断，然后根据客人投诉的心理需求，提出相应的解决方案。

6.5 宾客投诉的处理

宾客投诉是指宾客对酒店的设备、服务等产生不满时，以书面或口头方式向酒店提出的意见或建议。

6.5.1 正确认识宾客投诉行为

服务是酒店的主要产品之一，酒店通过销售实物产品、服务产品、设施设备产品而盈利。

宾客与酒店的关系是买和卖的关系，也是被服务与服务的关系。到店宾客以双方商定的价格来购买特定的酒店产品，从而满足自身在物质上和精神上的需要。当宾客认为所付出的费用与得到的服务产品质量不成正比，即认为所购买的酒店产品非所值时，就会产生投诉。

客人投诉不仅仅意味着客人的某些需要未能得到满足，实际上，投诉也正是客人对酒店、对酒店员工服务和管理工作质量的一种劣等评价。任何酒店、任何员工都不希望有宾客投诉自己的工作，这是人之常情。然而，即使是世界上最负盛名的酒店也会遇到客人投诉。成功的酒店善于把投诉的消极面转化成积极面，通过处理投诉来促动自己不断完善工作，防止投诉的再次发生。正确认识宾客的投诉行为，就是不仅要看到投诉对酒店的消极影响，更重要的是把握投诉所隐含的对酒店的有利因素，变被动为主动，化消极为积极。

1. 投诉是基层管理工作质量的反映，是提高基层管理质量的推动力

对第一线服务而言，基层管理的主要对象是服务员在服务现场的工作质量；对后勤部门而言，基层管理的主要对象为协同一线部门工作的后台员工，要求二线配合一线，确保酒店产品的整体质量符合要求。无论前线或后勤部门，都通过自己的工作与宾客产生直接或间接的沟通，是客人心目中的"酒店代表"。从前台部的行李员、接待员、总机接线生，到客房部的服务员、工程部的维修人员、保安部的保安员；从餐厅领班、服务员到厨房各工序员工，到管事部、洗涤部各岗位人员，他们的工作态度、工作效率、服务质量和效果直接影响到客人投诉行为的产生。

宾客投诉行为实际上是酒店基层管理质量的晴雨表，通过投诉，酒店可以及时发现自己发现不了的工作漏洞；通过投诉，可以鞭策酒店及时堵塞漏洞、对症下药，解决可能是长期以来一直存在着的严重影响酒店声誉的工作质量问题。即使是客人的有意挑剔、无理取闹，酒店也可以从中吸取教训，为提高经营管理质量积累经验，使制度不断完善，服务接待工作日臻完美。

2. 宾客直接向酒店投诉，给酒店提供了挽回自身声誉的机会

宾客在酒店消费过程中不满、抱怨、遗憾、生气动怒时，可能投诉，也可能不愿去投诉。不愿投诉的客人可能是不习惯以投诉的方式表达自己的意见，他们宁愿忍受当前的境况；另一种可能是认为投诉方式并不能帮助他们解除、摆脱当前的不满状况，得到自己应该得到的；一句话，投诉没有用。还有一种可能是怕麻烦，认为投诉会浪费自己的时间，使自己损失更大。这些客人尽管没有去投诉，但他们会在酒店通过其他途径来进行宣泄；或自我告诫，以后不再到该酒店消费；或向亲朋好友诉说令人不快的消费经历。而这一切，意味着酒店将永远失去这位客人，酒店就连向客人道歉的机会也没有了。

6.5.2 投诉的种类

1. 按投诉的来源及方式划分

根据投诉的来源及方式，投诉可分为电话投诉、书信投诉、传真投诉、当面投诉等。书信投诉除了纸质信件、电子邮件投诉外，还应该包括填写《宾客意见表》投诉；当面投诉包括找大堂副理当面投诉、服务现场投诉等。

2. 按投诉的途径和渠道划分

根据投诉途径和渠道，投诉可分为：

（1）直接向酒店投诉。这类宾客认为，是酒店令自己不满，是酒店未能满足自己的要求和愿望，因此直接向酒店投诉，尽可能挽回自己的损失。

（2）向旅行代理商投诉。这类宾客一般是由旅行代理商（如旅行社、网络订房中心等）介绍而来，投诉内容往往与酒店的设施设备、服务项目、服务水准等有关。在这些宾客看来，与其向酒店投诉，不如向旅行代理商投诉对自己有利，前者不仅费时，而且往往是徒劳的。

（3）向消费者协会等社会团体投诉。

（4）向旅游行政部门或政府有关部门投诉。例如，旅游质检所、工商局、卫生局等。

（5）用法律诉讼方式起诉酒店。

（6）向电视台、电台、报纸、杂志、微博、微信等媒体反映酒店存在的问题，利用社会舆论向酒店施加压力。

3. 按投诉产生的原因划分

（1）有关设备设施的投诉。由于酒店的消费环境、消费场所、设施设备未能满足宾客的要求而引起的投诉，如空调、音响设备使用不正常，水、电、汽供应不到位，电梯控制不灵等。

（2）有关服务和管理的投诉。此类投诉是指管理人员督导不力、部门间缺乏沟通和协作精神而出现的违约现象；员工专业水平低、业务不熟练、工作不负责任，如不能兑现事先预订的客房、住宿期间遭到电话骚扰、叫醒服务不及时等。

（3）有关服务态度的投诉。此类投诉主要是指酒店服务人员态度冷漠、语言粗暴、过分的热情或敷衍应付等。

（4）对酒店产品质量的投诉。如客房有异味或蚊虫、床上用品不干净、食品不卫生、口味不佳等。或者员工行为不检，有违反操作规范和酒店规章制度的现象。

（5）其他特殊原因造成的投诉。

6.5.3 宾客投诉的原因

1. 酒店方面的原因

酒店方面的原因主要表现为消费环境、消费场所、设施设备、产品质量未能满足客人的要求；员工业务水平低，工作不称职，工作不负责任，岗位责任混乱，经常出现工作过失；部门间缺乏沟通和协作精神，管理人员督导不力；对客人尊重程度不够；服务指南、宣传手册内容陈旧、说明不详实等。

2. 客人方面的原因

客人方面的原因表现为对酒店的期望要求较高，一旦现实与期望相去太远时，会产生失望感；对酒店宣传内容的理解与酒店有分歧；个别客人对酒店工作过于挑剔或者少数客人自身素质低下，把酒店员工当成发泄对象等。

3. 客人投诉时的心理需求分析

（1）求尊重的心理。美国心理学家亚伯拉罕·哈罗德·马斯洛（Abraham Harold Maslow）在1943年在《人类激励理论》一文中将人类需求像阶梯一样从低到高按层次分为五种，分别是生理需求、安全需求、社交需求、尊重需求和自我实现需求。酒店是宾客消费的场所，理所应当得到酒店的重视与关爱。当客人感到不如愿，采取投诉行动时，这种求尊重的心理更是突出。

（2）求发泄心理。当代竞争社会，每个人都会承担生活压力，来酒店消费本身就是一个疏通压力的渠道。当客人放松心情的需求没有得到满足，又出现新的不满时，发泄就变成了投诉的重要动机。客人会利用投诉的机会把自己的烦恼、怒气和怨气发泄出来，以维持其心理上的平衡。

（3）求补偿的心理。当今的客人维权意识极强，他们在消费过程中如果觉得酒店服务质量方面、安全管理方面达不到酒店承诺的标准，就会直接向酒店有关部门投诉，以获取补偿。

对酒店来说，了解顾客的投诉心理，是妥善处理宾客投诉的关键。投诉固然反映了顾客的不满，但也反映了酒店工作上的不足。投诉传递的是任何其他渠道所不能获得的活生生的信息及顾客的真心话，是重要的第一手资料，酒店应将其看成是了解服务和管理不足的机会，有针对性地采取改进措施。

【同步业务 6-3】

背景资料：酒店业是服务业的重要组成部分。服务产品与其他产业产品相比，具有非实物性、不可储存性和生产与消费同时性等特征。在我国国民经济核算实际工作中，将服务业视同第三产业，即将服务业定义为除农业、工业之外的其他所有产业部门。改革开放 40 年来，酒店业得到飞速发展。其管理理念及服务理念以及管理水平和服务水平已经可以和世界先进服务水平接轨。我们是为绅士和淑女服务的，绅士和淑女观念已经扎根于服务业从业人员工作过程始终，但中国经济飞速的发展并没有使少部分国人的观念与之同步。在酒店现实的工作过程中，依然会出现少数人把酒店服务人员当成负能量的发泄对象，酒店业从业工作人员被打骂现象时有发生。

问题：酒店员工应该如何正确处理对客关系？受到客人不公正对待时，应该如何保护自己的合法权益？

解析提示：酒店的客人应该在法律法规范围内享有自己休闲娱乐的权利。由于宾客是酒店的"衣食父母"，酒店员工在地位上处于弱势地位。一般而言，客人在酒店的行为举止在法律法规和道德道义范围内，或者在酒店可以容忍的范围内，酒店员工可以委婉应对。但是，一旦客人举止超出酒店应当承担的义务，严重侵犯员工和酒店的权益，酒店可以依法保护自己和员工的利益。

6.5.4 投诉的处理原则和程序

1. 宾客投诉处理的原则

（1）真心诚意帮助宾客。应设法理解投诉宾客当时的心情，同情其所面临的困境，并给予其应有的帮助，接待好宾客。首先应表明自己的身份，让宾客产生信赖感，相信受理人员能帮助他解决问题。

（2）绝不与宾客争辩。无论前来投诉的宾客情绪如何激动、态度如何不恭、言语如何粗鲁、举止如何无礼，接待人员都应冷静、耐心，绝不可急于辩解或反驳，与宾客争强斗胜。即使是不合理的投诉，也应做到有礼、有理、有节，既要尊重他们，不失宾客的面子，又应做出恰如其分的处理。

（3）维护酒店应有的利益。处理投诉也不可损害酒店的利益，尤其是对于一些复杂问题，切忌在真相查明之前，急于表态或贬低酒店及其他部门、员工。除宾客物品、财产因酒店原因导致遗失或损坏外，退款或减少收费等方法，绝不是处理投诉和解决问题的最佳方法，而应弄清事实，通过相关渠道了解事情的来龙去脉，再诚恳道歉并给予恰当处理。

【业务链接6-1】

"三把尺子"原则

大堂副理（也包括酒店其他管理人员）处理投诉时，代表的是酒店方面、客人方面和员工方面的不同诉求。怎样才能取得这三个方面利益的平衡，达到共赢局面呢？某国内大型酒店连锁集团提出的处理投诉的"三把尺子"原则，可以给出很好的参考。这三把尺子是：①客人的利益不能侵犯；②员工的利益不能侵犯；③酒店的利益不能侵犯。大堂副理或者管理人员处理投诉时按照"三把尺子"原则的排序进行不同诉求群体的利益平衡。

2. 宾客投诉处理的一般程序

不同类型的投诉在处理的具体细节上有所不同，但基本程序是相通的，下面以宾客当面口头投诉为例，介绍投诉处理的一般程序：

1）聆听，应耐心、仔细地听完宾客的投诉内容。

2）保持冷静，绝不与宾客争辩是非，让宾客发泄怨气。

3）表示同情，对宾客的遭遇给予理解，对宾客的处境表示同情；同时，应给予一定的安慰。但在责任没有分清楚之前，只能表示"遗憾"，不能直接道歉，以免酒店承担不应有的责任。

4）给予特别的关心，使用尊称称呼宾客，并明确告诉宾客酒店将处理此事，千万不可因怕麻烦而推脱，应尽快着手解决。

5）不转移目标，无论手头工作多忙，都应将注意力集中到宾客投诉的问题上，不可随意走开或随意引申，更不可发牢骚以嫁祸于他人或责怪酒店。

6）记录要点，将宾客投诉的主要内容记录在备忘录上。这样做不仅可以使宾客的讲话速度放慢，以缓和其激动的情绪，而且还能让宾客感觉到酒店对其投诉的重视程度。此外，记录的要点也可作为今后解决问题的依据。

7）把即将采取的措施告诉宾客，听完宾客的投诉，应立即考虑并决定需采取的解决办法，并将其告诉宾客。如有可能，应考虑多个方案以供宾客选择，以示尊重他们，切忌一味地道歉和解释。应充分估计处理该问题所需的时间，并告诉宾客，以免宾客产生怀疑，引起抵触情绪，为解决问题增加难度。

8）立即行动，立刻展开调查，弄清事实，查出原因，并协调有关部门和人员进行事后补救和改正，并将问题处理的进展情况通报宾客。

9）检查落实，问题解决后，应与宾客再次联系，征询宾客意见，了解投诉的问题是否得到圆满解决，做到有始有终。

10）整理归档，将投诉的问题及处理过程整理出书面的材料，进行分类存档，作为今后员工培训和解决类似问题的参考案例。同时记入宾客的客史档案，以免下次宾客入住，再发生类似问题。

对于宾客的来电、来信等投诉，除了注意上述程序的要点外，应将调查结果、处理办法、最终处理结果以及酒店高级管理人员签名的致歉信尽快邮寄给宾客。通过第三方电商投诉的，酒店方要在第一时间反馈处理意见，及时消除影响。

【同步案例 6-3】

大堂副理被客人打晕

背景与情境：上周一，有五个男性客人和五名女性客人来到酒店前台，告诉总台接待员要开五间房，但不巧的是只有四个男性客人带有身份证件（因为公安局要求开房必须做到一人一身份证件，之前也有酒店因为身份证查验没有严格遵守公安局要求而被责令停业整顿一个月的情况，所以酒店要求宁不做生意也要做到一人一证入住）。这几个男性客人也是喝了一点酒，看到总台接待员按照规定不能办理登记入住，就拍台拍桌地骂着要前台让他们入住。当时酒店前台就三名工作人员，一位男性接待员、一位女性接待和一位男性大堂副理。结果，看到客人在酒店总台闹事，大堂副理走上去向客人解释相关规定，不但一点效果都没有，而且还被打了几个耳光，因为事发突然，大堂副理当场晕倒了。

（资料来源：迈点论坛资料改编。佚名. AM 被几个男的打了几个耳光，因为证件问题？[EB/OL]. [2016-01-19]http://bbs.meadin.com/thread-1182860-1-1.html）

问题：酒店从业人员如何在工作中维护自己的尊严和权益？

分析提示：在处理客人投诉的经验积累过程中，国内某大型酒店连锁管理集团提出了正确处理客人投诉的"三把尺子"，这三把尺子是：①客人的利益不能侵犯；②员工的利益不能侵犯；③酒店的利益不能侵犯。按照这三把尺子衡量，客人侵犯了第二条和第三条，酒店和员工可以依照法律法规维护自己的权益。

【同步业务 6-4】

问题：在酒店日常工作中，会接触到形形色色的人，像案例中这样的客人举止已经超出我们所理解的"客人"内涵，那么，对待这样的举止，我们还能按照以往的解决投诉处理的方案进行吗？如果你是大堂副理，该怎么办呢？

解析提示：当客人做出超出酒店消费者应该具有的正常人的行为举止后，他就不再是酒店正常意义上的消费者，而是涉嫌违法了。酒店员工可以请安保部门协助处理或者拨打110请公安人员按照违反《治安管理处罚法》的行为进行处理。

6.5.5 投诉的预测和防范

虽然投诉处理得当会为酒店挽回声誉和损失；但是，处理投诉毕竟会牵扯管理人员和服务人员的精力和时间，从而影响酒店的正常经营。因此应当注意投诉易发生的环节，采取相应的主动防御措施，尽量减少投诉的发生。

1. 加强同宾客的主动沟通

通过对宾客的沟通了解，最大限度地掌握宾客的满意度，控制投诉事态的发展，增强工作的主动性。例如，采取前台人员在宾客进房后，电话回访，了解宾客对房间的满意程度，对丢失客源进行调查等。一些宾客关系管理出色的酒店，会要求宾客关系主任或大堂副理每天访谈 15 名以上客人，征求的意见通过工作日志的形式上报总经理进行服务质量管理参考。

2．注意改善服务质量

通过日常工作监督和控制，了解酒店各项工作的弱点，加强员工的思想、技能等培训，增强服务意识和协作观念，逐步提高服务质量和工作效率。

3．加强设施设备的管理，保障酒店产品的出品质量

要建立完善的管理体制，制定出具体的有关设施设备的管理、保养、维修的制度，以及控制产品质量的计划、方案。同时要明确产品的合格标准，加强产品的质量监督。

4．做好酒店的安全控制

所谓酒店安全控制，即做好酒店内部各部位的消防、治安监督、控制工作，制定严格的规章和责任制度，采用各种控制手段，避免火灾及治安事件的发生，保障在店宾客的人身及财物的安全。

5．建立宾客投诉档案

通过大堂副理日志等形式记载投诉的情况，并定期由专人整理，形成酒店全面质量管理的依据，以便做好总结，改进日后的工作，防止类似投诉的发生。

【知识链接 6-1】

质量理念

质量理念是以提高产品质量为核心，不断提升服务品牌知名度和客户满意度，加强质量文化建设的根本观念和执着追求。科学的质量理念是支撑企业在市场竞争制胜的基石。例如，海尔集团的质量理念："不合格的产品就是废品。"放在"仓库里"没人要的产品是没有质量的，即使它已经符合了企业内部的各项要求。对于提供服务的企业来说，服务质量就是服务的灵魂。某大型国内连锁酒店提出服务质量的三大理念：提供给客人使用的，必须是完美无缺的；展示在客人面前的，必须是干净、整洁和美观的；提供给下一道工序的，必须是完整无误的。

6.5.6　正确处理投诉对酒店的作用

正确处理投诉对酒店的作用有三个方面的益处。首先，可以帮助酒店管理者发现服务与管理中的问题和不足。其次，为酒店方面提供了一个改善宾客关系、挽回自身声誉的机会。最终，有利于酒店改善服务质量，提高管理水平。

【教学互动 6-1】

入住登记引发的案例

主题：按照公安部颁发的《旅馆业治安管理办法》规定：旅馆接待旅客住宿必须登记。登记时，应当查验旅客的身份证件，按规定的项目如实登记。按照《中华人民共和国治安管理处罚法》规定：旅馆业的工作人员对住宿的旅客不按规定登记姓名、身份证件种类和号码的，或者明知住宿的旅客将危险物质带入旅馆，不予制止的，处 200 元以上 500 元以下罚款。因此，酒店业必须依法经营，按法律规定查验并录入客人身份证件。但就是在要

求开房客人"一人一证"的过程中,酒店员工受到不少不法侵害。下面来看具体案例。案例一:5月16日下午,绍兴市区一家酒店内,三男一女要求入住酒店,但只有其中一名男子掏出身份证登记。前台的女服务员表示,根据规定四个人都需要出示身份证登记。四人不同意,开始骂人,还动手打了服务员。随后酒店报警,谁知三男一女不但没有收敛,反而对抵达的民警一同进行殴打。危急时刻,越城警方调集了警力赶到现场增援,当场制服了几名嫌疑人并带回派出所。案例二:8月5日,广西南宁市一酒店,前台因身份证不全,拒绝三名男子入住。当天凌晨3:33,三名男子再次折返冲入大厅围殴酒店一男性工作人员罗某,罗某在扭打过程中被捅三刀。随后,三人骑电动车逃走。酒店工作人员随后报警求助,并将受伤工作人员送医院抢救。在经历了历时17天抢救后,罗某终因病情过重,于8月26日晚22:06在广西医科大学第一附属医院抢救无效死亡。酒店工作人员从受伤到死亡,事件的起因都是因为一张身份证。

问题:这些层出不穷的因为酒店员工依法要求登记身份受到的侵害使酒店一线员工不寒而栗,这对酒店业来说,如何应对?应该怎样去保护认真工作的一线员工呢?

6.6 良好宾客关系的建立

酒店与客人的关系是提供产品(服务)与接受产品(服务)的关系,一旦客人完成入住登记手续后,酒店与客人便构成了合同关系。酒店为客人提供的服务,一部分是以"物"的形态而存在的,即通过服务设施来实现,是"物对人的服务";而另一部分是直接由服务人员来提供的,是"人对人的服务"。无论是"物"的服务还是"人"的服务,在服务过程中都有可能产生这样那样的问题。如何正确处理这些问题,应首先明确酒店的责任与义务;其次,在明确权利义务的基础上提供优质服务,建立良好的宾客关系。

6.6.1 酒店的权利与义务

从法律角度来看,酒店与客人之间的关系属于民法调整的平等主体之间的民事法律关系之一的合同关系。我国现行与此相关的法律规定有:《民法通则》第3条"当事人在民事活动中的地位平等";第4条"民事活动应当遵循自愿、公平、等价有偿、诚实信用的原则"。《合同法》第3条"合同当事人的法律地位平等,一方不得将自己的意志强加给另一方";第4条"当事人依法享有自愿订立合同的权利,任何单位和个人不得非法干预"。《消费者权益保护法》第9条"消费者享有自主选择商品或者服务的权利"。消费者有权选择提供商品或服务的经营者,自主选择商品品种或者服务方式,自主决定购买或者不购买任何一种商品、接受或者不接受任何一项服务。消费者在自主选择商品或服务时,有权进行比较、鉴别和挑选"。《公司法》第5条第1款"公司以其全部法人财产,依法自主经营,自负盈亏"。根据上述法律规定,具体到酒店和消费者之间的关系应当理解为:提供商品和服务的酒店与到酒店消费的客人两者之间是合同关系,双方的法律地位是平等的。从法律的角度来看,客人来到酒店,提出住店的要求(即向酒店发出住房要约),办理了登记手续,并且拿到了酒店客房的钥匙以后(即酒店承诺了客人要求住房的要约),他才具有酒店客人的身份(或称住店客人)。或者客人向酒店发出了就餐或进行其他消费的要约,而酒店又接受了这一要约后,这时酒店和客人之间的合同关系便正式成立了。国际司法统一协会《关于酒店合同的协定草案》第三条第一款规定:"酒店合同在一方明确表示接受另一方提出的要约时即告成立。"客人结账付款后,客人和酒店之间的权利和义务关系便终止了。但有的国家酒店法规定,客人在结账后到离开酒店这段时间仍具有"潜在客人的身份"。例如,用于等待出租汽车的时间,客人结账后,返回房间整理行李的时间等,在此期间,酒店负有"潜在责任",直到客人离开酒店。

6.6.2 正确处理酒店与客人关系的原则和技巧

1. 处理酒店与客人关系的原则

(1) 把客人当"人"对待。

①要把客人当"人"来尊重,而不是当"物"来摆布。②要充分理解,尊重和满足客人作为"人"的需求。③对待客人的"不对之处",要多加宽容、谅解。④如果客人在酒店中的行为举止违反了法律法规,则酒店方面要依法维护自己的合法权益。

(2) 客人是服务的对象。在酒店的客我交往中,双方扮演着不同的"社会角色"。服务人员是"服务的提供者",而客人则是"服务的对象",不是"教训"和"改造"的对象。

2. 掌握客人对酒店产品的需求心理

酒店的客人住在酒店的这段时间,实际上是在过一种"日常生活之外的生活",是从"第一现实",走进"第二现实";不管他们是否清楚地意识到,实际上都必然存在"求补偿"和"求解脱"心理。"求补偿"就是要在日常生活之外的生活中,求得他们在日常生活中未能得到的满足,即更多的新鲜感、更多的亲切感和更多的自豪感。"求解脱"就是要从日常生活的精神紧张中解脱出来。要使客人"解脱",体验更多的新鲜感、亲切感和自豪感,作为前厅部服务人员不仅要为客人提供各种方便,帮助他们解决种种实际问题,而且要注意服务的方式,做到热情、周到、礼貌、谦恭,使其感受到轻松、愉快、亲切、自豪。客人在宾客消费的过程中,实际上是为了求得美好的生活体验。

3. 掌握与客人的沟通技巧

酒店员工首先要重视对客人的"心理服务"。一般而言,酒店为客人提供的服务为"双重服务",即"功能服务"和"心理服务"。功能服务是满足消费者的实际需要,而"心理服务"则是除了满足消费者的实际需要以外,还要能使消费者得到一种"经历"。从某种意义上讲,客人就是花钱"买经历"的消费者。这就要求酒店人员对客人不仅要斯文和彬彬有礼,而且要做到"谦恭""殷勤"。其次,要"善解人意",关注客人的意愿。最后,做到谦恭有礼,投其所好,避其所忌。

6.6.3 良好宾客关系建立的几种途径

良好宾客关系管理的策略主要在于发展新客户,维持现有客户,通过维护使客户不断重复购买企业产品和服务,降低企业成本。提供定制化产品及服务,培养宾客忠诚意识。

1. 提供定制化产品及服务,培养宾客忠诚意识

酒店要高度关注潜力客户,尽可能满足其需求,用高附加值的个性化服务来提高其对酒店的忠诚度,如提供专属的一站式服务,如贴身管家服务、会议管家服务、宴会管家服务等。

2. 分析客人的转换成本，提高顾客让渡价值

常客不等同于忠诚客户，为了让客户真正认同酒店产品，酒店必须尽可能地提高客户的让渡价值，保证客户的高满意度。一方面，通过优化酒店形象、提供优质服务、提高酒店产品的有效性等手段来努力提高酒店产品的价值；另一方面，还需研究如何减少客户的综合成本支出，包括优化服务流程，减少客人的时间支出；给予折扣优惠促销，减少客户的货币支出；提高服务质量，减少客户的风险和心理支出等。

3. 实施奖赏计划，增加客户消费产品后的附加利益

酒店设立常客奖励计划，采用积分制，客户每到店消费一次，就可以获得相应的积分，积分达到某种程度时就可以获得特定的奖励或享受特殊的服务，如提供不同档次的奖品、免费房、免费洗衣、延时退房、客房免费升级等，这在让利给客户的同时，也提高了客户的转换成本，能更有效地促使客户重复购买本酒店产品。

4. 组织团体活动，加强与客户的情感联系

酒店对忠诚客户要满足其功能和精神上的需要，尤其要重视其情感上的需求，高层管理者要积极参与高价值客户的拜访与答谢。同时，通过详细的宾客分析，找出重要客户的共同特点和需求，通过组织重要客户联谊会，开设俱乐部，以专业论坛的形式拓展客人的交流平台，为客人展现一种不同的生活方式，为客人创造更多的价值，让客人有归属感。

5. 建立宾客投诉快速反应机制

员工听到客人任何关于酒店设施或服务的抱怨、不满或投诉时，均应及时反馈给本部门或归属部门的上级；相关责任班组主管或经理要及时赶到向客人道歉，并寻求解决方案；加强顾客抱怨、投诉的管理，定义不同的投诉级别和投诉补偿等级办法；处理客人投诉要快速，尽可能在客人不悦前、消费结束前、顾客离店前圆满解决。

【职业道德与企业伦理 6-1】

住店遭遇高价索赔 赔偿标准谁说了算?

背景与情境：弄坏一个垃圾桶赔偿 50 元，用坏一个电吹风赔偿 260 元，摔坏一个电热水壶赔偿 380 元……在宾馆和酒店，这些原本普普通通的日用品身价会陡然倍增，不少消费者在住店时都曾遭遇过天价索赔。宾馆和酒店所谓的"照价赔偿"到底应该按什么价算？赔偿标准岂能仅凭一家之言？

1. 摔坏电热水壶盖赔了一天房钱

前不久，从甘肃兰州来重庆出差的张先生，入住位于重庆市渝北区的财富中心戴斯商务酒店。张先生告诉记者，住店的第二个晚上，他不慎把电热水壶的盖子掰坏了，但是并未破坏烧水的功能。

张先生回忆说，办理退房手续时，他将掰坏水壶盖的事情告诉了宾馆前台。前台工作人员随即拿出一张赔偿明细表，称按照上面的规定，张先生应该支付 380 元的赔偿金。

"损坏东西要赔偿是天经地义的事情，不过当时看到赔偿金额，我着实被吓到了。"张先生说："一个普普通通的塑料电热水壶，市场价格撑死 100 多元，宾馆居然要价 380 元，要知道我一天的房费也才不过 360 元。"由于行程紧急，经过一番理论之后，张先生不得不

答应支付 350 元的赔偿款，同时要走了盖子被摔坏的电热水壶。

记者随即在网上对张先生损坏的电热水壶价格进行搜索。这款品牌为飞利浦，型号为 HD4609 的电热水壶是该品牌数年前的一款产品，现在已经停产。但在飞利浦官网上显示的价格为 269 元，而在中关村在线和搜狐数码网上，该款电热水壶的市场价格仅为 199 元，远远低于酒店设定的价格。

对此，记者来到重庆财富中心戴斯商务酒店了解情况。酒店前台工作人员经核实，承认索赔情况属实。对于记者提出"为什么酒店设定的物品赔偿标准远高于市场价格"的问题，酒店相关工作人员答复，"需要向酒店采购部门核实物品采购价格，之后会尽快回复记者相关问题。"

在记者发稿前，酒店方面做出回复："原先制定的赔偿标准的确高于采购价，将马上做出调整，也会尽快同张先生联系，退还多收取的赔偿金。"

2．自定赔偿标准是酒店多年行规

虽然宾馆和酒店损坏物品漫天要价的行为屡屡被媒体曝光，但始终没有得到纠正。记者在走访重庆主城区多家宾馆和酒店后发现，自定赔偿标准是酒店行业多年形成的行规，且标准普遍高于市场价格。

在重庆市渝北区新牌坊三路的一家商务酒店，记者在其客房的《旅客须知》上看到，损坏物品赔偿价目表：垃圾桶 50 元、电话 530 元、电视机遥控器 100 元、毛巾 50 元……据前台工作人员介绍，这些物品的价格都是以略高于当时进价的标准制定的。工作人员强调，这是行规，每家酒店都差不多。

在部分星级酒店内，记者看到每家客房内都有一本《服务指南》，内附有《客房用品表及价格》。该表不仅罗列了床单、烟灰缸、电话、计算机、电冰箱、手电筒等常见配置物品的赔偿价格，而且还特别备注"室内家具、墙纸、地毯等客房内固定物品如出现破损，按每平方厘米 100 元的标准赔偿"等细则。

记者了解到，按照行业惯例，不论是宾馆、酒店还是招待所、小旅社，都会对客房内设置的物品"明码标价"，并做出"如有损坏，照价赔偿"的声明，并附有赔偿价格清单，其赔偿价格普遍高于市场价格，档次越高的宾馆，往往赔偿价格越高。

（资料来源：赵宇航. 住店遭遇高价索赔 赔偿标准谁说了算？[EB/OL]新华网重庆. 2014-3-14.）

问题：针对酒店自定赔偿标准，且物品的赔偿价格远高于市场价格的行为，作为消费者，如何保障自己的权益？结合上述材料提及的"高价索赔现象"进行分析，酒店业应该如何在合法经营的前提下，保证酒店和消费者双方权益？

分析提示：当前消费者的维权意识还比较淡薄，遇到此类情况时往往妥协，放弃自己的权利，这只会助长酒店方的违法行为。消费者应该理直气壮地为自己维权。同时，工商执法部门对于宾馆和酒店的这类霸王条款应该予以坚决查处，保护消费者权益。

合法经营是酒店企业获得市场准入的前提条件，消费者因过失而损坏酒店物品，需要承担相应责任，但赔偿价格不能由酒店单方说了算，高于市场价标准的赔偿价格是不合理的，违背了公平和等价有偿的原则，必须严格禁止。酒店可以从细分市场、科技进步、转型升级等方面适应市场需求，提供优质服务。通过宾客关系管理，培育忠诚顾客，获得足够的经营利润，以保障酒店业的繁荣发展。

6.7 客史档案的建立与管理

客史档案又称宾客档案,是酒店在对客服务过程中对客人的基本情况(年龄、性别、籍贯、工作单位等)、消费行为、信用状况、癖好和期望等做的历史记录。根据酒店智能化的不同,有手工客史和计算机客史两种。无论哪一种客史档案,都需要服务员认真记录。因此,建立客史档案是现代酒店经营管理的重要一环。

6.7.1 建立客史档案的意义

建立客史档案是酒店了解客人,掌握客人的需求特点,从而为客人提供针对性服务的重要途径。当今酒店业属于买方市场,供大于求,如何发展新客户,留住回头客是酒店开展经营工作的首要任务之一。对于那些努力使工作卓有成效,并千方百计使自己的一切活动都针对每个客人个性的酒店职业经理人和工作人员来说,客史档案是帮助开展优质服务的重要工具。建立客史档案对提高酒店服务质量,改善酒店经营管理水平具有重要意义。

1. 客史档案有助于了解客人需求

建立客史档案有助于酒店了解客人、掌握客人的需求特点,是酒店提供个性化、定制化服务必不可少的依据。

2. 客史档案有助于酒店营销

建立客史档案有助于酒店做好有针对性的促销工作,与客人保持良好、稳定的关系,争取更多的回头客,培养忠诚顾客。

3. 客史档案有助于酒店调整经营战略

建立客史档案,有助于酒店研究客源市场动态,不断改进酒店产品与服务质量,提高经营管理水平。

4. 客史档案有助于酒店提供个性化服务

建立客史档案,有利于对客人提供"个性化"服务(Personalized Service),增加人情味。本节"【同步案例 6-4】一双棉拖鞋"就是一起经典的依靠客史档案提供个性化服务的案例。建立客史档案,有利于搞好市场营销,争取回头客人,更有助于提高酒店经营决策的科学性。

【同步案例 6-4】

一双棉拖鞋

背景与情境:我是福建人,2014 年因工程需要长期往重庆跑,今年已经是第二个年头了。每次来都住在解放碑步行街上的某酒店。可能是住的次数太多,和酒店员工都熟悉了,所以习惯了。每次来之前,只给前台打个电话告诉他们:"我是许先生,帮我预订一个房间。"到了店里,要么是 708 房间,要么是 808 房。虽然房间的设施都一样,但做生意就喜欢有个好彩头,因为房号是我最喜欢的。

今年的 11 月,和往常一样住进 708 房间。但这次的入住,着实让我非常感动。这天傍晚刚回到酒店,正品着大红袍。酒店服务员敲着门进来了,和往常不一样的是,这次除了端着一盘水果，另一只手里还多了一双毛绒的棉拖鞋。值班经理小张笑盈盈地说："许先生，天冷了，这是给您准备的棉拖鞋。"边说边递给我。说实话，我有点受宠若惊，也有点感动。我都60多岁的老头了，长期奔波在外，一年有10个月都是在酒店度过的，在这方面根本没有什么讲究。"您试试看，合不合脚啊！"小张的话语拉回了我的思绪。"哦，不用试了，看这个大小就是我的码。"掩饰了一下刚才的失态，我赶紧回应了小张。我半开着玩笑说："你们这群小姑娘，就像是我的小棉袄一样，真贴心。"离开之前，小张特别地强调说："退房后，您就把拖鞋放在房间，我们的服务员会收拾好的。您下次来时，我们会提前放在您的房间。"我想这更能诠释"人在旅途，家在某酒店"吧！

（资料来源：迈点论坛资料改编. 佚名. 一双棉拖鞋[EB/OL]. [2016-1-21]. http://bbs.meadin.com/thread-1182899-1-1.html）

问题：提供优质服务需要哪些基础条件？

分析提示：需要认真记录客人的生活习惯，即形成客史档案。然后，应用客史档案的信息，开展有针对性的服务。

6.7.2 客史档案的内容

客史档案通常按照来源可以分为三种，即住客客史、宴会客史、娱乐客史等。

1. 住客客史

（1）常规档案。常规档案主要包括来宾姓名（个人照片）、国籍、身份证号码、地址、电话号码、单位名称、年龄、出生日期、婚姻状况、性别、职务、同行人数、工作单位、客人来源等。酒店收集和保存这些资料，可以了解市场的基本情况，掌握客源市场的动向及客源数量等。

（2）消费客史档案。消费客史档案主要包括客人租用客房的种类、房价、每天费用支出的数额、付款方式、所接受的服务种类以及是否有无欠款、漏账、投诉情况等。酒店收集和保存这些资料，能了解每位客人的支付能力、客人的信用程度、对酒店服务的心理预期等。同时，资料还可以反映客人对服务设施的要求、喜好、倾向以及所能接受的费用水平。其次，还包括客人来店住宿的季节和月份、住宿时间、订房的方式、来本店住宿是否通过中间商等。了解这些资料，可以使酒店了解客源市场的情况，不同类型客人及特点，客人的入住途径等情况，为酒店积累数据、争取客源提供有用的信息，而且有助于改进酒店的销售、推广手段。

（3）个性档案。个性档案主要包括客人的脾气、性格、爱好、兴趣、生活习俗、健康情况、宗教信仰、生活禁忌、特殊日期和要求等。这些资料有助于酒店有针对性地提供服务，改进服务质量、提高服务效率。

（4）反馈意见档案。反馈意见档案包括客人对酒店的表扬、投诉、批评、建议、投诉记录等，客人出现上述现象，正是酒店改进服务质量的最好时机。一旦有过上述情况的客人再次莅临酒店，一般情况下按照酒店的服务程序，酒店大堂副理要进行迎接并按照最低等级 VIP 进行接待。

2. 宴会客史

宴会客史的内容与散客客史相似，主要记录选订宴会者的情况，即来宾的姓名、单位地址、电话号码。每次宴会或酒会的情况也要详细地记录在案，包括宴会日期、种类、出席人数、出席宴会者中有特殊要求的客人的身份、要求的内容等。还有宴会的收费标准、宴会举行的地点、所需的额外服务、所用饮料、菜品名称、出席者事后评价等。这些资料由餐饮部收集，通过计算机录入；手工记录客史的话，要及时反馈给前厅部。宴会客史的收集非常重要，现在公务宴请活动越来越少，重点要做好商务及团队宴请活动。特别是个人的婚丧嫁娶宴会，要更加重视，一旦做好服务后，就会有源源不断的客源。

3. 娱乐客史

三星级及以上酒店，都拥有丰富的康体娱乐资源。随着人们对生活质量的重视，越来越多的酒店客人喜欢充分利用酒店的多种娱乐设施，进行休闲娱乐。客人喜欢的运动项目、活动时间、KTV消费情况、保健按摩、SPA等项目数据，都要通过娱乐部门进行提供。

6.7.3 客史档案的资料收集与管理

1. 客史档案资料的收集

及时、准确地收集和整理客史档案资料，是做好客史档案管理工作的基础。这既要求酒店要有切实可行的信息收集方法，又要求前台和酒店其他对客服务岗位员工的用心收集，善于捕捉有用信息。收集客史档案资料的主要途径有以下途径：

（1）总台信息收集。总服务台通过预订单、办理入住登记、退房结账等过程收集有关信息。有些信息从客人的证件和登记资料中无法获得，应从其他途径寻觅，如征集客人的名片、与客人交谈等。

（2）大堂副理信息收集。大堂副理每天拜访宾客，了解并记录宾客的服务需求和对酒店的评价；接受并处理宾客投诉，分析并记录投诉产生的原因、处理经过及宾客对投诉处理结果的满意程度。

（3）一线营业部门收集。客房、餐饮、康乐、营销等服务部门的全体员工主动与客人交流，对客人反映的意见、建议和特殊需求认真记录，并及时反馈。

（4）公关营销部门收集。酒店公关营销部门及时收集客人在报纸、杂志、电台、电视台、OTA平台、App平台等媒体上发表的有关酒店服务与管理、声誉与形象等方面的评价。

（5）智慧酒店下传感器自动收集。当今酒店业智慧酒店的建设与发展成为酒店业发展的重要趋势之一，智慧酒店通过物联网和大量的传感器更是便捷地收集到客人的消费喜好以及身体健康等方面的隐私信息，通过云计算平台进行汇总，可以更加有针对性地给客人提供衣食住行、康体保健方面的建议。

2. 客史档案的管理

客史档案的管理主要涉及四个方面的内容：分类存档、运行管理、定期清理和细节管理。

（1）分类管理。根据传统意义上的分工，客史档案通常是在客人离店后，由接待处输入建档，由预订处分类保管。大客户（会议、团队）等客史，由营销部负责录入和维护。为了避免客史档案的散失，使其便于管理和使用，应分类存放客史档案。

客史档案可以按国外客人、国内客人、港澳台客人分为三大类，也可做更详细的分类。每一类可用英文字母或汉语拼音等方法逐项排列。经过归类整理和存放的客史档案是客史档案有效运行的基础和保证。

上述客史管理都是传统酒店信息化不够发达时采取的分类方法，依然有参考价值。智慧化酒店管理系统，支持多点（餐饮、客房、娱乐、前厅等）录入，信息共享，并依托移动通信工具，即时获得客史，实时运用。

（2）运行管理。建立客史档案的目的之一就是了解客人的需求信息，所以客史档案建立之后不能封闭和闲置起来，应在接待服务中发挥它的作用。当客人重新预订酒店客房时，预订员可直接调用其以往客史，打印客史档案卡，与订房资料一道存放在其订房资料中，并按时传递给总台接待员。接待员根据客史档案卡提供的需求信息做好前厅接待服务工作，并将信息在计算机中提示给各服务部门。客人离店后，将新增加的客人的客史档案再次输入，重新存放起来。

（3）定期清理。为了充分发挥客史档案的作用，酒店每年应系统地将客史档案进行1~2次的检查和整理，检查存放顺序有无错误，并整理和删除过期档案。

对于过期档案的处理，各酒店的规定不尽相同。值得借鉴的是，在删除客人档案前，可给客人寄一份"优惠住房卡或者精美明信片"，以唤起客人对曾经住过的酒店的美好回忆，做最后一次促销努力。

（4）细节管理。在客史档案的具体管理业务中，应注意一些管理问题：①收集客人客史是酒店每一个员工的事情，应该全员参与。团队、会议客史等大宗客史的收集不仅要收集主办单位的消费时间和消费特点，而且还要把负责人情况、营销部回访情况录入客史。团队、会议客史等大宗客史的收集由公关销售部为主，各部门配合完成。②可采用着色档案卡，以便通过不同的色彩来鉴别客人的身份，特别是VIP客人，看起来一目了然。③删除的过期档案，必须彻底删除，以保护客人的私人秘密。

总之，客史档案为酒店提高服务质量提供了珍贵的资料，它不仅能使酒店的服务更富有针对性和个性，还能帮助酒店进行市场调查分析，巩固和扩大客源市场。然而，建立客史档案并对其进行科学管理对我国许多酒店来说，仍是一个新的课题，有待于结合国情和各酒店具体情况来做进一步的探索和完善。酒店尤其要注意的是客人的客史往往涉及客人的隐私，一定要妥善保管好。计算机客史一定要设置好安全保障措施，以免黑客入侵。当前，大数据和云计算平台的发展，给酒店高效利用客史档案提供了有利契机，酒店一定要完善软硬件设施设备，充分发挥信息技术进步给酒店服务带来的飞跃式发展。

【同步业务6-5】

现在通过服务器，海量数据都可以存储，定期整理和删除过期档案还有无必要？

解析提示：根据帕累托定律，对客服务也要抓住关键少数，以减少运营成本。

【延伸阅读6-1】

帕累托定律

帕累托定律又称二八定律、帕列托法则、巴莱特定律、最省力的法则、不平衡原则等，被广泛应用于社会学及企业管理学等学科。1897年，意大利经济学者帕累托偶然注意到19世纪英国人的财富和收益模式。在调查取样中，发现大部分的财富流向了少数人手里。同时，他还从早期的资料中发现，在其他国家，都发现有这种微妙关系一再出现，而且在数学上呈现一种稳定的关系。于是，帕累托从大量具体的事实中发现：社会上20%的人占有

80%的社会财富,即财富在人口中的分配是不平衡的。同时,人们还发现生活中存在许多不平衡的现象。因此,二八定律成了这种不平等关系的简称,不管结果是不是恰好为80%和20%(从统计学上来说,精确的80%和20%出现的概率很小)。习惯上,二八定律讨论的是顶端的20%,而非底部的80%。那么对于酒店来说,可不可以说20%的客人给酒店带来80%的财富呢?

(资料来源:百度百科. 二八定律[EB/OL]. http://baike.baidu.com/link?url=c4dO_nkY-dvTFY1pPuQkZtguzYr4gTIZnSnilDueey2qRJV6m21s1ARZp7gMhCRkXqm6bGMjwbrJH-fEo7BZKCYGCN9-EaA07rTp-pQzfTKR7VCe40h1DbbZJBwSv6dQ5qIhXyrXjTty5iTHNdBoCpLP5Jy8EL_XI_ogHASOyxKwNiz46BrO9oBzh81dlO9i)

6.7.4 建立客史档案的方式及原则

1. 建立客史档案的方式

建立客史档案最常见的方式有以下两种:

(1)传统档案卡片方式。这是用专门印上各项须填写的客史内容,并按字母顺序编目的正规档案卡做客史档案卡。可以根据管理上的规定,将卡片印制成各种颜色,来代表不同的内容和含义,预订人员查找起来比较方便,建档编目也比较正规适用,但作业量大,不便于查找。在信息化高度发达的当代酒店管理中,已经开始淘汰。

(2)信息化时代的计算机平台方式。这种方式是在酒店计算机系统平台中设定客史档案栏目,将客人的各种信息输入储存,以供随时查阅,该方式操作简便,信息储存量大,且易于保管。随着酒店智慧化的进步和计算机的普及,这一方式成为建立客史档案的最主要和最有效的方式。

计算机建立客史档案的功能主要体现在:当客人首次入住酒店,接待员把客人的各种资料输入计算机后,计算机中的建档功能就会自动地为客人建立客史档案。以后,随着客人的消费和再次光临,计算机就会不断地记录客人在店时的各种有用信息(如客人的特殊要求、消费金额、住宿次数与时间、信用情况、酒店曾给予的优惠等),作为酒店今后为他提供针对性服务的参考。酒店可以依据客史资料:一方面给不同客人、不同的单位以不同的优惠政策;另一方面可以对那些不守信用的客人予以适当处理或追回不必要的损失。

2. 计算机客史档案建档功能的内容

建档功能主要有下列内容:①接受预订时可按客人姓名查询有无客史,有客史者在新预订时可直接调用。②对客史进行修改和输入新的说明。③清除客人的客史。④按客人的姓名自动累积各自的资料。⑤打印客史细目。⑥修改客人住店细目表。⑦即时打印任何客人的客史记录。⑧为总台接待办理客人入住手续时提示客史。

当然,计算机只是一种工具,它绝不可能代替服务人员的全部劳动。计算机的效能发挥要靠酒店各个部门的工作人员正确地使用及输入准确的信息,而不仅仅是前厅部的职责。

3. 建立客史档案的原则

建立客史档案应遵循以下原则:①建立健全酒店各部门客史档案的管理制度,确保客史档案工作规范化。②坚持"一客一档",以便查找和记录。③定期整理。档案是要长久保存的资料,因此必须定期整理,纠正存放及操作失误,清理作废的卡片(或者计算机资料),以保持客史档案的应用性,减少无效劳动。④客史档案的录入、使用,要有相应的培训机制和激励手段。不要把客人的偶一为之当作客人的爱好不断复制,也不要把客人的隐私曝光。

【业务链接 6-2】

某酒店住客客史档案模板,见表 6-1。

表 6-1 某酒店住客客史档案模板

编号:

姓名		性别		国籍		照片
出生日期及地点			身份证号			
职业			职务			
工作单位						
婚姻状况			电话			
家庭地址			电话			
其他联系方式						
社会关系	① ② ③					
习俗爱好特殊要求: ① ② ③ ④				表扬、投诉及处理 ① ② ③ ④		

住店序号	住宿期间	房号	房租	消费累计 房费其他	消费项目	预订信息(渠道、介绍人)	信用卡及账号
①							
②							

6.8 VIP 客人的接待

VIP 是英语 Very Important Person 的简称,意为"非常重要的客人"。尽管酒店提倡服务无差别,但并不是说酒店的每位客人都是 VIP 客人。VIP 客人是酒店给予在政治、经济以及社会各领域有一定成就、影响和号召力的人士的荣誉,是酒店提供最高标准接待规格的服务对象。酒店 VIP 客人接待服务不仅是酒店市场销售的战略需要,而且是酒店体现优质服务的重要途径,VIP 客人的接待服务是酒店优质服务体系的集中体现。

【同步案例 6-5】

一位 VIP 客人的遭遇

背景与情境:一日,酒店即将到店的客人中,有两位是日本某跨国公司的高级行政人员。该公司深圳方面的负责人员专程赴酒店为这两位客人预订了行政楼层的客房,并要求酒店安排 VIP 接待,该公司同行其他客人的房间则安排在普通楼层。客人到店之前,相关部门均做好了准备工作。管家部按客人的预订要求,提前清洁行政楼层及普通楼层的客房;

前台及行政楼层接待处准备好客人的钥匙及房卡；大堂副理部则通知相关部门为VIP客人准备鲜花和水果，并安排专人准备接待。然而，就在一切准备就绪，等待VIP客人到店之际，其中一位VIP客人出现在酒店，并声称已入住在普通楼层的客房。

经过一番查证，发现客人确已下榻酒店普通楼层之客房。但这并非客人要求的，而是由于接待员的工作失误造成的。由于该VIP客人与其他客人一行共三人抵达酒店时，前台接待员A只核实了第一位客人的姓名与预订单上客人姓名相符，未进一步在计算机系统中查询另外两位客人的预订，而这三位客人自称来自同一家公司，又是一起抵达酒店，A主观判断是预订单上标示的客人名字出现了偏差，便安排三位客人入住普通楼层。其实，这张预订单上的三位客人本来就是入住普通楼层客人的预订，接待员A在只核实到其中一位客人属于入住普通楼层的客人的情况下，不经进一步核实就将本应入住行政楼层客房的客人与其他客人一同安排在普通楼层。

接待员A主观认为是预订单上将客人姓名写错，将预订单上的客人名字更改成已入住客人之后，实际应入住普通楼层的客人在抵店时，另一位接待员B无法查到该客人的预订。B虽然让客人出示该公司名片后确认客房为该公司员工，并马上安排此客人入住，但已使客人对酒店的服务水平产生质疑。

在查清造成上述错误的原因这后，当值大堂副理马上与客人联系，但当致电客人房间时，客人均已外出。于是酒店一方面在行政楼层为客人保留了房间，另外在VIP客人房间内留下一封致歉信，就此事向客人致歉。在接到VIP客人回到酒店的通知后，大堂副理亲自向他致歉，并询问是否愿意转回行政楼层。客人在接受酒店道歉之后，表示对下榻客房比较满意，无须再转去其他房间。第二天当VIP客人离开酒店时，当值大堂经理又专程向客人当面致歉。客人表示并不介意此次不愉快的经历，并对酒店对于他的重视很满意。

当时的处理结果：虽然在VIP客人入住之时，接待员未仔细查询客人的预订而使客人未按预订入住行政楼层，导致一系列问题的产生。但由于当值大堂副理的妥善安排，及时向客人致以诚挚的道歉，才使客人接受酒店的致歉，并使此次事件得以补偿，顺利平息。

尽管如此，由于此客人为酒店重要商务客人——某跨国大公司的VIP客人，酒店接待工作因疏忽给某跨国大公司的接待方负责人留下不愉快的印象，对酒店的信心产生动摇，很有可能因此而失去这位重要客户，从而使酒店产生不可估量的经济损失，酒店的声誉和形象也随之受到负面影响。

（资料来源：新浪微博改编。佚名. 一位VIP客人的遭遇[EB/OL]. [2012-05-4]. http://blog.sina.com.cn/s/blog_6a142b8501013arv.html）

问题： 同学们，什么是VIP客人？既然VIP客人如此重要，那么酒店应该怎样设计接待工作流程避免出现失误呢？

分析提示： VIP客人是酒店的重要客人，应该集中调度酒店人财物力资源认真接待。酒店不同层级的管理人员应该对当天接待的VIP客人的情况亲自进行检查核实，避免员工的工作疏漏。

6.8.1　VIP 客人的等级划分

关于 VIP 客人的等级划分，不同星级和不同的酒店有不同的规定。一般而言，酒店通常将以下宾客纳入 VIP 的范围：

1. 党、政、军官员

①国家元首级领导；②国家部委办领导；③省级领导；④省厅、司局领导；⑤市县（市、区）党政军负责人。

2. 社会名人

①影视娱乐体育界著名演艺人员、运动员；②社会各界名流；③新闻界的资深编辑、记者；④知名人士。

3. 业内人士及其他

①旅游酒店董事长、总经理；②曾经对酒店有过重大贡献的人士；③相关行业管理部门人员；④酒店邀请的宾客；⑤本人入住酒店豪华房 3 次以上的宾客；⑥本人入住酒店 10 次以上的宾客；⑦大型合作伙伴的董事会成员；⑧来本地的外籍代表、外籍工程师；⑨总经理指定的客人；⑩根据酒店统计排名前十名的公司预订；⑪其他相关人员。

不少酒店通常将 VIP 划分为四个级别，自高至低依次为 V1、V2、V3 和 V4，也有按级别高低依次为白金钻级、钻石级、白金级、金卡级贵宾。

6.8.2　VIP 客人的迎接

1. 迎接规格

VIP1 等级的客人由酒店总经理、副总经理、值班经理、前厅部经理、客房部经理、保安部经理、大堂副理及总经理指定的相关人员迎接。VIP2 等级的客人由酒店总经理、副总经理、值班经理、前厅部经理、客房部经理、保安部经理、大堂副理及总经理指定的相关及相关人员迎接。VIP3 等级的客人由酒店副总经理、值班经理、前厅部经理、大堂副理、保安部主管及相关部门人员迎接。VIP4 等级的客人由值班经理、大堂副理及相关部门人员迎接。

2. VIP 客人的接待总流程

酒店接待 VIP 客人，对于酒店来说是一项具有深远影响意义的事情，是一项系统工程，是展示酒店整体实力的重大事件，一丝一毫马虎不得。服务好 VIP 客人，酒店可以获得较好的经济效益和较高的声誉。但这是"双刃剑"，如果在 VIP 客人接待过程中，酒店方出现工作失误，也会承受不可估量的损失。因此，三星级以上酒店，都会有详细的接待服务规范和服务流程来保障优质服务的实施。一般而言，VIP 客人接待的大体流程如下：①旅游酒店高层管理者获得信息；②旅游酒店各部门管理人员建议信息；③旅游酒店营销部掌握信息；④营销部汇总信息、确认；⑤营销部拟订接待标准、计划，向管理层申批；⑥经管理层批准后，营销部向各部门发出接待通知单（见表 6-2）；⑦根据 VIP 级别不同，分别由不同层级的管理人员负责召开接待协调会议，制订详细的接待方案；⑧明确各部门的任务；⑨各部门准备；⑩按 VIP 等级由相关人员检查各部门的准备情况；⑪配合完成接待服务；

⑫总结经验与不足，并由营销部将所有接待资料存档。

【业务链接 6-3】

重要客人（VIP）通知单，见表 6-2。

表 6-2 重要客人（VIP）通知单

日期：

贵宾姓名		性别		职务		国籍		接待级别	
接待单位				接待人		申请人		申请原因	
到店日期						离店日期			
主宾房号						随宾房号			
总经理室	□总经理迎接□副总经理迎接							签收人	
销售部	□部门经理迎接□照相□留言簿							签收人	
前厅部	□部门经理迎接□部门经理迎接□专梯服务时间							签收人	
客房部	□放总经理名片□摆放葡萄酒：（□长城红□长城白□王朝红□王朝白□）							签收人	
	□摆放鲜花（日期：标准：□10元□20元□30元）								
	□摆放水果（日期：标准：□10元□20元□30元）								
	□电话做免打扰								
餐饮部	□部门经理迎接□餐厅经理迎接							签收人	
	用餐地点：□西餐厅□咖啡厅□中餐厅								
	□早餐时间应定桌位□清真								
	单位名称：用餐人数：用餐时间：								
保卫部	□安全保卫□车位（大车辆/小车辆）								
康乐部	□部门经理迎接，提前做好准备□指派专人服务								
工程部	□指派专人检查房间设备□及时修复报修设备，保证设备正常使用□摄像								
抄送部门	□财务部								
	□人力资源部								
	□外租单位								
备注									

本章概要

★主要概念

宾客关系管理，大堂副理，宾客投诉，客史档案，VIP 客人。

★内容提要

- 本章主要介绍了酒店宾客关系管理，包括宾客关系的概念、宾客关系管理的相关理论基础、大堂副理与宾客关系主任的工作开展、客人投诉与处理、良好宾客关系的建立、客史档案的建立与运用和 VIP 客人的接待程序。
- 本章系统地介绍了宾客关系管理的概念、内涵和相关理论基础，为建立良好宾客关系、与宾客关系管理方面的业务开展奠定坚实的基本概念与理论基础。
- 宾客关系管理（Customer Relationship Management）是企业开展经营过程中以客户为

中心的新型商业模式，是一种旨在改善企业与客户关系的新型管理运作机制，是一项企业经营与发展战略，需要从企业发展战略角度进行系统的顶层设计。
- 大堂副理是酒店总经理的代表，对外负责处理日常宾客的投诉和主动征询客人的意见，平衡协调酒店各部门与客人的关系；对内负责维护酒店正常的秩序及安全，对各部门的工作起监督和配合作用。
- 宾客关系主任是一些大型五星级豪华酒店设立的专门用来建立和维护良好的宾客关系的工作岗位。宾客关系主任直接向大堂副理或值班经理负责。他的主要工作是与客人建立良好的关系，协助大堂副理欢迎贵宾以及安排团队、会议客人等临时性的工作任务。
- 宾客投诉是指宾客对酒店的设施设备、产品、服务等产生不满时，以书面或口头方式向酒店提出的意见或建议。
- 客史档案又称宾客档案，是酒店在对客服务过程中对客人的基本情况（年龄、性别、籍贯、工作单位等）、消费行为、信用状况、性格癖好和服务期望等做的历史记录。

单元训练

★观点讨论

观点：酒店员工在遵循法律法规、行业标准的基础上力求为客人提供优质服务，但一旦少数"客人"行为举止超出法律法规、道德伦理范畴，就不再是酒店通常意义上的客人，酒店员工可以使用必要的保护措施直至法律武器来保护自己和酒店的合法权益。

常见质疑：客人是酒店的衣食父母，客人是上帝；一旦客人辱骂、甚至打骂酒店员工，员工应该忍一忍算了，毕竟酒店是依靠客人的消费取得经济收入的。

释疑：客人入住酒店后，即产生了与酒店的法律关系。酒店员工和客人均需要在法律法规和伦理道德许可的范围内规范自己的行为。酒店员工在遵循法律法规、行业标准的基础上力求为客人提供优质服务，但一旦客人的行为超出了法律法规、道德伦理许可范围，就不再是酒店一般意义上的客人，酒店员工可以使用必要的保护措施直至法律武器来保护自己和酒店的合法权益。否则，不仅仅员工、酒店利益受到侵犯，而且会助长社会不良风气的蔓延。在处理客人投诉和解决对客服务纠纷的经验积累过程中，国内某大型酒店连锁管理集团提出了正确处理客人投诉的"三把尺子"，这三把尺子是：第一，客人的利益不能侵犯；第二，员工的利益不能侵犯；第三，酒店的利益不能侵犯。通过这"三把尺子"的衡量，可以使酒店从业人员控制好处理问题的尺度，有效地解决在投诉或宾客关系处理时酒店员工权益得不到保护的情形，对那些无理取闹的所谓"客人"，就应该有理有据有节或者依法维护酒店和员工权益。

★案例分析

【相关案例】

客人，是否要寄存洗衣袋？

背景与情境：英国客人詹姆斯先生入住酒店的第三天早上，用房间提供的洗衣袋装好换洗衣服并填写好洗衣单，由于他马上就要离开酒店参加球会比赛，所以他直接提着洗衣袋来到前台。这时，接待员小敏看见詹姆斯先生迎面而来，她热情地与他打招呼并询问："早上好，请问有什么需要帮忙的？"詹姆斯先生将洗衣袋放在前台并用生硬的中文表示："1009房，我下午回来拿。"小敏一看是一袋衣服，她询问詹姆斯先生："请问是否寄存呢？"而詹姆斯先生只是略懂简单的中文，对于小敏的询问他不太了解，以为询问是否送洗，他连忙表示："是是是，下午拿！"说完后他急忙地走了。而小敏用行李卡标示好房号，将衣服寄存在行李房后并没多大地注意了。凌晨1点左右，詹姆斯先生致电前台询问："我的衣服为什么没有送回来呢？"当值接待员小郭询问清楚房号后，知道前台行李房寄存着一袋衣服就是该房客人的，他表示："先生，抱歉！我立即将你的衣服送回房间！"当詹姆斯先生收到他的衣服时，他傻眼了，因为原封不动地给送回来了。他非常生气地说："怎么没洗？我明明交代服务员要洗的？明天最后一天比赛了，我都没有衣服可穿了，我要求见值班经理！"当值大堂副理接报后马上赶到房间，对于酒店的失误连声致歉，而詹姆斯先生表示："我明天早上9点钟将参加最后一场比赛，如果酒店能在9点之前把衣服送洗回来，那就不追究酒店的过失了。"大堂副理查看洗衣单时发现标示为湿洗，而送洗的衣服都是运动型不易掉色、变形，连忙表示："没问题！一定在您打球前送洗回来！"由于是凌晨时分，洗衣房同事已下班了！大堂副理与行李员一同到洗衣房将衣服用洗衣机清洗干净，并用烘干机烘干，由于洗衣房熨斗锁在了工作间内，没有钥匙可打开取出使用，只好等待洗衣房的人员8点上班时立马熨好送回给客人。早上8点半，大堂副理将熨好的衣服送至房间，詹姆斯先生查看衣服后表示满意，也不再追究了。

（资料来源：迈点论坛。佚名. 客人，是否需要寄存洗衣袋？[EB/OL]. [2015-6-17]. http://bbs.meadin.com/thread-1168731-1-7.html）

问题：
（1）请结合投诉产生的原因，评价该酒店发生上述案例的根源在哪里。
（2）根据客人投诉的心理需求，请分析在处理投诉时做好哪些方面最为重要。
（3）当大堂副理处理完这个案例后，是否意味着圆满完成了工作？

建议阅读

[1] 刘伟. 现代酒店前厅运营与管理[M]. 北京：中国旅游出版社，2012：291-323.

[2] 仇学琴. 酒店前厅客房服务与管理[M]. 天津：南开大学出版社，2011：103-119.

[3] 齐善鸿. 酒店管理创新理论与实践[M]. 北京：人民邮电出版社，2006：1-52.

[4] 闫雪梅. HG酒店客户关系管理策略研究[D]. 济南：山东大学，2012：11-52.

第 7 章　前厅部综合管理

学习目标

理论知识：学习和把握前厅部综合管理的相关概念，前厅部服务质量的重要性和特点，前厅部服务质量管理的理论基础，前厅服务过程中存在的问题及产生的原因，前厅报表的种类，前厅安全管理的重要性，以及"知识链接"等程序性知识。

实务知识：学习和把握前厅服务质量标准和管理改进对策，前厅报表分析与相关指标的计算，前厅安全管理的原则、措施与内容，以及"业务链接"等程序性知识。

认知弹性：用本章理论知识与实务知识研究相关案例，对本章"引例""同步案例"和"相关案例"等业务情境进行分析。

【引例】

对客问题处置权应该下放

背景与情境：厦门的金秋，时值旅游旺季。从事鞋业销售工作的何先生接到上海一位客商打来的电话，说第二天晚上将从上海飞至厦门，希望何先生为他订好一间客房。何先生考虑到时下客房紧张，于是急忙向附近的某家四星级酒店预订一间简易商务房。次日，何先生仍不放心，因为昨天该酒店没有收他的订金，于是又匆忙赶到这家酒店，直接用自己的身份证办理了入住手续，付了两个晚上的押金。

何先生吃完晚饭，心想该开车到机场去接这位客商了。不曾想却接到这位客商从上海打来的电话，说因家中有急事耽搁，要拖后一天才能来，而且在上海已把机票退了。同时表示抱歉，忘了打电话告知。人既然不能来了，也不好责怪人家。何先生只好驱车来到原先订好房间的这家酒店，想把今天的房间退了，改为从明晚开始入住。何先生到酒店时，正好是晚上7点。"小姐，今晚我这个房不要了，我有客人明天才能来，能不能今天就不算我的钱，我明晚开始照样要住两个晚上的，你看可以吗？"

总台收银员小徐不假思索地说："哦，对不起，现在已超过傍晚6点，按规定即使现在退房也要算你一天房费的。"何先生也知道有麻烦，但还是不想放过争取的机会。于是又进一步说道："小姐，这处房间我是为朋友订的，我虽然已付了钱，但今天确实没有住过，能不能通融一下？""对不起，我没有这个权力。再说您的资料已经输入计算机了，不是说改就能改的。不过你既然明天开始还是在我们这里住两天，我倒可以建议大堂副理帮你打折，这样三天下来也就损失不多了。你看可以吗？"小徐耐心地解释，并提出善意的建议。

何先生陷入了沉思。假如明天上海的客商仍然无法来的话，后面麻烦不就更大了？即使上海的客商来了，叫人家买三天的单，尽管房费降低，但人家怎么理解呢！他沉默良久，倒是徐小姐打破沉寂，爽快地说："我还是请大堂副理过来和你说吧。"

大堂副理小陈很快出现在何先生面前。何先生把情况如实相告后恳请大堂副理通融，并说以往他的很多客户都是经他介绍到该酒店的，如果今天的事情能解决，保证今后仍然介绍客户过来。

大堂副理小陈也感到为难，同样坚持徐小姐的意见，因为他只有一定的打折权，而没有免单权。假如请示上司，小陈以前也曾因类似事情而碰过钉子，他不想找这种麻烦。最后还是没有答应何先生的要求。无奈，何先生最后还是付了一天的房费。不过，他同时也没有再预订第二天的房间。

（资料来源：对客问题处置权应该下放. 百度文库[EB/OL]. http://wenku.baidu.com/View/8cac01f59e314332396893e5.html）

总台员工小徐和大堂副理小陈对此事的处理没有什么可以指责的地方。小徐努力去挽留过客户，小陈表白过他的为难之处。小陈再请示上司是可以的，但他碰过钉子。谁还愿意为挽留一个客人而给上司留下"不善于处理问题"的印象呢？问题究竟出在哪里？这其实与管理者对经营的灵活性和"对客问题处置权"的下放等方面的认识不足有关。从这个案例可以看出，对客服务过程中每一个服务细节都会影响到客人对酒店的满意度、酒店的声誉。因此酒店前厅在对客服务中要注重服务质量，注重服务过程中的每一个细节、注重不同客人的需求。要认识到前厅服务质量的重要性，理解和掌握前厅服务质量管理包含哪些内容，在前厅服务过程中容易出现哪些问题，应该如何处理。

7.1 前厅部服务质量管理

7.1.1 前厅服务质量概述

质量是顾客对企业所提供的产品或服务感知的优良程度的评价，反映了现代企业以用户为核心，满足顾客需求的经营思想。质量有功能性、经济性、安全性、时间性、舒适性、文明性等特征。服务质量有广义和狭义之分，狭义的服务质量是指由服务人员所提供的服务的品质、质量；广义的服务质量包括设施设备、产品、服务人员等方面给顾客带来的体验和感受。当顾客感知到的服务超出他们的期望时，他们就会认为服务质量好，就会满意；当顾客感知的服务没有达到自己对酒店服务预期的期望，就会认为酒店服务有瑕疵。由此可见，服务质量的控制对于提高酒店知名度、美誉度和顾客满意度有着至关重要的作用。

前厅服务质量是指酒店前厅以酒店所拥有的设施设备为依托，为客人提供在价值和使用价值上适合和满足客人精神需求和物质需求期望程度的服务，它是无形服务和有形产品的结合。这些服务给客人带来的实际感觉同他们对这一服务的期望值之间的差距决定了服务质量的高低，如果实际感觉超出期望值，服务质量就好；如果实际感觉低于期望值，服务质量就差。

1. 前厅服务质量的重要性

国际酒店业巨子拉马达公司总裁杰里·马尼昂曾说："向客人提供卓越的服务是拉马达公司未来成功的关键所在。"客人入住酒店，购买的不仅是设施，客人来酒店就餐，购买的不仅是饭菜，更重要的是购买优质周到的服务。因此，如何提高酒店服务质量，使酒店在激烈的市场竞争中处于优势，是酒店工作的重点和根本。

前厅部是一个综合性服务的部门，是酒店的窗口、神经中枢和沟通联系各个部门的桥梁和纽带，从客人抵店之前的预订、抵店时的入住登记、住店期间及离店结账等，都需要前厅部提供服务。前厅服务质量是酒店经营的关键、是酒店的生命线,因此提高一个酒店的前厅的服务质量,无论是在树立酒店形象上,还是在对客服务上都有着极为重要的作用。

2. 前厅部服务质量的特点

前厅部是一个提供综合性服务的经营部门,前厅服务质量具有以下特点:①整体性。前厅服务主要由设施设备等有形产品和服务水平和环境氛围等无形产品组成,它不仅包含酒店的实物产品客房等,还包含无形产品服务人员的服务态度、技巧等。客人对服务质量的评价是对其在店期间总体服务的评价,因此服务质量并不仅仅局限于前厅部的工作人员服务态度和前厅部的设施设备,还与客房、餐饮等许多部门紧密相关,因此前厅部服务质量具有整体性特点。②即时性。无形产品服务和其他有形实物产品不同,实物产品生产出来质量不高可以通过返工提高其质量再投放市场供客人消费,而服务这种无形产品的"生产过程"和客人的"消费过程"是同时进行的,不可能进行"返工",因此服务人员要重视每一次的对客服务,每一次都要提供高质量的服务让客人满意,因此一支高素质的员工队伍是提供满意服务的根本保障。③个性化。前厅服务质量的好坏是由客人来评价的,因此服务员要在规范化、标准化服务的基础上,认真研究客人的个体差异,提供具有针对性的个性化服务。

【知识链接 7-1】

国外酒店如何打造酒店个性化服务

对酒店来说,提升客人体验最方便快捷、经济实用的方式是要让客人感觉到随心自如,酒店可以通过提供个性化服务做到这一点。

对酒店来说,提升客人体验最方便快捷、经济实用的方式不在于引进多少新潮配件,不在于从里到外地更新室内家居陈设,也不在于聘用更多的员工。关键是要让客人感觉到随心自如,就像在自己家里一样。酒店可以通过提供个性化服务做到这一点。你无须花大钱、费周折,仅仅通过以下几个小方法,就可以实现个性化。

航班延误,为客人升级

如今,航班延误似乎比以往常见得多。每时每刻都有成千上万的飞机起飞,我们经常能看到一批又一批因长途奔波而身心俱疲的旅客。在这个时候,何不给他们一次免费升级呢?

为客人升级的成本绝对是最低的——只需要简单地做一些行政方面的管理工作,就能让客人们口口相传,对你的酒店赞誉不已。这也是一种非常好的营销方式,可以保证你的酒店在一些旅游评论网站(如 Trip Advisor)上广受好评。

手写欢迎词

现在所有事物都正在变得更加模式化、枯燥单调且没有人情味。那就为你的客人手写一份欢迎词,给他们暖暖的热情与人文关怀吧。你的欢迎词不必长篇大论,也不必绞尽脑汁费劲儿去写。只要它是专门针对房间里某一位特别客人的,你的酒店就已经获得体验加分。

如果可以的话,试着制作一些别具一格的欢迎词牌。例如,关注一下你的客人此行的目的,看他是来参加周年庆典还是其他的庆祝活动。如果某位客人该过生日了,就在他的客房里留下一些特殊的礼物表达祝福,给客人小小的惊喜。

给客人提供当地特色信息

客人来到你的酒店，他们想要的不仅仅是一个睡觉的地方。甚至一些只在酒店待上几个小时的商务旅行者，也希望能够欣赏到一些当地特色，因此，在这方面做一些努力是非常值得的。

例如，你可以用当地顶级的红酒来迎接客人的到来，也可以建立风俗民情向导，向外来度假的客人提供当地最佳旅游胜地指南。适当的装饰品会让你的酒店看起来别具风格，比如悬挂一些当地著名画家的作品，即便你是大型连锁酒店的经理，对自己的酒店做一些细微处的改变也可能会给客人留下深刻的印象。

多努力一点

有时候，你只要为客人多做一点点，他们就会感激不已。例如，如果你注意到客人的孩子坐在那里很无聊，那么提供一个单机游戏系统或者可供全家人玩的棋盘游戏会让他们很高兴。如果有客人不小心睡过头了错过了早餐怎么办？那就为他们单独提供并在房门上给予温馨提示。

这些小小的努力并不会花费你太多的时间和精力，但客人们仍会非常感激你为他们所做的一切——他们会记在心里。所以，只需要让你的员工集中注意力在客人身上，就很容易为客人提供个性化服务。

所有的这些小方法简单易行。但这仅仅是你打造个性化酒店、提升客人体验的开始。要学会亲近客人，用你的想象力时常去尝试一些新事物。

（资料来源：职业餐饮网. 国外酒店如何打造酒店个性化服务？[EB/OL]. [2017-06-28]. http://www.canyin168.com/glyy/yg/ygpx/gxhfw/201706/69659.html）

7.1.2 前厅服务质量管理的内容

酒店前厅服务内容是由有形实物产品和无形服务产品构成，因此前厅服务质量管理的内容包含有形产品的质量和无形服务产品的质量。

1. 有形产品的质量

前厅部**有形产品的质量**首先包括前厅部设施设备的质量。设施设备是酒店服务质量得以实现的物质基础。前厅的设施设备包括总台、总机、礼宾司等服务区域使用的各种硬件设施及其他服务设施，如大门、伞架、洗手间、电梯间、电话间、沙发、服务指示牌和中英文标志等。一般而言，酒店星级越高，给客人带来的舒适度、满意度也越高。

其次是服务环境质量。服务环境质量是前厅服务质量的重要组成部分，服务环境应该让客人感到整洁、美观、安全、舒适。大堂的环境包括建筑、装饰、陈设、光线、色彩、声音、温度、湿度、通风，以及与酒店规模和星级标准相适应的大堂面积及氛围风格等。例如，大堂休息处光线不能太强，要给客人营造一种宁静的感觉，总台要采用重点照明，能有效吸引客人视线；大堂的色调应该以暖色调为主，要给客人展示一种温馨的感觉；前厅的建筑要体现出高雅气派的感觉；要对噪声进行控制，播放柔和的背景音乐等。

【同步思考 7-1】

问题：随着时代的发展和人们生活水平的提高，旅游已经成为大众生活的不可或缺的一部分，游客对酒店的要求也从干净、安全等基本要求提高到舒适、有特色、注重细节等方面。请思考应该从哪些方面提升酒店的服务环境质量?

理解要点: 未来酒店的设计有以下几个趋势:①更多地与当地的地域文化相结合。在酒店的设计上会更多地考虑地域和文化的差异,逐步与各地丰富的文化特色结合起来。通过酒店内空间结构、装饰、灯光、色彩、家具等多种方式体现出民族文化,体现出酒店的特色。②凸显环保。近年来,环境污染、资源耗竭等已经成为世界各国面临的主要问题,人们也更加注重使用健康环保的产品。因此酒店设计中要体现出生态环保的原则,尽量利用可再生资源、尽量使用健康环保的装修材料。③更加突出"以人为本"的观念、更加凸显个性化。酒店在产品功能设计方面应该尽量考虑到不同人群的不同需求、尽量能满足不同客人的需求。

2. 无形产品的质量

酒店的服务是由酒店服务员提供的,服务员服务水平的高低是衡量酒店服务质量的重要标准。服务员的服务水平主要包括服务态度、服务技能、服务语言、礼貌礼节、仪容仪表、职业道德、服务效率、行为举止和服务规范等。对于一名前厅部服务员来说,其服务水平的高低体现在几方面:

(1) 职业道德。职业道德是一种全行业的道德规范的行为准则。作为酒店服务人员,要遵守并贯彻以下职业守则:热情友好、宾客至上;真诚公道、信誉第一;文明礼貌、优质服务;以客为尊、一视同仁;遵纪守法、廉洁奉公;团结协作、顾全大局。

(2) 服务态度。良好的服务态度是服务的关键,服务员一定要对客热情耐心、细致周到,让客人有宾至如归的感觉。

(3) 礼貌礼节。良好的礼貌礼节能使客人对酒店产生良好的印象,礼貌礼节包括服务员的仪容仪表和行为举止两方面。服务人员要有端庄大方的仪容仪表,仪容仪表包括服务人员的服饰、面容、发型、装饰等方面;行为举止要自然得体。

(4) 服务技能。服务技能是指在服务客人时需要用到的技能,是指从事某项工作所需要的专业技能,服务技能是服务质量的基础。服务技能包括服务技术和服务技巧两方面。

(5) 服务用语。十三字文明用语:请,谢谢您,打扰了,对不起,没关系。常用礼貌用语七字诀:与人相见说您好,问人姓氏说贵姓,仰慕已久说久仰,长期未见说久违,求人帮助说劳驾,向人询问说请问,请人协助说费心,请人解答说请教,求人办事说拜托,麻烦别人说打扰,求人指点说赐教,得人帮助说谢谢,祝人健康说保重,向人祝贺说恭喜,老人年龄说高寿,身体不适说欠安,看望别人说拜访,请人接受说笑纳,欢迎购买说惠顾,希望照顾说关照,赞人见解说高见,归还物品说奉还,请人赴约说赏光,自己住家说寒舍,需要考虑说斟酌,无法满足说抱歉,请人谅解说包涵,言行不妥说对不起,慰问他人说辛苦,迎接客人说欢迎,宾客来到说光临,等候别人说恭候,没能迎接说失迎,客人入座说请坐,陪伴朋友说奉陪,分别时说再见,中途先走说失陪,请人勿送说留步,送人远行说平安。

【同步案例 7-1】

微笑的魅力

背景与情境: 在大陆一家酒店,一位住店台湾客人外出时,有一位朋友来找他,要求进他房间去等候,由于客人事先没有留言,总台服务员没有答应其要求。台湾客人回来后十分不悦，跑到总台与服务员争执起来。公关部年轻的王小姐闻讯赶来，刚要开口解释，怒气正盛的客人就指着她的鼻子尖，言辞激烈地指责起来。当时王小姐心里很清楚，在这种情况下，勉强做任何解释都是毫无意义的，反而会招致客人情绪更加冲动。于是她默默地看着他，让他尽情地发泄，脸上则始终保持一种友好的微笑。一直等到客人平静下来，王小姐才心平气和地告诉客人酒店的有关规定，并表示歉意。客人接受了王小姐的劝说。没想到后来这位台湾客人离店前还专门找到王小姐辞行，激动地说："你的微笑征服了我，希望我下次来你们酒店时能再次见到你的微笑。"

王小姐今年 22 岁，在酒店工作两年，先后当过迎宾员、餐厅服务员和前台服务员，后来才当上酒店的公关小姐。她从小就爱笑，遇到开心的事就禁不住大笑，有时自己也不知道为什么会笑起来。记得刚来时在酒店与一位客人交谈，谈到高兴时竟放声大笑起来，事后她受到领导的批评教育，这使她明白了，在面对客人的服务中，笑必须根据不同的场合掌握分寸，没有节制的乱笑无疑会产生不良后果。

分析提示：笑，一旦成为从事某种职业所必备的素养后，就意味着不但要付出具有实在意义的劳动，还需付出真实的情感。王小姐深深感到，微笑服务说来容易做到难。你想，谁能保证每天心情都愉快？又有谁能保证每天上班 8 小时始终状态那么好？但说不出为什么笑笑的女孩子，每当她走上工作岗位，总是让新的一天从微笑开始，在微笑服务中倾注一份真诚的情感，让微笑感染、沟通每一位客人的心灵。上述感动客人的故事便是成功的一例。

的确，微笑已成为一种各国客人都理解的世界性欢迎语言。世界各个著名的酒店管理集团如喜来登、希尔顿、假日等有一条共有的经验，即作为一切服务程序灵魂与指导的十把金钥匙中最重要的一把就是微笑。美国著名的麦当劳快餐店老板也认为："笑容是最有价值的商品之一。我们的酒店不仅提供高质量的食品饮料，还免费提供微笑，这样才能招揽客人。"

当然，微笑必须以优质的服务为基础。下面举一个反面事例：

有一次，一个外国旅游团深夜到达某酒店，由于事先联系不周，客房已满，只好委屈他们睡大厅。全团人员顿时哗然，扬言要敲开每一个房间，吵醒所有客人，看看是否真的无房。此时，客房部经理却向他们微笑着耸耸肩，表示无可奈何，爱莫能助。这使客人更为不满，认为经理的这种微笑是一种幸灾乐祸的"讥笑"，是对他们的污辱，便拍着桌子大声喝道："你再这样笑，我们就要揍你！"使这位经理十分尴尬。后来在翻译人员的再三解释下，客人的愤怒才告平息。

显然，这样的"微笑"离开了优质服务，与微笑服务的本意南辕北辙。总之，微笑服务是酒店接待服务中永恒的主题，是酒店服务一刻不可放松的必修课，它包含着丰富的精神内涵和微妙的情感艺术，如热忱、友谊、情义、信任、期望、诚挚、体谅、慰藉、祝福等。

（资料来源：微笑的魅力. 豆丁网. 饭店服务案例 100 则[EB/OL]. http://www.docin.com/p-1729050087.html）

7.1.3 前厅服务质量标准

在制定前厅服务质量标准时要充分考虑客人、员工和管理者三个方面。管理者熟悉服务程序、具有丰富的实践经验，对行业标准和规范有全面的了解；员工直接对客服务，完成服务程序；客人对前厅服务质量的期望值是酒店制定前厅服务质量标准的重要参考。

酒店前厅服务质量标准主要包括以下几个方面：①酒店门前服务质量标准：门前环境、

停车场、门前秩序标准。②酒店前厅服务质量标准：前厅环境、前厅卫生标准。③酒店前厅门童服务质量标准。④酒店客房预订服务标准。⑤酒店前厅客人接待、问询服务标准。⑥酒店前厅客人结账服务标准。⑦酒店前厅客人行李服务标准。⑧酒店前厅总机服务标准。⑨大堂副理和商务中心服务标准。

【业务链接 7-1】

总台领班日常工作标准与程序

标准：保证酒店客房预订、接待、问询、收银工作顺利进行和完成，力争使酒店客房开房率达到最佳效果，并负责与部门其他各服务点的沟通与衔接。

程序：①阅读交接记录，了解昨天未完成事宜和今日应完成工作；②阅读有关报表，了解当日房况、近期房况、近期预订情况、VIP 情况、店内重大活动等；③听取主管指示和部门行政指令；④根据当日工作情况给员工分配工作任务；⑤必要时亲自参与对客服务；⑥处理紧急事故和员工不能处理的问题；⑦按标准检查员工的仪表仪容、语言表达和出勤情况；⑧每周参加部门例会，并负责向员工传达；⑨每月召开班组月工作总结会；⑩加强现场培训和督导。⑪负责指导与其他部门、班组的沟通与协作。

【同步业务 7-1】

问题：随着时代的发展和前厅部服务项目的增加，前厅服务质量标准还应包含哪些方面？

解析提示：了解酒店行业的最新发展动态、新增的岗位或服务项目以及相关服务要求。

7.1.4　前厅服务质量管理的内涵

前厅服务质量管理是指由管理者对前厅部的设施设备、环境氛围和服务人员的服务态度、服务技能和礼貌礼节等方面的规范、培训、监督、检查、调整等的管理方法，它是影响前厅服务质量的主要因素。前厅服务质量管理以客人满意为根本，全员参与为保障。前厅部在酒店经营过程中有着非常重要的地位，其运行质量对整个酒店的服务质量有着十分重要的影响。前厅服务质量管理的目的是保证前厅部按照规定的程序和标准对客服务，保证前厅部的服务质量，不断地改善和提高前厅服务质量。

1. 前厅服务质量管理的理论基础

前厅部服务质量控制体系和实施程序的构建离不开基础理论的指导，以及在理论指导下形成的有效的质量管理体系与控制方法。前厅部服务质量管理的理论具体如下：

（1）PDCA 循环法。PDCA 循环法最早由休哈特构想提出，后来被美国质量管理专家戴明博士加以深度挖掘并广泛运用，它是质量管理的一种方法，特别适用于持续改善质量的过程。PDCA 循环法是指质量的管理和改善是按照 Plan（计划）、Do（实施）、Check（检查）和 Act（处理）这四个阶段循环进行的。

第一阶段 P（Plan）计划：是指对前厅的服务质量现状进行分析，并提出这一阶段前厅服务质量活动的主要任务和目标。第二阶段 D（Do）实施：是指根据确定的目标和任务提出具体的计划并实施。第三阶段 C（Check）检查：是指根据目标任务和具体的计划，对实施过程进行监测并报告结果。第四阶段 A（Act）处理：对检查过程发现的服务质量问题予以纠正和改进。

以上四个阶段是周而复始的动态过程，一个循环结束了，解决了服务质量的一些问题，尚未解决的问题进入下一个循环，前厅的服务质量在循环中提高到一个新的水平。PDCA 循环法首先是分析前厅服务质量存在的问题并找出主要原因，然后提出解决的措施并执行，在执行的过程中随时监测执行情况是否达到预定的目标，再总结经验制定出相应的标准。

【延伸思考 7-1】

问题：怎样运用 PDCA 循环法对酒店调查表中出现的服务质量问题进行控制管理？

理解要点：在使用 PDCA 循环法时，①要根据出现的问题进行情况调查；②分析调查的情况，找出问题的原因所在；③制定相应的目标、具体的改进对策和措施并实施；④对实施的情况和结果进行评估；⑤对实施效果好的对策和措施进行巩固、推广，对实施效果不理想的措施进行原因分析、进一步改进，以达到预期的目标；⑥实时监测、检查、评估、改进、推广。

（2）零缺点质量管理。**零缺点质量管理是美国人菲利普·克劳斯比（Philip B. Crosby）于 20 世纪 60 年代提出的管理观念。**当时的马丁·马里塔公司为保证制造导弹的军事质量可靠，提出了"无缺点计划"，20 世纪 70 年代日本又将其应用到电子、机械、银行等行业。

酒店要实施零缺陷质量管理，首先要以理念为先，从思想上牢牢把握"预防"的精神，深刻理解克劳斯比提出的"四条基本原则"。克劳斯比的四条基本原则是：①质量就是符合"要求标准"，传统标准认为质量的含义就是"好"，而零缺点质量管理认为质量就是要符合顾客的需要，符合顾客的需求标准；②生产质量提高的有效方法就是事先预防，而不是生产出来后进行检验；③质量的工作标准必须是"零缺陷"，而不能是"差不多"；④质量用产品不符合标准的代价来衡量，而不是用排名等来比较。

在酒店，首先管理层要做好以下工作：制定好对员工的要求标准；提供给员工必需的工具、资金、方法。其次酒店要建立服务质量检查制度，建立自查、互查、专查、抽查和暗查等五级检查制度，监督员工执行质量标准的情况，预防质量问题的出现。三是开展零缺点工作日竞赛，通过开展零缺点工作日竞赛，使员工养成第一次就把事情做对的工作习惯。

（3）全面质量管理。全面质量管理（Total Quality Management，TQM）是美国通用电气公司的费根堡姆和质量管理专家朱兰于 20 世纪 50 年代末提出的。他们认为全面质量管理是为了能够在最经济的水平上，并考虑到充分满足客户要求的条件下进行生产和提供服务。

全面质量管理在酒店前厅服务质量管理的运用上首先要做到"三全"管理，即"全面""全员"和"全程"地对服务过程进行管理与控制。其次要建立团结协作的工作环境，培养和吸引更多的优秀人才。最后，酒店要提供给客人符合其需求和期望的服务，培养忠诚顾客。

【深度思考 7-1】

问题：全面质量管理在酒店前厅服务质量管理上发挥着重要的作用，如果能充分运用全面质量管理进行前厅服务质量管理，将会提高前厅工作人员的工作效率和服务质量，提高客人对酒店的满意度。请思考酒店前厅部应该如何运用全面质量管理制定部门考核办法，进而提升部门服务质量？部门考核办法的具体内容应该包括哪些？考核办法的量化打分应该具体涉及哪些项目？

理解要点：全面质量管理是在高层管理者的领导和参与下，全体员工齐心协力，为客人提供物有所值、物超所值的产品和服务，在客人中建立良好的声誉。因此全面质量管理的考核办法也应该是多方参与，做到检查全面，评价公平、公正。在考核办法制定的过程中要充分考虑到各个相关部门和岗位等主体对前厅部间接或直接的检查、反馈和评价，将这些部门和岗位的检查、反馈、评价等纳入考核中，主要涉及的部门和岗位有前厅部本部门、人事部、值班经理、酒店质监部门、客人、酒店工作人员、日常调查、月调查、不定期调查等。考核的项目涉及服务质量、安全管理、培训、设施设备维护与管理、环境卫生管理等方面，每一次考核可以根据实际需要，临时增加一些考核项目。

【同步案例 7-2】

在客人扭头离开的刹那

背景与情境：一天晚上，有几位客人拖着疲惫的脚步步入某酒店大堂，大堂副理小张听见其中一位客人大声说："有没有搞错，三星级酒店的大堂这么小。"随即走向总台询问房价，当总台向客人耐心地介绍时，客人又嫌房价高，扔下一句"你们以为外地人就随便要价呀，走走走，不住，不住。"说完挥挥手让同行的客人一起出去。

当数位客人提着行李扭头准备离开时，小张走到客人身边，轻声对他们说："晚上好，请问我能为各位介绍一下附近的酒店吗？"客人一愣，有些犹豫不决。因为考虑到客人很累了，小张请客人到大堂沙发处坐下，随即把附近的酒店简要地向客人做了介绍，并询问客人想到哪里住，可以指路。客人们还没想好，小张又对他们说："今天很晚了，要不就先在我们酒店住下吧？虽然我们酒店大堂比较小，但客房设施较好。我给你们安排一个背街的房间，让你们好好休息，好吗？"客人勉强答应，小张随即让总台员工为客人登记，在登记中得知客人是烟台人，小张说："烟台是一个好地方，烟台在全国首推了服务承诺制，我们应该向烟台的服务业好好学习呢！"客人很自豪地笑了，主动与小张多说了些烟台的情况，并说刚才在火车站遭遇了一些不愉快的事情，心情不好，不过现在好多了。

客人登记后，小张让行李员将客人的行李送入客房，并告诉客人如果有什么事可随时与服务人员联系，客人高兴地笑了。第二天、第三天客人没来退房，等他们结账离店的时候，客人走过来对小张说，他们对酒店的服务很满意，若是下次出差，还会住这家酒店。

分析提示：其实好多客人正是由于对酒店不了解而离开，关键在于第一次来住宿、就餐或娱乐时服务人员能否想方设法打动客人、留住客人，这就需要提高服务人员的表达技巧。

在酒店的服务过程中，现场服务占主要部分，说话的技巧比说话的内容更引人注意，服务人员的每个语言暗示都在时刻左右和诱导着消费者的信心。服务人员如果能站在客人的角度看问题，用真挚的服务态度打动客人，那么使新客变成稳固忠实的回头客是必然的。

（资料来源：在客人扭头离开的刹那. 百度文库[EB/OL]. http://wenku.baidu.com/View/8cac01f59e314332396893e5.html）

2. 前厅服务过程中存在的问题及产生的原因

前厅服务质量分析的目的就是找出影响前厅服务质量的问题及产生的原因，进而提高前厅服务质量。前厅服务中出现的问题及产生的原因，归纳起来主要集中在酒店的设施设备、环境氛围、管理者的水平和员工素养等几方面，具体如下：

（1）前厅员工工作环境不理想、素质不高，服务意识薄弱。我们一直强调要给客人提供优质的服务，但是却忽视了提供优质服务的重要群体——员工的利益。任何一个企业都要关注公众的利益，客人是重要的外部公众，而员工是重要的内部公众。如果员工对工作环境不满意，那他又怎么能够提供给客人优质服务呢，客人没有获得优质服务，对酒店的满意度就不会高。因此我们应该充分重视前厅部员工这个重要群体。

许多酒店的管理者都认为酒店给了员工工作的机会、支付给他们相应的报酬之后，员工就应该也必须认真工作，保证对客服务质量，但实际情况并非如此。一个人是否能认真对待本职工作受很多因素的影响，如薪金待遇、人际关系、领导影响力等。根据马斯洛需求层次理论人类需求从低到高分别是生理需求、安全需求、社交需求、尊重需求和自我实现需求。员工在工作过程中也不同程度地有这几方面的需求。目前前厅部员工对工作环境满意度不高的原因主要集中在以下几方面：①薪金待遇。目前酒店普通员工的薪金待遇和其他行业比较起来，处于较低的水平，各项福利也不能满足员工的正常需求。②普通员工和管理层的收入差距过大。在许多酒店普通员工的工资水平为每月 2000~3000 元，而部门高级管理人员的工资能达到每月近万元甚至更多，这么大的工资差距不利于管理人员和普通员工之间的平衡关系。③缺乏系统的培训机会。酒店在培训方面更侧重于员工具体岗位技能的培训，而忽视员工素质方面的培养，缺少员工发展计划。④招聘准入门槛不高。由于酒店薪金待遇不高、员工流动性强，再加之酒店是一个劳动密集型产业，因此在招聘时对应聘人员的要求不高，对学历方面的要求不高，对专业对口性方面要求不高，对外语水平要求不高，进而造成员工整体素质不高，服务意识淡薄。⑤领导对下属关心不够。酒店领导很少与员工进行沟通交流，很少关心员工的业余生活，对员工有过必究，处理的方式简单粗暴，缺乏人文关怀；对员工的合理建议也较少采纳，导致员工士气低下，质量意识较为淡薄。

【同步业务 7-2】

问题：前厅部员工素质不高的原因多种多样，其中非常重要的一个原因是招聘环节把关不严，没有建立全面、科学的招聘体系。酒店应该如何建立全面、科学的招聘体系来提高招聘质量呢？

解析提示：了解招聘的相关知识和招聘体系构成，规范招聘的体系建构和质量提高。人力资源的招聘主要有内部招聘和外部招聘两种方式：内部招聘主要通过提拔晋升、工作调换和工作实现；外部招聘包括人才招聘会、媒体广告、网络招聘、校园招聘等。招聘过程中要坚持公开公正、择优入选、因事择人等原则。要建立严格规范的招聘体系，招聘体系包含完善的招聘计划、明确清晰的选拔标准、恰当的招聘渠道、对不同应聘人员采用的不同的测评手段以及招聘效果的评估等。

（2）部门组织架构不能与时俱进。前厅部组织结构层次过多，一定程度上影响了信息传递。前厅部的组织结构基本是"员工—领班—主管—大堂经理—前厅部经理"这样的层级结构，管理模式是分层分级管理。这样的管理层级的缺点就是在信息传递上存在偏差和误解，耗时也较多。由于普通员工在处理前厅部的事宜时权限非常小，所以遇到一些突发事件或特殊事件，只能逐级上报，而在逐级上报的过程中不仅会耗尽客人的耐心，还会存在传递信息的偏差等问题，最终会导致客人的投诉，降低客人对酒店的满意率。

在这样的制度影响下，前厅服务人员就只能刻板地按照酒店的规章制度为客人服务或请示上一级管理者，这就造成当客人有一些个性化需求时往往不能得到迅速的反馈，使客人感到不被重视。如果管理者适当放权、使前厅员工能够灵活地处理一些问题，前厅服务质量就会有所提高。

（3）部门之间沟通不畅、造成服务效率低下。酒店服务具有综合性的特点，它是由不同员工、不同的部门共同完成的。前厅服务质量不仅取决于前厅部的工作人员，还有赖于各部门、员工之间的密切配合。有一个公式"100-1=0"，即任何一个环节或一个员工工作中出现失误，整个酒店的形象将在客人心目中不复存在，酒店是一个必须注重每一个细节的场所，细节造就完美。因此前厅部需要与其他部门紧密合作才能更好地开展对客服务，加强沟通协调，保证酒店各部门各环节的高效运作。

【同步案例7-3】

房间钥匙的去向

背景与情境：一天中午，某酒店一位客人匆匆来到前台，将房间钥匙交给收银员，称半小时后回来结账。当时，该收银员正准备去用午餐，考虑到客人要半小时后才能回来结账，而自己用餐时间不到半小时，就顺手将客人交来的钥匙放到了柜台里边，未向其他同事交代就吃饭去了。大约一刻钟后，客人回到前台，询问另一名当值的收银员账单是否已准备好，当值收银员称没有看到客人的钥匙，客人一听非常生气，于是向酒店投诉。

问题：客人为什么会向酒店投诉？收银员做错了什么？

分析提示：准确的沟通是酒店服务之魂，没有沟通就没有服务。

本案例存在着三个方面的沟通问题，需引起注意：一是第一位收银员对客人理解有误。客人称半小时后结账，其实是客人希望他马上准备好账单，待会儿再来交钱，这中间他可能有事情要办或是不愿意在前台等待，而不是收银员理解的半小时后再来办手续。二是沟通的方式问题。作为酒店服务人员，要注意客人口头承诺的随意性，比如该客人说半小时后结账却只过一刻钟就来了，所以不论遇到什么情况，服务人员都要尽快做完自己手中的服务项目，而不要根据客人口头所说来安排自己的工作。脱岗时则一定要将工作及时移交同事，避免出现服务真空或盲点。三是当值收银员与客人的沟通问题。在未弄清楚情况时，酒店服务人员不要随便对客人说"不"。要知道，把责任推给客人很容易引起客人的不满和投诉。

（资料来源：房间钥匙的去向. 百度文库[EB/OL]. http://wenku.baidu.com/View/8cac01f59e314332396893e5.Html）

（4）客人对酒店的期望值过高。客人在选择入住哪家酒店之前，会通过多种方式对比了解目的地的酒店，如通过亲朋好友的介绍，通过订房网络查询等，因此在客人光顾酒店之前已经对酒店做出了一定评价和期许。但客人的评价和期许有一定的个人主观性，每个评价标准都不一样，客人往往会把其他酒店前厅的服务优势或服务特色与入住酒店的不足或者弱项相比较，这样比较下来结果通常都是不满意的。

3．前厅服务质量管理改进的对策

对于酒店前厅部的管理，要与时俱进，充分利用当今最新理论成果和信息化技术带来的进步，变革前厅部管理模式，高效组织前厅部运行。

（1）减少前厅部组织结构层次，适当放权、实行扁平化管理。美国学者鲍恩和劳勒认为，授权是指管理者与处于服务第一线的员工分享信息、知识、奖励和权力。现代酒店业竞争激烈，要想在竞争中处于不败之地，就要凸显自己的特色，满足客人的个性化需求。前厅普通员工是与客人接触最多的人群，酒店一定要实行扁平化的组织结构、减少管理层次，同时对基层员工适当放权，让每个员工都能够独立自主地解决一些问题。这样做体现了酒店对员工的尊重，不仅能让员工发挥主观能动性、更有责任感，为客人提供热情、周到的服务，也能够第一时间满足客人的合理需要，提高客人的满意度，进而提高前厅服务质量，为酒店带来良好的口碑和信誉，使酒店更具有竞争力。利兹卡尔顿酒店就提供给一线人员最高2000美元自由使用的基金，用于处理和弥补客人的不满，员工使用这笔基金不需经过他人同意，只需每个月把基金使用的原因、效果等上报即可。

（2）以人为本、关心员工、留住人才。组织行为学家马奇和西蒙通过研究得出结论：员工对工作是否感到满意，是决定其是否辞职的最重要影响因素之一。酒店前台员工流失会给酒店带来一定的损失，影响酒店服务质量。要从根本上改变这一状况，可从以下几方面着手：①提高员工的薪酬待遇。酒店应适当提高前厅员工的薪资水平，同时适当缩小普通员工与前厅高级管理层的工资差距。②改善员工的工作、生活环境，为员工制订个人职业发展计划，与员工建立和谐的劳资关系。③管理者要多关心员工的工作、生活情况，多与普通员工沟通交流。例如，管理者应该关注自己的员工，记住员工的名字，同时也要理解员工、体谅员工在工作中的一些烦恼和苦衷，主动帮助员工解决困难，激发员工工作的积极性、工作热情。④尽量给员工提供更多的培训和晋升机会。管理者应该善待员工，将升迁的机会先给予为酒店做出贡献并具有管理能力、符合岗位要求的员工。多给员工提供全面系统的培训，不但要注重员工岗位技能的培训，更要重视员工素养、服务理念等方面的培训。

（3）加强前厅部员工的选拔。首先，要营造良好的前厅团队氛围，树立普通员工的主人翁意识，让普通员工把工作当作自己的事业一样对待，发自内心的真诚的服务于客人，而不是像完成任务一样被动对客服务。其次，是严格把好员工招聘关。在员工招聘时不仅要注重应聘人员的学历，还要注重应聘人员的专业知识；不仅要注重应聘人员的实际工作能力，还要注重应聘人员的工作态度。只有严把员工进入的质量关，前厅的服务质量才能有保证。在人员招聘时要考虑以下因素：①员工首先应该具备优良端正的品行，作风正派；②要机智灵活、有较强的应变能力；③要有较强的沟通能力和人际交往能力；④要有较好的语言表达能力；⑤要有团队协作精神；⑥要有一定的组织管理能力；⑦要有终身学习的观念、爱学习、善于学习；⑧要有一丝不苟、认真工作的态度。

（4）加强和完善前厅服务质量监督管理系统。作为前厅部的管理者，应该将服务质量的理念融入部门的日常管理工作中，将它系统化、制度化；要让前厅部的员工时时刻刻拥有服务质量意识，要强化意识，明确服务质量标准，并坚持全面质量管理意识；建立全面完善的服务质量评价机制，服务质量评价应该由客人评价、外部质量检查机构评价和内部质量检查机构评价三部分组成。

（5）增强团队合作意识、加强部门之间的沟通合作。前厅部是与其他部门合作最多的部门之一，前厅部与其他部门的合作主要体现在两方面：一是前厅部的某些工作需要两个或多个部门才能共同完成。例如，前厅工作人员为客人办理了入住登记手续，客房部必须保障有干净可用的空房，客人在住店期间到餐厅用餐，餐厅需要提供良好的就餐环境和可口的菜肴。二是客人习惯于向前厅部工作人员咨询酒店内的各项事宜，前厅部员工需要帮助客人了解相关信息。例如，当客人想了解酒店的娱乐设施时，前厅部员工需要向康体部了解酒店的娱乐项目、营业时间等；当客人想在餐厅用餐时，往往会向前厅部工作人员了解餐厅的营业时间、菜品、消费情况等，前厅部员工需要和餐厅进行沟通；当客人想了解酒店最近举行的展览会时，也会向前厅部工作人员了解相关事宜。

因此，前厅部要增强团队合作意识、加强部门之间的沟通交流与合作。可以通过实行首问责任制解决员工互相推诿的现象。所谓首问责任制就是第一个接受客人咨询或知晓客人需求的员工就是解决客人问题的首问责任者。首问责任人必须尽自己可能给客人提供满意的服务，首问责任人必须关注和负责问题解决的全过程。可以通过明确各部门的职责范围，有效整合各部门的目标，改变绩效管理模式，轮换部门和岗位，以及建立沟通机制等方式加强部门间的沟通与交流。

（6）加强客人管理，提高客人满意度。加强客人管理可以从以下两个方面入手：①加强客人信息管理。客人信息的管理主要是客史档案的建立，根据客人办理入住登记手续及住店期间的相关信息，把客人的名字、生日、爱好、禁忌、消费项目、喜欢的菜品、喜欢住的房间类型等和客人相关的信息储存起来，进行分析处理，以便更有针对性地提供个性化和超前服务，令客人满意。②引导客人的行为。酒店首先应该尽可能提前告知客人酒店的相关规定，如保留房间的时间、离店结账的时间等，以免客人因为不理解相关政策和规定而产生不愉快的经历。当客人对相关规定不理解时，工作人员应该耐心细致地进行解释说明，不能以简单粗暴的方式如"这是规定"来解决。当发现客人的不正确行为时应该及时纠正，以免影响其他客人的消费感受，消除不良影响。

酒店的竞争归根结底是服务质量的竞争，前厅部是酒店的门面、神经中枢，前厅服务质量的好坏对酒店服务质量的高低起着非常关键的作用。优秀的前厅部员工是前厅部的灵魂，前厅服务质量的提高要依靠所有的员工，酒店及其工作人员要以为客人提供优质高效的服务为己任。

【同步业务 7-3】

问题：除上文所述外，还可以从哪些方面加强客人管理、提高客人满意度？

解析提示：试从管理层的管理环节、员工参与酒店营销活动的积极主动性、提供更加优质的服务和产品等方面思考如何加强客人管理、提高客人的满意度。

【教学互动 7-1】

<h3 style="text-align:center">真情换得客人心</h3>

背景与情境：三月上旬的中原大地，突然下起了大雪，按照工作程序，某三星级宾馆的 PA 人员急忙在客人经过的主要公共通道、大堂台阶上铺上防滑用的地毯并竖起"小心地滑"的警示牌。

这天深夜，大约 11 点左右，两位住店客人外出就餐后，回到酒店。其中那位上了年纪的先生一个不小心，一跤摔在台阶上，造成右小臂摔伤。正在值班的大堂副理得知此事后，急忙和这位老者的亲属一起将老者送往本地一家骨科医院。到了医院后，恰巧这家医院的 X 光机出故障不能拍片。这位大堂副理又领着客人冒雪来到另一家大型医院，同样跑前跑后，直至凌晨四点他才扶着客人回到酒店，并对客房服务员做了特别关照。

第二天上午，这位老者在亲人的陪同下来到酒店人力资源部，感动地说："昨天晚上多亏了你们那位姓蔡的大堂副理。我们初到本地，人生地不熟，碰上这样的事，真不知该如何是好，请向总经理表达我们的谢意。本来我家里的亲属知道后，要我向酒店要求赔偿，但我想这事主要是自己不小心，而且小蔡这孩子也特别上心，为我忙了一夜，我不会向酒店提出什么要求，只希望酒店奖励这位小伙子。"

问题： 作为酒店的大堂副理，他在客人与酒店中间起着什么样的作用？在做好规范化服务的基础上，如何更好地处理问题，建立好与客人良好的关系？

分析提示： 作为酒店的代表——大堂副理必须具备较高的个人素质、职业道德和处理问题的技巧；必须提供深入细致的个性化服务与超常规服务；要设身处地替客人着想。

（资料来源：吴宏业. 真情换得客人心[N]. 中国旅游报，2003-11-9.）

【同步业务7-4】

问题： 作为前厅部普通员工，在前厅服务质量控制中应该扮演什么角色？应该采取什么措施提高客人满意度？

解析提示： 前厅部服务质量控制的内容有哪些？前厅部员工的岗位职责是什么？前厅服务质量标准是什么？每个酒店前厅部设置的岗位不尽相同，主要岗位有预订、接待、问询、结账、外币兑换、礼宾、总机、商务中心、大堂副理（或客户关系经理）等。它们主要是提供给客人客房预订、入住登记、换房、续住、酒店内外相关信息咨询、外币兑换、离店结账、搬运行李、寄存行李、寄存贵重物品、为访客和住店客人留言、代客人转交物品、电话转接、叫醒、打印复印、收发传真、会议室租赁、秘书等服务并处理客人投诉、维护酒店与客人之间良好关系等。酒店前厅服务质量标准主要包括酒店门前服务质量标准、酒店前厅服务质量标准、酒店前厅门童服务质量标准、酒店客房预订服务标准、酒店前厅客人接待、问询服务标准、酒店前厅客人结账服务标准、酒店前厅客人行李服务标准、酒店前厅总机服务标准及大堂副理和商务中心服务标准。前厅部服务质量控制主要是指服务行为、服务方式、服务效率等方面的控制与管理，服务质量的控制涉及前厅部预订、接待、结账等所有岗位的质量控制。

【深度剖析7-1】

问题： 有研究者提出Service（服务）的每一个字母都体现了服务的内涵，S代表smile，e代表excellence，r代表ready，v代表viewing，i代表invitation，c代表creating，e代表eye。你是如何理解"服务"的内涵的，每个字母所体现的内涵应该如何通过产品和服务表现出来，让客人感受到宾至如归，让客人成为酒店的忠诚顾客？

理解要点： S代表smile，是指对每一个人都要面带微笑；e代表excellence，精通每一项业务；r代表ready，是指随时随地准备为客人服务；v代表viewing，是指将每一个客人都视为酒店最重要的客人、一视同仁，都视为是一位特殊的人物，关注他们的需求；i代表invitation，要真诚地邀请每一位客人再次光临酒店；c代表creating，为客人营造温馨的氛围；e代表eye，用目光、眼神关注客人，表达对客人的关心。针对每一个字母的内涵，应该通过什么方式体现出来，应该如何发自内心、心甘情愿地为客人提供最优的服务。

7.2 前厅报表分析

7.2.1 前厅报表的种类

前厅部的报表是酒店管理者了解酒店经营状况的重要途径，是酒店管理者进行管理决策的主要依据。

前厅所使用的表格主要分为三类：一是接待服务所使用的表格，这一类表格有《客人入住登记表》、预订单、外币兑换单、行李寄存单等。二是与其他部门联络使用的表格，如《团队分房表》、团队接待单、用餐单等。三是各类统计分析报表，这类报表主要用于分析前厅经营状况，使管理层了解一定时期内如每日、每周、每月等的经营情况，为日后的决策提供参考，如《客房营业日报表》《房价及预订情况分析表》等。

7.2.2 前厅报表分析

前厅部的主要报表有《客房营业日报表》《客房经营分析对照表》《当日取消预订表》和《当日预订未到表》等。

1.《客房营业日报表》

《客房营业日报表》又称《每日客房统计表》，是最直观反映酒店每日客房利用情况和营业收入的统计报表。该表每天要报送总经理办公室、财务部、前厅部、客房部等岗位和部门。客房营业日报表的内容包括各类用房数、各类客人数、出租率、客房收入等内容（见表 7-1）。

表 7-1 客房营业日报表

项目	今天		本月累计		上月累计	
客房总数						
可出租客房数						
已出租客房数						
维修房数						
酒店自用房数						
客房出租率						
平均房价						
客房收入						
项目	人数	房数	人数	房数	人数	房数
预订未到						
预订已到						
取消预订						
续住						
已经入住						
散客						
团队						

2.《客房经营分析对照表》

《客房经营分析对照表》是将客房每天的经营状况与去年同期的经营状况、预测的指标进行对比,从而全面正确地评价客房经营状况(见表7-2)。

表7-2 客房经营分析对照表

项目		今日		本月累计			本年累计		
		预计	实际	预计	实际	去年同期	预计	实际	去年同期
客房出租率									
客房收入	境外散客								
	内宾								
	团队								
住店人数	境外散客								
	内宾								
	团队								
平均房价	境外散客								
	内 宾								
	团 队								
平 均 逗留天数									

3.《当日取消预订表》

《当日取消预订表》是统计当日取消预订客人的情况,为掌握超额预订比例提供依据(见表7-3)。《当日取消预订表》要分送预订处、接待处和前厅部经理。

表7-3 当日取消预订表

日期	客人姓名	房间类型	房间数量	房价	离店日期	取消原因
总计	酒店可出租客房数			当日取消预订客房数		

4.《当日预订未到表》

《当日预订未到表》是统计当天有预订的客人,没有通知取消预订而未入住酒店的情况。该表可以为酒店掌握超额预订比例提供依据。《当日预订未到表》的内容包括客人姓名、房间类型、房间数量、房价、离店日期、客人未到的原因和当日预订未到的客房数等(见表7-4)。

表7-4 当日预订未到表

日期	客人姓名	房间类型	房间数量	房价	离店日期	客人未到的原因
总计	酒店可出租客房数			当日预订未到客房数		

5.《提前退房离店表》

《提前退房离店表》是统计客人比入住登记时所确定的离店时间提早结账离开酒店的情况。《提前退房离店表》的内容包括客人姓名、房间类型、房间数量、房号、原定离店时间、实际离店时间、提前离店原因等（见表7-5）。

表7-5 提前退房离店表

日期	客人姓名	房间类型	房间数量	房号	原定离店时间	实际离店时间	提前离店原因
总计	提前退房数						

6.《次日离店客人名单》

《次日离店客人名单》的内容主要包括次日离店客人的姓名、人数、离店日期、房号等，该表的主要用途是了解第二天退房情况、做好退房结账准备、防止客人逃账等（见表7-6）。

表7-6 次日离店客人名单

离店日期	客人姓名	房间类型	房间数量	房号
预计总退房数				

7.《团队用房汇总表》

一般来讲，团队用房的数量相对较多，尤其是同时有大量团队入住时。因此在团队抵店的前一天通过《团队用房汇总表》可以了解第二天团队用房的数量，以便提前做好接待准备，在团队入住期间餐饮部可以提前做好早餐的准备等。《团队用房汇总表》的主要内容包括抵店日期、离店日期、各类房型用房数和人数、客人用餐情况等（见表7-7）。

表7-7 团队用房汇总表

抵店日期	离店日期	单人间		双人间		陪同间		套间	
		房数	人数	房数	人数	房数	人数	房数	人数
用餐情况	日期	早餐		午餐		晚餐			
	时间								
	地点								
	人数								

8.《团队行李进出店登记表》

编制《团队行李进出店登记表》的目的是更好地了解和统计团队行李进店和出店的情况，以便合理安排行李进出店的时间、相关工作人员，同时通过登记表避免行李错送和遗失等（见表7-8）。

表 7-8 团队行李进出店登记表

团队名称				人数	
抵店日期			离店日期		
进店	行李到达时间		车号		团队编号	
	行李送往客房时间		卸车行李员			
	行李件数		旅行社		领队签字	
	行李员签字		领班签字		行李件数	
离店	行李离店时间		车号		旅行社	
	装车行李员		团队编号		领队签字	
	行李员签字		领班签字			
房号	行李箱		行李包		其他	
	进店	离店	进店	离店	进店	离店

9.《客房状况统计表》

《客房状况统计表》包括客房总数、走客房数、住客房数、空房数等（见表 7-9），《客房状况统计表》便于前厅部工作人员了解客房出租情况、可使用的客房情况，以便更好地进行客房的出租。

表 7-9 客房状况统计表

日期	客房总数	住客房数	空房数	走客房数	待修房数	酒店内部用房数	现时出租率

10.《客房预订情况汇总表》

《客房预订情况汇总表》体现的是某一天、某一个星期、某一个月等一定时间段内各类房型的预订状况（见表 7-10）。

表 7-10 客房预订情况汇总表

	日期	10月1日	10月2日	10月3日	10月4日	10月5日	10月6日	10月7日
标准间	已预订客房数							
	未预订客房数							
单人间	已预订客房数							
	未预订客房数							
大床间	已预订客房数							
	未预订客房数							
套间	已预订客房数							
	未预订客房数							

7.2.3 前厅报表相关指标的计算

1. 客房出租率

客房出租率是酒店客房利用情况的重要指标，是酒店经营管理者追求的主要经济指标，客房出租率越高，说明酒店的客源市场越充足，酒店的经营管理越成功。其计算公式如下：

$$客房出租率 = （已出租客房数 / 可供出租的客房数）\times 100\% \quad (7-1)$$

$$当日出租客房数 = 昨日出租客房数 - 当日离店客人用房数 + 当日抵店客人用房数 \quad (7-2)$$

$$团队用房出租率 = （团队用房数 / 已出租的客房数）\times 100\% \quad (7-3)$$

$$散客用房出租率 = （散客用房数 / 已出租的客房数）\times 100\% \quad (7-4)$$

$$客房月出租率 = 月出租客房间天数 / （可出租客房数 \times 月营业天数）\times 100\% \quad (7-5)$$

2. 平均客房价格

酒店客房收入与出租的客房数量及房价密切相关，平均房价的高低受到许多因素的影响，如出租的客房类型、双开率等。通过分析平均房价，可以了解前台销售人员向客人出租客房的工作业绩及为下一步的房价调整提供参考。计算公式如下：

$$平均客房价格 = 客房营业收入 / 已出租客房数 \quad (7-6)$$

$$团队平均客房价格 = 团队房租收入 / 团队用房数 \quad (7-7)$$

$$散客平均客房价格 = 散客房租收入 / 散客用房数 \quad (7-8)$$

3. 双开率

双开率又称双人住房率，就是两人租用一间客房数与酒店已销售客房数之间的比率。国际上许多酒店一个标准间两位客人住与单人住的房价是不同的。双人住房率是提高经济效益、增加客房收入的一种手段。计算公式如下：

$$双开率 = [（客人总数 - 已出租客房数）/ 已出租客房数] \times 100\% \quad (7-9)$$

4. 平均客房收益

平均客房收益就是平均每间可供出租客房收入，平均客房收益是衡量酒店客房经营水平和投资回报的一项重要指标。计算公式如下：

$$平均客房收益 = 客房收入 / 可供出租客房 \quad (7-10)$$

5. 超额预订率

超额预订是指酒店在预订已满的情况下再适度增加房间预订的数量，以弥补因少数客人临时取消预订或预订未到而出现的客房闲置、造成酒店损失的情况，其目的是提高酒店开房率。通常，酒店超额预订的比例应控制在可预订房间数的5%左右。其计算公式如下：

$$超额预订房间数 = （预订房间数 \times 临时取消率）-（预订离店房间数 \times 延期住店率）\quad (7-11)$$

$$超额预订率 = （超订数量 / 可订数量）\times 100\% \quad (7-12)$$

7.3 前厅部安全管理

7.3.1 前厅安全管理的概念

酒店开展各项经营活动都需要有安全的环境，只有拥有安全的环境，才能确保各项活动的顺利开展。前厅安全管理是指前厅部为保障客人、员工的人身财产安全而进行的全面的对安全方面的控制、管理等活动的总称。前厅安全管理包括客人、员工的人身、财产安全，客人的身份信息，个人隐私的安全管理等。

7.3.2 前厅安全管理的重要性

1）加强前厅安全管理是展示前厅管理水平、提高客人满意度的重要因素。

根据马斯洛需求层次理论，人们最基本的需求之一就是人身财产安全，安全问题是任何时候任何客人选择酒店都必然考虑的首要问题。因此加强安全管理，给客人提供一个舒适安全的环境，必将提高客人的满意率。

2）加强前厅安全管理是提高酒店声誉，促进酒店经济效益的重要手段之一。客人对酒店的满意度高，不仅以后会继续选择入住该酒店，而且还会介绍自己的亲朋好友来入住，形成口碑效应，酒店就会接待更多的客人，进一步提高酒店的营业收入，促进酒店的长足发展。

7.3.3 前厅安全管理的原则

1. 详细计划、周密安排

前厅部应该在日常的工作中就做好安全管理计划，安全管理计划应该包括客人、员工的人身、财产安全计划，消防安全计划，防盗计划和紧急事故处理计划。

2. 加强教育、提高安全认识

虽然酒店里有专门的安全管理部门，但安全管理实际上是全体员工都肩负的责任，安全事故随时随地都可能发生，所以前厅部要加强安全意识教育，提高每一个员工和管理者的安全认识。

3. 健全机构、落实责任

酒店安全保卫工作一般由酒店安保部门负责，安保部门可以分为消防安全、外部治安安全、内部治安安全和监控等几部分。每一个部门都应该认真负责所辖那部分的职责，责任到人，同时也要相互协调、配合合作。

7.3.4 制定前厅安全管理措施

前厅安全管理措施的制定，首先应对在酒店内构成的犯罪活动、事故以及引起对客人、酒店的损害及损失的各种因素进行全面的调查研究，然后结合本酒店的实际情况来制定。一般来说，这些措施包括：

1. 行政措施

要做好酒店的安全保卫工作，就必须通过强有力的行政管理，建立必要的管理制度，运用行政手段和行政措施对本酒店的人、事、物进行公开的、科学的管理，对尚未构成违法犯罪而又影响或可能危及酒店安全的行为和事件进行及时处理。

2. 经济措施

实行安全保卫岗位责任制，把酒店安全工作的各项目标或要求，同酒店全体职工的岗位考核联系起来。凡是安全保卫工作做得好的，给予奖励，反之则给予一定的经济惩罚。

通过经济上的奖惩，鼓励职工做好酒店的各项安全保卫工作。

3．技术防范措施

一般都采取现代化设施，安装电视监控装置、自动防火、防爆、防盗系统，使酒店能够及时发现和掌握违法犯罪活动和其他侵害因素的侵袭。

4．法律措施

根据现行的法律、法规和规章依法维护酒店内部的治安秩序，做好各项安全保卫工作。对各种违法犯罪行为，依据法律予以制裁。通过贯彻实施法律、法规和规章做好各种形式的安全防范工作，最大限度地减少违法犯罪的发生。

5．思想教育措施

应采取多种形式提高员工的思想政治觉悟、道德水平和科学文化知识，增强社会主义法制观念和酒店安全意识。特别要重视对新职工的法制教育和安全教育，重视对违纪人员的教育和管理。并要尽可能地采取多种渠道和生动活泼的形式，对住店客人进行必要的安全教育。这样做的目的在于提高全体职工和广大客人与侵害因素做斗争的积极性和自觉性。

【同步业务 7-5】

问题：随着时代的进步、网络时代的飞速发展，前厅部在安全管理方面应该增加哪些新的内容，针对这些新的内容应该制定哪些管理措施？

解析提示：了解酒店行业在网络建设方面的最新发展，了解酒店行业最容易出现的网络犯罪形式，提出相应的应对措施。网络犯罪是典型的计算机犯罪，网络犯罪有严重的社会危害性。随着计算机信息技术的不断发展，社会的各个行业和部门都是数字化、网络化，一旦这些行业和部门被入侵，后果都极其严重，如数据的偷窃、复制、更改或删除，散布破坏性病毒、信息犯罪、网络诈骗等。因此防范网络犯罪、维护网络安全刻不容缓。酒店行业也不例外，酒店客房预订、酒店网络营销等诸多方面都是通过网络实现的。酒店使用的管理软件（如国际品牌 OPERA、FIDELIO，国内品牌千里马、泰能等）在诸多功能的实现上都需要网络的支持。以 OPERA 酒店管理系统为例，它主要包括酒店前台管理系统、销售与宴会管理、预订系统、渠道管理、收益管理等，酒店前台管理系统又包括客户资料管理、客房预订功能、收银服务功能、前台服务功能等，这些系统中的信息都涉及酒店内部的许多需要保密的信息和数据及客户的个人信息，如果被黑客侵入，盗取、更改相关数据信息，将对酒店和客户造成不可估量的严重后果。

7.3.5 前厅安全管理的内容

前厅部的大厅是客人出入酒店的必经之地，客人流动量大，人员构成复杂，各种事故随时都有发生的可能。所以，前厅部安全管理的重点在前厅，主要包括客人的生命财产、酒店的设施和财产的安全以及大厅正常秩序的维持等。

1．入住登记安全管理

1）所有客人入住都必须登记，登记要做到字迹清、登记项目清、证件查验清。
2）登记时要查验入住客人的有效身份证件，扫描客人证件并及时上传公安局。
3）办理入住登记时，提醒客人将贵重物品存放于大堂客用保险箱或客房的保险箱内。

2. 客人信息保密安全管理

1）所有员工不得将住店客人的信息对外泄露，要客人做好保密工作。

2）总机接线员在为住店客人转接外线时，必须与访客核实住店客人的姓名和房号，并征得住店客人的同意后方可将外线转接进来。

3）当访客查询住店客人的电话、房号等信息时，未征得住店客人同意前不允许将客人信息泄露给访客。

4）做好 VIP 客人的保密工作。

【职业道德与企业伦理 7-1】

酒店服务生盯上储物柜 六顾客泡温泉万元现金被盗

背景与情境：徐先生带几个朋友到莆田一家温泉酒店泡温泉时，将随身携带物品寄存在储物柜内，消费完毕后却发现他们的上万元现金被盗了。经查，原来是酒店的一名员工监守自盗。近日，莆田城厢区检察院依法以盗窃罪对上述三名犯罪嫌疑人批准逮捕。

2013 年 2 月 11 日下午，徐先生和五位在外地做生意的朋友，来到莆田市区一家温泉酒店泡温泉。换好衣服后，六人将衣服、钱包、手机等物品放进了酒店提供的储物柜中，随手带上柜门后便离开了。当天值班的杨某看见他们的柜子没有上锁，就跟同事罗某商量，那些客人的柜门没关好，从他们的钱包里偷些现金，应该不会被人发现。罗某听完马上点头答应，并叫来老乡金某帮忙。之后，他们分别打开徐先生及其朋友的储物柜，分别从六人的钱包及衣服口袋中偷走人民币 10420 元和港币 1000 元。

徐先生和朋友泡完温泉后，很快就分别离开酒店了。当时，他们也没有发现异常情况。当天晚上，徐先生和其中两人在海鲜楼消费时发现，各自钱包里的现金少了很多，就打电话问其他人，大家这才发现钱都少了，于是他们报了警并一起到酒店交涉。

办案民警到场后，很快就从杨某身上查到了 8 张连号的百元面额人民币，经比对发现这些钱与徐先生一位朋友身上的纸币号码是连在一起的。随后，民警又从三名服务员藏匿的卫生间抽屉里、楼梯的扑克盒子里及一件外套中搜查出徐先生等人丢失的现金。在铁证面前，三人对自己偷盗客人现金的行为供认不讳。

（资料来源：陈盛钟. 酒店服务生盯上储物柜 六顾客泡温泉万元现金被盗[N]. 海峡都市报，2013-6-4（03）.）

问题：从这个案例中分析，如何提升酒店员工的职业道德，避免此类事情再次发生？

分析提示：职业道德是人们在职业活动中形成的并符合所从事职业特点要求的道德意识、道德规范与道德品质的总和。案例中的员工缺乏职业道德意识和法律意识，从而导致了偷窃事件的发生。良好的酒店职业道德有助于调节酒店员工内部的关系、员工与客人之间的关系、酒店与社会之间的关系。员工良好的职业道德有助于酒店服务质量的稳定与提高。因此酒店需要对员工进行理念引导，培养正确的职业道德观念，规范制度，建立良好的沟通渠道与机制，约束员工行为，发挥骨干员工的带头模范作用。

3. 配备必要的安全设施

（1）闭路电视。酒店入口、重要通道、电梯内、收银处、大厅等处均应设电眼监控器。

（2）消防警报系统。大厅设烟感器、自动喷洒灭火装置、火警警铃装置、防火门及防水门。

（3）报警系统。收银处除设安全抽屉外，还必须有电眼以及在地面或柜台内设报警开关，一旦发生抢劫，收银员可以一边应付抢劫罪犯，一边从容地用脚拨开开关，向保安部报警。

（4）安全保险柜。提供贵重物品保险柜，行李寄托服务，让客人有安全感。

（5）灯光。大厅和主要通道照明充足，地毯要平，特别是衔接处，玻璃幕墙需有标志，以免客人碰撞。

4．建立安全控制点

安全控制点是指安全管理中重点控制的关键部位。建立安全控制点，加强安全控制点的管理是做好安全管理的关键。

（1）入口处的控制。酒店营业时间，一般只要不是精神异常者、衣冠不整者以及形迹可疑者，均可准予入店。在频繁进出的人流中，难免有不良分子或图谋犯罪分子混杂其间。但用过去那种盘问、查看证件等方式是不行的，而应采取内紧外松的措施。①酒店不宜有多处入口，应把入口限制在可控制的大门。这种控制是指有安全门卫或闭路电视监视设备控制。在夜间，只应留一个入口。②酒店大门的门卫既是表示欢迎的迎宾员，又是安全员。应对门卫进行安全方面的训练，使他们能用眼光观察、识别可疑分子及可疑的活动。同时，应在酒店大门及门厅里始终有安全部的专职安全人员巡视。他们与门卫密切配合，对进出的人流、门厅里的各种活动进行监视。如发现可疑人物或活动，则及时通过现代化的通信设备与安全部联络，以便采取进一步的监视行动，制止可能发生的犯罪或其他不良行为。③门卫还要协助照料客人下车，下雨或下雪时，要注意放置防滑垫，保证客人安全。④对带有危险品、易燃品、易爆品入店的客人，要劝其交保安部代为保管。⑤本酒店员工不准由正门出入，对由正门出入者，要扣留并查问其工作部门和姓名，交所在部门教育处理。⑥有条件的酒店应在大门入口处安装闭路电视监视器（摄像头），对入口处进行无障碍监视，由专职人员在中央监视室进行24小时不间断监视。

（2）电梯控制。①监视所有通过电梯上楼的人。专门负责电梯的人员和前厅工作人员，如发现可疑人员应及时报告保安部。②安装电眼注视电梯口。③一旦发生火灾，行李员要将电梯放到底层，以免客人使用。酒店火灾中致命的因素不是烈火，而是燃烧时产生的烟气和人自身的恐慌，因电梯贯通整个酒店大楼，通常会充满浓烟和一氧化碳，热量和火焰会使电梯变形失灵。

（3）大厅控制。保持大厅正常秩序，配合保安人员管理好出入口、电梯口。使用旋转门时，每一格只允许一位客人进入；使用自动门时，必须配上普通门。①客人在接待处办理入住手续时，接待员要验明客人身份，确认付款方式。②对在大厅争吵、大声呼喊、到处乱窜的客人要婉言劝止；注意制止到处丢烟头、杂物和随地吐痰等不文明行为。③对大厅的公共设施要注意保护，不准客人随意刻画，也不准在大厅沙发上睡觉。④警惕在总台办理入住或离店手续客人的行李被人顺手拿走。

（4）钥匙控制。①总服务台是发放与保管客房钥匙的地方。当客人办完入住登记手续后，就发给客人该房间的钥匙。客人可以在居住期内自己保管这把钥匙，或外出时将钥匙交还给服务台，待回房时再领取。②客人到总服务台领取钥匙时，应出示住宿卡表明自己的身份。总服务台人员核对后方能发给。③在客人办理离店手续时，前厅的工作人员应抓紧合适的机会提醒客人将钥匙归还。现在，使用电子锁的酒店越来越多，这种以电子计算机程序控制的电子锁与机械锁相比，安全系数更高，具有安全、可靠、方便等特点，同时也可以减少收发和保管钥匙的工作。

（5）收银控制。①收银员在客人进店时要核实付款方式，住店期间做到走账迅速，记账及时、准确，不保留大量现金，定时上交，送会计部保险库集中，其间的现金押送，应由保安部负责。②有火灾发生时，出纳员要在保安人员协助下将现金转移到安全的地方；所有人员撤离后，设法抢救有价单据、档案、贵重物品、艺术品等。

5. 贵重物品安全保管箱

我国《旅游业治安管理办法》第七条规定："旅馆应当设置旅客财物保管箱、柜或者保管室、保险柜，指定专人负责保管工作。对旅客寄存的财物，要建立登记、领取和交接制度。"国外有的法律或地方法规规定，如旅馆不能提供贵重物品安全保管箱而导致客人在客房内丢失贵重物品，将被追究责任，并被责成赔偿客人损失。

1）贵重物品保管箱的位置。贵重物品保管箱应放置在使用方便、易于控制的场所。未经许可，不管是旅客还是员工均不得入内。贵重物品保管箱一般设在总服务台后边的区域。该区域应能被酒店直接监察，如酒店装有闭路电视系统，应在安全保管箱区域内放置一个摄像头，在使用安全保管箱时，只能允许一位旅客进入，让客人能放心地把贵重物品存入安全保管箱。

2）贵重物品保管箱使用的程序：①在旅客登记入住时，总服务台人员应告诉客人，本酒店提供安全保管箱服务，询问是否有贵重物品需保存。在住店登记表和客房内的《服务指南》中，也应注明有此项服务，以提醒客人注意。②如客人使用安全保管箱，请客人填写《安全保管箱使用单》，并留下签名样本。③给客人提供空箱号码及保管箱的钥匙，所有安全保管箱都应设双锁控制，每一保管箱必须有两把钥匙才能开启，一把交给客人，另一把由总台专职人员保管。客人如丢失钥匙，需赔偿。④当客人往保管箱内放物品时，工作人员应避免张望，以防客人疑心。当客人把东西放入保管箱内，工作人员应当着客人的面把双锁锁上，并把客人保管的钥匙交给客人。⑤客人在居住期间，每次要求使用安全保管箱都必须填单签字，与总台专职人员一起开启及上锁。⑥客人离店时，取回存放在保管箱内的物品后，应在"使用单"上签字，表明物品如数收回并归还钥匙。⑦客人所填写的《安全保管箱使用单》及签字样本，不能在客人离店后随即销毁，应按照酒店的政策，保存一段时期，以便遇到情况时备查。

一般说来，工作人员不应当帮助客人在保管箱中放入或取出东西，只能让客人自己去做。在打开或锁上保管箱时，都要让客人亲眼看见。工作人员不得单独接触客人的物品。对于因体积太大而不能放入安全保管箱内的贵重物品，酒店应能提供一个特殊保管库。该库的安全程度及客人存放、领取的程序与上述的安全保管箱基本相同。为了旅客贵重物品保管的安全，按照国际惯例，安全保管箱客人所使用的钥匙只配制一把，如果旅客把钥匙丢失或不能交回钥匙，本人将缴付破开保管箱的一切费用。所付的费用应在《安全保管箱使用单》上注明。

【同步案例7-4】

摄像器材被盗

背景与情境：某日，一名肖姓北京商人到河南许昌市某公安分局报案，称自己于早上6时入住市区某大酒店，刚吃过早餐后，就发现放在房间内的一套价值16万余元的摄像器材被盗。肖某称自己是应一名刘姓客户之邀来许昌拍摄宣传片的，并被许以丰厚的报酬。肖某在刘某的陪伴下来到许昌，一名自称是李老板的人将他们安排在某大酒店入住。他将随身携带的摄像器材放进房间后，同刘、李一起外出吃早餐。就餐期间，刘、李二人先后借故离开。肖某回到房间后，摄像器材不翼而飞。经过警方调查，发现一名男子曾持住房押金单让服务员打开过房间的门。至此，案情一目了然。原来，犯罪分子利用自己所开房间之便，来窃取肖某财物。后经警民双方共同努力，终将犯罪分子绳之以法。

（资料来源：吴宏业，摘录整理自《大河报》新闻。http://blog.sina.com.cn/s/blog_4aa3c481010008r8.html）

问题：酒店怎么样才能确保客人贵重物品的安全呢？

分析提示：首先，这是一起犯罪分子有预谋的诈骗、偷窃客人财物的案件。其次，由于房间是犯罪分子自己所开，后又持押金单让服务员打开房门窃取留宿客人的财物。酒店服务员见押金单开门的做法符合酒店制度与惯例，故酒店方不承担责任。那么，作为客人应如何避免出现此类上当受骗和财物失窃的现象呢？这就应当使用酒店为客人提供的最后一道财物安全防线——贵重物品寄存。

作为酒店方来讲，为了避免出现因入住客人贵重物品丢失所引起的经济纠纷及商誉损失，应建议客人将贵重物品寄存于贵重物品保险箱内或总台贵重物品寄存处。酒店的做法通常是在住宿登记单上向客人声明：请将您的贵重物品寄存于酒店贵重物品寄存处，否则，如有丢失，酒店概不负责。并请客人签字确认。同时，在客人交预付款时，总台收银员也要提醒客人寄存贵重物品。这样，假如真的出现财物失窃案件，酒店方已尽到义务，这样就减少了酒店应承担的法律责任。

6. 行李安全管理

（1）运送行李安全管理。酒店有义务在为客人运送行李及保管行李时，确保行李安全无损。①行李员在为登记入住客人搬运行李时，必须弄清房号，以免送错房间。搬运团体行李，应在总台人员协助下，给每件行李标上正确的房号。在搬运过程中，行李员必须小心轻放，在客人进入客房后，直接将行李交给客人。②对尚在大厅办理入住登记手续的客人的行李，尤其是等待送入客房的团体客人的行李，行李员及在大厅巡视的安全部人员须在一旁密切注视，以防丢失。③在前厅后部设一行李房，采取措施，确保其安全。行李房供接受团体客人行李及保管寄存行李之用。

（2）行李房安全管理。住店客人在办理行李寄存手续时，要提醒客人易燃易爆物品不能寄存、贵重物品不能寄存、易腐烂物品及有异味物品不能寄存。①行李房内严禁吸烟，长期寄存和短期寄存的行李要分开，同一客人的行李要用行李绳串接在一起，所有的行李上都要挂好寄存牌。行李房内不能存放员工或非住店客人的私人物品。②行李房内不准违规使用电器。③寄存及发放行李应遵循规定的程序进行，如给每个寄存的行李挂上寄存牌，一联发给客人；客人凭证领取时，核对行李牌号，并收回凭证。④行李房钥匙要有专人保管，并做好交接班工作。

本章概要

★ **主要概念**

前厅服务质量，有形产品，无形产品，PDCA 循环法，零缺点质量管理，全面质量管理，客房出租率，平均客房价格，双开率，平均客房收益，超额预订率。

★ **内容提要**

- 本章介绍了前厅服务质量的重要性，前厅服务质量的特点，前厅服务质量管理的内容，前厅服务质量的标准，前厅服务质量管理理论，前厅服务质量存在的问题及产生的原因。
- 介绍了前厅报表的种类、分析方法。阐述了前厅安全管理的重要性，前厅安全管理的原则、内容。

单元训练

★ **观点讨论**

观点：酒店前厅服务质量的好坏，不仅影响客人的情绪，而且影响酒店的经营业绩和声誉。到酒店住宿的客人来自四面八方，素质不同，性情各异，酒店服务员都要尽力为其提供满意的服务。酒店业界流行一句服务格言"顾客永远是对的"。

常见质疑：酒店顾客也是人，只要是人就会犯错误，怎么可能顾客永远是对的？

释疑：从道理上讲，顾客不一定永远对，但是，从服务的角度，酒店是服务产品的提供者，提高顾客满意度是酒店追求的目标，在合理保护酒店利益和自身利益的基础上，让客人感到被尊重，把对的感觉让给客人是有必要的。在对客服务的过程中，要站在客人的立场去考虑问题，给客人充分的尊重并最大限度地满足客人的要求。强调客人总是对的，主要是指酒店工作人员在处理问题时态度要委婉，要灵活应对、巧妙化解，即便过错是在客人一方，也要通过巧妙、委婉的处理方式维护客人的自尊心。如果客人因为某些原因迁怒于酒店工作人员，工作人员必须尽量理解客人，并用更加优质的服务去感动客人，让客人感到酒店如家般的温暖。如果客人故意找茬，也要秉承着"顾客就是上帝"的原则，把"对"让给客人，给足客人面子。

★ **案例分析**

【相关案例】

客房重复预订之后

背景与情境：销售公关部接到一日本团队住宿的预订，在确定了客房类型并安排在 10 楼同一楼层后，销售公关部开具了《来客委托书》，交给了总台石小姐。由于石小姐工作疏忽，输错了系统信息，而且与此同时，又接到一位台湾石姓客人的来电预订。因为双方都姓石，石先生又是酒店的常客，与石小姐相识，石小姐便把 10 楼 1015 客房许诺订给了这位台湾客人。

当发现客房被重复预订之后,总台的石小姐受到了严厉的处分。不仅因为她的工作出现了差错,而且她也违反了客人预订只提供客房类型、楼层,不得提供具体房号的店规。这样一来,酒店处于潜在的被动地位。如何回避可能出现的矛盾呢?酒店总经理找来了销售公关部和客房部的两位经理,商量了几种应变方案。

台湾石先生如期来到酒店,当得知因为有日本客人来才使自己不能如愿入住时,表现出了极大的不满。石先生坚决不同意换一间客房,无论总台怎么解释和赔礼,他仍指责酒店背信弃义。

销售公关部经理向石先生再三致歉,并道出了事情经过的原委和对总台失职的石小姐的处罚,还转告了酒店总经理的态度,一定要使石先生这样的酒店常客最终满意。

这位石先生每次到这座城市,都下榻这家酒店,而且特别偏爱住在10楼。据他说,他的石姓与10楼谐音相同,有一种住在自己家里的心理满足;更因为他对10楼的客房陈设、布置、色调、家具都有特别的亲切感,会唤起他对逝去的岁月中一段美好而温馨往事的回忆。因此对10楼他情有独钟。

(资料来源:客房重复预订之后. 豆丁网. 饭店服务案例100则[EB/OL]. http:www.docin.com/p-17290-50087.html)

问题:

(1)此案例涉及本章的哪些知识点?

(2)在本案例中,前厅部工作人员有哪些方面做得不对?在今后的工作中应该如何改进?

(3)前厅部在服务质量管理上应该采取哪些措施减少和避免类似事情的发生?

(4)如果你是销售部公关经理,你会如何处理此事?

建议阅读

[1] 刘慧明,杨卫. 前厅服务员岗位职业技能培训教程[M]. 广州:广东省出版集团,广东经济出版社,2007:218-248.

[2] 姜文宏,刘颖. 前厅客房服务[M]. 北京:高等教育出版社,2010:232-240.

[3] 奚宴平. 世界著名酒店集团比较研究[M]. 2版. 北京:中国旅游出版社,2012.

[4] 博泽克工. 一个酒店传奇的诞生[M]. 贺艺娇,译. 广州:广东旅游出版社,2015.

[5] 匡仲潇. "经营有道"系列——酒店经营与服务158个怎么办[M]. 北京:化学工业出版社,2015.

[6] 袁照烈. 酒店前厅部精细化管理与标准化服务[M]. 北京:人民邮电出版社,2016.

第 8 章 客房部概述

学习目标

理论知识：学习和把握客房部的相关概念，客房部的地位与作用，客房部组织架构设置的类型，客房部的职能，以及"知识链接"等陈述性知识。

实务知识：学习和把握酒店客房部组织架构设置的原则，客房部各个不同岗位的岗位职责和具体的人员素质要求，以及"业务链接"等程序性知识。

认知弹性：运用本章理论与实务知识研究相关案例，对本章"引例""同步案例"和"相关案例"等案例情境进行分析。

【引例】

"一个枕头"还是"两个枕头"

背景与情境：一天，某酒店客房服务员小余推着工作车开始清扫房间。在打扫806房间时，床上原配的两个枕头少了一个，后发现客人将另一枕头放入衣柜内。小余在打扫好房间后，按照客房清扫标准，又将另一个枕头放回原处，仔细检查了一遍后离开了房间。第二天，小余休息，替班服务员小许来到8楼，在清扫806房间时，也发现了客人又将床上一枕头放入衣柜内。小许想到也许是客人不喜欢睡高枕头，便没有将枕头放回原处。在给客人换热水时小许又发现水瓶塞未塞而是放在茶几上。"不知是客人忘了，还是客人想喝凉水呢？"，小许心想。但一时又拿不定主意，想来想去，小许决定给客人换了一瓶热水，另给客人取了一壶冷开水放在旁边。第二天，住在806房间的周女士在办理离店手续时，向大堂经理对客房服务员小许的细心服务提出表扬。

（资料来源：曹希波.新编现代酒店服务与管理实践案例分析实务大全[M]. 北京：中国时代经济出版社，2013：225-226.）

客房部是酒店的主体和存在的基础，在酒店中占有重要地位。客房的清洁卫生是否到位，装饰布置是否美观宜人，设备与物品是否齐全完好，服务人员的服务态度是否热情周到，服务项目是否周全、丰富等，客人都会有最敏锐的感受，客房服务质量的高低是客人衡量"价"与"值"相符与否的主要依据。

8.1 客房部相关概念、地位与作用

8.1.1 客房和客房部概念

客房部（House Keeping Department），又称房务部或管家部，其工作重点是管理好酒店所有的客房及其设施、设备，负责客房的清洁和保养工作，加快客房的周转。

客房是酒店的主要产品，是单一设施概念，指酒店中为客人准备用于住宿和休息的空

间，需满足清洁、舒适、方便和安全的基本要求。

8.1.2 客房部的地位与作用

在大多数酒店，客房部既是一个主要部门，也是酒店的经营中心，在酒店中有着重要的地位和作用。

1. 客房是酒店的基本设施和物质承担者，是酒店存在的基础

客房是酒店的基本设施和主体部分。酒店的固定资产绝大部分在客房，酒店经营活动所必需的各种物资设备和物料用品，也大部分在客房，所以说客房是酒店的基本设施和物质承担者。

在旅游投宿活动方面，酒店必须能向顾客提供住宿服务，要住宿必须要有客房，没有了客房，实际意义上的酒店就不复存在，所以客房是酒店存在的基础。

2. 客房收入是酒店经济收入和利润的重要来源

酒店的经济收入主要来源于三部分——客房收入、饮食收入和综合服务设施收入。除博彩酒店外，所有酒店的客房租金都是最大的一项收入来源，一般要占55%～70%，而且客房收入较其他部门收入更为稳定。另外，客房经营成本比餐饮部、商场部等都小。因此客房部不仅创造了大部分收入，还产出了最大的利润，客房收入是酒店经济收入和利润的重要来源。

3. 客房数量和接待能力是酒店规模、等级的标志

酒店的规模大小主要由客房数量决定，国际通行的标准是：300间客房以下为小型酒店；301～600间客房为中型酒店；601～1000间客房为大型酒店；超过1000间以上客房，为超大型酒店。

酒店等级评定的必备条件之一就是客房数量，2010年版的国家旅游酒店星级评定标准规定：一星级和二星级酒店分别应有至少15间（套）和20间（套）可供出租的客房。三星级、四星级和五星级酒店分别应有至少30间（套）、40间（套）和50间（套）可供出租的客房，并且有不同规格的房间配置。由此可见客房的数量、类型和面积是酒店星级高低的必备评判标准。

【深度思考8-1】

背景资料：《旅游饭店星级的划分与评定》（GB/14308—2010）将客房作为酒店的核心产品，而舒适度又是客房的核心。在硬件表的分值设置上，客房部分191分，占总分600分的31.8%。

问题：在中国星级酒店评定中，客房为什么是衡量星级高低的一个重要标准？

理解与讨论：中华人民共和国星级评定标准是旅游住宿设施的评价标准，评价的中心和重点均应是住宿设施。客房在酒店中处于主导位置，其正常的运行关系到客人对酒店舒适度的评价，及酒店回客率的高低问题，它在酒店中的地位是其他部门功能所不可取代的。因此在星级标准中将客房定为衡量星级高低的一个重要标准。

4. 客房是带动酒店各项经济活动的枢纽

酒店作为一种利用现代化的设施为客人提供综合服务的场所，客房是决定其经营项目、规模和结构的主要依据。客房服务带动了酒店的各种综合服务设施的运转，只有在客房入

住率较高的情况下，酒店的综合设施才能发挥作用，才能带动整个酒店的经营管理。

5. 客房部的服务与管理水平影响着酒店声誉及客房出租率

客房部的服务与管理水平是酒店等级水平的重要标志。因为人们衡量酒店的等级水平，主要依据酒店的设备和服务。设备无论从外观、数量或是使用来说，都主要体现在客房，而且酒店公共区域的卫生工作一般也由客房部承担，这些都对客人的影响较大，因而客房部的服务管理水平往往成为客人评价酒店和决定是否再次光顾的主要因素。

【同步案例8-1】

喜达屋测试七大客房创新概念

背景与情境：喜达屋目前正在测试多项技术创新服务，包括手机房卡、Butler机器人、电子礼宾信息等，这将使住客享受更加新颖便利的居住体验。

1. 电子礼宾信息

雅乐轩（Aloft）酒店的住客在打开其房门之后，其智能手机会收到一条自动欢迎短信，该短信将向住客介绍房间的主要特色。信息主要针对首次入住客人设计（但也适用于多次入住的客户，老客户也可以重温房间功能的介绍），这条简介信息旨在帮助住客充分享受住房体验。

2. 咖啡机早晨唤醒服务

不久将来，住客可以在雅乐轩酒店的房间设定早上的起床时间，早晨一到唤醒时间，房内的咖啡机自动开始煮咖啡。如果咖啡的香味不足以唤醒住客，系统就会启动由住客提前设立播放清单的音乐播放，将住客从睡梦中唤醒。

3. 触屏上的菜谱

喜达屋最初创建Element品牌时，该品牌定位为高端的长住酒店（Extended Stay）品牌。这一定位仍然沿用，但后来Element品牌也更倾向绿色、可持续的定位。正因此，该品牌的每一间客房都配备了完整的厨房。长住顾客如果想要准备自己的三餐，电子菜谱会提供大量烹饪选择。美食爱好者也可以上传自己最爱的食谱，让其他住客尝试烹饪。

4. 住客休憩时其设备可充电

Element住客可以坐在户外凉棚下休憩，同时其移动设备则借由凉棚的太阳能发电板充电。这项技术升级目前正在美国达拉斯的Fort Worth机场的Element酒店试行。

5. 智能地砖

Element客房的地面安装的是植入了无线电频率识别技术的地砖。当住客下床，脚刚踏在地砖上时，地砖就会发光以指引通向浴室的道路，这样可以防止住客在黑暗的客房内摔倒。

6. 巨大的双屏电视

喜达屋高层针对福朋喜来登（Four Points by Sheraton）酒店也有特别计划，包括在客房同一面墙壁上，配备两个相邻的平板电视。比如说，独自旅行的客人能够同时观看两场体育比赛。而戴上无线耳机，这项双屏技术又能让夫妻俩能各自看自己喜爱的电影又不干扰到对方。

7. 数码镜子

福朋酒店客房的落地镜将同时具备显示早报头条新闻的功能，只要在触屏接入相关应用程序，就可以在镜子上显示当天的重要新闻、天气预报和最新赛事比分等。

（资料来源：Jerry 编译. 喜达屋测试七大客房创新概念[N/OL]. 环球旅讯，（2015-12-15）[2015-12-15]. http://www.traveldaily.cn/article/97703.）

问题： 喜达屋酒店集团为什么要对客房产品进行创新？

分析提示： 客房产品基于科技创新的改进，可与其他竞争对手构成差异化的方式，又直接提升了酒店体验的质量，给客人更好的感受，提升满意度。

6. 客房部是酒店降低物资消耗、节约成本的重要部门

客房商品的生产成本在整个酒店成本中占据较大比重，其能源（水、电）的消耗及低值易耗品、各类物料用品等日常消费较大。因此，客房部是否重视开源节流，是否加强成本管理、建立部门经济责任制，对整个酒店能否降低成本消耗，获得良好收益起到至关重要的作用。

8.2 客房部组织架构和职能

计划、组织、指挥、协调、控制是酒店管理的五大职能。计划是各种管理的基本职责，是制定企业目标并实现目标的适当方法的过程。计划接下来的步骤是组织，这是管理的第二项职能，组织就是建立一个有效的酒店管理系统，以便充分利用酒店资源，最有效地达到管理目标。

组织架构是指组织内部各单位间关系、界限、职权和责任的沟通构架，是组织内部分工协作的基本形式。酒店通过组织架构对系统内的各部分做出定位和组合。

8.2.1 客房部组织架构设置原则

一个组织设置是否合理，能够表现出不同的效率。酒店的大小不同，客房部的组织形式也不同，但是都必须遵循以下原则：

1. 任务、目标原则

客房部组织架构设置必须围绕酒店自身的经营目标而展开，应根据酒店的经营规模、档次、接待对象、经营思维、劳动力成本、设施设备等具体情况来定。从酒店的实际出发，根据跨度原则和实际需要确定客房部的组织层次，按需设岗，因事设岗，精兵简政。

2. 权力责任原则

职权是各机构在规定范围内从事活动和工作的权力，是履行职责的基本条件，职责则是接受并履行职权应承担的义务。只有职责职权相对应，各机构才能履行其职责并充分发挥积极性、主动性和创造性，才能使组织机构充分发挥作用。

3. 分工协作原则

专业分工是将客房部的全部工作按需要划分为若干个较小的部分，分配给具体的岗位或个人去操作，每个岗位的人员应有明确的职责和上下级隶属关系。分工可提高专业化程度和工作效率。有分工就要有协作，因此要加强各层级、各岗位之间的协调，从而使各方面保持步调一致，齐心协力，高效率地实现酒店的经营目标。

4．统一指挥原则

统一指挥原则又称链形指挥原则，即要求"一个职工归一个上级"领导，无论是清洁工还是部门经理，都应该知道该向谁汇报工作。从最高管理层到最低管理层的命令精神应保持一致，命令层层下达，都应该是指挥者向直接下属下达而不能越级指挥。

【教学互动 8-1】

主题：统一指挥原则要求最高管理层到最低管理层的命令精神应保持一致，命令层层下达，都应该是指挥者向直接下属下达而不能越级指挥。

问题：如果总经理没有通过客房部经理而是直接通过客房部主管进行人员调度，那么，客房部主管该怎么办？

8.2.2 客房部组织架构设置的类型

1．依照机构的横向业务分工不同划分

依照机构的横向业务分工不同划分，客房部组织架构设置可分为楼层服务台式组织架构、客房服务中心式组织架构和既设立客房服务中心又保留楼层服务台的组织架构。

（1）楼层服务台式组织架构。楼层服务台式组织架构图，如图 8-1 所示。

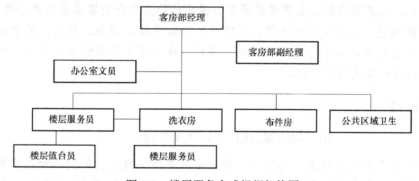

图 8-1　楼层服务台式组织架构图

（2）客房服务中心式组织架构。客房服务中心式组织架构图，如图 8-2 所示。

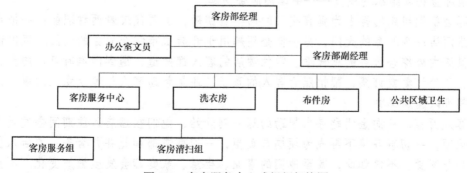

图 8-2　客房服务中心式组织架构图

（3）既设立客房服务中心，又保留楼层服务台的组织架构。客房服务中心与楼层服务组合式的组织架构图，如图 8-3 所示。

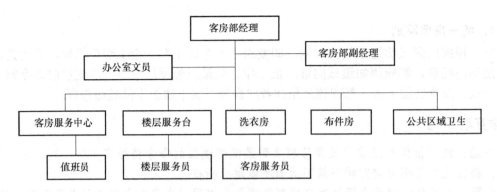

图 8-3 客房服务中心与楼层服务组合式的组织架构图

【同步思考 8-1】

问题：依照机构的横向业务分工不同来划分酒店客房部的组织架构，其各种不同组织架构的优缺点有哪些？

理解要点：以前，我国的酒店客房部通常采用设立楼层服务台的管理模式，能够给予客人更多的关心和关怀，保障客人安全，但是让客人觉得自己生活在楼层服务员的监督之下，产生不自由的感觉。近年来，随着国外隐蔽式服务理念的提出，客房部的组织架构经历了一些变化，酒店客房部从先前楼层服务台模式转换为现代的客房服务中心模式。但是，楼层服务的撤销使一些酒店感到不便，不能及时地给予客人帮助，所以，又出现了一些将楼层服务与客房服务中心组合在一起的服务模式，这种模式既能保障客人安全给予及时服务，又尽量避免给客人造成干扰。

【知识链接 8-1】

由"楼层服务台"向"专职管家"转变

专职管家服务方式又称金钥匙服务。酒店中有这样一群人：他们活跃在礼宾部或接待问询处，身着一身考究的西装或燕尾服，衣领上各有一对垂直交叉的金钥匙。他们面带微笑同时充满智慧，给人以绅士的感觉，他们的工作是为客人提供尽善尽美的专业化服务，他们是国际金钥匙组织的成员——中国酒店金钥匙。

国际金钥匙组织的标志为垂直交叉的两把金钥匙，主要代表着两种职能：一把金钥匙用于开启酒店综合服务的大门，另一把金钥匙用于开启城市综合服务的大门。可以说，金钥匙是酒店内外综合服务的总代理。常住酒店的客人都知道，遇到困难时可以向金钥匙寻求帮助，不论订餐或订票，帮忙照看客人的孩子，还是帮助客人处理生意上的事情，酒店金钥匙都可以圆满解决。

对客人而言，从向金钥匙寻求帮助的那一刻开始，他们在酒店入住期间会发现人生变得一帆风顺，一切事务将不再成为烦恼与负担，一切事情都如此井井有条，酒店入住成为一种放松与享受。不仅如此，甚至他们的事业、生意、家庭都会发生微妙变化。不止在酒店所在城市，在整个世界范围内，他们都能享受到金钥匙无微不至的服务。

（资料来源：巴佳慧. 酒店行业开展金钥匙服务的机制探讨[J]. 南京广播电视大学学报，2013（4）: 58-61. http://www.canyin168.com/glyy/kfgl/kflc/201105/30444_2.html）

2. 依照机构的纵向层次设置不同划分

依照机构的纵向层次设置不同划分，客房部组织架构设置可分为大型酒店客房部组织架构、中小型酒店客房部组织架构。

（1）大型酒店客房部组织架构。大型酒店客房部组织架构内容多、范围广，客房部职能划分精细，由不同的岗位分别负责。大型酒店客房部管理层次多，一般有部门经理级、主管级、领班级、员工级四个层次，有些大型酒店还在经理级别之上加上一个总监级（见图 8-4）。

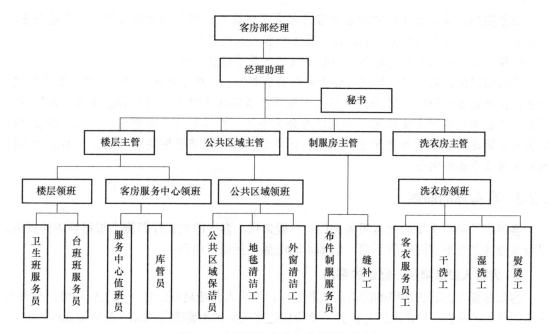

图 8-4 大型酒店客房部的组织架构图

（2）中小型酒店客房部组织架构。中小型酒店客房部组织架构内容少，客房部职能划分较为笼统，有些可能将一些岗位合二为一，甚至合三为一。中小型酒店客房部组织架构中层次较少，可能只有经理级、主管级或领班级、员工级三个层次（见图 8-5）。

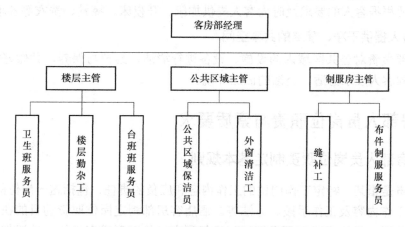

图 8-5 中小型酒店客房部的组织架构图

【延伸思考 8-1】

问题：一个拥有 200 间客房的经济型酒店客房部一般会是什么样的组织架构？

理解与讨论：按照客房数量来进行划分的话，拥有 200 间客房的经济型酒店属于中小型酒店，其一般采用中小型酒店组织架构，层级较少，结构简单，多岗位合在一起。员工的分工不够明确，基本上都是一人多岗，一人多职，需要员工掌握客房部多种岗位技能。

【深度思考 8-2】

背景资料：现实生活中有的酒店客房部有了完善的组织架构和人员配置，还是会出现不同岗位、不同班次的员工矛盾，以及员工和客人间的问题。

问题：是什么原因导致这些酒店整体服务质量不能获得提高？

理解与讨论：客房部组织架构设置受到酒店类型、规模、等级、管理模式、服务方式、业务范围等因素的影响，健全的组织架构仅仅是酒店客房部运行的开始。而在具体的运行过程中总会遇到各种突发状况，并且涉及分工不同、性格不同的各类员工和天南海北的住店客人，因此总会出现各种矛盾和问题，组织架构设置还需要制定详尽的工作制度和工作程序来保证系统的运行。

8.2.3 客房部的职能

客房部是酒店重要的对客服务部门，一般来说，客房部的工作范围会根据酒店的规模、星级及业务划分不同而有所不同，但基本职能都包括以下内容：

1．为客人提供清洁、舒适的客房

客房部要负责酒店客房的清洁与整理工作，为客人营造良好的休息与工作环境；负责客房相关设备的检查、日常维护与保养；负责住进客人后的小整理及物品补充等情况的控制。

2．保障住店客人的安全

加强客房的防盗、防火安全工作，尽量减低房客发生意外的可能性，加强钥匙管理，确保酒店财产和客人人身安全，做好客人遗失物品的登记保管工作。

3．为客人提供高效、优质的客房服务

客房部要根据客人的要求及时为客人提供加床、开夜床、擦鞋、洗衣等各项服务。

4．为客人提供干净、整洁的共享空间

客房部要负责对公共区域内的设施、设备进行清洁、维护与保养，并做好酒店的园林绿化工作，向客人展示舒适、整洁的酒店环境。

8.3 客房部人员岗位职责与素质要求

8.3.1 客房部人员岗位职责制定基本规则

岗位职责是指某一特定工作岗位的工作内容和应负的责任，包括这一岗位的工作性质、工作准则、工作内容及工作手段、方法等。酒店客房部制定岗位职责的目的在于确保各岗位工作内容清晰、目标明确、要求统一、责任到人，从而形成有机统一的运作机制，进一

步提高工作效率和服务质量。制定完善且可操作性强的岗位职责是酒店客房部运行与管理的一项重要的基础工作。因此,制定岗位职责时应尽量做到:文字通俗易懂,描述客观准确,职责条理分明,要求具体明确,定性与定量相结合,保证各级别各岗位间的有机联系。

除上述内容外,岗位职责有时还包含员工素质要求,即对从事某一岗位工作人员的资格要求,包括年龄、性别、学历、工作经验、特殊技能及个性、性格等多方面的条件。

【职业道德与企业伦理 8-1】

还是两把钥匙好

背景与情境:某中外合资企业的张工程师与刘技术员出差,下榻某市一酒店。在总台登记完毕后,接待员给了他们一把钥匙。上楼,打开房门,需要将钥匙插入节能电源插口内,电源才接通。小刘一一开启电灯,室内明亮。这是一间普通的标准住房。过了一会儿,张工与小刘两人商量了各自的工作分工。张工去电子元件厂晚些回来,而小刘去购买机票则早去早回,钥匙该谁拿,成了问题。张工拿钥匙,小刘早回进不了门;小刘拿钥匙,张工离去前房里就没了供电。考虑再三,钥匙由张工管。小刘天没黑就先回来了,没有钥匙,拿出住房登记卡,让楼层服务员开了门。进门后,他自作聪明,找个硬纸先插入节能孔里,想着同样能接通电源,结果不行;换其他东西硬塞,也没有用。他去问服务员,服务员告诉他,钥匙柄内安装了磁性片,所以能接通电源,其他东西是不行的。机灵的小刘这下可傻了眼。服务员也没有多余的钥匙牌。小刘就这样黑灯瞎火地躺在床上,焦急地等张工回来。

张工心里也不踏实,办完事,马上乘出租车回来了。进门插上钥匙,小刘才"重见光明"。张工打开文件包一检查,发现电子元件厂给他准备的几份资料忘记拿了,他与小刘打个招呼,赶快下楼,又去了电子元件厂。

张工回到酒店,按门铃叫小刘开门,小刘此时正在洗澡。听到门铃声也没办法,光着身子泡在浴缸里,咋开门呀!他只能拉开卫生间的门,大声嚷嚷:"张工,我在洗澡,请等三分钟!"张工总算听见了,他想找楼层服务员来开门,却找不到,估计是吃晚饭去了。就这样,张工在楼道里来回踱步,直到小刘擦干身子来给他开门。

晚餐后回房,张工有点累了,他一会儿翻阅资料,一会儿看看电视。小刘倒是精神焕发,独自逛夜市去了。10点钟,张工想睡了,这时,他才发现小刘没拿钥匙怎么办?人虽累了,却不敢躺下睡,于是就靠在床沿打盹等小刘回来。11点半,小刘的门铃声把他惊醒,开门后才脱衣睡觉,临睡前,张工嘟囔了一句:"两个人只给一把钥匙,可把我折腾苦了。"

(资料来源:曹希波.新编现代酒店服务与管理实践案例分析实务大全[M].北京:中国时代经济出版社,2013:209-210.)

问题:上述案例中所反映的问题带有一定的普遍性,酒店有办法解决这样的问题吗?在本案例中,作为客房服务员,还有哪些做得不到位的地方?

分析提示:现在大多数酒店,对同住一间标准客房的客人,只发给一把钥匙。从酒店方面来说,管理上方便了,也减少了钥匙丢失的可能性,但这样做,客人很不方便。两位客人住在一个房间里,并不说明他们的活动也是在一起的。当分头活动时,只有一把钥匙会给客人带来种种麻烦。以上所展示的只是其中的几种情况而已。

从服务质量考察,酒店首先应满足客人的需要,而不能图自己的方便。下面,我们提出几种办法，为客人解除钥匙之忧：

（1）总台应配三套钥匙，两套分别给两位客人，一把总台备用。

（2）总台备有三套钥匙，一般只给客人一个。若两人同住，并提出要两把钥匙时，第二把钥匙可采取付押金的办法，以免客人遗失或带走。

（3）楼层服务员（或总台）可备有钥匙柄，只用于接通电源。在两人共用一把钥匙的情况下，各人可付押金另租一个钥匙柄。房门则可出示房卡由服务员开启。

在本案例中，作为客房服务员而言，也有做得不到位的地方，不能体现其良好的职业道德。小刘问客房服务员有没有多余的钥匙，服务员回答一句没有即完事，这样的回答客人可能也不会责怪服务员，但是绝不会让客人满意，面对客人遇到的困难，服务员不能回答一句不行、不能、没有或其他否定词语就算解决问题，而是应该尽力去帮助客人，比如楼层服务员努力去解决客人没有钥匙而导致房间不通电的问题，而不是任由客人黑灯瞎火地躺在床上。

王工回来房间的时候没有钥匙开门，去寻找楼层服务员，竟然没有找到，说明此时楼层服务员擅自离开了工作岗位，当客人需要帮助的时候，并没有第一时间给予及时的帮助，导致客人在楼道来回踱步进不了房间。服务员在自己的岗位上就要恪守职责，任何时候都不能擅自离岗，这样就不会出现客人遇到困难，而得不到及时解决的问题了。

8.3.2 客房部主要岗位的岗位职责与素质要求

客房部的主要岗位有：客房部经理、客房部房务中心文员、主管、领班、服务员等。本节依次介绍客房部主要岗位的岗位职责和素质要求。

1. 客房部经理的岗位职责和素质要求

部门经理是各个部门运转的指挥者，全面负责本部门的工作，所以，客房部经理是客房部的最主要岗位成员，全权负责客房部的运行与管理，负责计划、组织、指挥及控制所有房务事宜，督导下层管理人员的日常工作，确保为住店客人提供热情、周到、舒适、方便、卫生、快捷、安全的客房服务。

客房部经理的直接报告上级为总经理，督导下级为各级主管、房务中心文员，联系部门为酒店其他各部门。

（1）岗位职责。客房部经理的岗位职责如下：①监督、指导、协调全部房务工作，对总经理负责，报告工作情况，为住客提供具有规范化、程序化、制度化的优质服务；②负责配合并监督客房销售控制工作，保障客房最大限度出租率和最高经济收入；③保证客房和公共区域达到卫生标准，确保服务优质、设备完好正常；④管理好客户消耗品，并提出年度布巾消耗、采购计划及预算，确保最佳物耗率；⑤制订人员编制、员工培训计划，合理分配及调度人力并检查员工的礼节礼貌、仪表仪容、劳动态度和工作效率；⑥保持部门之间的联系，做好协调与沟通，便于部门工作顺利进行，确保酒店处于最好的清洁状态和提供最佳的服务；⑦与前台做好协调，控制好房态，提高客房利用率和对客的服务质量；⑧与工程部做好协调，做好客房设施设备的维修、保养和管理工作；⑨检查 F 层的消防、安全工作并与安保部紧密协作，确保客人的人身及财产安全；⑩拟定、上报客房部全年工作计划、季度工作安排、提出年度客房各类物品的预算，并提出购置清单，包括物品名称、牌号、单价、厂家及需用日期，控制房务支出，并做好客房成本核算与成本控制等工作；⑪做好工作日志、工作总结，建立客房部工作的完整档案体系，不断完善各项制度和规程；⑫按时参加酒店例会，传达落实会议决议、决定，及时向总经理汇报，主持每周客房部例会、每月的部门业务会议；⑬任免、培训、考核、奖惩客房部主管及领班；⑭巡查管区，检查各项工作，发现问题及时记录和整改，不断完善各项制度和规程；⑮处理较大的投诉，督查失物处理，发展同住店客人的友好关系；⑯检查VIP房，使之达到酒店要求的标准，拜访病客及长住客；⑰完成上级领导布置的其他工作。

（2）岗位素质要求。客房部经理的岗位素质要求如下：①文化程度：高等院校大专及以上学历，持有客房部经理上岗证或资格证书。②酒店经验：有一定的客房服务和管理工作经历或三年以上高星级酒店工作经验，熟悉各部门的日常工作程序。③专业知识：具有酒店客房管理知识，棉织品布料性能及质量知识，工服款式、干湿洗衣知识，清洁剂和客房用品的用途及性能等知识。④语言能力：有较强的汉语表达能力，掌握一门外语。⑤其他方面能力：有良好的人际关系处理能力和组织协调能力；有管理意识和创新精神，领导能力强；能制订工作计划、培训员工、评估员工、正确地使用员工；具有基本的计算机知识和计算机操作能力；身心素质：具备强健的身体，善于走动管理，观察和解决问题能力强，有良好的个人品质，为人正直、忠于企业、敬岗爱业、态度端正，有强烈的事业心和工作动力。

【同步业务 8-1】

背景资料：客房是酒店的心脏，如果一家酒店的心脏停止跳动，那么该酒店的一切运作都会失去意义。因此相比于酒店其他部门，客房部经理的素质应更加综合全面。

问题：怎样才能成为一名称职的客房部经理呢？

解析提示：在了解客房部的地位、工作特点和经理的职责之后，就要根据上述的基本情况，对客房部经理提出有针对性的素质要求。客房部经理应具备"五个力"，即亲和力、执行力、培训力、协调力和创新力。

【业务链接 8-1】

客房部经理"五个力"

（1）亲和力。客房部工作的特点之一是员工劳动强度大，工作简单重复，技术含量不高。客房部员工的文化程度不高，具有大学专科或以上学历的员工比例更低，员工的流动性较大。面对客房部的工作环境和员工构成，经理是否具有亲和力是部门工作成败的重要因素。亲和力是通过自己的言行举止吸引对方的一种力量，看不见摸不着，只能靠感受得到。因此，经理要做好本职工作，首先要想方设法取得员工的信赖，让员工对经理有信任感。经理应从员工角度多为他们的工作和利益着想，采取实际行动去维护部门和员工的合法权益，为他们多讲实话、多办实事，才能让员工感受到经理真诚爱护员工的亲和力。

（2）执行力。客房部的工作烦琐、枯燥，员工的机动时间少，卫生工作要求细致，安全责任重大，而部门的各项工作又是由一个个细小的环节构成的，每天每月每季要做的工作几乎夜以继日，从不中断。因此部门各班组的工作执行力度一定要比较到位、扎实。客房部经理的执行力，很大程度表现在日常工作中的规范化、标准化和制度化方面。

（3）培训力。培训是客房部的一项日常工作，客房部经理除了熟悉本部门的业务流程、各项服务和管理规程之外，还应具备培训师的资格。其本身除应具备对部门员工直接培训的能力之外，还应有较强的组织培训的能力。应针对本部门的培训工作制订每年、每季和每月的培训计划，并对部门级的培训亲自参与，对班组级的培训给予切实的指导。

（4）协调力。客房部经理应具备较强的协调能力。客房部管理的范围很广，人员众多，工作区域涉及整个酒店，不仅需要客房部内部，包括楼面、洗衣房、布草间、公共卫生部等保持信息畅通，协调一致，而且还要同其他部门保持密切联系，相互合作。只有与各部门的协调工作做好，才能保证提供高效、优质的客房服务。

（5）创新力。在一个人性化的社会，客人的住店需求更多的是满足其个性化的要求。在个性化服务中，客房部是最主要的阵地。客房服务的个性化发展，很大程度上依赖于客房部创造性的劳动实践，依赖部门的领导者——经理的创新力。

客房部经理如果能够在酒店各种业务最综合的部门——客房部中，通过自己的实践活动，不断提高素质，完善自己，那么就一定能成为一名合格优秀的职业经理人。

（资料来源：雷明化，葛华平. 客房服务与管理[M]. 北京：中国人民大学出版社，2013：20-24. 改编）

2．客房部房务中心文员岗位职责和素质要求

客房部房务中心文员直接报告上级为客房部经理。

（1）岗位职责。客房部房务中心文员岗位职责如下：①负责部门的文书工作，为部门领导打印各种函件、备忘录、报告及表格，记录并抄写口述材料、整理会议记录；②为部门领导换转或拨叫电话，接待来访者安排会谈；③收发寄送各种信件来函，提醒部门领导处理重要和需办的函件；④建立并管理客房档案，负责管理客房部各类文件、报告、表格、档案资料并分类存档，协助经理做好客房物品的年度预算；⑤处理客房部的人事资料，负责客房部全体人员事假、病假、公假、调休的调配管理，收集汇报考勤、奖金发放的报表，按时向人力资源部报告；⑥做好办公室用品请购计划，并负责领取和保管；⑦根据部门领导的吩咐，安排和提醒工作的进程及业务联系；⑧根据部门领导的指令，负责与其他部门沟通和正常工作联系；⑨主理失物的查寻处理事宜，记录在案，收集客房投诉事件的处理报告；⑩高效优质地完成部门领导临时委派的任务。

（2）岗位素质要求。客房部房务中心文员的岗位素质要求如下：①文化程度：高中及以上学历。②酒店经验：具有从事客房部三年以上工作经验。③专业知识：具备客房清洁和保养方面完备的知识，客房服务标准知识，熟知酒店规章制度和本部门的管理规范；掌握客户管理和服务程序；熟悉客房设备、清洁工具、洗涤剂、清洁剂的使用、操作方面的知识。④语言能力：具有一般写作和阅读能力，一般英语会话能力。⑤其他方面能力：善于搞好人际关系，搞好部门协作。⑥身心素质：身体素质好，心理状态稳定。能吃苦耐劳，承受工作压力，工作认真细致，诚实可靠。

3．客房部楼层主管的岗位职责和素质要求

客房部楼层主管的直接报告上级为客房部经理，督导下级为楼层领班、库管。

（1）岗位职责。客房部楼层主管的岗位职责如下：①在客房部经理的领导下，具体负责客房楼层区域的管理工作，贯彻客房部经理的决策、决定和各项指令，实施本部门的年度工作计划、季度工作安排，及时向上级报告完成情况；②负责所属客房区域人力合理调配、编排班次、对所属员工的任免、奖励提出建议；③实施工作规范和程序，制定劳动定额及质量标准，督促落实服务人员岗位职责执行情况，检查员工的工作态度、仪表礼貌、工作效率，评估领班的工作表现，将检查结果向上级汇报；④了解掌握客情，核准房间状态，负责迎客前客房准备及送客检查工作，检查并确保贵宾房间的完好状态和高效、优质的服务；⑤按酒店规定标准，抽查所辖客房，巡查楼层、电梯厅、防火通道、工作间，确保责任区内安全与卫生，检查客房设备和各种装置，发现问题及时与工程部取得联系；⑥每天检查客房用品的使用情况，搞好经济核算，在保证服务质量的前提下，控制物品消耗，降低成本，督导每月做好物资的控制盘点工作；⑦按部门要求依照本部门的实际情况，对属下员工进行不定期的业务操作培训和考核，不断提高员工素质、业务水准和操作技能；⑧负责计划卫生的安排，做好楼层范围内的防火、防盗及安全工作；⑨负责报告住客遗失和报失事宜，处理好客人投诉并向部门报告，解决工作关系产生的各种纠纷和内部投诉，重大问题必须向部门经理报告；⑩做好工作日志、填写各种报表、搞好交接班，建立有关房务的档案体系，参加部门例会，积极向部门提出合理化建议；⑪完成上级布置安排的其他任务。

（2）岗位素质要求。客房部楼层主管的岗位素质要求如下：①文化程度：有高中或旅游职业高中以上学历，受过旅游与酒店管理专业培训。②酒店经验：至少有三年客房工作经验。③专业知识：具备客房清洁和保养方面完备的知识、客房服务标准知识；熟知酒店规章制度和本部门的管理规范；掌握客房管理和服务程序；熟悉客房设备，清洁工具，洗涤剂、清洁剂的使用、操作方面的知识。④语言能力：具备一般写作能力和阅读能力、一般英语会话能力。⑤其他方面能力：能制订员工培训计划，培训员工、评估员工的表现，合理地使用员工；善于处理客人投诉，搞好人际关系，搞好部门协作。⑥身心素质：身体素质好，心理状态稳定。能吃苦耐劳，承受工作压力，工作认真细致，诚实可靠，责任心强，有进取精神，坚持原则。

4．客房部楼层领班的岗位职责和素质要求

客房部楼层领班的直接报告上级为客房部楼层主管，督导下级为楼层服务员。

（1）岗位职责。客房部楼层领班的岗位职责如下：①在客房部经理的领导下，负责管理所管辖区域的楼面接待服务工作，检查所属客房、电梯厅、防火通道、卫生间的卫生及服务工作情况、重点检查贵宾和离店客人房间的卫生，及时向房务中心报告房间状态，确保客房及时出租，认真填写《检查房间表》；②召开每日工作晨会，分派当日任务及注意事项，定期召开班组会议；③巡视所负责的楼层及房间，检查房间的清洁卫生达标及设施、设备完好情况，确保房间各项物品及设备完好无损，发现问题立即解决，确保客房服务质量；④检查服务员的仪容仪表和行为，确保酒店规章制度和客房的规章得以执行落实，对不符合酒店规定的事情及时处理并向上级报告；⑤掌握楼层客房出租情况，编制《员工排班表》，合理安排员工，做好对所属员工的日常评估考核，有计划地培训员工，负责楼层员工的轮值和请、休假，临时调配人力；⑥每日检查客房酒吧饮料的消耗、补充和报账情况，将客人的遗留物品及时送到房务中心并报告主管；⑦定期检查并报告所负责楼层的各类物品的存储量及消耗量；⑧保管好服务用品及器具，安排并检查楼层公共区域的清洁；⑨留意住客的特殊行为及患病情况，处理住客的一般投诉，并向上级报告；⑩检查并记录日常工作中存在的问题，提出合理化建议，检查楼层交接班记录，核查当日工作完成及移交情况，协助主管处理好各项事宜，填写有关报告，做好领班交接记录；⑪参加客房部有关会议、传达落实酒店和部门的各种会议决议；⑫检查所辖范围内消防、安全工作；⑬完成上级指派的其他任务。

（2）岗位素质要求。客房部楼层领班的岗位素质要求如下：①文化程度：高中及以上学历；②酒店经验：从事酒店客房服务两年以上的工作经验；③专业知识：熟知客房服务工作秩序、服务标准、清洁工具和清洁剂的功能和使用知识；④语言能力：具有一般的写作和阅读能力，能用英语会话；⑤身心素质：身体健康，诚实可靠，体力充沛。

【同步业务 8-2】

背景：作为酒店基层管理者的客房部领班，既是领导者，又是服务者，即"兵头将尾"，是与宾客打交道的最直接一层领导，又是酒店服务员的带头人和表率，他们有着较为特殊的身份和地位。

问题：怎么样搞好客房部领班的工作？

解析提示：首先，作为一名领班应多关心员工，合理地安排每个员工的工作。其次，作为领班应该有真正的动手能力，有丰富的管理经验和专业的服务技能技巧。再次，领班应该有销售意识，员工与员工之间，部门与部门之间要有一股凝聚力，即员工在做好本职工作的同时，应该适时适度向客人介绍酒店的其他各项服务。最后，作为领班，除了严格要求员工外，更应高标准要求自己，要以身作则。凡要求员工做到的，自己必须先带头做好，并且要做得更好。只有这样，领班才有威信，才能传教员工。作为一名基层管理人员，应该以管理为主，光会做事，不会管理，那永远也当不了一名好领班。应该在做事的同时，把员工管理好，做一名称职的好领班。

【业务链接 8-2】

某连锁经济型酒店排班表，见表 8-1。

表 8-1　某连锁经济型酒店排班表

部门：　　　　　　　　　　　　　　　　　　　　　　　　　　　　　　　　年　月

日期\姓名	1	2	3	4	5	6	7	8	9	10	11	12	13	14	15	16	17	18	19	20	21	22	23	24	25	26	27	28	29	30	31

A班：　　　　　　　　　　B班：　　　　　　　　　　C班：

注：休息 DO（Day Off）；公共假期 PH（Public Holiday）；补休 CL（Compensation Leave）；年假 AL（Annual Leave）；病假 SL（Sick Leave）

加班 OT（Over Time）；事假 AFL（Ask for Leave）；旷工（Absent）

前台：A: 07:45-16:00　　　B: 15:45-00:00　　　C: 23:45-08:00

销售：H: 08:30-18:00　　　值班经理：T: 09:00-14:00　　17:00-20:00

客房：A2: 08:00-17:00　　　B2: 14:45-23:00　　　PA: 08:00-17:00

维保：A3: 08:00-17:00　　　C3: 20:00-08:00

排班表一经确认，不得随意调换班次；每人每月限调班 1 次；调换班次须提前一天报部门负责人批准，并报总经理备案。

值班经理、客房主管/领班、维保技师（主管）休假（班）须提前一天至总经理处填写休假申请单，经批准后方可休假（班）

5. 客房部楼层服务员的岗位职责和素质要求

客房部楼层服务员的直接报告上级为客房部楼层领班。

(1) 岗位职责。客房部楼层服务员的岗位职责如下：①掌握所在楼层的客房状况及住客情况，为住客提供擦鞋、物租借、访客接待、加床等各项对客服务；②按酒店规定的操作标准和工作程序清扫客房，并保证效率和质量；③负责楼层公共区域、工作间、专项计划卫生工作；④负责核对楼层客房状况，及时修改房态，确保房间状况的准确性；⑤负责做好客人来店前的准备工作，根据要求布置房间并做好客人来店的接待服务工作（包括VIP）；⑥负责客人结账离房后的检查工作，发现问题和客人遗留物，立即报告领班，将客人遗留物交房务中心登记；⑦负责管理所辖楼层的物资设备，合理控制各类消耗品，以防流失，做好棉织品的交接工作，协助洗衣房做好客衣的收送工作；⑧确保房间内各项设施、设备和物品的完好无损，发现问题立即向领班和房务中心报告，并陪同工程维修人员进行房间维修；⑨报告住店客人的特殊行为和患病情况；⑩负责检查客房迷你吧消费情况，并及时补充；⑪正确使用和保养清洁设备、器具，正确使用清洁剂，保持工作间、工作车及各类用品的整齐、清洁；⑫按要求填写各种报表；⑬保持客房楼面的安静和安全；⑭完成领班安排的计划卫生和领班交待的临时工作。

(2) 岗位素质要求。客房部楼层服务员的岗位素质要求如下：①文化程度：初中及以上学历；②专业知识：经过酒店专业培训，掌握客房清扫工作程序和工作标准，能正确使用清洁用具和清洁剂；③语言能力：普通话标准，能礼貌地与客人用英语沟通；④身心素质：身体健康，诚实可靠，吃苦耐劳，能与他人友好相处，能自觉地遵守店规店纪。

【深度剖析 8-1】

背景资料：现在很多大学本科生去了客房部实习，在实习一段时间之后普遍反映客房部工作强度大，事情琐碎，零散，干的都是又累又脏的活，枯燥乏味，客房部工作并没有他们想象的那么好。他们想象中的酒店实习工作应该是管理岗位，理想和现实的差距太大，很多学生都没办法在客房部坚持下去。

问题：为什么大学生在客房部实习会有这样的表现和心态？

解析与讨论：酒店工作实践性很强，必须能吃苦耐劳和具备坚强的意志，同时处事还要很灵活，客房清洁工作表面上看起来很简单，其实每个环节都有一定的程序和要求。大学生尤其是本科生，要转变自己的就业观念，从基层做起，从最辛苦的工作做起，才能为将来从事酒店管理工作打下良好的基础。

6. 客房部库管员的岗位职责和素质要求

客房部库管员的直接报告上级为客房部楼层主管。

(1) 岗位职责。客房部库管员的岗位职责如下：①向各楼层提供所需物品，做好申领、退回、保管、发放各类物品的工作；②经常查库、盘库、对账，及时申领物品，保证库存量，注意物品的合理摆设，利于周转，每次进货时，均全部入账存档，并把好质量关和数量关，记录项目、规格、单价、数量、经手人签字；③负责仓库物品的保管，认真做好仓库的安全、整洁工作，打开窗户通气，防潮、防湿，注意防火；④定期检查楼层物品柜及楼层用品，若发现问题及时上报，配合楼层回收、发放物品，防止流失，节约消耗，控制审查领用物品数量；⑤固定物品的更换，应填写更换表，报主管、经理批准后转财务，酒水更换必须填写酒水更换单，注明更换原因，领料单入账后妥善保存；⑥负责对客房内、外使用的固定资产、床上用品、工具设备进行检查和统计，每月与房务中心文员对楼层贵重物品进行盘点，对易耗品和劳动用品进行盘点，将清单交楼层主管；⑦认真、详细登记每日发放物品，建立日报表，结算发货量，计算每日每房的用品费用；⑧检查库房的安全，防火措施和做好清洁卫生工作；⑨完成上级指派的其他任务。

(2) 岗位素质要求：同楼层领班。

7. 客房部洗衣房主管的岗位职责和素质要求

客房部洗衣房主管的直接报告上级为客房部经理，督导下级为洗衣房领班。

(1) 岗位职责。客房部洗衣房主管的岗位职责如下：①在客房部经理领导下，全面负责洗衣房各项管理工作，拟订洗衣房预算方案，确定洗涤工作量、质量标准、收费标准、营业收入、成本费用和利润等经济指标，组织本部门员工为客人及酒店员工提供干、湿洗衣服务和酒店棉织的洗涤；②负责编制洗衣房工作规范和程序，督导员工严格按工作程序与标准工作，确保客衣、工作服及其他布草的洗涤、熨烫质量，保证快衣服务的准时完成与及时送回；③经常检查所有设备，确保其正确使用，密切与工程部联系，保证机械设备和洗涤工具保持完好，正常运转；④熟悉各种机器设备的使用方法，督导员工按规定操作机器以确保人身与设备的安全，督导员工严格按照规定的洗涤程序与加料标准进行棉织品洗涤工作，不得随意更改；⑤督导员工工作结束后，认真做好机器设备的清洁维护工作，保持工作区域的卫生清洁、整齐；⑥检查工作区域内消防及其他影响安全生产的隐患，发现问题及时处理上报；⑦编制洗衣房用品、用料的使用和购置计划，监督用品、用料盘点，控制每月消耗和总生产量的平衡；⑧编制和执行《员工排班表》，分配工作，制订当年和长远的培训计划，并组织实施，以保证员工服务技能和个人素质的不断提高；⑨负责管理洗衣房及其附属设施的安全、消防、卫生工作，并建立洗衣房工作的档案系统；⑩做好与各岗位沟通，搞好工作协调，培养团队精神；⑪服从部门的其他工作安排。

(2) 岗位素质要求：同楼层主管。

【深度剖析 8-2】

酒店"降星""摘星"背后

背景资料：据报道，近日，国家旅游局官网公布了两则"关于取消五星级旅游酒店资格"的公告，全国共有 6 家五星级酒店"摘星"，其中不乏知名国际酒店集团旗下酒店。据了解，这 6 家五星级酒店有 4 家主动摘星。根据国家发布数据，2010 年我国共有星级酒店 11781 家，2015 年仅剩 10550 家，星级酒店 6 年减少了 1231 家。不少酒店表示，摘星主要是出于"战略调整"。2014 年北京 60 家五星级酒店均现亏损，空置率达 40%，而一些没有星级的精品酒店入住率却逾 60%，在此情景下，主动"降星""摘星"成为五星级酒店主要做法之一。

(资料来源：耀琪. 五星酒店被摘星, 对很多酒店来说非坏事[N].羊城晚报.2017-02-20（A02G）.)

问题：这些酒店为什么会主动"摘星""降星"？

解析与讨论：星级酒店转型成为不二选择。中国会展经济研究会曾说到，尽管会展消费仍是高端酒店不能放弃的收入来源，但是高端酒店转型势在必行。许多有特色的酒店并不热衷于纳入星级酒店的评选体系，比如不少外资品牌豪华酒店根本不按五星级标准去设计建造，但由于服务精湛、西式管理、时尚另类，却能收取比五星级酒店更高的房价。客源市场的变化是导致此种现象的主因，现在的消费者都具备鲜明的个性和欣赏力，他们的消费观念正在改变着高星级酒店的投资走向和品牌定位。

特色化服务成出路。星级酒店要走出困局，一方面需要利用互联网渠道来加强推广力度，以保证客房的基本出租率；另一方面也要打造出酒店的个性化服务，达到个性化特色要求，不断推出个性化产品，从而赢得市场。

8. 客房部 PA 主管岗位职责和素质要求

客房部 PA 主管的直接报告上级为客房部经理，督导下级为 PA 领班。

（1）岗位职责。客房部 PA 主管的岗位职责如下：①接受客房部经理的指挥，主持督导 PA 与园林的工作；②参加部门工作例会，主持领班、员工会议，传达、布置会议决议和上级指令，执行并完成部门制定的各项任务和要求；③负责酒店内外环境卫生和园林绿地管理，巡视所管辖区域，保证酒店内外环境优美，无杂物、无异味、无卫生死角；④合理调配下属员工，检查员工仪容仪表、劳动态度及工作效率，评估员工，奖惩员工；⑤不断完善酒店的绿化美化设计，做好对酒店花草树木、盆景的栽培工作，合同有关部门做好门前三包工作；⑥督导属下正确使用化学洗涤剂、药剂、清洁设备和园林器械，并完成所辖区域的日常清洁卫生及特别清洁计划工作；⑦做好卫生防疫工作，定期喷杀药物，灭除害虫，确保酒店内外环境的卫生；⑧督导属下严格执行工作流程，负责领用、保管清洁用品及园林器械，努力降低成本，提高效益；⑨编制《员工排班表》，制订培训计划，对属下员工进行不定期的业务操作培训，不断提高员工素质、业务水准和操作技能；⑩完成每月 PA 组与园林组机器和物品盘点工作；⑪负责所辖区域的防火工作；⑫执行客房部经理的指令和其他工作上的安排。

（2）岗位素质要求：同楼层主管。

本章概要

★**主要概念**
客房部，客房，组织架构。

★**内容提要**
- 本章介绍了客房部的概念，客房部的地位和作用，不同类型酒店客房部的组织架构及设置的原则，客房部的职能。介绍了客房部的主要岗位职责，以及客房部各岗位管理人员和一般员工的素质要求。
- 客房部（House Keeping Department），又称房务部或管家部，其工作重点是管理好酒店所有的客房及其设施、设备，负责客房的清洁和保养工作，加快客房的周转。客房是酒店的主要产品，是单一设施概念，指酒店中为客人准备用于住宿和休息的空间，需满足清洁、舒适、方便和安全的基本要求。在大多数酒店，客房部既是一个主要部门，也是酒店的经营中心，在酒店中有着重要的地位和作用。

- 依照机构的横向业务分工不同划分,客房部组织架构设置可分为楼层服务台式组织架构、客房服务中心式组织架构和既设立客房服务中心又保留楼层服务台的组织架构。依照机构的纵向层次设置不同划分,客房部组织架构设置可分为大型酒店客房部组织架构、中小型酒店客房部组织架构。
- 客房部的主要岗位有:客房部经理、客房部房务中心文员、主管、领班、服务员等。客房部的这些岗位具有不同的岗位职责和素质要求。

单元训练

★观点讨论

观点:在传统的客房清扫模式中,一般都是一个人打扫房间,而"小组清扫模式"是尝试由两个人一起来进行这项工作。

常见质疑:客房部的工作主要是动手的操作性工作,并且涉及绩效提成,假如两个人做房效率不同,有人做房效率高,有人效率低,长期一起清扫就会有矛盾,并且也有可能产生互相推诿现象,影响员工积极性和内部团结。

释疑:"小组清扫模式"的配置可以使得服务员在工作过程中不至于感到寂寞,而且彼此之间能够形成监督,相应的分工也能够更加专业化,假如有相对应的约束机制和良好的企业文化作为前提,可以起到"1+1>2"的效果。

★案例分析

【相关案例】

OK 房不 OK

背景与情境:一辆进口大型豪华巴士包车在华北某一刚被评上三星级的酒店门前停下,车上 50 余位德国客人鱼贯而下,大堂里接待员、行李员、保安员互相配合,客人很快便一一被安排进了房间。

20 分钟后,大堂副理接到 612 房一位老太太打来的电话,投诉说洗手间马桶水箱里没水。大堂副理答应马上派人前去修理。不到 5 分钟,一名工程维修人员出现在 612 房间。他先代表酒店向客人道歉,接着便熟练地动手干起来。一会儿,故障就全部排除,水箱里很快便注满了水。

大堂副理做出修理安排后又立即与客房部联系,了解该房情况。后查明此事是领班的责任:把非 OK 房报了 OK 房。

这批德国团队早在两周前就在该酒店预定了房间,前厅部在前一天已做了安排。612 房间住着一对西班牙夫妇,今天中午前办了离店手续。早上服务员清扫过房间后,领班已按程序检查过了,没发现抽水马桶水箱无水的问题,便报告说这间走客房一切正常。中午客人走后,前厅部又一次通知客房部,证实 612 房间确为走客房,便要求再检查一遍,岂知领班又把水箱给疏忽了。领班两次查房均未发现洗手间的问题,最后导致客人投诉,情况是很严重的。事后大堂副理赶到 612 房,再次郑重地向德国老太太致歉,同时要求客房部按程序再认真检查一遍所有客房,并把该事情经过写进当天的大事记录本中。

(资料来源:王大悟,刘耿大. 酒店管理180个案例品析[M]. 北京:中国旅游出版社,2007:94-95)

问题：
（1）此案例涉及本章的哪些知识点？
（2）结合上述案例评析领班的岗位职责和素质要求？

建议阅读

[1] 王大悟，司马志. 新编酒店培训案例百题[M]. 北京：社会科学文献出版社. 2006：6-8.

[2] 王大悟，刘耿大. 酒店管理180个案例品析[M]. 北京：中国旅游出版社，2007：166-168.

[3] Rocco M Angelo，Andrew N Vladimir. 当今酒店业[M] 6版. 李昕，译. 北京：中国旅游出版社，2011：228-231.

[4] 李雯. 酒店客房部精细化管理与服务规范[M]. 2版. 北京：人民邮电出版社. 2011：29-32.

[5] 田彩云. 酒店管理概论析[M]. 北京：机械工业出版社，2016：96-103.

第 9 章　客房清洁服务

学习目标

理论知识：学习和把握"客房清洁服务"的相关概念，客房清洁设备的分类，清洁剂的作用、化学性质与种类，酒店害虫的诱因与类别，以及"知识链接"等陈述性知识。

实务知识：学习和把握清洁设备的选择与日常管理要求，客房清扫规则和清理前准备工作，客房计划卫生的内容、项目与管理要求，清洁剂的管理要求，客房的消毒要求与常用方法，客房虫害防治的基本办法，客房的清洁卫生质量标准，客房清扫的基本方法，走客房的清扫程序，其他客房的清扫程序，造成客店清扫安全事故的主要原因，安全操作的注意事项，以及"业务链接"等程序性知识。

认知弹性：运用本章理论与实务知识研究相关案例，对本章"引例""同步案例"和"相关案例"等案例情境进行分析。

【引例】

一根头发

背景与情境：一位中年男子一身东南亚商人打扮，在两位当地政府官员的陪同下走向某酒店大厅。商人在总台登记时，一位陪同与总台服务员说："钱先生是市政府请来的贵宾，按贵宾规格接待。"

钱先生和两位官员走出电梯，来到套房，放下行李。

一位陪同说："钱先生一路辛苦，稍稍休息一下，六点钟市长会来餐厅设宴为钱先生洗尘。"

钱先生："市长客气了，只要你们这儿的投资环境好，回国后，一定组织一批工商团来贵市考察，洽谈投资……"

晚宴后，钱先生来到客房，感到很疲劳，淋浴后准备就寝，掀起床被，刚想睡下，发现枕头上有一根长发。

他自言自语道："连床单也没换？太脏了。"于是拨通了服务员的电话。

"小姐，我是 911 房客人，请你来一下。"

"我是服务员。"笃笃的敲门声。

钱先生穿了外套开了门。

"先生，你有什么事吗？"

"哦，小姐，我房间的卫生没打扫，床单没换。"

"先生，这不可能，床单肯定换过了。"

"你看枕头上有头发，换了怎么会有？"

"先生这不会是你的吧？"

"不可能，我头发没这么长。"

"对不起，可能早上服务员铺床时掉下的，我帮你拿掉。"

服务员伸手把头发拿掉了。

"这不行，必须换掉。"

服务员拿了两只枕套进来，把枕套换了。

钱先生压制着一肚怒火。

"必须全部换掉。"

"只有枕头上有头发，枕套换了。床单明天一定再换。"服务员边说边向客房外走。

钱先生怒不可遏，拨通了总台值班电话。

"先生，我是911的钱先生，请给我准备一辆车回S城。"

钱先生来到总台退房。

"K市要吸引外资，需要有好的投资环境，必须先从你们酒店做起，先从服务员做起。"钱先生如是说。

小车载着钱先生离开了酒店。

总台值班员还在那儿发呆。

第二天，那位客房服务员再也不用到酒店上班了。

（资料来源：戴玄. 星级酒店突发事件处理与案例[M]. 北京：中国经济出版社，2012：137-139.）

客房是客人在酒店逗留时间最长的地方，也是其真正拥有的空间，因而客人对于客房的要求往往也比较高。美国康奈尔大学酒店管理学院的学生曾花一年时间，调查了3万名客人，其中60%的客人把清洁、整齐作为酒店服务的"第一要求"。酒店应严格执行清洁卫生标准，而保持客房设施设备完好、环境布置幽雅、室内干净整洁是客房服务员的职责所在，不能小看一根头发，它是事关服务质量的大问题，是事关酒店形象的大问题，客人对客房清洁卫生的印象往往是从一根头发开始的。

9.1 客房清洁设备

客房清洁设备的配置情况直接影响清洁保养工作的效率和质量。客房清洁设备的来源主要有两种途径：一是自备，二是租赁。从清洁保养工作需要来说，酒店必须有齐全精良的清洁设备来完成清洁保养工作。

9.1.1 客房清洁设备的分类

客房部所使用的清洁设备种类很多。**客房清洁设备**从广义上讲，是指从事清洁工作时所使用的任何设备，既有手工操作的、简单的工具，也有电动机驱动的、能完成某项特定清洁保养工作的机械。为了便于清洁设备的使用和管理，可把清洁设备分为两大类：一般清洁器具和机器清洁设备。

1. 一般清洁器具

一般清洁器具包括手工操作和不需要电动机驱动的清洁设备，如抹布、畚箕、扫帚、拖把、房务工作车、玻璃清洁器等。

（1）扫帚。扫帚主要用于扫除地面那些较大的、吸尘器无法吸走的碎片和脏物。

（2）畚箕。畚箕又名簸箕，用于撮起集中成堆的垃圾，然后再倒入垃圾容器的工具。畚箕可分为单手操作畚箕、三柱式畚箕和提合式畚箕三种。

（3）拖把。拖把是用布条束或毛线束安装在柄上的清洁工具。一般用尼龙绳制成，以避免发霉和腐烂。所有的拖把头都应可以拆卸，以便换洗。拖把较适用于干燥平滑的地面，其尺寸大小取决于地面的大小和家具陈设位置等。

（4）房务工作车。房务工作车是客房卫生班服务员清扫客房时用来运载物品的工具车。使用房务工作车，可以减轻劳动强度和提高客房服务员的工效，而且当房务工作车停在客房门外时，可以成为"正在清扫房间"的标志。

房务工作车必须坚固、轻便，能承载一定数量的布件、供应品以及清洁用具。房务工作车车身通常设计为仅一面开口，这样停在楼间走廊时，就不会有物品暴露在两边，外观较为整洁。房务工作车的前面应装有缓冲器或其他弹性防护装置，以免撞伤墙面。

房务工作车两头的车钩上分别装挂棉织品袋（撤换下来的）和垃圾袋。房务工作车的轮子最好选用两个定向轮和两个万向轮。平时应定期保养，加机油润滑，以消除噪声。

（5）其他清洁器具。

1）揣子。揣子是用于疏通便具的简易工具。

2）喷雾器。喷雾器可单手操作，用于喷射清洁剂及蜡水等。

3）鸡毛掸子。鸡毛掸子用鸡毛制成，用于去除灰尘，特别是高处的尘埃，一般为客房外使用。

4）油灰刀。油灰刀可用于去除粘固在地板上的口香糖胶等难以清洁的污垢。

5）刷子。刷子的用途很多，其种类也很多，诸如脸盆刷、浴缸刷、便器刷、窗沟刷、地毯刷等。工作中可根据需要配备，并区别使用，用后要洗净放好。

6）接线插盘。在某些区域进行清洁保养时，需要使用电器设备。为了解决离电源插座远的问题，需要配备接线插盘。

【同步思考 9-1】

问题：传统清洁器具在客房清扫中的地位？

理解要点：随着工业的进步和大功率机器的出现，那种依靠扫帚、拖把加水桶的古老清洁方式已经有了很大的改变，但是这些经过改良的古老工具在清洁过程中仍能发挥其独特的作用。

2. 机器清洁设备

机器清洁设备一般是指需要经过电动机驱动的机械，如吸尘器、吸水机、洗地机、洗地毯机、打蜡机等。在酒店的清洁过程中，使用的大部分机械都是电动机械，这是因为电动机械不污染环境，使用灵便，效率高。

（1）吸尘器。吸尘器全称为电动真空吸尘器。它是一个由电动机驱动的吸风机，即利用电动机驱动扇叶，造成机身内部的低压（真空），通过管道将外界物品上附着的灰尘吸进机内集尘袋中，达到清洁的目的。

吸尘器不但可以吸进其他清洁工具不能清除掉的灰尘，如缝隙、凹凸不平处、墙角以及形状各异的各种摆设上的尘埃，而且不会使灰尘扩散和飞扬，清洁程度和效果都比较理想。吸尘器是酒店日常清扫中不可缺少的清洁工具。

（2）洗地毯机。洗地毯机工作效率高，省时省力，节水节电，机身及配件用塑料玻璃钢和不锈钢制成，一般采用真空抽吸法清洗地毯，脱水率在70%左右，地毯清洗后会很快干燥。洗地毯机可清洗纯羊毛、化纤、尼龙、植物纤维等地毯。

【业务链接9-1】

一个资深酒店人总结出来的地毯清洁保养技巧

地毯因其美观、安全、舒适、清洁、吸音、保温等特点，被广泛用于酒店客房。地毯是人们从各种外部环境中直接转移到地面上行走的唯一纺织品，它具备了石材、木材、钢材、塑料制品等任何铺地材料所永远达不到的优点，但它也不像其他材料一擦就干净，不容易保养。尘土会脏污地毯，使地毯丧失美丽，同时也会磨损地毯。走路留下的尘土会使地毯绒头纱倒伏变曲，嵌入的沙料会磨损地毯纤维表面，使地毯丧失回弹性能。有计划地、科学地对地毯进行清洁、维护保养是达到或延长地毯预期寿命的关键。

客房使用地毯面积大，要做好客房地毯的清洁保养，必须对造成地毯污染的原因进行分析，才能"对症下药"。客房地毯污染的主要原因有以下几点：

（1）工程污染。工程污染包括大型工程施工和日常维修等，工程施工会将灰尘、泥土、油污、油漆等带入客房区域。工程维修人员的鞋底、工具等清洁不干净，都会给地毯留下污痕，尤其是大型设备的维修，如鲜风柜机、空调风机盘管等，如果保护措施不到位，都将对地毯造成严重污染。

（2）进入客房区域的设备。这类设备包括服务员的工作车、行李车、收发布草的布草车、客人的行李箱等，这些车轮不断地在地毯上拉动，如果清洁不干净，很容易在地毯上留下污痕。

（3）人为污染。人为污染包括花工给植物浇水、客人呕吐、服务员倒垃圾时滴下污水等。地毯的保养最怕沾水，一旦有水，吸附在地毯上的灰尘立即形成一片明显污渍，给清洁保养工作增加难度，如何保持客房地毯不沾水，是日常保养工作的重点。

根据地毯不同的污染源，酒店要采取有效措施处理，做好客房地毯的清洁保养工作。

（1）有计划的预防性措施。如同对地毯品质、色泽选择一样，对地毯进行有规律的、有计划的维护保养是非常重要的。所谓有计划即在选用地毯时及地毯交付使用前就对地毯如何防污、吸尘、清洁等拟订详细的计划，以达到选用是为了使用，维护保养是为了更好地使用之目的。客房地毯选用时最好避开素色地毯，在基本色调吻合装修风格、装修色调的前提下，应选择小提花产品，这样对轻度污染和烟头烧痕等有很大的掩盖性。正确合理地选用构成地毯的原料对地毯维护很重要。羊毛纤维具有抗污染和藏污的双重优势，而在吸尘、清洗时又最容易释放出灰尘，这种特点是任何化学纤维都不可替代的。一般情况下，污物的80%是由脚带进建筑物的，15%的尘土是由空气带入的，5%是人体自身带入和意外发生的。因此有效控制脚带污垢是保持地毯外观和降低保养、清洁费用的关键。

（2）减少工程污染，控制污染源头。工程污染造成的后果非常严重，甚至是毁灭性的，这就需要工程部和外来施工人员紧密配合，共同做好地毯保养工作。

减少工程污染必须从地毯铺设前做起，主要有两方面：①要保持水泥地面的干净，不能有灰尘。这就要求在进行工程施工前，要全面清洗地面；②工程人员在施工时，做好防尘工作，尽量不要将灰尘带入。控制深层次的污染源是为了避免在以后的地毯清洗中，地面或胶垫上的灰尘遇水后，造成地毯污染。

工程维修时要做好防护措施。在施工处垫上报废床单，维修人员进入客房区域时使用干净鞋套；定期清洁工作车车轮，服务员打扫房间卫生时，在浴室门口垫一块小地毯；员工电梯出口处垫防尘垫；工作车上使用防水垃圾袋，杯篮用密封性强的；等等。这些防护措施都能有效地减少地毯的污染，使地毯起到保护作用。为了更有效地落实相关规定，应制定客房区域维修制度，对进入客房维修人员的操作加以规范，尤其是外来施工人员，必须由酒店工程部员工带领才能施工，并对施工过程全程监督，杜绝地毯损坏、污染。

（3）规范员工操作程序，做好日常吸尘工作。吸尘是地毯保养最基本的工作，客房地毯吸尘一般要求每日一次。彻底的吸尘是保养地毯最重要的工作，吸尘不但可除去地毯表面积聚的尘埃，还可吸除深藏在地毯底部的沙砾，避免它们在人来人往时由于摩擦而在地毯纤维根部割断纤维，而且经常吸尘可以减少洗地毯的次数，恢复地毯的弹性和柔软度，延长其使用寿命。

除了落实吸尘工作外，加强员工操作规范的监督，制定详细的实施细则，也是必不可少的。例如，工作车轮的定期清洁，清洁浴室时垫小地毯，收杯子时将水倒干，房间垃圾袋内不残留水渍等，要求员工日常操作时规范落实，管理人员加强检查，一旦发现违规操作，应及时教育和培训，培养员工地毯保养意识。规范员工操作程序，一定程度上可以减少地毯的人为污染和损坏，而且能让员工养成良好的意识，共同做好地毯的保养工作。

（4）局部污渍清除。地毯在使用过程中，由于人为的原因，造成地毯局部污染。地毯一经发现污染，应立即处理，将其清除。绝大多数污渍只要处理方法得当，是不会形成永久性污渍的。局部污渍主要是由客人的呕吐物、红酒渍、墨水、口香糖等造成的，如果清除不及时污渍渗入地毯中，将对地毯清洁造成困难。加强地毯除渍知识的学习，对不同污渍采用相应的除渍剂，要求各班管理人员加强地毯局部污渍的检查，将地毯局部污渍去除列入中夜班专项卫生计划中，使该项工作规范化、常态化。

（5）地毯全面清洗。定期对不同区域的地毯进行洗涤能恢复地毯的本来面目，延长其使用寿命。洗地毯是一项技术要求极高的工作，客房走廊地毯要求每月清洗一次，房间地毯至少一季度必须清洗一次，清洗地毯的程序如下：

第一，清洗地毯前，应先将待洗区域地毯上的家具、物品撤除或移开。

第二，将待洗地毯彻底吸尘。

第三，检查地毯有无污渍，若有应先除渍。

第四，检查清洁剂是否符合要求，应避免使用含有油质或残余物的清洁剂，以免再积成油污，测试的方法是将清洁剂进行蒸发，看其残余物是否被吸尘器吸取，可以吸取则说明该清洁剂不会积聚脏污，检查清洁剂的质量亦可采用在小块地毯上试用的方法。

第五，使用高泡地毯水清洗后，再用抽洗机将污水吸净，使地毯容易干燥。

第六，将清洗区域内空调的风量开到最大或使用电动吹风机使其通风，地毯易干；客房走廊地毯洗后，要铺报废床单，避免再次污染。

第七，地毯干后，用直立式吸尘器彻底吸尘，除去残余物，理顺地毯纤维倒向。

第八，将彻底清洗后的区域恢复到原来状态。

清洗地毯除了对操作技巧有要求外，还与地毯清洁剂、洗地毯的设备等有关，选择质量好的、品质有保障的清洁剂和设备,能更有效地保养地毯。

客房地毯的清洁保养工作是一项系统工程,不是简单地清洗就能解决问题的。在日常培训中,教导员工如何爱护、保养地毯,培养所有员工的地毯保养意识,发现问题及时处理,而不是简单地认为地毯脏了有人负责清洗,和我没关系。还要不断地学习、了解地毯知识和保养方法,只有部门上下形成统一认识,增强了意识,才能真正做好地毯的清洁保养工作。

(资料来源:范建军. 一个资深酒店人总结出来的地毯清洁保养技巧[EB/OL]. (2016-05-22) [2016-05-22]. https://mp.weixin.qq.com/s?__biz=MjM5MjM1NDkwMQ==&mid=2651086602&idx=1&sn=b08b16f6909c10cfd568cba07dcda4e9&scene=0#wechat_redirect)

(3)洗地机。洗地机又称擦地吸水机,它具有擦洗机和吸水机的功能。洗地机装有双电动机,集喷、擦、吸于一身,可将擦洗地面的工作一步完成,适用于酒店的大厅、走廊、停车场等面积较大的地方,是提高酒店清洁卫生水平不可缺少的工具之一。

(4)高压喷水机。这种机器往往有冷热水两种设计,给水压力可高达20~70千克/平方厘米。一般用于垃圾房、外墙、停车场、游泳池等处的冲洗,也可加入清洁剂使用。附有加热器的喷水机水温可高达沸点,故更适合于清洁有油污的场合。

(5)打蜡机。打蜡机有单刷、双刷和三刷机三种,以单刷机使用最广。单刷机的速度可分为慢速(120~175转/分)、中速(175~300转/分)、高速(300~500转/分)和超高速(1000转/分)。其中以慢速及中速较适合于洗擦地板用,高速则用于打蜡及喷磨工作。

【知识链接9-1】

脏污的状态

清洁保养工作之所以必要,是因为脏污的存在。了解各类脏污的存在状态,有助于准确地选择清洁器材与用品,量身定制设施用品等的清洁保养计划或方案。酒店脏污的存在状态主要有以下几类:

1. 尘土

尘土是脏污的初级阶段,尘土可漂浮于空气之中,并逐渐停留在暴露于空气之中的所有物体表面,也被称为灰尘。尘土一般含有灰土、毛发、绒头、皮鞋、沙砾和细菌等。它不仅可使空气混浊,让物体表面显得灰暗和粗糙,而且能发出霉味,招引虫害等。

尘土的控制一般只需通风及用吸尘器、拖把和抹布清洁即可。

2. 污垢

尘土附着于物体表面之后,遇水分或油脂即可成为黏着的污垢。这时的清洁工作就比较麻烦了,一般要用抹布、拖把、百洁布、刷子、专用清洁机器加上水或清洁剂清洁才有效果。

3. 渍迹

渍迹常常是由于蛋白质、酸、碱、燃料等被吸附而造成的污染,过度受热或污垢滞留时间过长而渗透于物体表面组织中也能成为渍迹。

清洁渍迹一般要使用专门的清洁剂,并且需要小心处理,以免破坏被污染物。渍迹刚产生时，去除比较容易，假若残留时间过长，往往会成为陈旧性、顽固性渍迹，从而难以去除。

4．锈蚀

锈蚀是金属与水分、食物、化学液剂或有害气体相遇发生化学反应而引起的污染。酸剂通常是最有效的清洁剂，它常与摩擦剂一起使用。锈蚀的斑迹如不及时清除，会继续扩大锈蚀范围和加深锈蚀程度，甚至令金属物件被完全破坏。

（资料来源：雷明化，葛华平.客房服务与管理[M]．北京：中国人民大学出版社，2013：62-63.）

9.1.2 客房清洁设备的管理

客房清洁设备的管理是客房管理的一个重要组成部分。它不仅关系到客房的经济效益，而且是保证客房部的清洁卫生工作顺利进行的一个基本条件。

1．清洁设备的选择

清洁设备选择的重要性有两点：一是因为不少清洁设备的投资比较大，使用的周期长；二是清洁设备选择是否得当对于客房部的清洁保养能力和效果具有不可忽视的制约作用。每家酒店都应根据自己的等级和规模，以及清洁保养要求和经费预算等，做出购买设备或转让承包的决策。一旦需要购买，客房部管理者必须参与采购，对设备做出分析并提出购买的基本准则。

（1）方便性与安全性。清洁设备属于酒店生产性和服务性的设备，因此要以提高工作效率和服务质量、有利于职工的操作为主。清洁设备的操作方法要简单明了，易于掌握，同时具有一定的机动性，便于清洁卫生死角和最大限度地减少职工的体力消耗。

安全是设备操作的基本要求。设备的选择和购买要考虑是否装有防止事故发生的各种装置。

（2）尺寸和重量。设备的尺寸和重量会比较大地影响到工作的效率和机动性，因此设备的选择要综合考虑场所等相关因素，如吸尘器在房间使用以选择吸力式为佳。

（3）使用寿命和设备保养要求。清洁设备的设计应便于清洁保养和配有易损件，这样会相应地延长其使用寿命。设备应坚固耐用，设计上要考虑偶尔使用不当时的保护措施。电动机的功率足以适应机器的连续运转并有超负荷运转的保护装置。

（4）动力源与噪声控制。客房部要负责酒店公共区域的清洁工作，因此在选择清洁设备时应考虑用电是否方便，据此确定是否选用带电瓶或燃油机的设备。同时，由于机械电动机的选择和传动方式的不同，其噪声大小也有所不同，针对客房区域的环境要求，应尽可能地选用低噪声设备。

（5）单一功能与多功能。单一功能的清洁设备具有耐用和返修率低的特点，但会增加存放空间和资金占用。如果要减少机器件数，可选用多功能设备和相应的配件。但是多功能的设备由于使用率高，返修率和修理难度也高，这就需要解决好保养和维修等问题。

（6）售后服务与商家信誉。采购设备不仅要看产品的价格和性能，还应考虑售后服务的价格和零部件修配的可靠性等。质量上乘的产品往往来自一流的厂家和供应商，所以在购买前应对它们的信誉做充分的了解。

另外，机器设备的调试与试用等，也是选择清洁设备时应考虑的因素。

2. 清洁设备的日常管理

（1）建立设备档案。不管是客房设备还是清洁机器，一旦划归客房部管理和使用，就必须登记、建立档案。这是做好客房清洁设备管理的基础。

1）清洁设备的分类编号。建立设备档案的第一步是对清洁设备进行分类编号。酒店常采用的是三节编码法，即第一节表示设备种类，第二节表示设备使用说明，第三节表示设备编号。例如，客房的吸尘器可写成 B4-2-19。其中：B=电器类，4=吸尘器组，2=客房部门，19=设备编号。这样有利于分清责任，也便于清产核资和检查，为管好用好设备提供基础数据。

2）清洁设备档案。清洁设备档案卡（见表 9-1）应按要求逐项填写，其主要作用是：说明设备的使用寿命，强调对设备进行保养的重要性，指示管理者何时应计划购买新的设备，确定该种商标的设备是否适用。

表 9-1　清洁设备档案卡

项目	购买日期	供应商	价格
型号：			
编号：电压：			
电流：电频：			
维修记录			
日期	价格	修理方式	摘要

（2）分级归口，制定操作和维修保养规程。建立设备档案后，客房部应按业务单元分级、划片包干、按种类归口，将清洁设备的管理和使用层层落实，谁使用谁保管。其主要措施有以下几条：

1）所有使用人员都必须经过操作培训，按操作规程合理使用清洁设备。
2）大型清洁设备必须由责任心强的人员负责操作，任何设备未经允许，均不得擅自使用。
3）所有清洁设备在使用后都应进行全面的维护和保养，如加油、更换零件等。
4）设备使用前后都应检查其性能是否完好，发现问题要及时处理。
5）设备必须安置在安全的场所并按要求摆放，不能随便停放在走廊或其他空地，以免受损或被窃。大型设备如洗地毯机、擦地吸水机等的存放区还应上锁。
6）所有需要出门维修的设备，即使只是从客房拿到工程部，也必须记录，以建立保养卡片，出门维修单，如表 9-2 所示。

表 9-2　出门维修单

维修单 NO.	维修单附卡 NO.	维修单附卡 NO.
日期	物件名称	物件名称
物件名称	收件部门（人）	收件部门（人）
取自　　收归	收件日期	收件日期
维修内容：	送修部门（人）	送修部门（人）
	送修日期	送修日期
	备注	备注

9.2 客房清洁保养

9.2.1 客房清扫规则和清理前准备工作

为了保证客房清洁整理的质量,提高工作效率,给客人创造一个温馨安宁的环境,清扫前必须了解客房清洁整理的有关规定,做好各项准备工作。

1. 客房清扫的规则

客人一旦进入房间,该客房就应看成是客人的私人空间。因此,任何客房服务员都不得擅自进入客人房间,都必须遵守相应的规定。具体地讲,有以下几项规定:

(1)清扫工作以不干扰客人为准。例行的客房大清扫工作,一般应在客人不在房间时进行;客人在房间时,必须征得客人同意后方可进行,以不干扰客人的活动为准则。

【教学互动 9-1】

主题:客人在房间时,服务员要清扫客房必须征得客人同意后方可进行,以不干扰客人的活动为准则。

问题:打扫住客房时,遇到客人在房间,而客人执意要与你聊天,你该怎么办?

(2)养成进房前先思索的习惯。客房服务员的主要任务是让客人住得舒适、安宁,就像在家里一样方便。因此,服务员在进房前,要尽量替住客着想,揣摩客人的生活习惯,不要因清洁卫生工作或其他事情干扰了客人的休息和起居。同时,还应想一想,是否还有其他事情要做。例如,客人在房间里用了早餐,去整理房间时,就应想到顺便把托盘带上,以便及时收拾餐具。这样做,既是为客人着想,也减少了不必要的往返路程。

(3)注意房间挂的牌子。凡在门外把手上挂有"请勿打扰"(Don't Disturb)牌子或有反锁标志,以及房间侧面的墙上亮有"请勿打扰"指示灯时,不要敲门进房。如果到了下午 2:00,仍未见客人离开房间,里面也无声音,则可打电话询问。若仍无反应,说明客人可能生重病或发生其他事故,应立即报告主管。

(4)养成进房前先敲门通报的习惯。每个酒店的员工都应养成进房前先敲门通报,待客人允许后,再进入房间的习惯。敲门通报、等候客人反应的具体步骤如下:

1)站在距房门约 1 米远的地方,不要靠门太近。

2)用食指或中指敲门三下(或按门铃),不要用手拍门或用钥匙敲门。同时敲门应有节奏,以引起房内客人的注意。

3)等候客人反应约 5 秒钟,同时眼望窥视镜,以利于客人观察。

4)如果客人无反应,则重复 2)、3)的程序。

5)如果仍无反应,将钥匙插入门锁内轻轻转动,用另一只手按住门锁手柄。不要猛烈推门,因为客人可能仍在睡觉,或许门上挂有安全链。

6)开门后应清楚地通报整理房间(house keeping),并观察房内情况。如果发现客人正在睡觉,则应马上退出,轻轻将门关上。

7)敲门后,如果房内客人有应声,则服务员应主动说"整理房间",待客人允许后,方可进行房间的清扫。

【同步业务 9-1】

背景资料：酒店的服务对象是人，酒店所有一切运营的中心都围绕着人来进行，而人具有主观能动性，酒店要进行关系营销，要赢得回头客，首先要保证客人在酒店的满意度。客房服务员在清理过程中一切都要体现"以人为本""以客人为先"的原则。

问题：作为客房服务员，如何在工作中做好标准化服务和个性化服务的统一？

解析提示："变化往往快于计划"，这是在酒店服务中经常出现的现象。"计划"是指规范的服务程序以及提供的规范服务。酒店的服务可以分为规范服务、细节服务、个性服务三个阶段，这三个阶段的服务都要求把握一个服务的灵活性。以规范服务为例，就要求员工在提供服务时把握在规范基础上的灵活，在灵活的前提下规范的标准。

（5）养成开门作业的习惯。在房内作业时，必须将房间打开，用顶门器把门支好。如果客人不在房内，应用工作车将房门挡住。

（6）讲究职业道德，尊重客人的生活习惯。

1）保持良好的精神状态，吃苦耐劳，保证应有的工作效率。

2）不得将客用布件作为清洁擦洗的用具。

3）不得使用或接听住客房内的电话，以免发生误会或引起不必要的麻烦。

4）不得乱动客人的东西。

5）不得享用客房内的设备用品，不得在客房内休息。

6）不能让闲杂人员进入客房。如果客人中途回房，服务员也需礼貌地查验住宿凭证，核实身份。

7）如果客人在房内，除了必要的招呼和问候外，一般不主动与客人闲谈。客人让座时，应婉言谢绝，不得影响住客的休息和在房内的其他活动。

8）注意了解客人的习惯和要求，保护客人隐私，满足客人的合理要求。

9）完成工作后立即离开客房，不得在客房内滞留。

10）服务人员只能使用工作电梯。

（7）厉行节约，注意环境保护。

1）尽可能使用有利于环境保护的清洁剂和清洁用品。

2）在保证客房清洁整理质量的前提下，尽量节约水、电及其他资源。

3）将废纸、有机废物、金属塑料废物分类处理，回收旧报纸、易拉罐、玻璃瓶和废电池。

4）清洁保养以保养为首，减少清洁剂对物品的损伤。

【同步案例 9-1】

三张环保卡片

背景与情境：某酒店的客房里放着三张环保卡片。

其一，是一张非常具有人情味的卡片，上面写着："尊敬的客人，如果您在打点行李时忘带了洗漱用品（牙刷、牙膏、剃须刀、须后膏、梳子等），只要给客房部打个电话（分机×××），我们将立刻免费给您送来。"

其二，是放在卫生间的一张卡片，上面写着："尊敬的客人，您可曾想过，每天世界各地的酒店有多少吨毛巾毫无必要地更换洗涤，因此而耗用的数量巨大的洗涤剂对我们的水资源造成多大的污染？为了我们共同的环境，请您做出决定，将毛巾投入浴缸表明您要求将其更换；否则就意味着您愿意继续使用，我们将为您挂放整齐。谢谢您对环保的支持！"

其三，是放在床头柜上的卡片，上面写着："尊敬的客人，通常我们每天都对客人的床单进行换洗，如果您觉得没有必要时，请于清晨将此卡放在床上，这一天您的床单将不再更换。感谢您对酒店绿色行动的支持！"

（资料来源：陈润丽.客房部运营管理[M].北京：电子工业出版社，2009：130.）

问题：我们该如何在酒店生存发展和环境保护中找到平衡点？

分析提示：随着人类环境的日益恶化，环境保护逐渐成为人们关注的焦点，酒店行业虽然对环境的影响不十分引人注目，但实际上也面临着一系列的环境问题。随着消费者观念的转变和国家环保政策法令的日益完善，这些环境问题使酒店面临着严峻的挑战，但与此同时也给酒店带来了在市场竞争中处于优势的发展机遇。

由此，许多酒店已经开始加入创建绿色酒店的活动。三张环保卡片只是这些酒店所采取的一种环保措施，目的在于引导客人进行绿色消费。通常情况下，读过这种卡片的客人会配合，至少会了解这是一种关注人类的高尚行为，进而接受这种做法。

2. 客房清理前的准备工作

为了保证清扫的质量，提高工作效率，必须做好客房清洁整理前的准备工作。这些准备工作可以分为两部分，即到岗前的准备工作和到岗后的准备工作。

（1）到岗前的准备工作。服务员进入楼层之前，通常需要做好下列几项工作：

1）更衣。与酒店其他服务员一样，客房服务员来到酒店后，首先必须到服务员更衣室更衣。具体要求是换上工作服，并按规定穿着；佩戴好工牌，整理仪表仪容；将私人物品存放在自己的更衣柜内。

2）接受检查。更衣后到规定的地方，接受值班经理或主管的检查。目前在很多酒店通行的做法是由一名值班经理或主管在上下班时间问候服务员。在问候的同时，实际上也是在检查，这种方法更容易被员工接受。

3）签到。经值班经理或主管检查认可后，服务员即可签到，也就是登记上班时间。签到的方式包括机器打卡和到客房部签字报到。

4）接受任务。服务员签到后，值班经理或主管要给每位服务员分配具体的工作任务。通常是给每位服务员一张工作表（见表 9-3），工作表由客房中心联络员提前填好。上面注明服务员的姓名、当班楼层、负责打扫哪些客房、已知的客房状况、特殊要求和当日的其他工作任务等。另外，很多酒店都有各部门分别召开班前会的要求，这实际上也是总结安排工作的一种形式。

表9-3 客房服务员工作表

房号	状况	床位	清扫时间		补充消耗品									备注	特殊任务 特殊要求
			入	出	肥皂	手纸	洗发液	沐浴液	润肤露	牙具	购物袋	咖啡	拖鞋		
01	S													VIP	当日计划卫生
02	LS														经理指令
03	VD														
04	VC														
05	OOO														

注：S 表示续住房（Stay）；LS 表示长住房（Long Stay）；VD 表示未清扫房（Vacant Dirty）；VC 表示已清扫房（Vacant Clean）；OOO 表示待修房（Out of Order）。

5）领取钥匙和呼叫机。服务员要在离开客房中心之前领取所在楼层的工作钥匙和呼叫机等。客房部的工作钥匙和呼叫机等通常都由客房中心联络员保管和收发。收发时必须履行规定的手续，一般是填表签名（见表 9-4），也有的酒店规定客房服务员必须用自己更衣柜的钥匙交换工作钥匙。

表9-4　工作钥匙收发登记表

钥匙名称	领取时间				领用人	发放人	归还时间				归还人	接收人
（号码）	月	日	时	分	签名	签名	月	日	时	分	签名	签名

6）进入楼层。以上几项任务完成后，客房服务员即可进入各自负责的客房楼层。进入楼层必须乘工作电梯或通过楼梯步行，不得乘客用电梯。

（2）到岗后的准备工作。服务员进入楼层后，除了要做好有关的其他工作外，还要为清洁整理客房做必要的准备。具体内容有：

1）准备好房务工作车。房务工作车的准备工作主要是看用品是否齐全。工作车的整理布置必须做到以下要求：一是清洁整齐，工作车要擦拭干净，用品摆放整齐；二是物品摆放有序，工作车上的各种物品要按重物在下、轻物在上的原则摆放，以保证使用方便和工作车的平稳性；三是贵重物品不能过于暴露，通常放在专门用的盒子里，以防止路人顺手牵羊，减少物品的流失；四是将布件袋挂牢，将垃圾箱套上垃圾袋。

2）准备吸尘器。服务员要检查吸尘器是否清洁，电线及插头是否完好，集尘袋是否倒空或换过，附件是否齐全完好，同时要把电线绕好，不可散乱。

3）了解、核实房态。服务员在清扫整理客房前，必须了解和核实每间客房的状况，包括住客和总台的特殊要求，以便合理安排客房的清扫整理顺序，确定清扫整理的标准。

4）确定客房清扫的顺序。服务员在确定完成客房清扫任务的选房顺序时，应考虑以下几点：一是满足住客的需要；二是有利于客房的销售，提高客房的出租率；三是方便工作、提高效率；四是有利于客房设备用品的维护保养。由于要综合考虑以上四点，客房清扫整理的选房顺序也就没有绝对的标准，往往是根据具体情况临时制定、灵活调整。一般情况下，可以参考下列安排：

第一，请即打扫房。挂有"make up room"的房间或客人口头上要求打扫的房间，应优先安排清洁整理，满足客人的要求。

第二，总台或领班指示打扫的房间。

第三，VIP 房间。

第四，走客房。

第五，普通住客房。

第六，空房。

第七，长住房应与客人协商，定时打扫。

【同步案例9-2】

到底该不该帮忙?

背景与情境：今天可真够忙的，退房的客人刚刚走，新入住的客人就来了，可房间还未打扫好呢。服务员小卢负责打扫的房间，有2/3处在这种状态之中。

"怎么办呢？总不能让客人老在大堂等候吧。"小卢焦急地对今天比较空闲的服务员小郑说。

小郑想了想，对小卢说道："这么办吧，我先帮你做，然后你再帮我做，那不就解决了。"于是两人一起迅速地行动起来，终于让客人顺利地住进了房间。

"小郑，你怎么搞的，客人挂牌20分钟你也未打扫房间，客人现在投诉了。"领班过来批评小郑。

"领班，刚才有许多客人忙着住进小卢的那几个房间，她来不及，我便去帮忙了，所以没照顾到我管的房间。"她沮丧地说道。

"你帮小卢做房？谁批准了？现在可好，出事了吧。"领班大声训斥道："记着，以后没有命令，不要去帮别人，先管好自己再说。"

第二天，客房情况仍如昨天一样。只不过今天是小郑忙得不可开交，小卢的工作量却不大，她看着小郑忙个不停，很想去帮忙，但想起昨天的事，不得不改变主意。

今天当班的是另一位领班，只见她一个箭步来到小卢的面前："小卢，你先帮小郑做房，等会儿让小郑再帮助你，那儿的客人等急了，快要投诉了。"

"这样行吗？"小卢想起昨天领班对小郑的训斥便犹豫道。"什么行不行，记着，以后遇到这样的事，不用问马上去帮忙。"领班斩钉截铁地说道。

小卢去帮忙了，可她还是不明白：到底该不该帮忙？

（资料来源：戴玄．星级酒店突发事件处理与案例[M]．北京：中国经济出版社，2012：140-143.）

问题：碰到这样的问题，客房服务员应该怎么办，到底该不该帮忙？

分析提示：两个客房领班对同样的事情有两种不同的决定，使被管理者不知所措，不明白孰是孰非。

对于这两天发生的事，饭店工作人员（管理者和被管理者）首先应有一个判定的正确标准，即尽量满足客人的入住需要，缩短客人等待的时间。

这两天发生的事情，不少饭店都曾有过，问题的关键是客房部和前厅部之间的客情信息及时沟通和预报不够。在饭店旺季的时候，前厅部应将客人的预订信息制作成《客房预报表》，及时通知客房部，以便客房部的管理者能提前调配人员，集中力量及时为客人打扫好房间；另一方面，客房部管理者也应提前主动向前厅部了解明日客人到店的情况，并根据客房清扫任务的轻重缓急，合理调配人力，这就不会出现服务员之间忙闲不均的现象了。当然，随着饭店计算机管理系统的成功应用，这种沟通就会更加准确、及时。

团队精神是指员工为了饭店的整体利益，在工作中既分工又合作的精神，这种精神在饭店服务与管理中是应该大力提倡的，第一位领班的错误在于没有看到小郑这种可贵的团队精神，而只是片面强调要按指令行事的一面，这样必然会挫伤员工的积极性。诚然，员工的工作没有制度的制约，或不按程序和规范办事，或随意放下本职工作去帮助别人，整个饭店工作也会乱套。但遇有特殊情况，打破常规及时满足顾客的需要可能会取得更好的效果，也是可以暂不执行程序的。这就是饭店业常说的"Breaking the rules for better service.（打破规范，创造更好的满足需要的服务）"。第一位领班比较完美的做法应该是：首先表扬小郑的团队精神和优质服务意识；其次，要指出正常情况下服务员应遵循工作规范，遇到特殊情况，如需打破常规程序，应主动请示汇报。在征得领班或主管同意后，由领班或主管酌情对工作程序进行适当调整，这样便可避免出现顾此失彼的漏洞了。

9.2.2 客房的计划卫生

为了保证客房的清洁保养工作的质量，不仅要重视日常的清洁整理，而且还应重视客房的计划卫生。坚持日常卫生和计划卫生工作相结合，不仅省时、省力、效果好，还能有效地延长客房设施设备。

1. 客房计划卫生的内容

计划卫生的内容及时间安排，各酒店要根据自己的设施设备情况和淡旺季进行合理的安排。

（1）计划卫生的内容。

1）除日常的清扫整理工作外，规定每天对某一部位或区域进行彻底的大扫除。例如，客房清洁员在他所负责的12间客房中，每天彻底大扫除1间客房，12天即可完成他负责的所有客房的全面清扫；也可以采取每天对12个房间的某一个部位进行彻底清扫的办法。例如，对日常清扫不到的地方排定日程，每天或隔天清扫某一部位，经过若干天的对不同部位的彻底清扫，就可以完成全部房间的大扫除。其日程安排可参考表9-5。

表9-5 客房计划卫生日程表

日期	星期一	星期二	星期三	星期四	星期五	星期六
日程安排	门窗玻璃	墙角	顶棚	阳台	卫生间	其他

2）季节性大扫除或年度性大扫除。这种大扫除不仅包括家具，还包括设备和床上用品。一个楼层通常要进行一个星期，因而只能在淡季进行。客房部应和前厅部、工程部取得联系，以便对某一楼层实行封房，维修人员对设备进行定期检查和维修保养。

（2）楼层周期性计划卫生项目。下面介绍某酒店楼层计划卫生项目及时间安排（见表9-6）。

表9-6 楼层计划卫生项目及时间安排表

每天	3天	5天
① 清洁地毯,墙纸污迹 ② 清洁冰箱,打扫灯罩上的灰尘 ③ （空房）放水	① 地漏喷药（长住逢五） ② 用玻璃清洁剂清洁阳台、房间、窗玻璃和卫生间镜子 ③ 用鸡毛掸清洁壁画	① 清洁卫生间抽风机机罩 ② 清洁（水洗）吸尘器保护罩 ③ 员工卫生间水箱虹吸，磨洗地面
10天	15天	20天
① 空房恭桶水箱虹吸 ② 清洁走廊出风口 ③ 清洁卫生间抽风主机网	① 清洁热水器、洗杯机 ② 冰箱除霜 ③ 用医用酒精棉球清洁电话机 ④ 清洁空调出风口、百叶窗	① 清洁房间回风过滤网 ② 用BRASSC擦铜水擦铜家具、烟灰缸、房间指示牌

（续）

25 天	30 天	一季度
① 清洁制冰机 ② 清洁阳台地板和阳台内侧喷塑面 ③ 墙纸、遮光帘吸尘	① 翻床垫 ② 抹拭消防水龙带和喷水枪及胶管 ③ 清洁被套（12月至次年3月，每15天洗一次，4~11月一季度洗一次）	① 干洗地毯、沙发、床头板 ② 干（湿）洗毛毯 ③ 吸尘器加油（保养班负责完成）
半年	一年	说明
清洁纱窗、灯罩、床罩、保护垫△	① 清洁遮光布△ ② 红木家具打蜡 ③ 湿洗地毯（②、③项由保管班负责完成）	有△项目的由财产主管具体计划，组织财管班完成，注意与楼层主管在实际工作中协调

【深度剖析 9-1】

背景：客房服务员每天都需要对客房进行清洁打扫，保证客房的卫生质量，除此之外还需要重视客房的计划卫生。

问题：为什么要做好客房计划卫生？

解析与讨论：（1）保证客房的清洁卫生质量。客房服务员每天的清洁整理工作，一般工作量都比较大。所以对客房的某些部位，像通风口、排气扇、顶棚、门窗玻璃、窗帘、床罩等，不可能每天清扫或彻底清扫。为了保持清洁卫生的质量标准，使客人不仅对客房那些易接触部位的卫生感到满意，而且对客房的每一处卫生都放心，同时又不致造成人力浪费或时间的紧张，客房部必须定期对清洁卫生死角或容易忽视部位进行彻底的清扫整理。

（2）维持客房设施设备的良好状态。不论客房楼层还是酒店公共区域，有些家具设备不需要每天都进行清扫整理，但又必须定期进行清洁保养。例如，清洁房间空调的出风口一般是半个月进行一次，每季度对地毯进行彻底清洗等，以维护客房设备家具的良好状态，保证客房的正常运转。

2. 计划卫生的管理

计划卫生涉及范围广，一般又以高空作业居多，因此客房部必须加强对计划卫生的管理。

（1）做好计划卫生的安排和检查记录。客房部拟订好客房的计划卫生后，应做好计划卫生的落实和检查工作。《房间计划卫生项目检查表》和《卫生间计划卫生项目检查表》见表 9-7 和表 9-8。

表 9-7 《房间计划卫生项目检查表》

项目	得分
门（面、框、锁眼、房号、把手、窥视镜、防火通道图）无积灰和污迹	
门碰头无积灰	
鞋篓、小酒柜无灰尘	
过道顶板无灰尘	
新风口无灰尘	
冰箱柜内外无积灰和杂物	
组合柜抽屉内外无积灰和杂物	
电视机转座及转盘无积灰	
窗玻璃、窗帘无灰尘污迹	

（续）

项目	得分
垃圾桶内外无污垢、斑迹	
茶具、茶叶缸底部无污垢、斑迹	
家具缝、沙发缝内清洁	
地毯边缘（含家具四周）无积灰	
墙纸、地毯无斑迹	
床底无灰尘、杂物	
窗帘整齐、不脱钩，床脚无积灰	
壁橱顶无积灰	

表 9-8 《卫生间计划卫生项目检查表》

项目	得分
门（面、框、锁眼、把手）无积灰及污迹	
皂盒无污迹	
金属器（晾衣线盒、水龙头、开关）无污迹和水渍	
恭桶内外无污迹	
水箱内部无泥沙，外部无斑迹	
镜框除锈、上油	
浴帘无污迹，边缘无破损	
顶棚无黄迹	
取暖灯无斑迹	
装饰板无斑迹	
人体秤及秤套无灰迹、斑迹	
垃圾桶内外无污垢、斑迹	

服务员每完成一个项目或房间后即在《客房周期清洁表》（见表 9-9）上填写完成的日期并签名。领班等根据此表予以检查，以保证质量。客房服务中心根据各楼层计划卫生的完成情况绘制柱形图，显示各楼层状况，以引起各楼层和客房部管理人员的重视。

表 9-9 《客房周期清洁表》

姓名/项目/日期/房号	楼层 日期安排							备注
	地毯	墙面	卫生间	家具	窗户	小酒吧		

（2）注意安全。客房的计划卫生中，有不少是需要高空作业的项目，如通风口、玻璃窗、顶棚等。因此，清扫顶棚、墙角、通风口、窗帘盒或其他高处物体时，要使用脚手架或凳子，站在窗台上擦外层玻璃时要系好安全带，处处注意安全，防止事故发生。

（3）准备好清洁工具和清洁剂。要做好客房的计划卫生，就要重视清洁工具及清洁剂的准备工作。如果这一环没抓好，不仅会浪费清洁剂和降低工作效率，而且往往达不到预期的清洁、保养效果，甚至带来额外的麻烦。

【同步业务 9-2】

背景资料：在旺季客房出租率高的情况下，酒店一般会特别强调做好清洁卫生工作，保证客人的满意程度，但是在节假日期间和经营淡季，客房出租率不高，可能就会导致客房服务员的精神放松，工作马虎，清扫房间不认真。

问题：客房淡季如何做好客房清洁服务，保证客房产品质量？

解析提示：清洁舒适的客房是客人最为重视的生理和心理上的需求之一，员工应加强责任心，特别是在节假日期间和经营淡季更不能心浮或不按操作程序。楼层经理（主管）和查房员（领班）应按规定进行查房，越是淡季越不能放松标准。

9.2.3 清洁剂的使用

清洁剂是做好酒店清洁保养工作不可缺少的要素之一，合理地、安全有效地使用清洁剂，既能提高清洁工作的效率，又能保证清洁工作的质量。因此，学习和掌握清洁剂的知识和使用方法，对于做好清洁保养工作有着十分重要的作用。

1. 清洁剂的作用和化学性质、种类及管理

（1）清洁剂的作用和化学性质。

1）清洁剂的作用。在清洁保养工作中，如果科学合理地使用清洁剂，能使清洁剂起到以下作用：①使清洁工作更加容易，提高清洁工作的效率；②能消除或降低脏物的附着力；③防止物体因受热、受潮、受化学污染或摩擦而受到损坏；④美化物品的外观；⑤延长物品的使用寿命。

2）清洁剂的化学性质。清洁剂的化学性质通常以 pH 值来表示。根据 pH 值的大小，人们把清洁剂分成酸性、中性和碱性清洁剂。酸性清洁剂的 pH 值小于 7，中性清洁剂的 pH 值等于 7（商业上往往将 pH 值为 6～8 的清洁剂作为中性清洁剂），碱性清洁剂的 pH 值大于 7。

一般来说，中性清洁剂对于多数清洁对象不易构成损害，而趋于强酸、强碱的清洁剂则不然。酸碱属性的清洁剂只要相差一个 pH 值，其强度就相差 10 倍。因此，在使用清洁剂之前，必须先了解其属性并掌握其 pH 值的大小，否则，就谈不上合理使用清洁剂，不能保证安全有效。

【延伸思考 9-1】

问题：卫生间抽水马桶所用清洁剂的类型是什么？

理解与讨论：应该采用恭桶清洁剂。它是酸性清洁剂。因为酸性清洁剂有去除锈蚀、除臭杀菌和中和碱性物质的作用，马桶里的污垢主要是尿渍，而尿渍是碱性的，要用酸性的清洁剂来进行中和，因此酸性清洁剂适合卫生间使用。

（2）清洁剂的种类。

1）洗涤剂。洗涤剂可分为中性、碱性和酸性，有皂基洗涤剂和合成洗涤剂之分（见表 9-10）。其形态有粉状、块状和液状等，洗涤剂产品从洗衣粉、肥皂到地毯香波、除蜡水等有着一个庞大的系列，在选择时可向厂商咨询。

表 9-10　皂基洗涤剂与合成洗涤剂的比较

皂基洗涤剂（pH 8.5）（肥皂）	合成洗涤剂（pH 6～7）
硬水中产生皂垢	不受硬水影响
乳化油脂好	与肥皂相同
对非油脂类污垢作用好	对非油脂类污垢的去除力不强
悬浮力强	悬浮力相当强
冷水中不溶解	溶于任何温度的水中
在软水中自然产生泡沫	除非加入稳定剂，否则一般少泡沫
去渍力不强	与肥皂相同
在旧纺织品上不中和、黄化	与肥皂相同

2）酸性清洁剂。酸性清洁剂有去除锈蚀、除臭杀菌和中和碱性物质的作用。其产品的种类较多，表 9-11 中详细介绍了常用酸性清洁剂的品种及用途。因强酸有毒性和腐蚀性，除醋酸、柠檬酸外，其余的酸都要监督使用，使用时要十分小心，注意防护。

表 9-11　常用酸性清洁剂的品种及用途

品种	用途
醋酸、柠檬酸（pH=3）	金属除锈、中和碱性物，清除材质上的轻度污迹和粘附物，防止洗涤过程中的渗色、褪色
盐酸稀释液（pH=1）	清除卫生洁具上的石灰斑迹，清除瓷砖面上新积的水泥和石膏
硫酸钠（pH=5）	清除轻度的水垢
草酸（pH=2）	清除顽固的水垢
浓盐酸（pH=1）	

3）中性清洁剂。中性清洁剂配方温和，没有腐蚀性，不损伤物品，因此使用范围很广。酒店广泛使用的多功能清洁剂多属于中性清洁剂。中性清洁剂在清洁保养工作中能起到清洁和保护物品的作用，其缺点是不能去除积霉严重的污垢。

4）碱性清洁剂。碱性清洁剂通常在洗衣业中大量使用，它对去除油污有独特的功效。但苛性碱具有很强的腐蚀性并且有毒，使用时要戴防护手套。漂白粉与酸性清洁剂不能同时使用，以免产生氯气中毒。

常用碱性清洁剂的品种及用途见表 9-12。

表 9-12　常用碱性清洁剂的品种及用途

品种	用途
碳酸氢钠（小苏打，细粉状，pH=8）	清除织物及光滑表面上的酸性污迹，清洁电冰箱效果特佳
硼酸钠（硼砂、粉状，pH=8）	
碳酸钠（纯碱，粉状或结晶，pH=10）	加在洗涤剂中可以软化水，可清除轻度油污、清洁下水道
氢氧化钠（苛性碱，pH=14）	清除凝结的油脂，疏通堵塞的下水道

(续)

品种	用途
氨水（pH=11）	清除残留的油污，可作为地毯香波的添加剂，气味很浓
次氯酸钠漂白剂（pH=8）	清除软硬物体表面的斑迹并漂白、消毒，不能用于真丝、羊毛及需防皱织物的洗涤
过硼酸钠漂白剂（pH=10）	清除软硬物体表面的斑迹并漂白，40℃以内无活性，其活性随温度升高而增强
硫代硫酸钠（大苏打、海波，pH=7）	去除碘迹

【同步思考9-2】

问题：强碱性清洁剂的特点是什么？

理解要点：碱性清洁剂有很强的溶解能力和腐蚀性，能使皮肤烧伤、溃烂、结疤，接触时间过长可能会使皮肤组织长期受损，吸入烟雾状强碱性清洁剂会使呼吸道受损，强碱性清洁剂和水混合会发生放热反应，产生的热量会使溶液煮沸或蒸发，爆沸的腐蚀性化合物可能会溅到附近员工的身上，因此在操作时一定要注意。

【深度思考9-1】

问题：酸性、碱性等清洁剂，含有较强毒性和腐蚀性，为什么仍可作为客房清洁常用清洁剂之一？

理解与讨论：在做客房清洁时，使用合适的清洁剂不仅省时、省力，可提高工作效率，而且对延长被清洁物使用寿命很有益处。酸性清洁剂具有一定的杀菌除臭功能，所以酸性清洁剂主要用于卫生间的清洁。酸性能中和尿碱、水泥等顽固斑垢，因此一些强酸清洁剂可用于计划卫生。碱性清洁剂对于清除油脂类脏垢有较好的效果。

但清洁剂和被清洁物都有较复杂的化学成分和性能，若清洁剂使用不当不仅起不到预期效果，反而会损伤被清洁物品，因此，选择合适的清洁剂对酒店来说很重要。

5）溶剂。溶剂广泛用于干洗和局部除渍，它能有效地清除怕水物品上面的油脂和蜡迹等。在玻璃清洁剂和一些有机地面抛光剂中都含有溶剂成分。常用的溶剂有四氯乙烯、三氯乙烯、工业酒精、松节油、汽油、香蕉水等。

6）消毒。消毒剂专门用于杀菌消毒。消毒剂在使用中要注意：①消毒前要把清洁剂溶液冲洗干净；②清洁和消毒后要把所有的设备水洗、清洁并晾干（细菌在干燥的环境下不易繁殖）；③在消毒前要将所有的有机物消除掉；④使用软水配剂；⑤要消毒的地方不使用钝化物质（如浓硫酸），否则需要把钝化物质表面钝化封死；⑥要根据细菌的类型选用消毒剂；⑦要正确稀释消毒剂，才能有效；⑧消毒剂起作用需要一定的时间，时间长短要看细菌的类型和溶液的强度；⑨切勿积存、重复使用消毒溶液。微生物会在消毒液效力减弱的消毒剂溶液中生存下来，如果积存用过的消毒溶液并加以再利用，不但不能杀灭细菌，反而会扩散、传播细菌。

7）空气清新剂。空气清新剂是用来掩盖臭味的雾剂，兼具杀菌、去除异味、使空气芳香的作用。空气清新剂有强烈的香味，但有很多人对这种香味不适应，甚至很反感。辨别空气清新剂质量优劣的最简单方法是观察其留香时间的长短，留香时间长的更好。香型选择要考虑符合大众习惯和环保要求，无特殊情况下要尽量不用或少用。利用良好的通风条件来改善气味，既经济又有效。

8）抛光剂。抛光剂虽然不是严格意义上的一般清洁剂，但在清洁保养工作中却被经常使用。它具有清洁和保养的双重功效。当物体表面上了抛光剂之后，能形成硬质防护表层，可起到降低物体表面脏物的附着力、防止擦伤、美化物体的作用。

【延伸思考9-2】

问题：酒店常用清洁剂和家用清洁剂的异同？

理解与讨论：家用清洁剂是人们进行家庭清洁时所使用的辅助物品，其形态、化学特性和功能各异。我们在清洁家居时应该物尽其用，充分发挥它们最大的效能。

1．酸性清洁剂

家庭常用的酸性清洁剂有过氧乙酸、卫生间清洁剂（洁厕灵、洁厕净、洁厕剂、洁厕清）等。此类清洁剂一般可直接倒在被清洁物体上使用，不用稀释。

2．中性清洁剂

家庭常用的中性清洁剂有用于日常清洁的多功能清洁剂。

3．碱性清洁剂

家庭常用的碱性清洁剂有碱性洗衣粉、碱面、洗涤剂、玻璃清洁剂等。

厨房里使用的洗涤剂有两大类：

一类是清洗餐饮用具、蔬菜和瓜果的洗涤剂，如市场上销售的洗涤灵、洗洁精、洗洁剂、浸洗剂、餐具净等。这类洗涤剂呈弱碱性，对皮肤的刺激作用小，但可残留在餐具表面，所以用后一定要用清水反复冲洗。

另一类是清洗灶具和油烟机油垢的清洗剂，如市场上销售的厨房去油剂、厨房重油污清洗剂等，这类清洗剂碱性较强，易伤手，使用时不要直接用手接触，最好戴乳胶手套，否则对皮肤有损害。

与酒店常用清洁剂相比，家用清洁剂更为安全，主要满足家居需求，而酒店常用清洁剂更为专业，去污能力更强，一定要按照正确的方法和剂量来操作。

（3）清洁剂的管理。

1）清洁剂的选购。清洁剂的选购关系到能否有安全高效的清洁剂可用，能否有效地控制清洁剂的费用等。因此，选购清洁剂时必须考虑以下几个方面的问题：尽可能购买有利于环境保护的绿色产品，避免选购含氯、氟、烃的产品；需要哪些品种，它们将分别用于何种去污用途；需要多少数量，一次购进多少，可用多长时间；有无存放处，谁来负责保管、分发和消耗统计；买哪些生产厂家或供应商的产品，其售后服务如何；同质比价，同价比质。

2）清洁剂的储存。清洁剂要定点储存、专人保管。酒店或客房部要有专门存放清洁剂的地方，以便集中储存购进的各类清洁剂。清洁剂要专门分类，要有识别标志，特别是散装清洁剂，不能混淆、错发错用。

保管人员要尽心尽责，要熟悉各类清洁剂的性能、用途，要能按照要求进行稀释和配制，要能告知使用者如何使用，还要了解清洁剂领发和控制制度，能有效地控制清洁剂的使用和消耗。

3）清洁剂的分配与控制。合理分配各种清洁剂，既能满足清洁保养工作的实际需要，又能减少浪费、控制消耗、降低费用。这项工作通常由一名主管或领班负责。

4）清洁剂的安全管理。清洁剂如果使用不当、管理不好，就会存在安全问题，甚至会造成严重事故。其中主要有下面几个方面的问题：一是可能会对使用者造成伤害；二是可能会对清洁保养的对象造成损坏；三是可能会造成火灾和爆炸事故。因此，对清洁剂的安全管理尤为重要。安全管理的措施如下：①制定专门的安全操作规程；②加强人员培训，使每个人都能了解有关规定和要求，掌握各种清洁剂的使用方法；③必须使用强酸和强碱清洁剂时，要先做稀释处理并尽量装在专用的喷瓶内，再进行领发；④加强防护，配备使用相应的防护用具，如手套等；⑤明确责任、加强检查。

5）清洁剂使用和管理中的误区。

① 在清洁保养工作中，清洁剂的用量越多越好：任何清洁剂，如果一次性使用过多，未必能够达到期望的效率和效果，甚至可能产生严重的副作用，如损坏清洁保养的对象，造成环境污染等。

② 只注重清洁保养，忽视环保：清洁剂是化学制品，如果只注重清洁剂的清洁和保养效果，往往会忽视对环境的保护。因此，要严格选择和管理使用化学清洁剂，尽量选用环保制品，注意对污物进行处理，避免污染环境。

③ 与固定厂商签订长期合同，以期获得价格优惠：虽然与固定的生产厂家或供应商签订长期合约能够获得价格上的优惠，但可能会因此影响产品的质量保证。如果产品的质量得不到保证，所造成的损失可能要比价格上的优惠大得多，其结果是得不偿失的。

9.2.4 客房的消毒及虫害控制

消毒和除虫害是酒店清扫卫生工作的一项重要内容，是预防各种疾病流行、保证客人健康的重要措施。

1. 客房消毒

在客房的消毒工作中，每个服务人员都必须加强责任心，明确消毒的目的，了解消毒的基本原理，熟悉常用的消毒方法。

（1）客房消毒的要求。

1）房间。房间应定期进行预防性消毒，包括每天的通风换气、日光照射以及每星期进行一次紫外线或其他化学消毒剂灭菌和灭虫害，以保持房间的卫生，预防传染病的传播。

2）卫生间。卫生间的设备、用具易被病菌污染，因此，卫生间必须做到天天彻底清扫，定期消毒，经常保持整洁。

3）茶水杯、酒具。

① 走客房的杯具必须统一撤换，进行严格的洗涤消毒。

② 住客房用过的杯具每天都必须撤换，统一送杯具洗涤室进行洗涤消毒。

③ 楼层应配备消毒设备和用具。

4）客房工作人员。

① 严格实行上下班换工作服制度，让工作服起到"隔离层"的作用。

② 清洁卫生间时，应戴好胶皮手套。

③ 每天上下班用肥皂清洁双手，并用消毒剂对双手进行消毒。
④ 定期检查身体，防止疾病传染。

【同步案例 9-3】

出门自带消毒水　一天要洗两遍澡

背景与情境：由于担忧酒店卫生问题，某些客人住宿酒店纷纷出奇招：

（1）自带用具。"我出门从来都是自带毛巾脚布，牙刷牙膏，还有刷牙的杯子，穿睡衣睡觉，回来睡衣立马洗！"一名客人说。

（2）烧开水消毒。一客人称自己的"高招"是，一进宾馆，第一件事就是烧大量的开水，然后用沸水把卫生间等地方先烫一遍。其次就是洗澡，"睡前洗澡，临走的时候再洗一遍。"

（3）自带消毒水。"我不相信宾馆的消毒，每次出差除自带洗漱用品之外，滴露是必须带的。"这名客人称，她住酒店，要把用得上的东西，全部用滴露擦一遍。

（资料来源：聂聪，马薇薇. 马桶刷刷脸盆，脏毛巾擦漱口杯[EB/OL].（2012-04-12）[2016-04-12]. http://money.163.com/12/0412/14/7UT750NG00253B0H_all.html）

问题：客人如此不信任酒店的卫生，酒店客房消毒工作应如何做呢？

分析提示：作为客房服务员应该熟悉各种不同消毒方法，实打实地将卫生做到位，让客人能够放心消费。

（2）常用的客房消毒方法。**客房消毒方法很多，大致可以分为通风与日照消毒、物理消毒和化学消毒三大类。**下面介绍几种常用的方法：

1）通风与日照。

① 室外日光消毒。利用阳光的紫外线，可以杀死一些病菌。例如，定期翻晒床垫、床罩、被褥，既可起到消毒作用，又可使其松软舒适。

② 室内采光。室内采光是指让阳光通过门窗照射到地面，以杀死病菌。例如，冬季有3小时日照，夏季有2小时日照，即可杀死空气中的大部分致病微生物。

③ 通风。通风不仅可以改善空气环境，而且可以防止细菌和螨虫等滋生。因此改进客房的通风和空调效果，是客房消毒常用的方法。

2）物理消毒。

① 高温消毒。高温消毒可分为煮沸消毒与蒸汽消毒两种。其原理是在高温中，细菌体内的蛋白质变性致使其死亡。煮沸消毒法是将洗刷干净的茶水具置于沸水中煮15～30分钟的消毒方法。此法适用于瓷器，但不适用于玻璃器皿。蒸汽消毒法是将洗刷干净的茶水具和酒具等放到蒸汽箱中蒸15分钟的消毒方法。此法适用于各种茶水具、酒具及餐具的消毒。

② 干热消毒法。干热消毒法主要是通过氧化作用，将微生物细胞原生质破坏，致使其死亡的消毒方法。干热消毒法主要有干烤法和紫外线消毒法。

干烤法多采用红外线照射灭菌，目前客房楼层常用的消毒柜多属此类。操作程序是将洗刷干净的杯具放入消毒柜中，然后将温度调至120℃，干烤30分钟即可。

紫外线消毒法一般是指安装一支30瓦紫外线灯管，灯距地面2.5米左右，每次照射2小时，可使空气中微生物减少50%～75%，有时能达到90%。此法可用于卫生间的空气消毒。

3）化学消毒剂消毒方法。化学消毒剂能使微生物和细菌体内的蛋白质变性，干扰微生物的新陈代谢,抑制其快速繁殖,以及溶菌。

① 浸泡消毒法。浸泡消毒法一般适合于杯具的消毒。使用浸泡消毒法,必须先把化学消毒剂溶解,同时严格按比例调制好,才能发挥效用。如果浓度过低,达不到消毒的目的;浓度过高则易留下余毒,伤害人体。

② 擦拭消毒法。即用药物水溶液擦拭客房设备、家具,以达到消毒的目的。

房间。服务员打扫完卫生后即可用化学消毒溶液进行擦拭消毒。例如,用10%浓度的石炭酸水溶液、2%浓度的来苏水溶液擦拭房间家具、设备。

卫生间。用2%~3%的来苏水溶液或"八四"肝炎消毒液擦拭卫生间洁具。消毒完毕,紧闭门窗约2个小时,然后进行房间通风。

化学消毒溶液对人体有一定的腐蚀作用,因此在进行消毒时,应注意采取防护措施。如有接触立即用清水冲洗即可。

③ 喷洒消毒。为了避免对人体肌肤的损伤,可采用喷洒方法消毒。例如,用浓度为1%~5%漂白粉澄清液对房间死角和卫生间进行消毒。但禁止将漂白粉与酸性清洁剂同时使用,以免发生氯气中毒。

2. 虫害的控制

酒店虫害的控制是一项不容忽视的战略任务,而客房区域又首当其冲。虫害几乎是无孔不入的,它不仅可对食品、纺织品、电线、管道等造成损坏,甚至还可酿成事故或灾难。无论对客人还是酒店,其造成的后果是不堪设想的,防治虫害是客房清洁卫生工作的一项重要内容。

(1) 虫害的诱因和类别。了解虫害的诱因和类别,有助于酒店从各方面对虫害加以控制。

1) 虫害的诱因。

① 所有的虫害都需要一个温暖和不受打扰的栖身之地,而食物和水又是其生存和繁衍的必要条件。如果酒店内有通风不佳、环境潮湿、垃圾生根、残羹剩饭乱倒、新鲜食物控制不当的现象,虫害的滋生和蔓延就有了可乘之机。

② 先天或外界的一些因素也能造成虫害。例如,对建筑地基的隐患未予以勘察与处理、酒店周围有建筑物拆迁或公共设施整修以及每天进出酒店的各种车辆和物品等,都使虫害成为可能。对于那些地处郊区或庭院较大的酒店来说,野猫野狗不仅会给酒店环境带来骚扰,也能造成虫害。

2) 虫害的类别。

① 昆虫类,包括蠹虫、臭虫、虱子、跳蚤、苍蝇、蟑螂、蚊子等。

② 啮齿类,包括褐家鼠、小家鼠等。

③ 菌类,包括霉菌等腐生菌。

(2) 虫害防治的基本办法。

1) 控制虫害的起因。①外来货物必须经过检查认可;②食物不许随手乱丢;③对垃圾要进行严格的卫生管理;④做好地下室、库房、阳台等死角的计划卫生;⑤酒店必须从各个环节控制好环境卫生,包括对建筑装饰材料的防护处理,堵塞墙体漏洞及纱窗、纱帘的破洞等。

2) 及时发现和治理虫害。多数害虫昼伏夜出,如果虫害不是已经泛滥的话,白天是不易发现其活动的。因此，酒店员工都必须警惕虫害的迹象，发现问题及时汇报，以便尽早采取措施处理。

3）聘请专家或专业公司。虫害的防治需要专门的技术和经验，聘请专家或专业公司，订立服务合同是一个明智而有效的方法。

（3）常见虫害的防治方法。

1）蠹虫的防治方法。蠹虫即平常称之为蛀虫的昆虫，其幼虫以羊毛、毛皮、毛发和皮革为食物，它常造成织物表面及干果类的蛀洞。不干净的毛毯、衣物和皮革、干果以至软木类都可能成为蠹虫的滋生地。其控制方法为：①保持衣物、布料、床上用品、皮革制品及软木制品等的干净；②储存以上物品时，要将其置于密封的聚乙烯口袋中，并放在壁橱或抽屉等阴凉处；③在储存物中放入樟脑丸等防蛀药剂；④经常清洁地毯，并定期在地毯边缘和家具底下喷洒灭虫药剂；⑤在壁橱等处挂放驱虫药盒或药袋；⑥对纯毛地毯进行防蛀处理。

2）虱子的防治方法。虱子常常依附在动物或人的毛发及一些纺织纤维上。与有虱子的物体之间的接触或摩擦都可以造成虱子的传播。虱子喜人血、毛发等，甚至还给人类带来过病害。其控制方法为：①保持个人清洁卫生，使用的梳子要干净；②使用具有杀菌作用的洗发香波和护发素；③梳子专用，不提倡在洗手间设公用木梳，客房若提供木梳应为一次性；④定期清洁床头板、头靠垫等；⑤不允许带动物进入酒店。

3）跳蚤的防治方法。跳蚤呈扁平体形，往往比虱子略小。它能跳跃行进，栖于衣物、毛皮和床下或地毯下的尘屑之中。跳蚤叮咬人体之后，皮肤会出现过敏性红色小斑点。其控制方法为：①保持地面、床具、床裙等清洁无尘；②发现沾有跳蚤的床具、衣物等应立即拿到安全处烧毁，因为跳蚤一次产卵往往就可达数百个；③防止猫、狗、鸟类等动物进入酒店，并尽可能清除酒店建筑物上的鸟巢；④定期对床架、地面喷洒杀虫剂。

4）苍蝇的防治方法。苍蝇的种类很多，在酒店内见到的多为家蝇（又称饭蝇）和金蝇（又称红头蝇）等。苍蝇活动范围广、食性杂，它往返于污物和食物之间，不仅造成了食物的污染，其体表的绒毛还能携带多种病原微生物，尤其苍蝇还有边吃边排泄的习惯。如果吃了苍蝇污染过的食物，可能导致很多疾病，如腹泻、胃肠炎、伤寒、痢疾甚至霍乱等。其控制方法为：①及时处理掉食物空瓶、空罐和残羹剩饭等；②经常彻底清洁废物箱和垃圾房等；③垃圾桶要盖严，盖子大小要合适；④常开启的窗户上要安装防蝇纱窗；⑤经常喷洒杀虫剂，安装电子灭蝇灯；⑥夏秋天要特别注意垃圾房、废物桶和外围环境卫生，定期清洁消毒，消灭或破坏苍蝇的滋生条件与环境。

5）蟑螂的防治方法。蟑螂通常躲在盒子里、食品里和物品里混入酒店。蟑螂喜欢温湿的环境，如卫生间、厨房、水管附近等。它喜欢吃几乎所有的食物，而其呕吐物和排泄物又会使食物变质。蟑螂不仅散发臭味，而且会带来食物中毒和其他一些疾病。其控制方法为：①保持环境整洁，食物要收藏好，死角要定期打扫；②向蟑螂出没的地洞、管井、水池等喷洒专业杀虫剂，并确保药剂渗入到裂缝与孔洞之中；③请有经验的专家指导喷洒或布放药粉、诱饵于蟑螂出没之处；④根据环境要求选用药物熏蒸法或灭蟑粉等方法。

6）蚊子的防治方法。蚊子种类很多，在酒店内最常见的蚊子是淡色库蚊、按蚊和伊蚊。蚊子喜欢停留在阴暗潮湿、不通风、无烟熏的地方，床下、橱后等也是其常借以藏身之处。

它们不仅叮人吸血,而且可传播丝虫病、流行性乙型脑炎、疟疾、登革热等病症。其控制方法为:①保持室内外环境清洁,消灭蚊子滋生的死角,如废旧容器、臭水沟等;②室内外定期喷洒杀虫剂;③在条件许可的情况下安装纱门窗,以防止蚊虫进入;④在室内外合适的地方安置灭蚊灯,以诱杀成蚊。

7)白蚁的防治方法。白蚁喜在阴暗潮湿和不通风的地方生活。按其种类分有家白蚁、黑胸散白蚁和黄胸散白蚁等,其中家白蚁的一个群体可多至数十万只。它们对竹木制品、动植物织品、皮革制品、纸制品、化纤塑料品等都有严重的危害性,甚至还能蛀穿沥青地面。

由于白蚁危害大、发展快,所以一旦发现其迹象,即应请当地白蚁防治所的专业人员前来予以解决。作为预防的手段,平时要及时清除废旧木料,木质建筑材料应涂抹防蚁油。有必要的话,一些库房内也要定期喷洒专业杀虫剂或灭蚁灵等。

8)蜘蛛的防治方法。蜘蛛不属于昆虫类。虽然常见的蜘蛛一般并不构成对人的危害,甚至它还结网为人们捕捉和消灭其他一些有害昆虫。但它的存在却并不雅观,有时还会给人带来门庭冷落之感。蜘蛛往往把网结在高处或偏僻的角落,而它自己则藏在缝隙中间或目光不能直接看到、平时也很少清扫到的地方。其控制方法为:①定期进行全面彻底的清洁工作;②随时清除蛛网并在其出没处喷洒杀虫剂(夜晚喷洒效果尤佳)。

9)螨的防治方法。螨的体形只有 1~2 毫米大,一般不太容易被人们发现。有食物、尘屑且潮湿的地方往往容易招螨害。螨不仅可以使食物变质、装饰物损坏等,更可引起人体的过敏性疾病,如哮喘等。其控制方法为:①改善通风的空调效果;②及时处理掉废弃的食物和瓶罐等;③喷洒杀虫剂;④定期清除床垫等家具饰物上面的尘污;⑤勤洗毛毯和地毯。

10)老鼠的防治方法。老鼠是哺乳动物中种类最多的啮齿动物,它的繁殖能力极强,在酒店内外较多的是褐家鼠和小家鼠。这两种鼠的活动高峰都在早晚,它们都会啃坏木制品、塑料制品、管道和电缆等。此外,它们还偷吃和污染食物并散播各种疾病,如食物中毒、斑疹伤寒、流行性出血热和鼠疫等。其控制方法为:①堵塞所有可供其出入的洞口;②清除所有能做巢的废料;③保持环境的清洁卫生,切断其食物来源;④投放鼠药;⑤采用粘鼠板、捕鼠器等其他方法灭鼠,特别是在老鼠变得狡猾、不肯吃鼠药的情况下;⑥请专业人员治理。

11)菌害的防治方法。由于大多数菌害的发生是酒店设计、施工的错误或工程维修保养较差的结果,如顶棚漏水、墙壁渗水等,所以客房部的任务是要能及时发现问题并报告酒店工程部。

菌害往往造成物体的明显变色、起翘、龟裂甚至长出绒毛状物。可以说,所有菌类的生存都离不开水,故消除多余的湿度是一种有效的预防方法。

当发现以下情况时即应予以关注:①墙纸脱壳、变色或渗色;②墙面涂料剥落、褪色;③物体有萎缩或膨胀现象;④水龙头滴水和管道水外溢、落水不净;⑤有强烈、刺鼻的气味;⑥有小虫出现,如毛衣虫等。

9.2.5 客房清理标准

1. 客房的清洁卫生质量标准

客房的清洁卫生质量标准,一般来说包括两个方面:一是感官标准,即客人和员工凭视觉、嗅觉等感觉器官感受到的标准；二是生化标准，即防止生物、化学及放射性物质污染的标准——往往由专业卫生防疫人员来做定期或临时抽样测试与检验。

（1）感官标准。关于感官标准，客人与员工、员工与员工之间看法都不尽一致。要确定好这一标准，只有多了解客人的需求，从中总结出规律性的东西。不少酒店将其规定为"十无"和"六净"。

"十无"：①四壁无灰尘、蜘蛛网；②地面无杂物、纸屑、果皮；③床单、被套、枕套表面无污迹和破损；④卫生间清洁，无异味；⑤金属把手无污锈；⑥家具无污渍；⑦灯具无灰尘、破损；⑧茶具、冷水具无污痕；⑨楼面整洁，无"六害"（指老鼠、蚊子、苍蝇、蟑螂、臭虫、蚂蚁的危害）；⑩房间卫生无死角。

"六净"：①四壁净；②地面净；③家具净；④床上净；⑤卫生洁具净；⑥装饰物品净。

（2）生化标准。客房的清洁卫生质量光用感官标准来衡量是不够的。例如，一只光亮的杯子是否清洁卫生呢？无法加以肯定，还必须用生化标准来衡量。客房清洁卫生的生化标准包括以下内容：

1）水具和卫生间洗涤消毒标准。

①茶水具。每平方厘米的细菌总数不得超过 5 个。②脸盆、浴缸、拖鞋。每平方厘米的细菌总数不得超过 500 个。③卫生间不得查出大肠杆菌群。

2）空气卫生质量标准。

①一氧化碳含量每立方米不得超过 10 毫克；②二氧化碳含量不得超过 0.07%；③细菌总数每立方米不得超过 2000 个；④可吸入颗粒物每立方米不得超过 0.15 毫克；⑤氧气含量应不低于 21%。

3）微小气候质量标准。

①夏天。室内温度为 22~24℃，相对湿度为 50%，风速为 0.1~0.15 米/秒。②冬天。室内温度为 20~22℃，相对湿度为 40%，风速不得大于 0.25 米/秒。③其他季节。室内温度为 23~25℃，相对湿度为 45%，风速为 0.15~0.2 米/秒。

4）采光照明质量标准。

①客房室内照度为 50~100 勒克斯；②楼梯、楼道照度不得低于 25 勒克斯。

5）环境噪声允许值。

客房内噪声允许值不得超过 40 分贝，走廊噪声不超过 45 分贝，客房附近基本无噪声源。

【深度剖析 9-2】

背景：酒店客房清扫标准除了"十无""六净"标准以外，还要符合一定生化标准。

问题：酒店客房清扫标准为什么在感官标准之外还要加上生化标准？

解析与讨论：生化标准，即防止生物、化学及放射性物质污染的标准——往往由专业卫生防疫人员来做定期或临时抽样测试与检验。感官标准可为消费者所感知，让消费者感觉得到我们的清洁卫生质量。生化标准是看不见摸不着的，但是能给客人营造更好的住宿环境，从更深层次保证客人的健康。

（3）其他标准。客房的清洁卫生质量标准除了感官标准和生化标准外，还涉及客房每个部位的具体清洁标准，详见表 9-13。

表 9-13　客房的清洁卫生质量具体标准

部位		卫生标准
房间	房门	无指印，门锁完好，安全指示图完好齐全，门把手完好
	墙面、顶棚	无蜘蛛网、斑迹、无油漆脱落和墙纸破损
	护墙板、低角线	无灰尘、完好无破损
	地毯	吸尘干净、无斑迹、烟痕，如需要，则洗涤、修补或更换
	床	铺法正确，床面干净、无毛发，无污迹、床下无垃圾，床垫按期翻转
	硬家具	干净明亮，无刮伤痕迹，位置正确
	软家具	无尘无迹，如需要则做修补、洗涤标记
	抽屉	干净，使用灵活自如，把手完好
	电话机	无尘无迹，指示牌清晰完好，话筒无异味，功能正常
	镜子与画框	框架无尘、镜面明亮，位置端正
	灯具	灯泡清洁，功率正确，灯罩清洁，接缝面墙，使用正常
	垃圾筒	状态完好而清洁
	电视与音响	清洁、使用正常，调整频道，音量调到最低
	壁橱	衣架的品种、数量正确且干净，救生衣完好及数量正确且干净，门、橱、底、壁和格架清洁完好
	窗帘	干净、完好，使用自如
	窗户	清洁明亮，窗台与窗框干净完好，开启轻松自如
	空调	滤网清洁，工作正常，温控符合要求
	客用品	数量、品种正确，状态完好，摆放合格
卫生间	门	前后面干净，状态完好
	墙面	清洁、完好
	顶棚	无尘、无迹、完好无损
	地面	清洁无尘、无毛发、接缝处完好
	冲凉间	内外清洁，干净明亮，皂碟干净，淋浴器、排水阀和开关龙头等清洁完好，接缝干净无霉斑
	脸盆及梳妆台	干净，镀铬件明亮，水阀使用正常，镜面明净，灯具完好
	坐厕	里外都清洁，使用状态良好，无损坏，冲水流畅
	抽风机	清洁，运转正常，噪声低，室内无异味
	客用品	品种数量齐全，状态完好，摆放正确

【业务链接 9-2】

将消毒进行到枕芯褥子

今后住宾馆，如果看到"床上用品已实行深层消毒处理"的标示，您可以睡得更踏实了。昨天，上海衡山集团所属的宾馆已在客房全部采用"床单位臭氧消毒器"。据了解，在集团范围内推广"床上用品深层消毒"，这在全国尚属首家。

衡山集团总裁吴怀祥坦言："花了近 30 万元，让来我们集团的客人都可以安心睡觉，我感到值！这既是企业社会责任心的体现，也是市场竞争对宾馆服务提出的新要求。"

一床有无数客人睡过的被褥、枕头，虽然常常更换被套、枕套，但枕芯和褥子经医学检验，其报告还是让人吓了一跳：克氏杆菌、大肠杆菌、球菌等有 13 种之多，完全达到致病的程度!由此,宾馆管理者意识到床上用品的深层消毒是一个被遗忘的环节。

当过医生的上海扬子饭店总经理嵇东明,马上想到医院的消毒设备,于是引进了"床单位臭氧消毒器"。这一采用"纳米"技术的消毒器,每次消毒只需半个小时左右,检验报告显示灭菌率可达99%。扬子饭店率先使用后,住店客人普遍反映很好。床头一张"已做深层消毒"的提示卡,更让客人感到睡得踏实了,衡山集团因此在全集团推广使用。

业内人士认为,用管理争夺客源已成为沪上宾馆业商战的重要手段。尤其SARS过后,卫生成了重要环节。衡山集团的管理模式中,特地修订了卫生消毒条例。好的管理带来了效益,衡山因此成为本市SARS过后,客房出租率恢复最快的集团。

(资料来源:忻建一.将消毒进行到枕芯褥子[EB/OL].(2003-10-14)[2003-10-14]. http://finance.sina.com.cn/roll/20031014/2156475250.shtml.)

【业务链接9-3】

星级宾馆客房卫生标准

1. 房间卫生标准

房门:锁灵活、无手印,房号牌光亮干净。

墙面和顶棚:无蜘蛛网、污迹,墙纸无脏点。

地脚板:地脚线清洁完好、无灰尘。

地毯、走廊地面、窗台窗套、门套:干净、无污迹。

床:布草齐全,清洁完好,无污点,铺法正确,床顶无垃圾、床垫定期翻转。

家具:干净无灰尘,使用灵活,摆放整齐。

抽屉:干净无灰尘,使用灵活。

电话:无异味、无灰尘,使用正常,定期清洁保养。

电视及遥控器:保持清洁,定期保养,使用正常。

灯具及开关:灯泡、灯罩清洁,使用正常、无尘,开关复位。

垃圾桶:内无杂物、每天清洗、保持整洁。

试衣镜:镜面明亮、位置端正,无手印、无灰尘。

衣柜:衣架、衣柜隔板无灰尘,每天清洁保养。

窗帘:干净完好,使用正常。

窗玻璃:清洁明亮,窗台、窗框干净完好,开启自如。

空调:定期清洁保养。

客人用品及消耗品:数量齐全、正确摆放、干净无尘。

茶杯:每天消毒、摆放整齐。

宾客须知:内容物齐全完整,摆放整齐。

电水壶:清洁卫生,使用正常。

2. 卫生间卫生标准

门:前后两面干净,关启灵活。

墙面:墙面无水渍,住客房每天都要清洁。

顶棚:无尘、无污迹,定期清洁。

地面：无污迹、无头发，住客房每天应清洗一遍。
不锈钢：无锈迹、无水渍，定期保养。
洗手盆：干净无积水，不锈钢无水印，发亮无尘，每天消毒。
浴室灯：灯板无水渍、无尘，定期清洁保养。
浴室镜、淋浴隔断和玻璃窗：无水渍，发亮无痕，住客房每天清洁一次。
马桶：里外清洁，使用正常，冲水流畅，每天消毒。
抽风口排风扇：清洁、运转正常，定期清洁保养。
客人用品及消耗品：品种、数量齐全，摆放正确、无灰尘，托盘整洁。
恭桶：内无杂物、每天清洗、保持整洁。

9.2.6 客房清理程序

客房的清洁整理又称"做房"。为了使清洁整理工作能有条不紊地进行，同时避免不必要的体力消耗和意外事故的发生，客房服务员应根据不同状态的房间，严格按照"做房"的程序和方法进行清扫，使之达到酒店规定的质量标准。

1. 客房清扫的基本方法

客房清扫的基本方法主要有以下几条：

（1）从上到下。例如，在擦洗卫生间和用抹布擦拭物品的灰尘时，应采取从上到下的顺序进行。

（2）从里到外。地毯吸尘和擦拭卫生间的地面时，应采取从里到外的顺序进行。

（3）环形清理。在擦拭和检查卫生间、卧室的设备用品的路线上，应按照从左到右或从右到左，即按顺时针或逆时针的路线进行，以避免遗漏死角，并节省体力。

（4）干、湿分开。擦拭不同的家具设备及物品的抹布，应严格区别使用。例如，房间的灯具、电视机屏幕、床头板等只能使用干抹布，以避免污染墙纸或发生危险。

（5）先卧室后卫生间。住客房应先做卧室然后再做卫生间的清洁卫生，这是因为住客房的客人随时有可能回来，甚至带来亲友或访客。先将客房的卧室整理好，客人归来即有了安身之处，卧室外观也整洁，客人当着访客的面也不会尴尬。对服务员来说，这时留下来做卫生间也不会有干扰之嫌。但在整理走客房时则可先卫生间后卧室。这样做一方面可以让弹簧床垫和毛毯等透气，达到保养的目的，另一方面又无须担忧客人会突然回来。

（6）注意墙角。墙角往往是蜘蛛结网和尘土积存之处，也是客人重视的地方，需要留意打扫。

2. 走客房的清扫程序

（1）走客房清扫的基本要求。

1）客房服务员接到通知后，应尽快对客房进行彻底清扫，以保证客房的正常出租。

2）进入房间后，应检查房内是否有客人遗落的物品，房间的设备和家具有无损坏或丢失。如发现以上情况，应立即报告领班，并进行登记。

3）撤换茶水具，并严格洗涤消毒。

4）对卫生间各处进行严格的洗涤消毒。

5）客房清扫合格后，立即通知总台，及时通报为 OK 房，以便总台及时出租。

（2）卧室清扫程序。卧室清扫程序"十字诀"：

开：开门、开灯、开空调、开窗帘、开玻璃窗。

清：清理烟灰缸、纸篓和垃圾（包括地面的大件垃圾）。

撤：撤出用过的茶水具、玻璃杯、脏布件。如果有客人用过的餐具也一并撤去。

做：做床。

擦：擦家具设备及用品。从上到下，环形擦拭灰尘。

查：查看家具用品有无损坏，配备物品有无短缺，是否有客人遗落物品，要边擦拭边检查。

添：添补房间客用品、宣传品和经洗涤消毒的茶水具（此项操作后应进行卫生间的清扫整理）。

吸：地毯吸尘由里到外，同时对清扫完毕的卫生间地面吸尘。

关（观）：观察房间清洁整理后的整体效果；关玻璃窗、关纱帘、关空调、关灯、关门。

登：在《服务员工作日报表》上做好登记。

卧室清扫的具体操作规范：

1）按照酒店规定的进入客房的规范开门进房。将房门完全打开（可用顶门器把门支好），直到该房间清扫完毕。开门打扫卫生的意义有三点：

① 表示该客房正在清扫。

② 防止意外事故的发生。

③ 有利于房间的通风换气。

2）检查灯具。将房间里所有的灯具开关打开，检查灯具是否有故障。检查后随手将灯关上，只留清洁用灯。一旦发现灯泡损坏，立即通知维修人员前来更换。

3）拉开窗帘、打开玻璃窗。拉开窗帘时应检查帘子有无脱钩和损坏情况。必要时应打开空调，加大通风量，保证室内空气的清新，同时检查空调开关是否正常。

4）观察室内情况。这样做主要是检查客人是否有遗落物品和房内设备、用品有无丢失和损坏，以便及时报告领班。

5）清理烟灰缸和垃圾。

6）撤走房内用膳的桌、盘、杯、碟等。

7）撤走用过的茶水具、玻璃杯。

8）撤走用过的床单和枕套，把脏布件放进清洁车。

① 在撤床单时，要抖动几次，确认里面无衣物或其他物品。

② 若发现床单、褥垫等有破损及受污染的情况，应立即报告领班。

③ 注意不要把布件扔在地毯或楼面走道上。

④ 撤床（见表9-14）。

⑤ 收去脏布件后，带入相应数量的干净布件，放置在椅子上。

表9-14 撤床程序

主要步骤	注意事项
卸下枕头套	① 注意枕下有无遗留物品 ② 留意枕头有无污渍
揭下毛毯	放在扶手椅上；禁止猛拉毛毯

(续)

主要步骤	注意事项
揭下床单	① 从床褥与床架的夹缝中逐一拉出 ② 注意垫单是否清洁 ③ 禁止猛拉床单
收取用过的床单、枕套	点清数量

9)铺床。按铺床的程序(见表9-15,表9-16)换上新的床单、枕套。铺床的方法因各酒店要求不同而多少有些差异。

表9-15 西式铺床程序

主要步骤	注意事项
将床拉到容易操作的位置	屈膝下蹲,用手将床架连床垫慢慢拉出约50厘米
将床垫拉正放平	注意褥子的卫生状况
将第一张床单铺在床上(甩单、包边、包角)	① 床单的正面向上,中折线居床的正中位置 ② 均匀地留出床单四边,使之能包住床垫
将第二张床单铺在床上	① 将正面向下,中折线要与第一张床单重叠 ② 床单上端多出床垫(床头)约5厘米
将毛毯铺在床上(盖毯、包边、包角)	① 毛毯的商标须在床尾,商标在上 ② 毛毯上端应距床头25厘米
将床单与毛毯下垂部分掖入床垫与床架之间	① 将长出毛毯30厘米的床单沿毛毯反折做被头 ② 将毛毯和第二张床单在床尾反折15厘米 ③ 两侧下垂部分掖入床垫后再将尾部下掖入床垫,并包好角
装枕(装芯、定位整形)	① 将枕芯装入枕套 ② 注意不要用力拍打枕头 ③ 将枕头放在床头的正中,距床头约5~10厘米 ④ 单人床,将枕套口对墙;双人床,枕套口互对;两张单人床,枕套口反向于床头柜 ⑤ 枕套的缝线对床头
盖上床罩(定位、罩枕、整形)	① 床罩下摆不要着地(指未定型床罩) ② 床罩顶端与枕头平齐,多余部分压在枕头下面,注意两条枕线的平直
将床推回原处	① 以腿部将床缓缓推进床头板下 ② 再看一遍床是否铺得整齐美观

表9-16 中式铺床程序

主要步骤	注意事项
将床拉到容易操作的位置	同西式铺床
将床垫拉正放平	同西式铺床
将第一张床单铺在床上	同西式铺床
套被芯	① 甩被套。一次定位,被套开口边位于床尾或床侧,中折线居床的正中位置 ② 将被芯四角套入被套四角,四角得合饱满,四边重合饱满,床面平整

（续）

主要步骤	注意事项
甩被子定位	① 站在床头、床尾或床侧，甩被子一次定位 ② 被子中线居床的正中位置，两边吊边一致 ③ 将被头翻折约 45 厘米，离床头约 45 厘米 ④ 整理，被子表面平整美观
套枕芯	同西式铺床
将床推向回原处	同西式铺床

10）擦拭灰尘，检查设备。从房门开始，按环形路线依次把房间各种家具、用品抹干净，不漏擦。在除尘中注意需要补充的客用品和宣传品数量，同时检查设备是否正常。并注意擦拭墙脚线。擦拭顺序如下：

① 房门。房门应从上到下、由内而外抹净；把窥视镜、防火通道图擦干净；看门锁是否灵活；"请勿打扰"牌、"早餐"牌有无污迹。

② 风口和走廊灯。风口和走廊灯一般定期擦拭。擦走廊灯时应注意使用干抹布。

③ 壁柜。擦拭壁柜要仔细，要把整个壁柜擦净。抹净衣架、挂衣棍，检查衣架、衣刷和鞋拔子是否齐全。

④ 酒柜。擦拭酒柜要仔细，要把整个酒柜擦净。

⑤ 行李架（柜）。擦净行李架（柜）内外，包括挡板。

⑥ 写字、化妆台。擦拭写字台抽屉，应逐个拉开擦。如果抽屉仅有浮尘，则可用干抹布"干擦"。同时检查洗衣袋、洗衣单及礼品袋（手拎袋）有无短缺。梳妆镜面要用一块湿润的和一块干的抹布，擦拭完毕，站在镜子侧面检查，镜面不得有布毛、手印和灰尘等。擦拭台灯和镜灯时，应用干布，切勿用湿布抹尘。如果台灯线露在写字台外围，要将其收好，尽量隐蔽起来，灯罩接缝朝墙。写字台上如有台历，则需每天翻面。

⑦ 电视机。用干抹布擦净电视机外壳和底座的灰尘，然后打开开关，检查电视机有无图像，频道选用是否准确，颜色是否适度。如有电视机柜则应从上到下、从里到外擦净。

⑧ 地灯。用干抹布抹净灯泡、灯罩和灯架。注意收拾好电线，将灯罩接缝朝墙。

⑨ 窗台。先用湿抹布再用干抹布擦拭干净。推拉式玻璃窗的滑槽如有沙粒，可用刷子加以清除。最后将玻璃窗和窗帘左右拉动一遍。

⑩ 沙发、茶几。擦拭沙发时，可用干抹布掸去灰尘，注意经常清理沙发背后与沙发垫缝隙之间的脏物。先用湿抹布擦去茶几上的污迹，然后用干抹布擦干净，保持茶几的光洁度。

⑪ 床头挡板。用干抹布擦拭床头灯泡、灯罩、灯架和床头挡板，切忌用湿抹布擦拭。擦完床头后，再次将床罩整理平整。

⑫ 床头柜。检查床头柜各种开关，如有故障，立即通知维修。调整好床头柜的电子钟。擦拭电话机时，首先用耳朵听有无忙音，然后用湿抹布抹去话筒灰尘及污垢，用医用酒精棉球擦拭话机。检查放在床头柜的服务用品是否齐全，是否有污迹或被客人用过。

⑬ 装饰画。先用湿抹布擦拭画框，然后再用干抹布擦拭画面，摆正挂画。如果服务员身高不够，需要借助他物以增高，应注意垫一层干净的抹布或脱鞋操作，防止弄脏他物。

⑭ 空调开关。用干抹布擦去空调开关上的灰尘。

11）按酒店规定的数量和摆放规格添补客用品和宣传品。

12）清洁卫生间。按卫生间的清扫程序操作。

13）吸尘。吸尘按地毯表层毛的倾倒方向进行，由里到外；梳妆凳、沙发下、窗帘后、门后均要吸到。

14）服务员离开客房之前要自我检查和回顾一遍，看有无漏项，家具摆放是否正确，床是否美观，窗帘是否拉到位等。如发现漏项应及时补做。

15）关掉空调和所有灯具，然后将房门锁好。

16）登记客房清洁整理情况。每间客房清扫完成后，要认真填写清扫进出客房的时间，所用布件、服务用品、文具用品的使用和补充情况，以及需要维修的项目和特别工作等。

【职业道德与企业伦理 9-1】

是谁拿走了小费

背景与情境：一天早晨，刚刚八点钟，就有一位日本客人找到大堂经理投诉。这位日本客人是随一个旅游团到中国旅游的，这天就要结束北京的旅程离开酒店。早晨七点半吃早餐，八点钟离开酒店。但是在他吃完早餐回到房间取行李时，发现他放在床头柜上的给服务员留的小费不见了。虽然酒店有不允许服务员收小费的规定，但对于客人的投诉，大堂经理还是有些不明白，值班的大堂经理问客人："您放在床头柜上的小费不是留给服务员的吗？为什么小费不见了还要投诉？"客人说："我放在床头柜上的小费是留给在我离店后，为我清扫房间的服务员的。可是服务员在我还没有离开酒店、没有为我清扫房间的情况下，就把小费拿走了。这是不道德的，是不劳而获。所以我要投诉。"由于团队的客人多、房间多，可是客人离店时又必须要检查房间，所以为了减少客人离店前等候查房的时间，在一般情况下，早晨离店的团队客人的行李已经提前整理好，所以团队客人早晨离店前的查房工作，一般是在客人吃早餐的时间进行。日本客人投诉说小费不见了，正是在客人去吃早餐时，被检查房间的服务员拿走了。大堂经理对客人的投诉进行落实，由于客人的投诉内容属实，而且此事给酒店造成了不好的影响，大堂经理代表酒店向客人道歉。而这位查房的服务员被酒店辞退了。

（资料来源：张耀宗.饭店服务员纠错100例[M].北京：现代出版社，2007：9-10.）

问题：这位查房服务员为什么会被酒店辞退，他违背了哪些职业道德？

分析提示：客人放在房间床头柜上的钱，本身就是留给服务员的小费。服务员拿了，为什么客人还要投诉？为什么要辞退服务员？首先，客人住在酒店，本身是付费的。客人不给小费，服务员也应当为客人提供服务，为客人服务是服务员的职责。客人给服务员小费是客人自愿的，是对服务员所提供服务的一种认可或表示谢意的一种方式。小费是客人留给清扫房间的服务员的，作为客房服务员都是清楚的。而查房的服务员在没有为客人提供服务的情况下，把小费拿走，客人当然要投诉。把客人留给清扫房间卫生的服务员的小费拿走，确实是不劳而获，是一种"道德"问题。其次，国内的酒店，一般是不允许服务员收受或向客人索取小费的。即使是客人诚心诚意给的推辞不掉收下了，也应及时上缴，按酒店的有关规定处理。再次，此事引起客人投诉，给酒店造成不良影响。在客人吃早餐的时候，利用查房的机会，把客人的钱拿走，会使客人觉得酒店在管理方面存在漏洞，服务人员的素质低下。特别是国外的旅游客人，很可能不会再来，客人对酒店留下的印象很难改变。酒店在声誉上的损失是无法挽回的。因此，像这样的服务员，酒店给予辞退的处理是不为过的。酒店是否允许收小费是另一个问题，单就没有为客人提供任何服务，私自拿走客人的钱而言，这其实已不仅仅是收取小费的问题了，而是一种"窃取"，是属于品质和道德问题。

（3）卫生间清扫程序。卫生间是客房中尤为客人注意的区域之一，因为其中的不少设备用品都要与客人的皮肤直接接触，又是客人沐浴、梳洗化妆的场所。卫生间是酒店等级水平的重要设施和标志之一，既要清洁美观，又必须符合卫生标准。

卫生间清扫"十字诀"：

开：开灯、开换气扇。

冲：放水冲恭桶，滴入清洁剂。

收：收走客人用过的毛巾、洗浴用品和垃圾。

洗：清洁浴缸、墙面、脸盆和抽水恭桶。

擦：擦干卫生间所有设备和墙面。

消：对卫生间各个部位进行消毒。

添：添补卫生间的棉织品和消耗品。

刷：刷洗卫生间地面。

吸：用吸尘器对地面吸尘。

关（观）：观察和检查卫生间工作无误后即关灯并把门虚掩。将待修项目记下来上报。

卫生间清扫的具体操作规范：

1）开亮浴室的灯，打开换气扇。将清洁工具盒放进卫生间。有的酒店还在卫生间入口放上一块毛毡，防止将卫生间的水带入卧室。

2）放水冲净恭桶，然后在抽水恭桶的清水中倒入酒店规定数量的恭桶清洁剂。注意不要将清洁剂直接倒在釉面上，否则会损伤抽水恭桶的釉面。倒入清洁剂是为下一步彻底清洁恭桶提供方便，因为恭桶清洁剂要浸泡数分钟后方能发挥效用。

3）取走用过的"五巾"放入清洁车上的布袋中（可留下一大浴巾和脚巾，以备后用）。

4）收走卫生间用过的消耗品，清理纸篓垃圾，注意收走皂盒内的香皂头。

5）将烟灰倒入指定的垃圾桶内。烟灰缸上如有污迹，可用海绵块蘸少许清洁剂去除（烟灰缸的清理也可与卧室烟灰缸一并进行）。

6）清洁浴缸：

① 将浴缸旋塞关闭，放少量热水和清洁剂，用百洁布从墙面到浴缸里外彻底清刷；开启浴缸活塞，放走污水，然后打开水龙头，让温水射向墙壁及浴缸（可配备一条1米多长的塑料管作冲水用）冲净污水，此时可将浴帘放入浴缸加以清洁；最后把墙面、浴缸、浴帘用干布擦干。

② 浴缸内如放置有橡胶防滑垫，则应视其脏污程度用相应浓度清洁剂刷洗，然后用清水洗净，最后可用一块大浴巾裹住垫子卷干，这是唯一允许将客用品做清洁用的物件。

③ 擦洗墙面时，也可采取另外一种方法，即先将用过的脚巾放入浴缸，然后用蘸上中性清洁剂的海绵或抹布清洁浴缸内侧的墙面，随后立即抹干。

④ 用海绵块蘸少许中性清洁剂擦除镀铬金属件，包括开关、水龙头、浴帘杆、晾衣绳盒等上的皂垢、水斑，并随即用干抹布擦干、擦亮。

7）清洁脸盆和化妆台（云台）：
① 用百洁布蘸上清洁剂将台面、脸盆清洁，然后用清水刷净，用布擦干。
② 用海绵块蘸少许中性清洁剂擦除脸盆不锈钢件的皂垢、水斑，然后用干布擦干、擦亮。

8）注意将毛巾架、浴巾架、卫生间服务用品的托盘、吹风机、电话副机、卫生纸架等擦净，并检查是否有故障。

9）擦干镜面。可在镜面上喷少许玻璃清洁剂，然后用干抹布擦亮。

10）清洁恭桶：
① 用恭桶刷清洁恭桶内部并用清水冲净，要注意对抽水恭桶的出水孔和入水孔的清刷。
② 用中性清洁剂清洁抽水恭桶水箱、座沿、盖子的内外及外侧底座等。
③ 用专用的干布将抽水恭桶擦干。
④ 浴缸、恭桶的干、湿抹布应严格区别使用，禁止用"五巾"当抹布。

11）对卫生间各个部位消毒。卫生间消毒的方法有多种，无论选用哪种方法，都必须对卫生间进行严格消毒。
① 客人退房后，服务员的第一项工作就是对卫生间进行消毒：
用2%～3%的来苏水液擦拭消毒或用"八四"肝炎消毒剂进行擦拭消毒。消毒完毕，要紧闭门窗约2个小时，然后进行房间通风。显然，这种方法只适合于酒店的淡季或搞计划卫生的时候。
② 擦拭完卫生间卫生洁具后，将含有溶剂的消毒剂装在高压喷罐中，进行喷洒消毒，喷洒几分钟后，既可达到消毒的目的，又不会留下任何水迹和消毒剂的残渣。此种方法比较符合客房清扫的基本要求。
③ 在清洁剂中加入适量的消毒剂，或者采用杀菌去污剂，以达到清洁消毒的双重目的。此种方法操作比较简便，但消毒剂的腐蚀性和毒性会对人体造成损害，故必须小心使用并注意防护。最后还必须清洁和擦干所有痕迹和残留的余渣，以免损伤客人的肌肤。

12）补充卫生间的用品。按规定的位置摆放好"五巾"和浴皂、香皂、牙具、浴帽、浴液、洗发液、梳子、香巾纸（面纸）、卫生卷纸及卫生袋等日用品。

13）把浴帘拉好，一般拉出1/3即可。

14）清洁脸盆下的排水管。

15）从里到外边退边抹净地面。如有必要，可用百洁布和一定比例的清洁剂清刷，用净水冲洗，特别注意对地漏处的清刷，最后擦干地面。

16）吸尘。为了适应住店客人日益重视卫生间清洁卫生的需求，特别是满足某些挑剔和有"洁癖"的客人的需要，不少酒店在抹净地面后，还特别用吸尘器对地面吸尘，以保证卫生间不留一丝线头、毛发和残渣。

17）环视卫生间和房间，检查是否有漏项和不符合规范的地方。然后带走所有的清洁工具，将卫生间的门虚掩，关上浴室灯。

清洁卫生间注意事项：
1）清洁卫生间时必须注意不同项目使用不同的清洁工具和清洁剂，绝对不能一块抹布抹到底。

2）卫生间的清洁卫生一定要做到：整洁、干燥、无异味、无毛发、无污迹、无皂迹和无水迹。

3）对于浴缸的旋塞，必要时可以取出来清洁。清洁时，需彻底冲洗滤网。重新安上旋塞时，要拧紧。清洁脸盆活塞也如此做。

4）可在卫生间的金属制品上涂上一层薄蜡，以免因脏水溅污而产生锈斑。

5）清洁卫生间必须配备合适的清洁工具和清洁用品。要了解如何使用清洁剂和消毒剂，以便有效地进行清洁工作。

3. 其他状态客房的清扫

（1）住客房的清扫。住客房清扫的程序大致与走客房相同，但要注意以下几点：

1）进入客人房间前先敲门或按门铃。房内无人方可直接进入。房内若有人应声，则应主动征求意见，得到允许后方可进房。

2）如果客人暂不同意清理客房，则将客房号码和客人要求清扫的时间写在工作表上。

3）清扫时将客人的文件、杂志、书报稍加整理，但不能弄错位置，更不准翻看。

4）除放在纸篓里的东西外，即使是放在地上的物品也只能替客人做简单的整理，千万不要自行处理。

5）客人放在床上或搭在椅子上的衣服，如不整齐，可挂到衣柜里。睡衣、内衣也要挂好或叠好放在床上。女宾住的房间更需小心，不要轻易动其衣物。

6）擦壁柜时，只搞大面卫生即可。注意不要将客人的衣物弄乱、弄脏。

7）擦拭行李架时，一般不挪动客人行李，只擦去浮尘即可。

8）女性用的化妆品，可稍加整理，但不要挪动位置。即使化妆品用完了，也不得将空瓶或纸盒扔掉。

9）要特别留意不要随意触摸客人的照相机、手提式计算机、笔记本和钱包等物品。

10）房间如需更换热开水，注意水温不得低于 90℃。换进的水瓶注意擦拭干净。如使用电热瓶，则应更换新水，以免产生水垢。

11）房间有客人时，可将空调开到中档，或遵从客人意见；无人时则可开到低档上。

12）房间整理完毕，客人在房间时，要向客人表示谢意，然后退后一步，再转身离开房间，轻轻将房门关上。

（2）空房的整理。空房的整理虽然较为简单，但必须每天进行，以保持其良好的状况。

1）每天进房开窗、开空调，通风换气。

2）用干抹布除去家具、设备及物品上的浮尘。

3）每天将浴缸和脸盆的冷热水及恭桶的水放流 1~2 分钟。

4）如果房间连续几天为空房，则要用吸尘器吸尘一次。

5）检查房间有无异常情况。检查浴室内"五巾"是否因干燥而失去弹性和柔软度，必要时，要在客人入住前更换。

（3）小整服务。小整服务主要是整理客人午睡后的床铺，必要时补充茶叶、热水等用品，使房间恢复原状。有的酒店还规定对有午睡习惯的客人，在其去餐厅用餐时应迅速给客人开床，以便客人午休等。

小整服务一般是为 VIP 客人提供的。是否需要提供小整服务，以及小整服务的次数等，各酒店应根据自己的经营方针和房价的高低等做出相应的规定。

【教学互动 9-2】

主题：在客房清扫工作中包含着服务的内容，这种服务虽然不像面对面的服务那样直接，但也体现着酒店员工对客人的关注。

问题：酒店做小整服务过程中如何体现对客人的温馨和关注？

4．清洁和职业安全

客房服务员在清扫房间或从事其他项目的清洁作业过程中，必须注意安全，严格遵守酒店的安全守则，以杜绝事故的发生。事实证明，80%的事故都是由服务人员不遵守规程，粗心大意，工作不专心造成的，只有 20%是由设备所致。因此，所有当值的服务员无论进行何种清扫工作，都必须增强安全工作意识。

（1）造成事故的主要原因。

1）进房不开灯。

2）将手伸进纸篓取垃圾。

3）清洁卫生间时没有注意刮须的刀片。

4）挂浴帘时不使用梯凳而站在浴缸的边缘上。

5）搬动家具时不注意而被尖物刺伤。

6）没有留意地面上的玻璃碎片。

7）电器的电源线没有靠墙角放置，人被绊倒。

8）关门时，不是握住门把而是扶着门的边缘拉门。

9）使用清洁剂和消毒剂时，图省事、方便，不戴胶皮手套和使用相应的工具，因而造成人体肌肤的损伤。

（2）安全操作注意事项。客房服务员在进行清洁卫生工作时，应注意以下安全事项：

1）工作时，应按规程操作，留意有无不安全因素，如照明不良、电源线漏电等，一旦发现，立即向主管报告。

2）如需推车，要用双手推动。

3）如需从高处拿取物品，应利用梯架。

4）如工作地带湿滑或有油污，应立即抹去，以防滑倒。

5）不要使用已损坏的工具，也不可擅自修理，避免发生危险。

6）举笨重物品时，切勿用腰力，须用脚力，应先下蹲，平直上身，然后将物品举起。

7）走廊或公共场所放置的工作车、吸尘器、洗地机等，应尽量放置在走道旁边，注意电线是否绊脚。

8）家具或地面如有尖钉、硬物，须马上拔去或除掉，以防刺伤客人或员工。

9）所有的玻璃窗和镜子，如发现有破裂，必须马上向主管报告，立即更换。来不及更换的。应立即用强力胶纸贴上，防止划伤客人和其他员工。

10）发现有不牢固的桌椅，须尽快修理。

11）职工的制服裤腿不宜太长，以免绊脚。

12）不可伸手到垃圾桶或垃圾袋内，以防被玻璃碎片、刀片等划伤。

本章概要

★ **主要概念**

客房清洁设备，一般清洁器具，机器清洁设备，清洁剂的化学性质，消毒方法，客房的清洁卫生质量标准，小整服务。

★ **内容提要**

- 本章概括性地介绍了客房清洁设备的分类和管理方法。阐述了客房清洁保养，包括客房清理规定和准备工作、客房的计划卫生、客房清洁剂的使用、客房的消毒及虫害控制、客房清理标准和客房清理程序等。
- 客房部清洁设备种类很多。从广义上讲，是指从事清洁工作时所使用的任何设备。既有手工操作的、简单的工具，也有电动机驱动的、能完成某项特定清洁保养工作的机械。为了便于清洁设备的使用和管理，可把清洁设备分为两大类：一般清洁器具和机器清洁设备。
- 客房清洁设备的管理是客房管理的一个重要组成部分。它不仅关系到客房的经济效益，也是保证客房部的清洁卫生工作顺利进行的一个基本条件。
- 为了保证客房清洁整理的质量，提高工作效率，给客人创造一个温馨安宁的环境，清扫前必须了解客房清洁整理的有关规定，做好各项准备工作。
- 为了保证客房的清洁保养工作的质量，不仅要重视日常的清洁整理，而且还应重视客房的计划卫生。坚持日常卫生和计划卫生工作相结合，不仅省时、省力，效果好，还能有效地延长客房设施设备的使用寿命。
- 清洁剂是做好酒店清洁保养工作不可缺少的要素之一，合理地、安全有效地使用清洁剂，既能提高清洁工作的效率，又能保证清洁工作的质量。因此，学习和掌握有关清洁剂的知识和使用方法，对于做好清洁保养工作有着十分重要的意义。
- 消毒和除虫害是酒店清扫卫生工作的一项重要内容，是预防各种疾病流行、保障客人健康的重要措施。
- 客房清理要符合相关的清洁卫生质量标准，一般来说包括两个方面：一是感官标准，即客人和员工凭视觉、嗅觉等感觉器官感受到的标准；二是生化标准，即防止生物、化学及放射性物质污染的标准——往往由专业卫生防疫人员来做定期或临时抽样测试与检验。
- 客房的清洁整理又称"做房"。为了使清洁整理工作能有条不紊地进行，同时避免不必要的体力消耗和意外事故的发生，客房服务员应根据不同状态的房间，严格按照"做房"的程序和方法进行清扫，使之达到酒店规定的质量标准。

单元训练

★ **观点讨论**

观点：在服务员与顾客的交往中，彼此所处的地位是"不平等"的；某些服务员做不好工作，甚至与顾客发生冲突，是因为他们和顾客"争平等"。

常见质疑：现在很多酒店都提倡人性化服务，鼓励服务员和顾客交朋友。在这种情况下，服务员与顾客之间不再是服务与被服务关系，而是平等关系。

释疑：人们在社会交往中有着双重关系：一方面是人扮演的角色之间的关系；另一方面是扮演这些角色的人之间的关系。在考虑"平等与不平等"时，要把这两种关系加以区别。人与人之间是平等的，一旦进入"角色"，就要按照社会对这些角色的要求来行动。不同的社会角色有不同的权利和义务，就这种角色关系而言，服务员与顾客因其权利和义务不同，所处的地位是不同的，他们不能"平起平坐"。如果服务员在应该有"角色意识"（"服务提供者"和"接受服务者"）时，却立足"超角色意识"（"你是人，我也是人"），同顾客"争平等"，就是不合情理的。

★**案例分析**
【**相关案例**】

小细节大隐患

背景与情境：

案例一：重要的便笺

在北京某四星级酒店的客房部，实习生服务员小任正在清扫一间离店房。小任看到客人的行李已经全部收拾好，整齐地摆放在行李架上，就开始去收垃圾。她看到床头柜上有一张皱巴巴的便笺，认为是客人不要的废纸，于是顺手丢进了垃圾袋中。此房间整理就绪后，小任就去整理其他房间。一会儿，那个房间尚未离店的客人急匆匆地找到小任说："小姐，你有没有看到一张记有电话号码的小纸条？那个电话号码对我很重要。"小任一听就傻了眼，反问道："您的电话号码是不是在床头柜的便笺纸上写的？"客人说："我记得好像是在床头柜那儿。""对不起，我马上去找。"小任边说边来到工作车的垃圾袋旁，翻了半天，终于找回了客人记有电话号码的那张小便笺。客人不住地向小任道谢。而此时作为实习生的小任心里真不是滋味。她为自己粗心扔掉了客人记的电话号码，给客人添了麻烦而深感自责，幸亏及时找到了，没有耽误客人的事。经此事后，小任便懂得了客房内无论是什么东西，哪怕是张小纸片，只要是客人的东西，都要保存好。不能随便扔进垃圾袋，否则不仅会引起投诉，而且会给客人带来大麻烦。

案例二：丢了一包黄土

一位台湾客人住进一家大酒店，在即将离店时找到客房部经理投诉，说他在客房丢了一包黄土。这包土对他很重要，是专程到大陆他家的祖坟上取来要带回台湾的。客人即将登机返台，黄土丢了，怎么办?客房部经理接到投诉，立即找当班服务员进行调查。服务员回想起在打扫那位客人的房间时，看到过一包黄土，以为是没用的东西，就随手扔掉了。客房部经理了解了情况后，再次向客人致歉，并请客人留下通讯地址，然后马上带领多名员工到垃圾堆去寻找那包黄土。客房部经理和服务员在臭气熏天的垃圾堆里一点一点扒开污物。细心查找了3个多小时，终于找到了那不起眼的纸包，并按地址寄给了台湾客人。

（资料来源：戴玄. 星级酒店突发事件处理与案例[M]. 北京：中国经济出版社，2012：108-109.）

问题：

（1）以上两个案例涉及本章的哪些知识点？

（2）联系酒店实际，如何避免此类事情的再次发生？如何更好地规范服务员的操作行为？

建议阅读

[1] 曹希波. 新编现代酒店服务与管理实践案例分析实务大全[M]. 北京：中国时代经济出版社，2013：160-185.
[2] 陈润丽. 客房部运营管理[M]. 北京：电子工业出版社，2009：81-108.
[3] 雷明化，葛华平. 客房服务与管理[M]. 北京：中国人民大学出版社，2013：61-93.

第 10 章　公共区域保养与清洁管理

学习目标

　　理论知识：学习和掌握酒店公共区域的范围和特点，公共区域清洁设备的类型和适用范围，公共区域清洁保养的标准与范围，公共区域清洁的"5S 管理"等理论知识。

　　实务知识：酒店公共区域不同材质的地面及墙面的清洁方法和标准是有差异的，要针对不同的公共区域采取不同的清洁工具，掌握每一种清洁设备的使用方法及适用范围，掌握公共区域卫生标准以及清洁保养的计划及周期，掌握公共区域保养与清洁的内容。酒店公共区域的清洁保养具有较强的实践性，通过学习熟悉和掌握酒店公共区域清洁保养管理的专业知识。

　　认知弹性：用本章理论知识与实务知识研究相关案例，对本章"引例""同步案例"和"相关案例"等业务情境进行分析。

【引例】

湿漉漉的雨伞不会弄湿地毯？

　　背景与情境：宁波的梅雨季节到了，接连几天都在下雨。刚巧酒店里正在接待一批重要的会议客人，进进出出的人非常多。一大早，天空又下起了瓢泼大雨，几乎进酒店的每位客人手中都拿了一把湿漉漉的雨伞。酒店大堂服务员立即给他们的雨伞套上了一个小巧的雨伞袋，这样既方便了客人，又保护了酒店的地毯，保持了酒店环境整洁。这样大酒店豪华的地毯就不会被湿透的雨伞弄湿了。

　　（资料来源：百度文库 https://wenku.baidu.com/view/2369e1bb4b35eefdc9d33353.html）

　　酒店的公共区域（PA，Public Area）是住店客人每天都要进出的区域，也是酒店来访客人办理相关业务或入住手续停留的地方，是酒店最具公众性的场所。因此，通过酒店公共区域的清洁保养能够衡量一个酒店的管理水平和档次，对酒店的经营及声誉都有着重要的影响。

10.1　公共区域清洁卫生的范围及特点

10.1.1　公共区域的范围

　　酒店的公共区域是指除酒店客房之外的专供客人开展各种活动的公共空间，包括客用和员工使用两个部分。

1. 客用部分

　　酒店客用部分公共区域是指专供客人活动的场所，包括酒店的前厅、大堂、前后门的广场和停车场、酒店的花园和绿地、酒店建筑物的楼梯、走廊、公共洗手间、休息室、各类会议室、餐厅（不包括厨房）、舞厅、卡拉 OK 厅、康体娱乐中心等。这些区域是客人经常活动的地方，也是酒店公共区域清洁工作的重点范围。

2．员工使用部分

酒店员工使用部分的公共区域是指专门为酒店员工划出的工作和生活区域，包括员工电梯和通道、更衣室、员工餐厅、员工休息活动室、员工倒班宿舍等。

10.1.2 公共区域清洁卫生的特点

1．范围大，对酒店的形象、声誉影响大

公共区域是一个酒店中管理范围最宽的部分，几乎涉及酒店的每一个角落。公共区域人流量大、活动频繁，不仅有住店客人，还有前来酒店投宿、用餐、娱乐、商务、购物的客人。作为一个酒店的门面，它是酒店质量水平和档次的衡量标准，人们通过公共区域能够获得对酒店的第一印象，而第一印象又决定了其购买行为。因此公共区域对一个酒店对外宣传的形象和声誉影响都很大，酒店管理者必须注重公共区域的清洁卫生保养工作。

2．工作烦琐、量大，难以控制

公共区域的清洁保养项目包括地面、墙面、顶棚、灯具、门窗、绿化摆设、家具、公共卫生间等，内容十分繁杂。同时由于公共区域客流量大，因此保洁工作要时常进行，但服务人员的工作地点分散，同时还具有多变和不可预见性，这就导致了工作量的增加，加大了管理的难度。

3．劳动强度大，专业性强

公共区域的保洁工作任务繁重，劳动强度大，同时还需要使用清洁设备、器具等，有些清扫项目还必须由掌握一定技能的专业技术人员才能够完成。因此，酒店管理人员既要加强对员工的管理，又要关心员工，尽可能地创造好的工作条件，并对员工进行专业技能的培训。

10.1.3 清洁的"5S"管理

"5S"管理就是整理（Seiri）、整顿（Seiton）、清扫（Seiso）、清洁（Seiketsu）、素养（Shitsuke）五个项目，"5S"管理起源于日本，通过规范现场、现物，营造一目了然的环境。

1．整理

整理就是将所有东西分为两类，一类是不要用的，一类是还要用的。把必要的东西与不必要的东西明确地、严格地区分开来，并且将不必要的东西尽快处理掉。其目的就是空间活用、防止误用，塑造整洁的场所。

2．整顿

将公共区域的物品根据不同的使用频率分层保管，进行有效标识、整齐排列，可以消除寻找物品的时间和过多的积压物品，在清洁剂的储存和清洁设备的日常维护上能够起到事半功倍的效果。

3．清扫

将公共区域清扫干净，建立清扫责任区，执行例行清除、清理脏污，建立规范的清扫标准,从上到下、从里到外对饭店公共区域进行日常保洁保养。每天应多次进行清扫,保持清洁。根据自身情况,设置专门的清洁设备,也可委托专业的清洁公司进行清扫。

4. 清洁

应本着以人为本、预防为主、持续改进的清洁理念,指导、奖励 PA 服务员做好清洁工作。制定便于分析统计的清洁表格,制定奖惩制度,加强执行,保持最终的质量效果。

5. 素养

从 PA 主管到 PA 服务员都要做到履行相应的岗位职责,使员工养成良好的习惯,保持对客服务面带微笑、热情主动的服务态度,制定合理的培训制度,推动各种激励活动,遵守规章制度。

【同步思考 10-1】

问题:如何正确认识公共区域清洁保养的特点及重要性?

理解要点:通过上述公共区域范围和特点的学习,我们已经能够理解公共区域的清洁保养对于一个酒店的重要性。尽管清洁保养工作看似技术含量不高,但是其位置和范围的特殊性却决定了酒店的对外形象,对酒店的经营业务也有很大的影响。因此,从酒店管理的角度来看,这是不容忽视的一个重要环节。请同学们思考不同类型的酒店公共区域的清洁保养具有哪些不同的特点,清洁保养对酒店的重要性表现在哪些方面。

【延伸思考 10-1】

思考完公共区域清洁保养工作的特点之后,不得不思考一个问题,那就是清洁保养工作必须依靠酒店的员工来完成。面对繁重、清洁频率较高的清洁工作,酒店的 PA 服务员的岗位职责有哪些呢?

理解与讨论:一名合格、优秀的 PA 服务员,除了身体健康,形象较好,热爱酒店公共区域工作,具有高度自觉性和责任感外,还要不断积累丰富的清洁保养知识和熟练的操作技能。在对客服务的时候,可以主动地解答客人的问题,有较强的应变能力。在此基础上还可以参考《公共区域服务员考核表》来进行理解和学习(见表 10-1)。

表 10-1 《公共区域服务员考核表》

项目	考核内容	分值	得分	评定标准	备注
(一)	出勤			当月无病假、事假、迟到、早退	
(二)	仪容仪表			个人仪容仪表、个人卫生符合酒店规定	
(三)	工作能力			酒店基础知识、专业知识、接人待物基本常识、外语水平、操作技能、服务技巧	
(四)	工作量			工作数量与质量达到标准要求	
(五)	工作态度			积极主动地完成工作,精神饱满,能克服一切困难	
(六)	礼貌礼仪			对客人和同事的言谈举止彬彬有礼,得体大方,符合行为规范标准	
(七)	服务意识			服务知识、规范、流程、态度,领导、同事、客人反馈的意见	
(八)	团队精神			有团队意识,能团结同事,互帮互助,维护酒店形象	
(九)	技能培训			积极主动地参加与工作有关的各种技能培训	

(资料来源:作者根据相关资料整理)

10.2 公共区域清洁设备

酒店清洁器具的配置情况,直接影响酒店清洁保养工作的效率和质量,因此酒店要配备精良的器具来完成公共区域的清洁保养工作。酒店的清洁器具主要有自备和租赁两种方式。

10.2.1 吸尘器

1. 直立式吸尘器

直立式吸尘器是特定为地毯设计的吸尘器,底部有一旋转循环的刷子,用于清除地毯上的污物,这些刷子会利用吸力把地上的尘埃分离而逐一吸掉。很多直立式的吸尘器于底部都安上防撞物,用以防止使用时撞及家具、地脚线,引起损坏。

2. 筒形吸尘器

筒形吸尘器的好处是能够灵活地清洁所有家具下的污物,在硬地上较为有用,此机的吸管头部,有一能调节吸力的按钮,更拥有一套附加的装置,以便清理各类家具及有大量尘土的地方。

10.2.2 吸水机

吸水机是一种特别用来吸水的机器,主要用于吸取大量的水,以及用于地毯加快烘干更为有效。

10.2.3 地毯清洗机器(干泡地毯清洁机、蒸汽地毯清洁机)

用于协助清洗地毯的机器,机内的刷子除了可以清洁地毯的污处外,更能清除深处的污垢及松软地毯上的毛。在清洗过程中也不会弄脏其他的地方。

10.2.4 擦磨机

擦磨机多数能安装上多种不同颜色及类型的刷子和垫子,以配合不同工作的需要。这些工具做出来的清洁效果非常完美,擦磨机每次使用后必须清洗干净及晾干。

10.2.5 除尘设备

1. 扫尘平底铲

扫尘平底铲通常由胶及金属制成,有短柄及长柄,而且有一掩罩以防止尘埃扬起,在使用后,需要清洗及晾干。

2. 尘推

尘推主要用于清除地面的灰尘。尘推的使用和保养要注意以下几点:

1)将已用牵尘剂(尘推处理液)处理过的干尘推平放在地上,按直线推进,尘推不可离开地面。

2)当尘推粘满灰尘后,将尘推放在垃圾桶上清洁。

3)当尘推失去粘尘能力时,要重新用牵尘剂处理,才可再次使用。

4）尘推工作完成后，要用碱水清洗，晾干后用牵尘剂处理，用胶袋封好备用。

10.2.6　抹布

抹布是清洁保养工作中使用频率最高的工具之一，其用途广泛，除尘、除渍、吸水等都离不开抹布。为了防止抹布混淆和交叉使用，抹布要有明显的区分标志。

10.2.7　百洁布

百洁布的种类很多，酒店一般采用海绵百洁布，配合清洁液一起使用，既能去除顽垢，清洁高档器皿，又不损害物体表面，而且经久耐用。

10.2.8　玻璃清洁器

玻璃清洁器主要用于玻璃、镜面，也可以用于其他光滑层面的清洁。一套玻璃清洁器主要包括伸缩杆、擦拭器、刮刀。

10.2.9　辅助工具

1. 安全梯

酒店只有少数部门需要使用此梯，它由坚硬的外框构成，每一梯级各有橡胶垫安装于脚踏的部分，更有稳定的扶手以保持梯子的垂直，还有一些折叠梯用于适应不同的需要。

2. 小心地滑标志

小心地滑标志是为员工及客人设计的安全指示，设计有不同的尺码、颜色及形式，用于避免意外的发生，在公众场合使用，易于携带，目的是间隔不能进入的地方，以提示使用者要小心。

10.2.10　其他清洁器具

除了上述提到的清洁用具外，酒店公共区域常见的清洁用具还包括扫帚、拖把、喷壶、橡胶手套、鸡毛掸子等。

【深度剖析 10-1】

问题： 通过【同步思考 10-1】和延伸思考【10-1】，同学们知道酒店公共区域的清洁保养工作工作量大、频率高、工作较为辛苦，酒店 PA 的服务工作是一项繁杂且不轻松的工作，那么对于酒店而言，公共区域清洁工作的意义何在？

理解与讨论： 公共区域的整洁度直接反映酒店的管理水平，创造良好的卫生条件可以吸引客人，提升经济效益。对设备进行有效的保养可延长其使用寿命，减少开支。通过下面"日本邮政大臣喝厕水"的案例可以充分看出酒店对其公共区域卫生的重视程度，并且深刻体会"细节决定成败"。

日本邮政大臣喝厕水

内容提示： 野田圣子是日本的一位女性大臣——邮政大臣。她的工作经历是从负责清洁厕所开始的。

野田圣子的第一份工作是在帝国酒店工作，在受训期间负责清洁厕所，每天都要把马桶抹得光洁如新才算合格。可是自出娘胎以来，她从未做过如此粗重的工作，因此第一天伸手触及马桶的一刻，几乎呕吐，甚至在上班不到一个月时便开始讨厌这份工作。有一天，一名与圣子一起工作的前辈在清洁马桶后居然伸手盛了满满一杯厕所水，并在她面前一饮而尽，理由是向她证明经他清洁过的马桶干净得连水也可以饮用。此时，野田圣子才发现自己的工作态度有问题，根本没资格在社会上肩负起任何责任，于是对自己说："就算一生要洗厕所，也要做个洗厕所最出色的人。"结果在训练课程的最后一天，当她清洁马桶之后，也毅然喝下了一杯厕所水，并且这次经历成为她日后做人、处事的精神力量的源泉。

（资料来源：仇学琴，等. 酒店前厅客房服务与管理[M]. P254 略有改动）

公共区域的清洁卫生不仅是保证住店客人得到舒适、愉悦、美好体验的前提，同时对培养员工的服务意识也起到了极大的促进作用。上述案例中野田圣子能够把受训期间的洗厕所工作做到极致，一方面表现出了极高的敬业精神，另一方面也表现出酒店人的专业素养，这正是作为酒店管理专业的同学所要学习和培养的精神。

10.3 公共区域清洁保养

10.3.1 公共区域清洁标准

公共区域清洁标准包括地面、设施、绿化、大厅等几个方面，具体内容如下：

1. 地面

门前地面实行分片卫生管理，无痰迹、无纸屑、无烟头。建筑物之间的通道清洁、无堆积物。停车线画线鲜明，场内无油渍、烟头、废纸、垃圾等。

2. 设施

栏杆无积尘，定期油漆。宣传栏布置得体，字迹、图片鲜明。路标指示明确。垃圾箱内垃圾不外溢，及时清理，表面干净无污渍。

3. 绿化

有的酒店门前、通道摆放花木、花卉、种草，应定期浇水，定期喷洒防虫剂，道路两旁的树墙要定期修剪，保持整齐美观。

10.3.2 室内公共区域的卫生要求及质量检查标准

1. 大厅

大厅要摆放鲜花盆景，艺术品陈列台表面应清洁，吊灯美观、华丽、无尘，壁画光鲜，悬挂端正。地面干净无渣物，地毯边角无积尘、无污渍（油漆、茶渍、咖啡渍），表面花纹清晰鲜明、无烧烤痕迹，要求干净平整。大厅四壁无灰尘，玻璃明亮无痕，沙发、椅子、服务台、广告牌等陈设整齐无尘土，各处镜子、金属门扶手要保持光亮。

2. 客房部门的楼层环境

服务台、楼梯、楼道及各角落物品陈设整齐无尘土，地毯无渣物，暖气、空调机、墙壁无灰尘，玻璃、各种照明设备、楼道及楼梯地面光洁明亮。

3. 会议室及休息室

台布清洁干净、无污迹、无破洞,地毯保持平整松软无污物,无地毯的地面光亮无灰尘,椅子、沙发、花架、台板等布局合理、整洁。

4. 值班室、职工休息室、更衣室

这些地方卫生要保持如同客房一样的水平。

5. 客流量大的公共场所

客流量大的公共场所要充分利用客流量少的时间把卫生搞干净,白天做一般表面上的清洁,夜晚彻底全面清理。白天客流量大,人多的时候随脏随清,特别是沙发、茶几、烟缸等,要随时清洁整理,保持公共场所各部位的干净、整齐。夜晚客流量少时,做较彻底的大扫除。

6. 公共洗手间

公共洗手间的卫生要做到每日清扫消毒,随时保持清洁、清新无异味;四壁瓷砖光洁,下水通畅,无污物堵塞;镜子明净光亮,手纸、香皂、毛巾保证供应;便桶、便盆、水箱等如果损坏或发生故障要及时修理。整个公共洗手间卫生质量要求是:便桶、便池无尿渍、尿迹,无异味,地面无脏迹,纸篓及时清理,洗手池、烘手器设备完好。

【业务链接 10-1】

客用洗手间的清洁保养程序

1) 准备清洁用具与用品。
2) 进入洗手间。
3) 进行消毒工作。
4) 按序擦净面盆、水龙头、台面、镜面,并擦亮所有金属镀件。
5) 卫生间的香水、香皂、小方巾、鲜花等摆放整齐,并及时补充更换。
6) 拖净地面,擦拭门、窗、隔挡及瓷砖墙面;配备好卷筒纸、卫生袋、香皂、衣刷等用品。
7) 检查皂液器、自动烘手器等设备的完好状况。
8) 热情向客人微笑问好,为客人拉门、递送小毛巾等。

【教学互动 10-1】

请按客用洗手间的清洁保养程序,进行排序:
1) 检查皂液器、自动烘手器等设备的完好状况。
2) 准备清洁用具与用品。
3) 卫生间的香水、香皂、小方巾、鲜花等摆放整齐,并及时补充更换。
4) 进入洗手间。
5) 按序擦净面盆、水龙头、台面、镜面,并擦亮所有金属镀件。
6) 拖净地面,擦拭门、窗、隔挡及瓷砖墙面;配备好卷筒纸、卫生袋、香皂、衣刷等用品。
7) 热情向客人微笑问好,为客人拉门、递送小毛巾等。

8）进行消毒工作。

正确答案：2→4→8→5→3→6→1→7

10.3.3 地面与墙壁的清洁与保养

1. 地面的清洗及保养

多数宾馆、酒店的地面采用大理石和木地板两种。对以上两种地面要进行打蜡清洁，地面打蜡不仅是一项清洁工作，也是一项保护地面的措施，能起到防腐、防潮、延长地面材料使用寿命的作用。打蜡一般一个季度进行一次，但还要根据客人流量、地面的磨损程度，适时安排打蜡。

（1）做好打蜡的准备工作。地面打蜡应选择在干燥、晴朗的天气时进行。打蜡前，将需要打蜡的区域内的家具设备挪开，然后备齐打蜡使用的全部用品和工具，要根据地面的质地，正确选择好对应的、高效的蜡液和工具。

（2）清洗地面。地面打蜡之前，必须清洗干净地面，以保证打蜡的效果。清洗地面包括起蜡，用起蜡水及洗地机将地面的旧蜡起掉，残蜡较多的地方要用小刀铲净，保证地面无残蜡和污渍，然后用清水洗净。

（3）打蜡。待清洗干净的地面自然风干后，使用专用工具将蜡液均匀地擦拭或喷洒在地面上。

（4）抛光。擦拭或喷洒过蜡液的地面，需经打磨后才会发光发亮，一般使用机器磨光。抛光的操作方法和要求如下：

1）掌握时机。喷涂过蜡液的地面，不能马上抛磨，也不能间隔时间过长，必须在蜡液稍干时进行。过早和过湿，蜡容易被磨脱、磨掉，打磨机的抛光垫也容易被粘和结块。如果过迟和过干，蜡容易变硬，地面不易打光。从上蜡到抛光，究竟隔多长时间为宜，须依据气候、季节和室内的温度、湿度、蜡液的质量和喷涂蜡液的薄厚等多种因素来决定。

2）纵横交叉。使用抛光机对地面进行抛光时，先从外到里横向打磨，再擦着地面接缝纵向打磨，这就是纵横交叉的打磨方法。这种方法能使地面受磨均匀，能使各种大小不同、形状各异、走向不一的地面都能抛磨到，使打磨后的地面光亮度达到最佳程度。

3）边角补打。由于抛光机的磨盘是圆的，在操作过程中有些边角不易磨到，为使地面整体效果达到一致，要用手工进行打蜡、抛光。打蜡抛光结束后，要用地推将地面的蜡屑、粉末、渣物等推净，使地面洁净、光亮，然后将家具物品恢复原位。

（5）地面清洁保养应注意的问题。

1）大理石地面。大理石的主要成分是碳酸钙的晶体，大理石的漂亮色泽由大理石内的杂质所形成。不同的大理石，其密度及韧性有很大差别，但其主要成分相同，故清洁保养方法大致相同，清洁保养应注意以下几点：

① 避免使用酸性清洁剂，因为酸性清洁剂与碳酸钙可发生化学作用，能使大理石失去韧性，腐蚀大理石表面，使其失去光泽。

② 避免使用粗糙的东西磨擦，否则会使大理石面永久磨损。

③ 避免使用砂粉或粉状清洁用品，因为此类清洁用品干燥后会形成晶体，留在大理石表层洞孔内，造成表层爆裂。

2）木地板。木地板通常是由不同厚度的软性或硬性木质材料制成的。制作上有的木板直接铺在水泥地面上；有的是在地面上放木制的骨架，将木板条口镶钉在龙骨上，此类的地面需要精心制作、施工和保养，才能够既美观又耐用。这些木板经过长时间的风干处理，不易变形或腐烂，但是过度的潮湿会使之变形，清洁工作应注意以下几点：

① 避免用水拖把擦地面，更不要用水泼地面。木地板遇水后会出现变形、松脱或干裂等现象。

② 天气潮湿时要注意做好通风工作。

③ 避免用过重的尖锐金属在上面推拉。

④ 地板上的污迹避免磨刨，否则会使木板表面受损或变薄而不符合使用的要求。

3) 瓷砖地面。瓷砖是由黏土混合水在窑中烧制成。黏土是矽化铝和其他物品的混合物。瓷砖有表面平滑光亮和不平滑光亮两种，光滑的瓷砖有一层与瓷砖本身不同质地的不透水物质表层，不光滑的瓷砖则没有，将瓷砖镶在凝土上便成为墙面或地面。清洁瓷砖地面注意以下几点：

① 避免使用强酸清洁剂，因为此类液体浸蚀瓷砖表面及接口，会使瓷砖失去光泽和发生脱落。

② 避免用粗糙的物体磨擦，以免瓷砖被磨损，失去光泽。

③ 避免用粉状清洁用品，因为此类清洁用品干燥后在瓷砖表面形成晶体使砖面燥裂或接缝裂开，导致砖体脱落。

2. 墙面的清洁保养工作

随着社会的进步，酒店的墙面装潢也有了较大的发展，装饰材料品种繁多，装饰效果更加趋向个性化。公共区域客流量大，做好墙面的清洁保养，既可美化环境、维护酒店的整体形象，又能够延长墙面装饰材料的使用寿命，减少因维修或更新而造成的投资浪费。

（1）常见的墙面装饰材料。

1) 硬质墙面。硬质墙面包括未油漆的墙面、涂料墙面、瓷砖墙面和大理石墙面。未油漆的墙面在酒店公共区域较为少见，一般在员工区域采用。涂料墙面施工简单，有一定耐水性，但容易脱落。瓷砖墙面多用于厨房和卫生间，因为能够防水、防火、防污，并具有一定的装饰性。大理石墙面则一般作为酒店大厅的饰面材料，因为大理石的装饰性强，显得高贵气派。

2) 贴墙纸。贴墙纸是目前采用较为广泛的墙面装饰，被大量用于会议室、餐厅、多功能厅等公共区域，其种类繁多，包括纸基墙纸、聚氯乙烯塑料墙纸、玻璃纤维墙布、化纤墙布等，其特点是色彩鲜艳、花型多、装饰效果好、施工简单。

3) 软墙面。软墙面是指用锦缎等浮挂墙面，内补海绵的装饰方法。具有装饰效果强、高雅华丽、吸音效果好等特点，其独特的质感和立体感是其他墙面所无法比拟的。

4) 木质墙面。木质墙面包括微薄木贴面板和木纹人造板两种。微薄木贴面板花纹美丽、立体感强，但较容易损坏。木纹人造板花纹逼真、层次丰富，耐磨、耐高温、耐污染、防水，缺点是不阻燃。

（2）墙面清洁保养原则。

1) 以预防为主。墙面装饰往往造价昂贵，施工难度大，因此日常工作中应该做好预防保养工作。例如，在使用大型清洁用具、搬运家具时要注意不要碰撞、刮伤墙面。清洁顶棚、玻璃窗等位置时也要注意不要让灰尘、清洁剂等污染墙面。

2）及时清扫。对墙面要及时清扫，一旦发现墙面有污染，就应该马上设法除去，否则可能污渍将难以清除。

3）选择合适的清洁剂和正确的清洁方法。各种类型的墙面其特点不同，有的坚硬、有的柔软、有的容易产生化学变化、有的易受潮、有的易剥落，因此要根据墙面材料本身的特点，选择合适的清洁剂和清洁工具，运用正确的清洁程序和方法进行保养工作。

（3）墙面清洁保养方法。

1）硬质墙面。未油漆的墙面可以采用简单的掸尘、吸尘来进行清洁保养，涂料墙面可采用稀释的清洁剂洗去污渍，其他硬质墙面应定期使用碱性清洁剂清洗之后，再用清水洗净。

2）贴墙纸墙面。贴墙纸墙面应定期进行吸尘清洁，发现有污渍时，对耐水墙纸可采用中性、弱碱性清洁剂配合毛巾或牙刷进行擦洗，然后再用干毛巾吸干；对不耐水墙纸可用干擦法，如用橡皮擦拭，或者用毛巾蘸少许清洁剂拧干后擦拭。

3）软墙面。软墙面吸尘是最重要的工作，应采用专门的吸头来进行，注意防潮。由于海绵等填充物有吸水性，水擦后容易留下水斑，不能经常采用清洁剂洗擦，应采用干擦法。

4）木质墙面。对木质墙面，除尘后可以采用拧干的抹布擦去污渍。定期上家具蜡，既能起到保养的作用，又能减轻清洁工作的劳动强度。破损处应及时请维修人员进行修复并上漆保养。

10.3.4 公共区域日常清扫及计划卫生

计划卫生是酒店日常清洁工作的补充，是全面清整日常工作中没有做到的清洁工作。计划卫生的完成能够对设备进行有效的维护和保养；计划卫生能够明确各项工作任务，合理安排人力和机器设备的使用，特别是对设备的保养能起到极佳的作用。

1. 公共区域日常清扫

公共区域卫生涉及酒店前台和后台、室内和室外的广泛区域，主要包括以下清洁卫生工作：

（1）大堂的清洁。大堂是酒店客人来往最多的地方，是酒店的门面，会给客人留下至关重要的第一印象。因此，大堂的清洁卫生工作尤为重要。

1）地面清洁。大厅的大理石地面在客人活动频繁的白天需不断地进行推尘工作。遇到雨雪天，要在门中放上存伞架或放雨伞套，并在大门内外铺上踏垫和小地毯，同时在入口处不停地擦洗地面的泥尘和水迹。每天夜间12点以后打薄蜡一次，并用磨光机磨光，使之光亮如镜。大厅内有地毯处每天要吸尘3~4次，每周清洗一次。大堂地面清洁要仔细，不能有任何遗漏点。拖擦过程中应及时取下清洁工具上的灰尘杂物。操作过程应尽量避开客人或客人聚集区。打蜡或水迹未干区应有标示牌，以防客人滑倒。

2）门庭清洁。白天对玻璃门窗、门框、指示牌等的浮尘、指印和污渍进行擦抹，尤其是大门玻璃应始终保持一尘不染。夜间对门口的标牌、墙面、门窗及台阶进行全面清洁、擦洗，对大门口的庭院进行清扫冲洗等。

3）家具清洁。白天勤擦拭休息区的桌椅、服务区的柜台及一些展示性的家具，确保干净无灰尘。及时倾倒并擦净立式烟筒，用镊子将烟箱里的烟头、杂物清干净；用废纸把烟箱面上的口痰污渍抹干净。及时更换烟缸。随时注意茶几、台面上的纸屑杂物，一经发现应及时清理。

4）擦拭灯具。各类灯具，特别是吊灯、顶灯，除日常擦拭其表面外，还要定期进行清洗，每次清洗都要做好周密的计划。

① 选择适当的时间。清洗公共区域的吊灯应选择在夜里进行，宴会厅和多功能厅的吊灯应根据宴会预定情况而定，一般选在宴会厅或多功能厅连续两三日内无活动的情况下进行。在人员许可的情况下，白班和夜班同时清洁，缩短清洗时间，避免影响酒店和宴会厅的正常使用。

② 安排有效人力。清洗大型吊灯是项费时费力的工作，须提前安排好人员，特别是要挑选有经验、耐心和细心的员工来做这项工作。因为吊灯价格昂贵，易损坏，配件不易采购，管理人员一定要在现场监督、检查和指导。

③ 准备清洗用具和用品。由于吊灯或顶灯在高处，要准备好升降机或梯子、旋具、水桶或水盆、专用清洁剂或白醋、擦布等。

④ 擦拭灯具。擦拭灯具要切断电源。擦拭时要先用潮湿布擦尘，然后再用干布擦净。根据灯具不同的质地，使用不同的方法进行擦洗。玻璃和水晶制品的擦拭方法为：将灯饰摘下，浸泡在专用的清洗剂或用白醋与水兑成的液体中，进行轻洗，然后用水洗净，最后用干布擦干。铜质和电镀制品的灯饰要用专用的清洁剂擦拭，擦拭后要用干布擦净，灯饰表面不得有残留的清洁剂，以免残留时间过长对灯具和灯饰有腐蚀。灯泡要用干布轻轻擦干净，严禁使用湿布和湿手擦拭，以防止危险事故的发生。操作完毕后，要按原样将灯饰装好。

⑤ 灯具装饰完毕要进行仔细的检查。检查安装的是否牢固，有无部件短缺，安装效果是否与原来一致，既保证安全，又达到美观。

⑥ 检查灯具的照明情况。擦拭、安装完毕后，开灯查验灯泡是否有不亮的。有的吊灯有上百个灯泡，经长时间使用有些灯泡会烧坏，日常更换比较困难，有些酒店在定期清洗吊灯时，无论好、坏将灯泡全部换下，坏的灯泡丢掉，好的灯泡可以安到别的地方继续使用。

⑦ 注意安全。擦拭吊灯时的安全问题是一项应特别注意的问题，在操作中、操作后及使用中都要注意安全，不能有一点疏忽，保证万无一失。

5）扶梯、电梯清洁。大堂扶梯、电梯的清洁保养多在夜间进行，白天只做简单清洁维护。主要清洁工作是擦亮扶梯扶手、栏杆、玻璃护栏，清洁电梯门及轿厢，更换清洁"星期"地毯，使扶梯、电梯内外、上下、四周均无灰尘、指印和污渍。

6）不锈钢、铜器清洁上光。酒店的大堂常常会装饰不锈钢、铜器等金属装饰物，这为酒店大厅增添了不少光彩，这些器件每天都要清洁，否则会失去光泽或沾上污渍，失去装饰的效果。擦洗这些器件时注意要使用专门的清洁剂，若用其他的清洁剂会造成器件的严重损坏。大堂广告架牌、指示标牌、栏杆、铜扶手及装饰用铜球等是大堂清洁保养的主要对象。铜器分为纯铜和镀铜两种，擦拭方法也不同。擦拭纯铜制品时，先用湿布擦拭擦去尘土，然后用少许铜油进行擦拭，直到污渍擦净，再用干布擦净铜油，使其表面发光发亮。擦拭后，铜制品表面不能留有铜油，以免在使用过程中弄污客人的手或者衣物。镀铜制品不能使用铜油擦拭，因为铜油中含有磨砂膏，经过擦磨后会损坏镀铜表面，不但影响美观，也会减少使用寿命。镀铜制品的擦拭要使用专门的清洁剂或用车蜡，或用兑水的白醋，可使其表面发亮、发光但不会损伤镀铜的表面。

7）大门口内外地垫的清洁。内地垫每隔 2 小时吸尘 1 次，每晚要揭开地垫，用扫把将地面灰尘、沙粒扫干净，用湿拖布拖干净地面；外地垫除按内地垫做上述清洁外，每周还要更换冲洗地垫一次。内外地垫的铺放要求整齐对称。

8) 公共洗手间的清洁和服务。公共洗手间是客人最挑剔的地方之一，以至于有人说要看一个酒店的管理水平，去看看它的公共洗手间就够了，因此酒店必须保证公共洗手间清洁卫生，设备完好，用品齐全。公共洗手间的日常清洁服务是：及时做好洗手间的消毒工作，使之干净无异味；按序擦净面盆、水龙头、台面、镜面，并擦亮所有金属镀件；将卫生间的香水、香皂、小方巾、鲜花等摆放整齐，并及时补充更换；拖净地面，擦拭门、窗、隔档及瓷砖墙面；配备好卷筒纸、卫生袋、香皂、衣刷等用品；检查皂液器、自动烘手器等设备的完好状况；热情向客人微笑问好，为客人拉门、递送小毛巾等。公共洗手间的全面清洗是：洗刷地面及地面打蜡，清洁水箱水垢，洗刷墙壁等。为不影响客人使用洗手间，该工作常在夜间进行。

（2）餐厅、酒吧、宴会厅的清洁。餐厅、酒吧和宴会厅是客人的饮食场所，卫生要求较高，清洁工作主要是在餐厅营业结束后做好对地毯和外窗玻璃的清洁。此外，餐厅、酒吧、宴会厅或其他饮食场所，常会有苍蝇等害虫出现，应随时或定期喷洒杀虫剂，防止苍蝇等害虫滋生。

（3）后台区域的清洁卫生。员工食堂、浴室、更衣室、服务通道、员工公寓、娱乐室的卫生状况对员工的思想和精神、对酒店的服务质量有重要的影响。

后台区域的清洁卫生工作有：做好员工食堂、浴室、更衣室的日常消毒、清洁维护；对员工倒班宿舍、公寓、娱乐室等进行定期清扫；搞好员工通道的清洁保养，为全店员工创造良好的生活、工作环境。

（4）绿化布置及清洁养护。绿化布置能给客人耳目一新、心旷神怡的美好感受，所以酒店在店外的绿化规划和店内的绿化布置上都应有所开拓。当然，掌握一般的绿化程序是基础。

（5）擦窗及玻璃。擦窗和擦玻璃是定期清洁工作中的一项重要内容。公共区域保洁员经常要擦各种类型的窗和玻璃，因此，公共区域保洁员要掌握擦窗和擦玻璃的技巧。

1) 擦窗和擦玻璃方法。擦窗前先将窗框上的浮灰擦净，再擦窗和玻璃，擦玻璃有不同的方法。

① 潮干布擦。擦布要用质地软硬适中，光滑无毛，容易吸水的布，先将布用清水或兑有玻璃清洗剂的水揩潮。擦玻璃时按先中心后四角或先四角后中心的顺序反复揩擦，直至玻璃擦亮为止。

② 水擦。水擦有两种不同的方法，一种是用布蘸水擦，一种是用专用的玻璃刮。水擦是用水把布蘸湿后，在玻璃表面揩擦，擦一般的玻璃用清水或兑水的玻璃清洁剂。布蘸水后的湿度要适宜，要防止因布滴水影响墙面或其他地方的卫生。用玻璃刮刮擦，要先用带有棉毛头的擦水手柄蘸清水或兑水的玻璃清洗剂，将玻璃表面擦干净，然后用玻璃刮按横向或纵向将玻璃表面的水迹刮干净。玻璃刮每刮一下，就要用布将玻璃刮上的水擦干，以免将玻璃刮花。刮玻璃时要注意玻璃的四个边角，不能留有水迹。

2) 注意安全操作。擦玻璃要选择工作认真、身体较好的员工，有心脏病和高血压的员工切勿高空擦玻璃。在高空擦玻璃时必须系好安全带，思想集中。室外擦玻璃要注意天气的变化，夏天不要暴晒，以防中暑。刮大风时也切忌擦玻璃，以免发生危险。

（6）酒店垃圾的处理。集中到垃圾房，统一处理。经过处理的垃圾喷洒药物后进垃圾桶加盖，以便杀灭虫害和细菌；定时将垃圾运往垃圾工厂或垃圾处理场；保持垃圾房的清洁卫生。

【同步思考 10-2】

公共区域的清洁保养内容较多，同学们可以参考表 10-2，列出公共区域的其他清洁保养内容。

表 10-2 公共卫生区域沙发、地毯洗涤统计表

年　月　日

序号	清洗部门	清洗时间	沙发清洗量	地毯清洗量	所用工时	备注
1						
2						
3						
4						
5						
6						
7						
……						
合计						

2. 公共区域的计划卫生

公共区域各种计划卫生由于保洁周期不同，可以分为以下几种类型：

（1）每天进行的清洁保养工作。拖地，地面吸尘，地面和家具上蜡并抛光，擦铜器与不锈钢设备，擦洗大门和台面玻璃，更换防滑垫或地毯，花卉浇水与更换施肥，电话机消毒，冲洗卫生间便器，清理烟灰缸和垃圾桶，喷洒杀虫剂和空气清新剂等。

（2）每周进行的清洁保养工作。门窗框和趟槽的清洁，闭门器的清洁，台面的清洁，台面打蜡，电话间墙面清洗，顶棚通风口清洗，花岗岩地面上蜡和抛光，地脚线和墙角的清洁，卫生间水池下弯管的清洁，水箱的清洗，地毯的更换，金鱼池换水冲洗等。

（3）每月进行的清洁保养工作。各种壁灯、台灯座等装饰物件的清洁和打蜡，走廊吊灯和顶灯的清洁，各类玻璃器具的彻底清洁，地毯干洗等。

（4）每季度进行的清洁保养工作。沙发、座椅的清洗，帷窗与软墙的清洗，地毯的大洗等。

【同步思考 10-3】

根据我国酒店公共卫生清洁标准和具体内容，如果你去住星级酒店，你最担心公共区域哪些范围的清洁卫生质量？

【延伸思考 10-2】

作为酒店的 PA 主管，你认为酒店公共区域的卫生是做到标准重要还是照顾客人的感受重要？

中华人民共和国国家标准

旅店业卫生标准（GB 9663—1996）

1. 主题内容与适用范围

本标准规定了各类旅店客房的空气质量、噪声、照度和公共用品消毒等标准值及其卫

生要求。

本标准适用于各类旅店。本标准不适用于车马店。

2．引用标准

GB5701《室内空调至适温度》。

GB5749《生活饮用水卫生标准》。

3．标准值和卫生要求

（1）标准值（见表10-3、表10-4）。

表10-3　旅店客房卫生标准值

项目		3～5星级酒店、宾馆	1～2星级酒店、宾馆和非星级带空调的酒店、宾馆	普通旅店、招待所
温度/℃	冬季	>20	>20	≥16（采暖地区）
	夏季	<26	<28	—
相对湿度（%）		40～65	—	—
风速/（m/s）		≤0.3	≤0.3	—
二氧化碳（%）		≤0.07	≤0.10	≤0.10
一氧化碳/（mg/m³）		≤5	≤5	≤10
甲醛/（mg/m³）		≤0.12	≤0.12	≤0.12
可吸入颗粒物/（mg/m³）		≤0.15	≤0.15	≤0.20
空气细菌总数	撞击法/（cfu/m³）	≤000	≤1500	≤2500
	沉降法/（个/皿）	≤10	≤10	≤30
台面照度/lx		≥100	≥100	≥100
噪声/dB（A）		≤45	≤55	—
新风量/[m³/（h·人）]		≥30	≥20	—
床位占地面积/（m²/人）		≥7	≥7	≥4

表10-4　公共用品清洗消毒判定标准

项目	细菌总数	大肠菌群/（个/50cm²）	致病菌/（个/50cm²）
茶具	<5cfu/ml	不得检出	不得检出
毛巾和床上卧具	<200cfu/25cm²	不得检出	不得检出
脸（脚）盆、浴盆、座垫、拖鞋	—	—	不得检出

（2）经常性卫生要求。

1）各类旅店的店容、店貌和周围环境应整洁、美观，地面无果皮、痰迹和垃圾。

2）各类旅店应有健全的卫生制度。

3）被套、枕套（巾）、床单等卧具应一客一换，长住旅客的床上卧具至少一周一换。星级宾馆还应执行星级宾馆有关床上用品更换规定。清洁的卧具应达到表10-4的规定。

4）公用茶具应每日清洗消毒。清洁的茶具必须表面光洁，无油渍、无水渍、无异味，其细菌数必须达到表10-4的规定。

5）客房内卫生间的洗漱池、浴盆和抽水恭桶应每日清洗消毒并应符合表10-4规定。

6）无卫生间的客房，每个床位应配备有不同标记的脸盆和脚盆各一个。脸盆、脚盆和拖鞋应做到一客一换。清洁的脸（脚）盆、拖鞋的表面应光洁，无污垢，无油渍，并不得检出致病菌。

7）旅店的公共卫生间（盥洗间和厕所）应该每日清扫、消毒，做到并保持无积水、无积粪、无蚊蝇、无异味。

8）各类旅店应有防蚊、蝇、蟑螂和防鼠害的设施，并经常检查设施使用情况，发现问题及时改进。各类旅店应做到室内外无蚊蝇滋生场所，蚊、蝇、蟑螂等病媒昆虫指数及鼠密度应符合全国爱卫会考核规定。

9）店内自备水源与二次供水水质应符合 GB5749 的规定。二次供水蓄水池应有卫生防护措施，蓄水池容器内的涂料应符合输水管材卫生要求，做到定期清洗消毒。

10）旅客废弃的衣物应进行登记，统一销毁。

11）旅店内附设的理发店、娱乐场所、浴室等应执行相应的卫生标准。

12）地下室旅店的空气质量、噪声、照度和卫生要求等执行《人防工程平时使用环境卫生标准》的规定。

（3）设计卫生要求。

1）旅店应选择在交通方便、环境安静的地段；疗养性旅店宜建于风景区。

2）客房宜有较好的朝向，自然采光系数以 1/5～1/8 为宜。

3）除标准较高的客房设有专门卫生间设备外，每层楼必须备有公共卫生间。盥洗室 8～15 人设一龙头，淋浴室每 20～40 人设一龙头。男厕所每 15～35 人设大小便器各一个，女厕所每 10～25 人设便器一个。卫生间地坪应略低于客房，并应选择耐水易洗刷材料，距地坪 1.2 米高的墙裙宜采用瓷砖或磨石子，卫生间应有自然通风管井或机械通风装置。

4）旅店必须设消毒间。

5）客房与旅店的其他公共设施（厨房、餐厅、小商品部等）要分开，并保持适当距离。

6）旅店的内部装饰及保温材料不得对人体有潜在危害。

7）空调装置的新鲜空气进风口应设在室外，远离污染源，空调器过滤材料应定期清洗和更换。

4．监测检验方法

本标准的监测方法按《公共场所卫生标准监测检验方法》执行。

理解与讨论：酒店公共卫生清洁标准主要是参照国家标准，旅游业卫生标准（GB9663—1996），主要的适用范围包括各类旅店客房的空气质量、噪声、照度和公共用品消毒等标准值及其卫生要求。在熟悉国家公共卫生清洁标准的基础上，请讨论酒店哪些公共区域最容易发生卫生问题。

本章概要

★**主要概念**

酒店公共区域清洁保养计划卫生

★**内容提要**

- 本章重点介绍了公共区域的清洁保养。公共区域是酒店对外的窗口和门面，宾客聚集的地方，公共区域的清洁保养工作在酒店前厅客房服务中具有重要的作用。
- 公共区域的清洁工作包括了地面、设施、绿化、大厅、客房部楼层、会议室及休息室、值班室、职工休息室、更衣室、公共场所、公共洗手间以及墙面等的清洁与保养。
- 公共区域的各部分在清洁和保养的时候要针对不同的材质和区域使用不同的清洁工具、清洁剂，同时对于不同材质、不同区域都有不同的清洁和保养标准，酒店员工要严格按照操作规程进行清洁和保养工作。

单元训练

★观点讨论

观点：公共区域是酒店对外宣传的窗口，是酒店形象的标志，公共区域的清洁保养成为客人衡量酒店服务和质量档次的重要标志，是酒店前厅客房服务管理的重要内容。

常见质疑：酒店的门面做得再好，如果客房的硬件和服务不好，门面就是个摆设，没有价值，还不如加强客房的硬件设施建设和提高服务水平，以此来吸引客户。

释疑：客人入住酒店，客房设施和服务肯定是客人选择酒店的重要标准，舒适的客房和温馨到位的服务一定会赢得客人的青睐。然而，市场经济背景下，激烈的竞争和供给的过剩，导致客人需要花更多的时间在琳琅满目的酒店产品中进行选择，而对于大多数客人而言，时间是非常有限的，一般客人在选择酒店时往往会先看一看门面，通过公共区域来评判酒店的服务质量和档次。如果一个酒店公共区域的清洁保养做得不好，客人很可能就此放弃选择这家酒店。所以，酒店在管理过程中一定不能小看公共区域清洁保养工作的重要性，一个拥有清洁干净环境的酒店一定会对客人产生吸引力。

★案例分析

【相关案例】

洗手间里翻花样

公共洗手间常常与"肮脏"二字联系在一起。上海浦江酒店二楼的洗手间服务员却以其真诚而细腻的服务给客人留下了清洁舒适的印象。

在上海浦江酒店二楼海霸金阁酒家用餐的三位福建来客中，有一位身材修长的英俊小伙子，看来喝多了点，讲起话来口齿已不大清楚。他经不住朋友的怂恿，又喝空了一杯，然后便蹒跚地朝洗手间走去。

客人还未走到门口，洗手间的门便"自动"打开，服务员小匡随即问好致意。客人便后洗手，小匡又主动打开水龙头，先后滴上两种不同功效的洗手液，随即又递上小毛巾，这些动作衔接自然，配上诙谐的语言，福建客人的醉意已消去一半。

"先生今天用餐一定很愉快。"小匡打开另一条毛巾，"请让我为先生在这块洁白如雪的毛巾上滴上四滴神奇的清凉液，保先生事事（"四"是"事"的谐音）如意。"话音未落，毛巾已轻轻送到客人的手上。就在客人擦脸的瞬间，小匡已转身到了客人的身后，右手握着小巧玲珑的健身锤，不无幽默地说："请允许我在先生左右两边用这把功效奇特的小锤子轻轻敲上几下，把您一天的辛劳统统敲光。"一忽儿又抽出健身球，在客人的背部、腿部上下滚动，亲切地对客人说："先生现在一定有一种神仙般飘飘然的感觉吧。"几乎就在同时，小匡又出现在客人前面，取出一瓶清脑神液。"请再允许我在您的太阳穴上擦这种妙不可言的药水，保您万分舒适。好，先生，让我在您的额头正中央也滴上一滴，效果会更好。最后一滴我要擦到您神经系统高度集中的人中处。"所有这些动作环环相扣，一气呵成。

说时迟，那时快，小匡又迅速选出一把适合福建客人使用的木梳，再用刷子刷去衣服上的屑物，然后用电剃刀为客人刮胡子，用剪刀剪去伸出的鼻毛，接着是五花八门的化妆用品……福建客人正待举步要走时，小匡又从一溜儿鞋油中取出一只，蹲下给客人擦鞋。

"你在洗手间工作，何以这般卖力？"客人感到不解地问。

"孔子曰：'有朋自远方来，不亦乐乎？'来客都是我的朋友，我当然要为朋友热情周到地服务喽！"小匡笑着说。

洗手间在公众心目中是不登大雅之堂的场所，洗手间的服务比较单一，五星级酒店也不过是开龙头、递毛巾、拉门等常规动作而已，翻不出花样。而海霸金阁酒家洗手间服务员小匡，却在短短分钟内见缝插针地献上一套接一套的服务项目，令人不敢相信，这一切竟发生在洗手间里（当然应针对不同对象，有节制地服务）。

小匡为自己确立了一个由16个字组成的服务宗旨："礼貌待客，热情服务，污垢不留，常保明净。"客人走进他的洗手间看不到一寸湿地，闻不到一丝臭气，小便池雪白，镀铬的冲水器光彩照人，一个个独立的便间由鲜艳的彩色塑料板隔开，也是光滑如镜，洗手台上各式用品琳琅满目、色彩斑斓。

酒店业同行对海霸金阁的洗手间服务见仁见智。不少人提出"洗手间里还是让客人自由些好"，并认为海霸金阁的洗手间服务过度。

（资料来源：根据网络资料编写 http://wenku.baidu.com/link?url=seXbcd3P4WOEiSOX39v83rsaKAkuXsx_TYEu7mb0r8zZYiU5pZsYXDRkoCtnomr298LWIwOSeq-bgFP7RYfw0o5TsDSJATgLOBx_lGTJzwi）

问题：
（1）你对小匡的服务工作如何评价？
（2）你认为酒店公共洗手间的清洁服务工作应达到什么标准？
（3）如何在公共洗手间为客人提供有针对性的服务？

建议阅读

[1] 仇学琴. 酒店前厅客房服务与管理[M]. 天津：南开大学出版社，2011：253-281.

[2] 仇学琴，罗明义，等. 酒店管理原理[M]. 天津：南开大学出版社，2013：116-123.

第 11 章　客房部设备用品及安全管理

学习目标

理论知识：学习和掌握客房部物资及安全管理的相关概念，了解客房部设备用品管理、布件管理的意义、宗旨和管理办法；掌握影响客房部安全的因素及防范措施。

实务知识：学习和掌握客房部主要设备用品和布件的管理方法；了解影响客房部安全的因素，掌握客房部安全防范的措施，出现安全事故时的处理方法。了解"业务链接"等程序性知识。

认知弹性：用本章理论知识与实务知识研究相关案例，对本章"引例""同步案例"和"相关案例"等业务情境进行分析。

【引例】

淋浴房爆裂，客人被炸伤

为订一批生产物品，青岛商人纪先生来到常州，住进了兰陵路上一家商务酒店。当晚，纪先生洗澡时，意外发生了。据纪先生介绍，他当时已洗好澡、走出淋浴房，正在擦身时，突然听到一声爆响，只见卫生间里到处都是飞溅出来的玻璃。他回过神来时，发现自己身上粘着碎玻璃碴，身上有的地方已被扎破皮。更最严重的是，左脚背上一道血口正往外冒鲜血。一时慌了神的纪先生大声呼救，最后被 120 救护车送进广化医院进行治疗。纪先生的左脚脚背缝了 5 针，全身大小划伤多达二三十处。第二天到厂家签合同的事只得搁下。

酒店方面承认是淋浴房玻璃自爆致使客人纪先生洗澡时受伤，并表示愿意承担纪先生的医疗费用。可纪先生在常州举目无亲，加上生活有些不习惯，十分想回青岛治疗，要求酒店赔偿医药费 2 万元。但酒店方面认为纪先生在常州受伤，且常州的医院完全有能力治好纪先生的伤，纪先生应在常州接受治疗，只愿为纪先生承担在常州治疗的费用。经协商，纪先生获赔 8000 元钱一次性了结。

（资料来源：仇学琴. 酒店前厅客房服务与管理[M]. 天津：南开大学出版社，2011：293）

客房的设备用品是酒店为宾客提供客房服务的最基本的物质条件和物质基础。一般地，客房部分在酒店内所占的空间及其在总投资额中所占的比例都在首位。因此，对客房设备用品管理的好与坏，不仅关系到能否保证酒店整体的服务水准和服务质量，同时也体现了酒店管理水平的高低。另外，也会影响客房的出租率，甚至会引起客人的投诉，以致影响酒店的名声和信誉，自然也就会导致酒店日常经营活动中的成本和费用的增加，致使利润和效益下降。

事实证明，对客房设备用品进行严格科学的管理和及时、合理的清洁保养及维修，是非常重要的。这样做不仅会提高其使用率，还会延长其使用寿命。正如大家平常所见，有的酒店开业已经四五年了，但它的客房仍干净明亮，犹如刚开业一般；而有的酒店开业不到两三年,客房却阴暗沉闷,家具伤痕累累,墙纸斑斑点点。这足以说明对客房设备用品的保养是何等的重要。

11.1 客房部设备用品管理

11.1.1 设备用品管理的意义

1. 客房设备用品的商品属性

当客人在总台办好入住手续后,酒店的公共设施,如电梯、楼层走廊、商务中心、餐厅、客房的物品等,从某种意义上说,是出售给客人使用的。就客房而言,从客人入住时起,就应是客人的"家"。这个"家"持续的时间可长可短,但都应该始终保持温馨、干净、明快的环境,其物品完好无损,随时可用。若客人进了房间,洗手间马桶被堵塞不能用;打开开关而灯却不亮;拿起电话又无声。此时此刻,客人会马上要求换房或退房离店。因为他的利益受到损害,他买的是劣质商品。

2. 客房设备用品与服务质量、信誉的关系

酒店是出售服务的企业。客房的物品是客房服务最基本的物质基础。如果连最起码的条件都不具备,那其服务又从何谈起,更不用提服务质量了。所以说客房物品的配备和保养关系到酒店的服务质量,对整个酒店的声誉都会产生影响。

3. 客房设备用品的保养关系到酒店的经营利润

客房物品保养得好,就能保证客人随时入住。如果酒店客房设备出现故障,导致客人不能正常入住,就会降低客房的出租率,客房经营的利润也就会自然地减少。而客房的商品价值也是体现在其出租率的高低上。无论是什么原因导致客房不能正常出租,该房间的商品价值都将降低,甚至流失。

4. 客房设备用品的完好率是安全的保障

客人入住以后,客房设备都是为其服务的,必须确保每一项设备不仅能正常使用,而且要安全可靠、万无一失,如房内的热水器、电源插座、桌椅板凳等。否则,不仅会给客人留下此处不安全的印象,更有甚者会出现其他意外事故,其后果则不堪设想。

11.1.2 设备用品的种类

客房设备用品是指为了满足客人睡眠、书写、起居、储藏、盥洗等需要的设施设备及各种客用品,如床及床上用品、床头柜、书桌、电视、桌椅、壁柜、小酒吧、卫生间盥洗设备等,见表11-1。

表11-1 客房设备用品一览表

放置区域	备用品	供应品
床	床单、被芯、被套、枕套、床罩、床尾垫、靠枕	—
床头柜	电视遥控器、电话使用说明	便签、笔、简易拖鞋、擦鞋布(纸)套
书桌	酒店介绍册、《服务指南》《安全须知》、房间用餐菜单、烟灰缸	信封、信纸、明信片、电传及传真纸、笔、行李箱贴、《客人意见书》、购物袋

(续)

放置区域	备用品	供应品
小酒吧	茶叶、烧水壶、开瓶器、调酒棒、茶叶盒	瓶装水、杯垫、小酒吧点算单
桌椅	茶杯、烟灰缸、纸巾	茶叶包、火柴
壁橱	衣架、保险箱	《洗衣登记表》、洗衣袋
洗脸台	口杯、面巾、手巾	牙具、面巾纸、肥皂、沐浴液、洗发水、浴帽、梳子、指甲具、剃须刀片
坐便器	废纸篓	卫生纸、卫生袋
浴缸边	浴巾、脚垫巾	肥皂

11.1.3 设备用品保养方法

客房设备用品保养的宗旨是使所有物品始终处于最佳运转状态，随时可以投入使用。这就要求前台、客房部和工程部三个部门互通信息、互相支持、密切配合。

1. 家具

家具是客房的主体，一间宽敞明亮的客房加上一套设计新颖、方便实用的家具相匹配，房间的空间架构就能得到改观，同时会给人一种明快舒服的感觉。因此，旅游酒店的客房都非常注重对家具的清洁、保养和维护。

保养的基本措施：

（1）确保每天都要对每间客房的家具进行抹尘。抹尘时要确保干湿抹布都要干净、清洁；抹尘时要先用湿布抹，再用干抹布抹一遍，这样效果会更好，不会使水渍留在家具上。

（2）定期对家具上腊抛光保养。这种保养方法既简单又容易做，即每隔十天半个月把家具按照上述程序擦干净后，再喷洒上家具腊，然后用干净的抹布将其涂抹均匀，并继续擦拭家具，直到家具表面无原腊，家具显得更为明亮、光滑时为止。经常坚持这样做，家具表面就会始终保持光洁，如新的一般。

（3）对家具要随时检查，如发现问题应立即做出相应的处理，不应拖太久。例如，家具表面漆皮脱落，就立即予以补漆。若拖的时间越久，剥落处就会由点变成片，不仅外观难看，而且对家具本身的破坏性更大，修复起来更困难。

这里要特别提出的是，客房家具的保养和维修必须是高质量的，绝不可采用权宜之计应付了事。例如，客房里的座椅断了腿，绝不可仅用钉子钉好，简单地接起来，仅做到当时不会倒，将来可能会造成客人摔倒，轻则投诉，重则赔偿。这里包含着技术问题，但更重要的是要有较高的维修质量标准。另外，维修时要方便客人，如趁客人不在房间时进行修理或可先从其他未出租房换一把椅子来给住房客人用。同时，维修人员一定要文明维修，不要把垃圾弄得满地都是，认为自己的任务只是维修，打扫卫生则是客房服务员的事。只有全酒店的员工都具有互相协作、互相配合的团队精神，才能把酒店的管理水平和服务质量落实到每一项服务工作中去。

（4）客房的家具在使用一段时间后，应像客房大清洁一样进行一次大修理。这个工作一般在淡季进行，也就是在对客房进行大清洁的同时，将客房内的家具进行彻底的保养维修，如加固各接点，将原有漆面砂掉重新油漆（有时借此机会还可以改变家具的色调或者漆料），把不光滑的地方（如抽屉里面、家具的内壁等）打磨光滑，使其更完美、更漂亮，同时还能给客人一种新鲜感。

2. 电器

随着生活水平的提高，人们对外出旅游中的要求越来越高。同时，酒店为了方便客人，争取更多的客源和占领更大的市场，大大提高了客房的设备用品标准，增加了很多新的项目和内容，除了照明灯具、电视机、空调、音响、电冰箱、电话等外，还装配有剃须刀等所需的电源插座、电吹风、电热水器、烫衣板等物品。

对于电器来说，安全是头等重要的大事，对电器的选购和安装一定要专业，做到规范、科学。其次，客房服务员要定期对其进行实际检查，即插上电源进行试用，千万不可只用眼观而不动手。发现问题应立即请维修人员来修理。在没有修理好之前万不可让客人使用。因为这既不符合酒店的服务规范和服务标准，同时还潜藏着难以估量的安全隐患。对电器的保养不仅要对电器主体进行保养和维修，而且要经常查看其线路和电源，如电线包皮有无剥裂，插座是否松动，使用时是否漏电等，都应一一仔细查看，不可有遗漏。一旦发现问题应随时予以修理，使其随时处于完好状态。

【同步案例 11-1】

酒店充电器致手机损坏谁之责？

日前，消费者张先生向南浔区消费者权益保护委员会（简称消保委）投诉，称其因使用了某商务酒店提供的手机充电器，发生故障，造成自己的某品牌手机损坏，要求酒店赔偿未果。

接到投诉后，消保委工作人员立即与张先生及酒店方面进行联系。经了解，张先生入住该商务酒店时，发现自己的手机快没电了，于是向酒店总台要了一只充电器。然而，在手机充电过程中，充电器突然故障，造成酒店供电短路，张先生的手机也因此损坏。

刚买不久的手机就这么坏了，张先生很恼火，要求酒店方赔偿一只新手机。但是酒店方认为其提供的手机充电器是免费的，不该承担这个责任。

消保委的工作人员仔细查看问题充电器，发现该充电器并非某品牌手机型号的原装充电器。经询问得知，酒店方也知晓该充电器并非原装产品，并且在向张先生提供充电器时，也未能将充电器的真实情况告知张先生。

（资料来源：光明网 2015 年 10 月 28 日 http://tech.cnr.cn/techgd/20151028/t20151028_520309947.shtml）

问题： 酒店认为他们提供的手机充电器是免费的，不该承担这个责任。你同意酒店方面的意见吗？

分析提示： 依据《消费者权益保护法》第十八条规定：经营者应当保证其提供的商品或者服务符合保障人身、财产安全的要求，对可能危及人身、财产安全的商品或者服务，应向消费者做出真实的说明和明确的警示，并说明和标明正确使用商品或者服务的方法以及防止危害发生的方法。工作人员认为酒店方在提供服务时，未履行安全保障和告知义务，应当承担主要责任。经过调解，最终酒店方赔偿张先生 1000 元。

3. 玻璃器皿

玻璃器皿在客房家具中占的比例虽不大，但却属易碎品，故不易保养和存放。对其只要坚持每次用过都清洗干净且擦干倒置存放即可。

11.2 客房部布件管理

11.2.1 布件管理的意义

布件是酒店日常经营和工作中必须的物品之一。布件管理对每个酒店的管理者来说都是非常重要的。因为布件管理的好与坏、严与松、有序和混乱不仅会直接影响酒店客房和餐厅的服务质量，而且会直接影响酒店的整体形象和员工的仪容仪表，同时还直接关系到酒店的经营成本和效益。

1. 布件管理是保证服务质量的最基本条件

试想，如果一个酒店的客房没有床单给客人换，卫生间也无任何毛巾提供，餐厅的餐桌上既无台布更无餐巾，或者即使有床单、毛巾和台布，但都是皱皱巴巴、脏兮兮的，甚至污迹斑斑、大洞加小洞，那这样的客房哪个客人愿意来住，这样的餐厅又有哪个客人还敢来用餐。所以我们说，布件是酒店给客人提供服务的最起码的物质条件，是员工为客人提供服务的工具，也是体现酒店服务水平高低的必不可少的物品。一般来说，每个酒店在开业之初都会准备数量充足的布件，但由于不同的管理方法、不同的管理制度、不同的管理标准，其结果则是迥然不同的。像前面提到的那种现象，在各处的酒店中不胜枚举。酒店开业不到两年，布巾大量流失。不管是丢了，还是被机器洗破了，其实都是管理不善所致。

2. 布件管理直接影响酒店员工的仪容仪表

在酒店的经营管理中，员工的制服也统一纳入布件的管理。因此，员工制服的管理、洗涤、缝补等工作直接影响到员工的仪容仪表和酒店的整体形象。如果管理松懈，有的员工就会把工作服带回家穿，特别是衬衣、裤子和行政部门的服装。如果管理不严，员工上班时，有的工作服就会出现缺少纽扣、拉链拉不上、皱折不平等现象。

3. 妥善管理布件也能降低经营成本，提高经营效益

除上面所讲之外，这里还必须强调的是在市场经济的今天，任何一项投资都期待着一定的经济效益回报。每个酒店对布件的投资，其费用也是相当高的。以工作服为例，每个员工至少必须配备两套才可以周转，一般都是两年更换一次。一般中型酒店，假设有员工300人，每套衣服平均费用按250元计算，其费用就需15万元之多。若不加强管理，其成本之高就显而易见了。

11.2.2 布件的分类

酒店布件大致分为工作服、客房布件、餐饮布件三大类。其中，工作服又可细分为各部门经理服、各部门主管服、各部门领班服、各部门员工服；客房布件包括床单、床罩、毛毯、床保护垫、枕套、窗帘、浴帘、毛巾等，而窗帘又有纱帘、厚帘之分，毛巾可细分为浴巾、手巾、面巾和地巾；餐饮布件包括中、西餐厅台布，中、西餐厅餐巾。

11.2.3 布件的管理

一般而言，酒店的布件都应归属于客房部的布件房来统一管理。

1. 工作服

（1）工作服发放的标准。酒店工作服的款式、选用面料品种和色彩因职务高低、工作岗位的不同而有所区别。但一般都是每人配备两套，当然如能有一套备用则更好。

（2）工作服发放制度。酒店发放工作服时，不论职务高低，每个人都应配有制服卡，即为每个员工的制服建立档案，以便将来晋升、离店或工作服丢失、损坏时查证。一般的制服卡，见表11-2。

表11-2　×××员工工作制服卡

姓名：＿＿＿＿　　　　　　　　　　　　　　　编号：＿＿＿＿
（Name）：　　　　　　　　　　　　　　　　　（NO.）：
部门：＿＿＿＿　　　　　　　　　　　　　　　职务：＿＿＿＿
（Dept / Section）：　　　　　　　　　　　　　（Position）：

制服品名	件数	制作成本	发放日期	领用人签名	发放人签名	备注

（3）工作服流通办法。在发放工作服之前，制服间要做大量细致的准备工作。例如，按部门对每一位员工的工作服进行编号，并用布条写出标签缝在每件衣服上。切记，所用的号码笔应是油性的，且不易掉色。否则，洗过1～2次，号码就看不见了。其次，要把制服间的挂衣架按部门划分区间进行排列。一般是把换洗频率较高的部门，如餐厅、厨房等，排在较易取的位置。

工作服一般是员工手上拿一套，制服间保存一套。基本的换洗原则就是以脏换净。也就是说，员工拿着穿脏的制服到制服间，报出自己的制服编号，制服间服务员就应将其所要的制服拿出来给他。换制服的员工接到制服之后，应检查一下扣子是否齐全，是否熨烫平整等。当然，该制服从洗衣房送到制服间时已由制服间的值班人员检查过了，而与此同时，制服间的值班人员也应对交来的脏衣服进行检查，如是否正常损耗，有无人为搞脏、搞破，件数是否和其所要换的相符等。制服间应把收到的脏衣服进行登记，然后送到洗衣房，洗衣房同样也要签字验收。如此周而复始，如果每个环节都能认真按制度办事、严格把关，制服就能保管好，杜绝丢失，防止人为损耗。

（4）工作服赔偿制度。绝大多数酒店都有制度规定，对工作服凡是非经营性、非正常的丢失、破损，当事人都应予以相应的赔偿。以此使每个员工树立爱护公物的主人翁意识。

（5）工作服的盘点制度。工作服也同酒店其他物品一样，要进行盘点，一般是每月盘一次，发现问题及时解决。每半年要大盘点一次，以便进行必要的调整。

2. 客房布件

（1）标准。客房布件的标准根据酒店的星级高低而不同。一般三星级以上酒店的客房布件原则上都应配备3～5套，才能周转顺利。根据其性质可分为棉布类和针织类。

棉布类主要是指床单、枕套、棉被等，而针织类则是指浴巾、手巾、地巾等。这些物品使用率很高，都是每天至少要换、洗一次的物品。因此，它们的保养也就显得十分重要。

（2）流通办法。洗衣房把洗干净的布件点数后交予布件房，由布件房送到需要布件的楼层，同时收取换下来的脏布件运回洗衣房。

洗衣房在洗涤时，一定要严格按照操作程序进行洗涤，合理使用洗涤剂，掌握好水温。对于局部的血迹等污点，要先进行局部去污，然后再投入洗涤。在熨床单时，注意边角要扯平、拉开，平烫机的送入者将床单送入平烫机时，床单两边要同步，否则就会起皱折，同时还要检查其是否洗干净了。而折叠者若发现有破损，就要抽出来做报损处理，切不可将此再送到楼层使用，引起客人投诉。

在流通过程中，布件房对各楼层的布件用量一定要保证供给，但在数量上一定要严格检查。例如，可以给每个楼层按照其平均住房率及一床三单或一床二单定出一个参数。在一般情况下，每天早晚两次对其所需的各种布件按参数补齐。当然，也要点清收回的脏布件数目，以便查出是否有丢失。实际上，楼层上损耗最大的是小方巾，一是易被客人带走，二是易被客人及酒店员工挪作他用，故应予以重视。

对于床单、毛毯和枕头，除了每张床应配备的以外，每个楼层或区间应有3～5个备用的（床罩可以少一些），因为要考虑到不同客人的不同生活习惯。

对于窗帘，平时清扫房间时，一定要检查窗帘钩是否齐全，窗帘轨道就位是否正确等。对于纱帘，如发现有水印、下半部已积有尘灰，应立即取下清洗，但要轻揉轻洗，以防撕破和变形。

而卫生间的浴帘，其下半部因经常在水中浸泡，受水中矿物质的影响，容易变黄发硬，故应经常用洗涤剂清洗，使其保持清洁和柔软。

（3）损坏赔偿。对于客房里的布件，如不严格控制人为的损坏，其破坏率是很高的。例如，有些客人在床上抽烟，以致烧坏毛毯、床罩等；有的用毛巾来擦鞋；也有的员工图省力用毛巾来擦卫生间的墙、浴缸、洗面台和地面等。这就要求客房部的各级管理人员要深入实际，加强指导，严格管理。对人为损坏者，视情况而定，酌情要求赔偿。

（4）每月盘点。毫无疑问，客房的布件除平时日常工作中严格控制外，每月都必须进行盘点。这种盘点一定要对实物、在实地进行清查。必要时要请财务部派人来指导，切不可在盘点表上用数字来掩盖平时工作的漏洞。这样就会造成账面上的数字虽能满足实际所需，而实际上每天早上员工都在为自己楼层争抢布件；或是房间已清扫好了，却无毛巾填补，只好等有了再次进房间去补齐。有的干脆自行降低标准——少放。这当然就会引起客人的投诉。客房部经理和布件房的员工应明白盘点的目的是随时弄清家底，发现问题予以及时解决，以便保证不断提高酒店的服务质量，满足客人的需求，同时也为员工创造一个良好的工作环境。

客房布件的盘点要先从各个楼层、布件房和洗衣房点起。其间，布件必须暂停流通，否则就会出现重复统计或者漏统计的现象。在此基础上，客房部方可做出本月的布件盘点表，把它同上个月的结果相比较，问题和成绩就很清楚了。

3. 餐饮布巾

（1）标准。餐饮布巾也应根据酒店餐厅的档次、经营品种来决定其标准。同时，根据平均翻台次数来决定其所需的布巾数额，根据各个餐厅餐桌的大小来决定其尺寸大小和形状。不过一般来讲，至少应备有三套半。

（2）流通办法。

1）相对固定。相对固定即对不同的餐厅，按其规格、桌形、台位的多少，对其所需布巾的数量、颜色、形状、规格等诸因素定出一个参数。在此基础上，布件房可与各餐厅协商按参数的某种比例，双方分开负责管理，如有大规模接待，餐厅可向布件房临时借用。

2）以脏换净。平常餐厅应将换下来的脏布巾经过清点后，送到布件房，以脏换净进行使用。

3）严格管理，禁止不合理使用。餐饮布巾易被污染，特别是中餐厅，员工在撤台时，最好将严重污染的台布单独放，以免污染其他布巾。

同时要反复培训员工，严格管理，禁止把餐巾和台布当抹布用。如有的员工撤台时，待碗筷、盘碟全部搬下转盘和台面后，随手就将台布的一角撩起，不到一分钟即可将转盘擦得既干净又明亮，或者顺手拿起一块餐巾一擦了之，此举的确既敏捷又迅速，但却损坏了布巾，且增加了洗涤难度，造成洗涤成本、人工成本增加等一系列问题。

4）盘点。餐饮布巾的盘点要坚持每月一次。盘点时，布巾要停止流动，目的是避免重复和漏掉。布件房要在各餐厅清点的基础上，会同财务部到各餐厅去实地盘点，注意餐厅的"小巾库"。根据实际盘点数，统计出当月的数据，且与上个月进行比较，发现问题并予以解决。

客房布巾月盘点统计表，见表11-3。餐饮布巾月盘点统计表，见表11-4。

表 11-3 客房布巾月盘点统计表

年　月　日

地名 品名	客房		洗衣房		布巾房		合计			上月盘点结果			差额	备注
	好	坏	好	坏	好	坏	好	坏	丢失	好	坏	丢失		
大床单														
小床单														
大毛毯														
小毛毯														
大床罩														
小床罩														
大保护垫														
小保护垫														
厚窗帘														

（续）

品名＼地名	客房		洗衣房		布巾房		合计			上月盘点结果			差额	备注
	好	坏	好	坏	好	坏	好	坏	丢失	好	坏	丢失		
纱帘														
浴巾														
手巾														
面巾														
地巾														
浴帘														

表11-4　餐饮布巾月盘点统计表

年　月　日

品名＼地名	中餐厅		西餐厅		泰餐厅		酒吧		合计			上月盘点结果			差额	备注
	好	坏	好	坏	好	坏	好	坏	好	坏	丢失	好	坏	丢失		
台布																
180厘米×125厘米																
180厘米×135厘米																
120厘米×120厘米																
140厘米×140厘米																
160厘米×160厘米																
180厘米×180厘米																
200厘米×200厘米																
……																
餐巾																
白色																
红色																
……																

客房用品除了上面所提到的床上所用的棉织品和卫生间所用的针织品及装饰品以外，还应备有文具宣传用品，包括服务指南、电话使用说明、宾客须知、信封、信纸、便笺、圆珠笔、购物袋、当地旅游交通图、房间的逃生图、洗衣袋、洗衣单、针线包、送餐菜单等。另外，还有卫生间用品，如洗发露、沐浴液、香皂、牙膏、牙刷、口杯、卫生纸、面纸等。另外还有水杯、茶叶、热水瓶、火柴、烟灰缸、拖鞋、衣架、鞋拔等物品。还有一些虽然不是稀奇之物，但却是宾客在旅途中随时都可能急等要用的物品。例如，如果游客在旅途中衣扣松了或掉了，而酒店既能提供针还备有深浅不同的各色线的针线包，那么客人的问题就能立即解决了。所以说，为满足客人的需求，解决客人在生活中的困难，提供一些貌似细小却又必不可少的物品能大大提高酒店的声誉。

这些物品，不仅要有，而且更重要的是要确保物品的质量。例如，洗发水、牙膏等，绝对要安全可靠、卫生达标，符合国家卫生部门的有关规定，且要保证在有效期内。

这些物品量大、种类多、实用性强，所以必须加强管理，否则将造成很大的浪费。例如，要有严格的发放制度，领用必须进行登记。楼层领班在查房时，应注意客房用品的使用情况，根据实际情况来补发，绝不可无节制地随意领取。严格管理、防止浪费，绝不可降低服务质量。例如，有的菜单已卷了边，宾客须知上已被画得不像样，就不可继续再用，应予以更换。

【知识链接 11-1】

酒店布草破损管理

1. 酒店布草的寿命和产生破损的原因

酒店洗衣房的布草在使用时间过长或多次洗涤之后，会改变其颜色，显得破旧，甚至破损，使新补充进来的布草和旧的布草在颜色、外观、手感等方面都有明显的差异。还有一些布草由于管理不善，操作不当而出现斑斑点点的污迹，如黄色锈斑、黑色油污等，对于这类布草酒店应及时更换，使其退出服务过程，而不应凑合使用，否则会影响服务质量，使酒店的利益遭受损失。所以酒店洗衣房除了对棉织品的正常洗涤外，还要做好对棉织品的维护和保养，尽量延长其使用寿命，减少其报损率。

一般来说，酒店棉制品的储备标准以3~5套不等，取决于营业上酒店的出租率、洗衣房运转情况、部门预算等因素。

一般最低的标准是 3 套，一套在各部门使用，一套在洗衣房洗涤，另一套则储备在棉织品仓库备用。但对洗衣房来讲，布草并不是成套或批量更换，而是有破损才有补充。那么怎么计算酒店的棉织品的正常使用寿命，以及何时需要更换新的棉织品呢？

（1）布草具体破损情况有以下几种：

1）全棉：破小洞，边及角破裂，折边脱落，变薄易破，颜色变混浊，毛巾柔软性降低。

2）混纺：颜色变混浊，棉部分脱落，失去弹性，边及角破裂，折边脱落。

当以上某种情况发生时，布草应考虑产生原因及时更换，一般来说，棉织品的洗涤次数大约为：全棉床单、枕套，130~150 次；混纺（65%聚酯、35%棉），180~220 次；毛巾类，100~150 次；台布、口布，120~130 次。以上洗涤次数是根据国际一流酒店水准要求而设定的，虽经过测试而定，但也不能为绝对的标准，因目前行业内没有"关于布草寿命及损耗"的相关规定，以上只是作为一个参考的标准，具体因每个酒店的设定标准和要求尺度有所不同。

（2）布草产生破损的原因。

首先是洗涤方面造成的破损，一般有以下几种情况：

1）洗涤时加料时间不对。不能在机器内水量不足的情况下投料，尤其注意漂白性的化学品，这样容易使洗涤剂集中在布草的局部而造成布草受损。

2）漂白剂的使用不当。洗衣房应对漂白类的洗涤剂谨慎使用，特别是漂白粉（氯漂剂），如果使用温度不当，使用浓度过高，洗后残留过多等都会导致布草变色甚至出现小洞。

3）布草沾到腐蚀性的化学品。酒店所使用的各种清洁用品中，有一些是带腐蚀性的，特别是一些强酸性清洁剂对棉织品的影响很大，如果服务员在收集或清洁房间时，使棉织品不慎沾上这些清洁剂又没有马上清洗干净，也会导致布草的局部强力不匀甚至破损，牢度变差。

4）误用洗涤剂。洗衣房的清洁剂都是一些化工用品，需要一定知识和责任心并正确使用，否则有可能出现洗涤品错误混用，甚至加料错误的情况，也会导致这种结果。

5）不同克重布草混合洗。不同布草的平方克重相差太大，混洗容易造成局部密度过大，导致网破，一旦网破会对布草造成致命的损伤。蓝精灵增白洗衣粉厂家建议有条件尽量分开洗，实在无法避免可以根据大小及克重分类，床单、被套要尽量避免与地巾、浴巾混洗。

其次是机器和人为方面的原因。例如：

1）洗衣机的转筒有毛刺或某些部位不光滑，在洗涤过程中很有可能导致布草刮破或磨损，表现为抽纱、继纱，然后出现小洞，并逐步扩大。

2）洗涤前分检工作不认真，使有些尖锐的或硬的杂物混在其中，在洗涤时造成破损。

3）洗涤前后装车或出机时，用力过重或碰到尖锐物品刺破或钩破。

4）洗涤脱水时均布不好或高脱时间过长，机械力导致拉破，或洗涤过水时间过短，次数少，洗涤残留或洗涤程序缺损，未中和去除残碱、余氯等。

5）布草的本身质量及储存环境。棉织品必须避潮储存，仓库通风良好，仓库搁板边缘应光滑等，同时，布草房应避免虫害、鼠害。

6）在毛巾的使用过程中客人的指甲、金属饰品剐蹭抽纱。

7）酒店清洁人员不规范操作。消毒液是强氧化剂，具有很强的腐蚀性；清洁瓷器用的一般是盐酸，属于一种强酸，应尽量避免此类溶液及残液与布草接触，更要避免直接当抹布使用。

2. 如何避免布草破损？

1）正确使用洗涤剂，掌握合理的加料时间和温度，了解洗涤剂的基本特性和使用方法，避免棉织品直接接触具有强酸性或腐蚀性的化学品。特别是氯漂的正确使用，及时用脱氯剂除去残留的过多的氯，用中和剂中和掉残余的碱。还要尽量避免棉织品直接接触一些具有腐蚀性的化学品。

2）做好洗涤前的分检工作，包括布草的种类的分检和杂物的分离。

3）经常检查机器，布草的收集和输送要小心，防止二次污染和人为损坏，洗涤时装载量要合适（80%~85%），太多或太少对布草的洗净度和磨损都有影响，空机检查机器滚筒内是否有尖锐、铁质杂物存留。

4）做好新旧布草的分类，旧布草的自然破损与不正常破损应区分对待，新旧布草强度不同脱水时间长短也应有所不同。

（资料来源：http://www.ljlsy.cc/web/ljlsy/zz/2017/201701/20170110120927i40pq_1.html）

11.3 客房部安全隐患及防范

客房安全工作的好坏，直接关系到客人的人身和财物安全，关系到客人的满意程度和酒店的效益，同时还关系到员工的工作环境。酒店客房不仅要有完善的设施、齐全的项目、优良的服务，而且还要有令人放心的安全措施和制度。

11.3.1 客房安全设施

安全设施是指一切能够预防、发现危险迹象与违法犯罪活动，保障安全的技术装备，由一系列机械、仪器、仪表、工具等组合而成。客人住店需要食宿、文化、娱乐、交通、通信等各方面的服务设施，其中安全设施也是不可缺少、极为重要的，特别是客房安全设施对保护客人的人身和财物安全具有重要作用，一旦出现隐患、漏洞和险情的苗头，安全设施能够立即显示报警、自救等功能，对保障安全创造了有利的物质基础。

1. 门锁

客房门锁对保护客人人身及财产安全具有重要作用。坚固、安全的门锁以及严格的钥匙控制是客人安全的重要保障。酒店客房的门锁可分为两类：一类是机械锁，另一类是电子锁。

机械锁的历史较长、品种较多，如①把手上带锁道的锁；②标准型榫眼锁，一般包括门把手装有钥匙面板或者门外有单独钥匙孔、门里有门栓装置两种；③可调整程序带锁筒的榫眼锁，这种锁的号码很容易更换；④锁心可以调换的榫眼锁等。以前，绝大多数酒店都采用机械锁，但机械锁一旦钥匙遗失，就必须更换门锁。如果酒店无力更换门锁，对酒店安全造成的威胁是可想而知的。还有一种磁片锁（有人也称它为"磁卡锁"），它实际上是一种机械锁。这种锁的钥匙是由一个带磁性的磁片替代了传统钥匙，由磁片中安装的按一定顺序排列的小磁铁吸动锁中的销柱，达到开锁的目的。使用磁卡钥匙可以随时变更每一位客房的门锁密码，大大提高了安全程度。但是，非电子化的磁卡钥匙多少还有点麻烦，每次要改变客房门锁密码时，就需要有技工去那间客房重新组合密码，这种系统比较适用于那些原先只有传统机械门锁的酒店更新。

电子锁是近年新出现的以电子计算机程序控制的锁系统。电子锁与机械锁相比，具有安全、可靠、方便等特点。

靠电子计算机操作的 IC 卡锁和磁卡锁在客人入住时，可以重新设定密码和信息，相当于换了一把新锁，便于管理和控制。作为钥匙使用的磁卡同身份证相似，而在其一面涂有可存储密码信息的磁条，可由总服务台使用计算机和配套的刷卡器将密码及客人特征、信息记入磁卡的磁条中。客人开门时，将磁卡插入锁中的读卡器缝隙后拿出磁卡，锁中的磁头就可以读出磁卡上的密码，经锁中的计算机芯片运算，判断是否是"合法磁卡"，并通过电磁铁动作控制锁的开关。其磁卡和银行的信用卡完全一样，只是信息内容不同，这种磁卡在酒店内同时可兼作信用卡消费使用。

IC 卡锁同磁卡锁基本相近，只是作为钥匙的"卡"略有不同，磁卡成本低，可以一次性使用，也可以回收反复使用。IC 卡是一种类似游戏卡功能的智能卡，由一个或多个集成电路芯片组成。信息储存在集成电路芯片中，有判断和运算功能，可以封装成大小不同的各种形状，方便携带，也可反复使用，故 IC 卡要贵一些。IC 卡还便于加密、防磁，具有寿命长、功能强等特点。

这两种锁常做门锁，也可做酒店的保险柜或保险箱锁使用。它可以设置 10 亿以上个密码且不会重复，因此保密性很强。磁卡及 IC 卡还可以根据不同层次的管理人员、宾客分成主控卡、楼层卡、清洁卡、宾客卡等，可以分级进行管理，不同的人员使用的卡受到不同的制约。这种锁可以储存最后约 200 次的开锁次数、时间等信息，并可以随时提取，以备查询。

另外，还有电子光卡锁，这种锁是利用带有暗孔的塑料卡片作为钥匙控制门锁的电磁机构。光卡的暗孔在一般情况下是看不到的，而光卡锁是通过塑料卡片钥匙拾取红外线密码来达到开锁目的的。这种锁相对说来保密性差，密码的破译也较容易。它的保安性不如电子密码锁，而外形同磁卡锁相似。这种锁的价格比机械锁要高，已被磁卡锁取代。

无论是哪种锁系统，对钥匙的管理都显得比较重要，特别是对楼层或区域通用钥匙、客房全通用钥匙的管理，关系到所有客房的安全管理。

【教学互动 11-1】

观点：酒店机械钥匙和磁卡钥匙丢失或被复制，会给住店客人的人身和财产安全带来隐患。

问题：酒店机械钥匙和磁卡钥匙丢失或被复制的原因和途径有哪些？酒店应如何防范？

要求：

（1）教师不直接提供上述问题的答案，而是引导学生结合相关教学内容进行独立思考，自由发表意见，组织课堂讨论。

（2）教师把握好讨论节奏，适时对学生提出的各种典型见解进行点评。

2. 窥视镜

在酒店客房门上安装窥视镜是为了使住店客人在开房门前就知道来访者是谁，是一种保障客人人身安全的预防措施。广视镜头的窥视镜能扩大视野，可看到房门附近的走廊。对于使用窥视镜的酒店，其客房走廊的照明需要加以调整，以防光线过于刺眼，避免来访者的脸部处在阴影之中。

3. 带锁的抽屉

为确保住店客人的财物安全，有些五星级豪华酒店在每间客房内配备保险箱供客人使用。大多数酒店则采取在前厅总服务台设立贵重物品保管箱为客人保管贵重物品。但是，住店客人的有些较高级的常用品如高档衣服、常戴的首饰就不便于存入贵重物品保管箱内，有些客房如标准间有时又不止住一位客人，为安全起见，酒店可在客房内的抽屉或衣柜上配锁。客人居住期间，钥匙由住客保管、使用，这样就大大增加了客人财物的保险系数。

4. 可封闭的窗户

酒店客房的窗户是安全防范的重点，它是不法歹徒最容易选择的进出客房的通道。酒店一切易于攀越的窗户都应装有栅栏、铁条、锁或其他限制出入的设施，不用的窗户应永久封闭。对于低层楼或其他区域不用的窗户可用障碍物或其他不易遭受破坏的物质所代替。尽管有些并非是客房窗户，但歹徒也有可能通过这些窗户进入客房。新建酒店更应把客房窗户设计的安全要素放在首位。客房窗户应能完全封闭，上锁后只能从客房内部打开，即使打碎客房玻璃仍然无法破窗而入。当然，选用质地优良、抗撞击的材料做窗玻璃，安全防范效果会更好。据报道，一代新的塑料产品可以用作窗户的透明材料。这种材料很坚固，经得起砖头和斧头的敲击，在玻璃上贴上一层特殊薄膜甚至可以抵御枪弹的袭击。但是有了材质优良的可封闭窗户，歹徒并非就无可乘之机。例如，客人打开窗子后忘记锁上窗户，客房服务员清扫客房时打开窗子透气后忘记锁上窗户，这都给犯罪分子提供了进入客房的机会。所以，人对窗户的操作控制，对保证客房的安全也很重要。

5. 烟感器与警报装置

烟感器是为了预防酒店客房和公共场所引发火灾而安装的自动报警装置。它一般装在客房床位上方，因为一些客人喜欢躺在床上抽烟，容易引起火灾。有的酒店走廊里每隔一段距离也装有烟感器。其原理是用各装有一片放射性物质构成的两个电离室和场效应晶体管等电子元器件组成的电子电路，把火灾发生时的烟雾信号转换成直流电压信号而报警。在选用烟感器时，应选择质量过硬的产品。否则，当火灾发生产生了大量的烟雾且温度不断升高时，而烟感器并不报警，这种情况是很危险的。另一种情况是安全性误报，又称虚报，像离子式烟感器，不仅火灾生成物会使它工作，而且灰尘、水蒸气及较高的湿度都会引起探测器发出火警信号。

除烟感器外，还有感温式和感光式探测器。

感温式探测器分为两种：一种是运用金属热胀冷缩的特性，使探测器在正常的情况下电路断开，当温度升到一定值时，由于金属膨胀、延伸，导体接通，于是发出信号。另一种是利用某些金属易熔的特性，在探测器里固定一块低熔点合金，当温度升高到熔点时，金属熔化，借助弹簧的作用力，使熔头相碰，电路接通，发出信号。客房一般适用68度定温型。

感光式探测器也分为两种：一种是红外线火灾探测器，其工作原理是利用红外线探测元件，接收火焰自身发出的红外辐射，产生电信号报警。另一种是紫外线火焰报警器，它是利用紫外线探测元件，接收火焰自身发出的紫外线辐射而报警。感光式探测器主要用于电器机房等地，客房很少用感光式探测器。

以上几种探测器都属于自动报警装置系统。酒店除需安装自动报警装置外，还需要安装适当的手动报警装置。这是因为火灾发生时的情况往往较为复杂，自动报警探测器也不可能遍布酒店的每一个地方，以及客房的每一个角落。酒店通常使用的手动报警装置多数是用击碎玻璃即报警的报警器。比较原始的还有使用电铃按钮进行报警的。另外，还有一种有效的报警方法，即通过电话报警，这种方法可以较准确地把着火部位及火势情况报告给有关部门。

6. 疏散图示

酒店发生火灾时还涉及住在酒店上层客房客人的疏散问题。当发生火灾时，客人找不到出口，而电梯又停开或有的虽能开动但因行至失火层即停住，反被烧死在电梯内。有些客人急于求生，跳窗而下，以致摔死。酒店火灾死亡人数中相当数量的人是跳楼摔死的，少数是烟熏昏迷后被烧死的。所以，如何组织疏散和避险是非常重要的。

火灾紧急疏散示意图会告诉客人发生火灾时的逃生路线和办法，一般安放在客房的门背后，有的放在酒店服务指南夹中，在图上应把本房间的位置及最近的疏散路线用醒目的颜色标示，这样可以供客人在紧急情况下安全撤离。

有的酒店在客人入店登记时会发给客人一张住宿卡，在住宿卡上除注明酒店的服务设施和项目外，还会注明防火注意事项，印出酒店的简图，并标明酒店的紧急出口。有的酒店在房间写字台上还会放置"安全告示"或放一本《万一发生火灾时》的小册子，比较详细地介绍酒店的消防情况，以及在发生火灾时该怎么办。国外有的酒店还专门开辟一个闭路电视频道，播放酒店的服务项目、安全知识和防火及疏散知识。

无论图示、文字说明还是电视录像，都应简单明了，起到发生火灾时易于疏散的作用。

7. 其他安全设施

（1）二道门控制装置。一般来说，连接门朝客房那一面各有一个把手，而两门之间没有把手，只有锁面和一道空隙，所以应考虑提供附加的安全装置，如链条、插销、滑门或其他较有效的锁控装置。应将它们装在显眼的地方，便于客人使用。

（2）监视器。为保证客房安全，可在客房走道及其他敏感部位安装监视器，从中发现可疑人物及不正常活动，以便及时采取措施。

（3）耐火材料。在酒店建筑中，凡高度超过24米的高级酒店均属于一类建筑物。一类建筑物的耐火等级应为一级，其建筑构件要用非燃烧体材料。除耐火墙要求耐火极限为4小时外，其他隔墙、柱梁、楼板、疏散楼梯等都要求有1～3小时不同的耐火极限。发生火灾时减缓高层酒店火势蔓延的速度和顺利疏散住店客人是非常重要的。

（4）吸烟层和非吸烟层。为确保客人的人身安全，有的酒店把客房楼层划分为吸烟层和非吸烟层。在客人登记入住时让他们选择吸烟或不吸烟的房间。在吸烟层采用防火床罩、防火地毯等阻燃用具，在床头放置"请不要躺在床上吸烟"的牌子。在非吸烟的客房内不设烟灰缸，并放有"请勿吸烟"的标志。这样，把吸烟的客人集中在某几个楼层，便于重点防范。

（5）客房通信。一般来说，高级酒店每间客房都装有电话，没安装电话的酒店应考虑安装其他装置（如呼唤铃），使客人可以利用房内电话或其他通信装置向酒店报告紧急情况或可疑活动。国外有些酒店正在对使用双声道电传电视为客人提供安全或紧急情况通信进行可行性研究。同轴电传一般用来播放娱乐节目，同时也具有回收通信之功能。这一装置可以及时获知客人的紧急医疗需求、抢窃警报及火警讯息。

【深度剖析 11-1】

客房小酒吧的自动控制

按照星级评定标准，三星和三星以上的酒店应设置客房小酒吧，供应干果、饮料和酒，供客人选用。客人消费后应填写饮品消费单,楼层服务员在清洁客房、小整理和做夜床时,会及时检查补充,将小酒吧消费单转交前台收银和计财部。但因客人漏记、错记、忘记签名等导致结账时发生纠纷,颇令经营管理者头疼。有些酒店采取消极办法,当中、低档团队或会议客人入住时,暂时取消小酒吧,以免发生不愉快的事情。

其实,通过使用功能先进的小酒吧设施,能较好地解决这一难题。日本大仓集团使用的客房小冰箱能够自动记录每次饮料、酒品的存取,是由冰箱里的计算机芯片自动记录后,通过计算机线路传到计算机房、前厅收银和房务中心,及时记录,随时补充,还方便客房部对小酒吧存料、进料控制。当客人结账时,计算机房及时下达冰箱封闭指令。如果客人再回到客房,小酒吧再也打不开了。另一种是感应控制。小酒吧的每一件商品均贴有感应标志,客人一消费,玻璃旁的感应扫描器马上就会收到信息,立即传输到计算机主机储存,分类记账。这样,大大减少了小酒吧的损失。

酒店购买相应的设施、设备,尽管一次性投入较大,但数年下来,效益相当可观。

(资料来源:蒋一枫,张楠. 酒店营销180例[M]. 上海:东方出版中心,1999:310-311.)

问题:酒店的设施设备与酒店的档次有何关系?你如何看待"一星级酒店设施,三星级服务;二星级酒店设施,四星级服务;三星级酒店设施,五星级服务"的口号?

解析与讨论:酒店设施设备的质量和档次是酒店档次的重要标志,星级越高,酒店设施设备的品质和档次要求越高。有的酒店设施设备达不到高星级酒店的评定要求,在宣传促销中却用"一星级酒店设施,三星级服务;二星级酒店设施,四星级服务;三星级酒店设施,五星级服务"来达到提升酒店的形象和促销目的。这样做是不值得提倡的,也是不可能经受得住检验的。

11.3.2 防范客人偷盗

客人偷盗的目标主要有酒店客房内的物品、入住酒店的其他客人的财物及逃账等。

防止客人偷盗可采取的措施有:

1)将有可能成为偷盗目标的物品,如浴巾、手巾等,印上或绣上酒店的标记,这能使客人打消偷盗的念头。

2)有些客人并非真要偷窃酒店的财物,只是喜欢将免费纪念品带回家而已。酒店可用针线包、塑料洗衣袋等价值低廉的纪念品来满足客人。

3)有些价值较高的装饰品,像客房内的雕塑、织锦、书画等艺术品,有的客人想留作纪念,可考虑在酒店商场部或客房部出售,这可在《旅客须知》中说明,或在陈设物品上贴上"可出售"的小标签。而客房内的陈设物品应该拴紧或粘牢。

4)一些高级酒店常常向客人提供生活用品,客人可以借用烫衣板、电熨斗、剃刀、电动剃刀、吹发器、暖垫等物品。一般这些物品的存放、分发、收回都应由客房部负责。这些借用品的失窃率相当高,客房工作人员将物品送到客房时,要请客人在借条上签字,然后把借条送至前厅总服务台,记入客人账目之中,待客人归还所借物品时再通知总台从账单中抹去这一借项。

5)客房服务员日常打扫房间时,对房内的物品加以检查;在客人离开房间后对房间的物品进行检查。如发现有物品被偷盗或被损坏,应立即报告。

6）任何客房服务员、管理人员都不应让其他任何人使用他（她）们手里的工作用钥匙进入客房，即使客人自称忘了带钥匙，也应让他们去前台办理。如果客房服务员坚持不让任何人进入客房，忘带钥匙的客人就可能不会受到损失。

7）客房楼层储藏室里装满了毛巾、餐具、装饰织物、台布、床单、文具等大量客房备用品，客房管理人员必须防止这些物品被客人擅自使用。另外，当客房服务员在清洁客房时，要防止客人在经过工作车时，顺手牵羊把工作车上的物品拿走。

8）对出入其他客房的住店客人，应特别注意并观察所出入客房的客人是否在房内。

酒店还可能因客人的逃账以及冒用信用卡、支票等欺骗行为造成酒店的"无形被盗"，为制止这些"无形盗窃"，可采取以下预防措施：

1）在客人登记入住时，检查外国客人的护照，核实护照的有效性及持护照人的身份。如两人住一房，应要求两位客人都要登记并出示护照。

2）验证客人提交的信用卡，即在客人登记入住时，将其信用卡影印下来，要注意查证信用卡的有效性。

3）收款员应熟悉各国货币及各种旅行支票，并借助货币验机来辨别伪币及伪支票。

4）对既无预订，又无行李的客人，要求先付房费或婉言谢绝入住。

11.3.3 防范员工偷盗

酒店员工在日常的工作及服务过程中，能直接接触酒店的各种财物和住店客人的财物，他们有更多的机会偷盗这些财物而难于被发现，特别是客房用品有供个人家庭使用或再次出售的价值，很容易诱使员工进行偷盗。酒店可采取以下措施加以预防：

1）员工上班都必须穿上工作制服，戴上名牌，便于安全人员识别。

2）在员工上下班进出口，由安全人员值班、检查及控制职工携带进出的物品。

3）完善客房物品的领用制度，严格控制仓库的储存物品，定期检查及盘点物品数量。

4）有些酒店的不良员工利用工作之便从客人的钱包、公文包、信封或抽屉里抽出少量钞票占为己有，或用假钞、假首饰换走客人的真钞、真首饰。这种盗窃手段一般不易被客人察觉。当客房主管、领班及服务员来领用客房钥匙时，客房部办公室人员应记下钥匙发放及使用的情况，如领用人、发放人、发放及归还时间等，并由领用人签字。还应要求客房服务员在《工作记录表》上记下进入与退出每个房间的具体时间。

此外，酒店还应防止总台服务员自己或者与客房服务员一起合谋盗取现金。其偷盗手段有：

1）为客人登记住房，提前收费，然后取消登记卡，将客人的账单作为"未来住"而空出。这需要总台其他服务员与客房服务员合谋。

2）用送给客人的账单附件向客人收取高额租金，而在留给酒店的账单附件上记上较低额的现金。或者当客人付账离去后，将留在酒店的账单附件上的金额改为较小额，将差额归为己有。

3）客人实际上已经付账了，但把客账记为逃账，即客人故意不付账就离开酒店了。

4）与客人共谋，不收客人留宿朋友的费用以谋取较高的小费。

5）把房间钥匙卖给窃贼。

对以上偷盗行为应制定合理、严格的财务制度，控制及限制存放在收银处的现金额度，实行财务检查。

在防止员工偷盗行为时,要制定并严格实施奖惩制度,奖惩措施应在员工守则中载明并照章严格实施,对有偷盗行为的员工应视情节轻重进行处理,直至开除。这也要求酒店在录用员工时要严格把好关,要注意员工的素质和道德水平。

【职业道德与企业伦理 11-1】

钱财被酒店员工偷取

住在海淀区远大路永泰福朋喜来登大酒店的王女士在购物时发现自己少了1100元钱。据王女士介绍,她在昨天早上 8 点左右去酒店一层吃早饭,将钱包放在床头,在随后去附近商场购物时,她才发现自己的钱少了1100元。"当时我就报了警。"王女士称,在酒店调出监控录像后,警方在录像中看到,一名男子身穿酒店制服进入王女士的客房,从王女士放在床头的钱包中将部分钱财盗走。

在警方拘捕嫌疑人后,王女士称,她经常在酒店见到该名男子,"他在大堂迎宾时就会问我们的房号,也给我们的房间送过餐。"曙光派出所民警称,目前该名男子已被带至派出所调查。

(资料来源:京华时报 http://spzx.foods1.com/show_1919079.htm)

问题: 酒店应该如何防范员工偷盗行为?

分析提示: 首先,严把招聘关,对被招聘人的道德品质尽量了解。其次,加强培训,让员工意识到偷盗行为对客人和自身带来的危害。最后,遇到这样的行为要严肃处理,以起到警戒作用。

11.3.4 其他安全防范

1. 防止外来人员作案

一些专把酒店作为作案目标的犯罪分子在作案手段上体现出高智能和高技能,他们常以住客或访客身份进入酒店,装扮服饰入时,有的还懂一些外语,以其外观形象迷惑服务人员。有的犯罪分子利用以往住店时复制的客房钥匙进行作案。在使用电子锁的酒店,则装作忘带钥匙,欺骗客房服务员为其开房。有的犯罪分子利用客房服务员不熟悉房客的弱点,冒充房客,在当班服务员做客房卫生时进入客房,在其眼皮下公然取走物品。

这就要求客房服务员提高警惕,在未证明来者真实身份的情况下,不要轻易让其出入客房。总台服务员不应将登记入住的客人情况向外人泄露,如有不明身份的人来电话询问某位客人的房号时,电话接线员可将电话接至该客人的房间,绝不可将房号告诉对方。

要加强入口控制、楼层走道控制及其他公共场所的控制,对有可疑迹象的外来人员采取"盯、堵"措施,以防止外来不良分子窜入酒店作案。

【延伸阅读 11-1】

关于近期酒店客房内被盗案件的通报

各区域公司、金广快捷酒店管理公司、各地区、各品牌连锁酒店:

昨天下午酒店事业部又开了一个紧急会议,主要是年终岁末各类案件频发,近两三天内上海高星级酒店接连发生住店客人钱财被盗。案情简述：犯罪嫌疑人利用酒店自助早餐时段，逗留在用餐客人周边或趁服务员询问用餐客人房号时窃听到客人房号，趁客人尚在用餐即窜到楼层，先敲门确认房间内没有人再编造理由要求楼层客房服务员立即打扫房间，待服务员开门进入打扫时犯罪嫌疑人跟随进入房间让服务员先打扫卫生间或在客房服务员去拿客房用品时趁机行窃。被害人有中外宾客，累计损失上万，造成影响极坏。

为此：请各区域公司、金广快捷酒店管理公司、各地区、各品牌连锁酒店要进行一次有效的防范宣传和严密的防范布置，明确规定：在任何条件下楼层服务员都不得为无房卡者开启房门，如确定是住店客人将房卡忘记在房内，必须通过总服务台对其身份信息核对无误后才能帮助客人开启房门并确认房门钥匙是在房内。

冬季到了，天干物燥，全国各类火灾事故明显上升。我们要在开展全民消防·生命至上"119消防日"活动的基础上，进一步加强消防安全检查，清剿各种火险隐患，特别是北方入冬取暖可能用到的电、气、煤等助燃材料，要严格按规定使用并落实定人定时检查，防止因使用不当或违规操作带来事故。

年关到了，望各连锁酒店务必保持高度警惕，结合属地安全防范要求，重视对广大员工的安全教育，严格酒店安全管理规定，加强安全防范措施，确保酒店和员工、客人人身财物安全。

锦江之星旅馆有限公司
营运支持保障中心安保部
2011/11/12

（资料来源：百度文库，https://wenku.baidu.com/view/44abea79a26925c52cc5bf1d.html）

严格规定外来办事人员、送货人员、维修人员使用员工通道，并须经安全值班人员检查其携带出店的物品。须带出店外修理、更换的物品、用具，必须具有所属部门经理签名，经保安值班人员登记后才能放行。

【同步案例 11-2】

宾馆内的麻醉抢劫案

8月10日晚12时左右，犯罪嫌疑人刘某、吴某搀扶着两位小姐到武汉水果湖地区某宾馆，然后其中一名犯罪嫌疑人使用名为王军的假身份证登记，两男两女同进入307房间。因事先两位小姐同两位男士在外宵夜时，饮用了放有麻醉药的饮料，感到头晕，在昏迷不醒的情况下，两位男士乘机抢走两位小姐的手机两部，现金500余元，得逞后逃离现场。并用同样手段在其他宾馆、旅店作案，后被当场抓获。经公安部门审查，刘、吴两犯系社会无业人员，是四人组成的犯罪团伙成员。

讨论：
（1）在本案例中，宾馆的治安管理存在哪些问题？
（2）宾馆、酒店应如何加强治安管理工作，杜绝此类事件的发生？

2. 保护员工的安全

任何酒店都有法律上的义务及道义上的责任来保障在工作岗位上的员工的安全。酒店若忽视员工的安全,未采取保护手段及预防措施而引起员工安全事故,酒店则负有不可推卸的责任,甚至将受到法律的追究。

保护员工安全,首先要注意工作中的操作安全。酒店前台各服务工种基本上以手工操作为主,而前厅行李员、客房清洁服务员,应制定安全工作的标准,在技术培训中也应包括安全工作、安全操作的内容。对员工使用的工具与物品,应制定定期检查及维修的制度。其次,应保护员工免遭外来侵袭。客房服务员清洁房间时应始终保持房门开着,一旦工作人员受到侵扰,应想法脱身,若男服务员遭到殴打、女服务员受到调戏时,应尽量通知其他工作人员,在场的工作人员应及时上前协助受侵袭的服务员撤离现场,免遭进一步的攻击,并尽快通知保安部人员迅速赶到现场,据情处理。

总之,客房安全防范工作必须从安全意识的建立到各种安全制度的制定,从内部教育到外部防范,形成一套有效的安全防范措施。例如,建立军、便装保安员体制,利用便装保安员不易引人注意,加强对楼层的安全防范工作。国外许多酒店的实践表明,便装保安员在预防盗窃方面有明显的效果。同时,采用先进的物品和技术手段,进行有效防范。

【知识链接 11-2】

某酒店安全管理制度[一]

第 1 章　总则

第 1 条　为了加强酒店员工的安全意识,深入落实酒店的安全管理工作,特制定本制度。

第 2 条　完善严格的安全管理是优质服务的重要保障,一定要把安全管理和优质服务有机地结合起来。

第 2 章　保安员守则

第 3 条　安保部值班实行轮班制,保安员休息时间由安保主管根据工作需要统筹安排。

第 4 条　上班前要整理好仪容仪表,提前 10 分钟到达值班室签到、集队、接受当天的工作任务、领取警械器具和对讲机等工作用具。

第 5 条　在做好接班准备工作后,保安员应提前 5 分钟从值班室列队前往工作岗位接班。

第 6 条　交接班时,交班保安员和接班保安员要认真检查岗位范围内的情况,发现问题及时在登记本和《交接班情况登记表》上做好记录,交接班双方签名确认,并向主管报告情况。不能因交接班影响保安服务质量。

第 7 条　接班 20 分钟后发现的问题,原则上由当班保安员负责。

第 8 条　对当班期间发生的问题应立即在当值登记本上做好记录,不能在下班时才补记录,以免遗漏或拖延交接班时间。

第 9 条　当班期间不能擅自离开工作岗位,如需离开,必须报告主管,在主管安排人员顶岗后方能离开岗位。在返回工作岗位后,需向主管报告。

第 10 条　部门经理、主管和有关管理人员到岗位巡查时,保安员在登记本上做好记录。

第 11 条　做好对老、弱、病、残、幼及孕妇等客人的扶助工作。

(1)主动询问这类客人有什么困难需要帮助,如果客人需要轮椅车,可与前厅部联系,尽量满足客人的要求。

[一] 王宏. 酒店管理工作细化执行与模板[M]. 北京:人民邮电出版社,2009:250-252.

（2）对没有提出特殊要求的客人，仍要做好跟查，与其他岗位的保安员保持沟通，给予相应的协助。

（3）主动帮助这类客人乘坐电梯和上、下楼梯，如需乘坐出租车离店，可安排其优先乘车，并向其他排队候车的客人做好解释工作。

第12条 熟悉岗位范围内各类物品、物品摆放的位置，发现移动物品的可疑情况，要立即报告主管并迅速查明原因。

第13条 在岗位上要注意观察来往人员的情况及其携带的物品，发现可疑的人和物品要选择适当的位置进行监视，并报告监控中心协助监控但不能录像。当可疑人员离开本岗位监控范围时，要及时通知相关岗位的保安员继续跟进。如果发现可疑人员实施犯罪活动时，应立即设法将其擒获。

第14条 对酗酒客人要做好跟控工作，及时通知监控中心进行录像，尽量依靠酗酒客人的亲属或朋友协助处理，防止意外事件的发生。酗酒客人返回房间或离店后，要及时检查客人行走的路线有无呕吐物，如有呕吐物要做好现场控制，尽快通知管家部员工到场清洁处理。

第15条 对在公共场所吵闹、嬉戏和追逐的客人或小孩要及时给予制止，确保酒店的正常经营秩序。

第16条 当值期间如出现突发事件，酒店各门口的保安员必须坚守岗位，控制好各个入口，不能离岗。其他各岗位保安员要服从当班主管的临时调动，及时赶往突发事故现场协助处理。

第17条 接到监控中心发现异常情况的通知时，有关岗位的保安员必须尽快赶到现场处理，并对可疑人员进行跟控或截查。

第18条 在岗位上拾获物品，应即时报告主管到场处理，当面清点后将拾获的物品交客房中心处理，同时将有关情况通知前厅经理。

第19条 礼貌规劝客人不要在公共场所吸烟，并做好解释工作。

第20条 外单位人员来酒店进行拍摄或采访活动，必须事先与酒店公关部或相关负责人员联系获得同意后方能进行。

第21条 如所在岗位有施工项目，要协助做好对施工现场的监护工作。

第22条 自觉遵守酒店各项管理规定，协助做好对各部员工的纪律稽查工作。

第23条 当班期间要做好与各岗保安人员的情况沟通，认真完成安保部交办的各项工作任务，对岗位中发现的问题要及时向当班主管报告。

第3章 员工安全守则

第24条 注意防火、防盗，如果发现事故苗头或闻到异味，必须立即查找并及时报告有关部门，切实消除隐患。

第25条 下班前要认真检查，消除安全隐患，确保酒店及客人生命财产安全。

第26条 如果发现有形迹可疑或有不法行为的人或事，应及时报告安保部或有关部门。

第27条 发现客人的小孩玩水、玩火、玩电，要加以劝阻，避免意外事故发生。

第28条 不得将亲友或相关人员带到工作场所，不准在值班室或值班宿舍留宿客人。

第29条 拾获客人遗留钱物，一律上交本部门经理、安保部，客人遗留的书报、杂志一律上交，不得传阅。

第30条　遇到意外应视情况分别通知前厅经理或有关部门酌情处理。通知电话总机转告有关人员，同时加设标志，保护现场，告知其他人员勿靠近危险区。

第31条　在紧急情况下，全体员工必须服从总经理或经理的指挥，全力保护酒店财产及客人生命安全，保证酒店业务正常进行。

第4章　附则

第32条　本制度由安保部制定，上报总经理审批。

第33条　本制度自批准之日起开始执行。

11.4　客房部突发事件处理

保障客人在酒店客房内的人身和财物安全，最重要的是防范，一旦事故发生，对宾客和酒店都会造成危害。一般来说，侵害因素在实施侵害前都会有各种迹象和征兆。例如，犯罪分子实施犯罪行为，一般都会有一个计划、预谋、准备的过程，只要认真研究事故发生的种种规律，采取预防措施，不给任何违法犯罪分子以可乘之机，是可以把违法犯罪活动制止在预谋阶段的。另外，要进行安全检查，及时发现和消除各种不安全因素和事故苗子，把各类事故消灭在萌芽阶段。

11.4.1　防火措施与火灾处理

1. 火灾的防范与处理

火灾是因失火而造成的人身伤亡和财产损失的灾害。酒店建筑费用高，装饰豪华，各类物品储存较多，住客密集，一旦发生火灾，将危及住店客人的生命安全，并会造成巨大的经济损失。有关调查表明，全世界几乎每34个小时就会发生一起酒店大火，每年由于酒店火灾而造成的损失高达1.5亿美元。

【同步案例11-3】

香港学生在酒店火灾中死亡

2002年7月13日23时左右，北京凯迪克大酒店1020房间发生火灾，造成住在1022房间两名赴京旅游的香港女学生死亡，住在1021房间的一名韩国女学生受伤。

在"7·13"火灾中死亡的香港学生蔡芷欣、刘凯儿的家长，分别将中国航空技术进出口总公司、凯迪克大酒店、李逸熙、邓永光告上法庭，索赔人民币670.6万元。

死亡学生蔡芷欣的父母和死亡学生刘凯儿的父亲诉称，2002年7月13日，蔡芷欣、刘凯儿入住凯迪克大酒店1022室。当日22时40分许，由于住在1020房间的李逸熙、邓永光在房间内划玩火柴后离开而引发火灾，酒店没能及时救助，致使蔡芷欣、刘凯儿被弥漫浓烟窒息死亡。

他们认为，两名学生的死亡是由于李逸熙、邓永光玩火引发火灾造成的。同时，酒店应具有完善的防火条件和设施并有义务提供安全的住宿条件，在出现火灾后，更应及时采取救护措施，避免损害发生。然而，酒店并没有完善的火灾报警设施，火灾发生后没能及时报警，也没有将住店宾客紧急疏散并采取及时有效的救助措施，最终导致两名学生被困房内窒息死亡。

（资料来源：http://3y.uu456.com/bp_9o9aq15qnq0fvam2h1jv_1.html）

讨论：
（1）为何酒店没有救助住客？
（2）如果你是这两位学生之一，你将如何逃生？

【深度剖析 11-2】

问题：根据上述案例进行深入探讨，为什么完善的消防设施对预防酒店火灾至关重要？

解析：由于酒店居住客人的密集性，一旦发生火灾，往往后果比较严重，所以预防火灾是酒店安全防范的头等大事。由于酒店客房的私密性，如果没有安装烟感器和温感器等相应的消防设备，火灾苗头就不容易被监测和发现，容易错过施救时间，造成严重后果。

（1）客房火灾发生的主要原因。

1）客人吸烟。据调查，40.7%的酒店发生火灾是由于客人吸烟不注意所致。主要有两种情况：一是卧床吸烟，特别是酒后卧床吸烟。1985年4月19日哈尔滨天鹅酒店发生的特大火灾，造成10名中外宾客死亡，7人重伤，直接经济损失25万元人民币。这场大火就是因美国人理查德·斯·安德里克饭后躺在床上吸烟入睡，不慎将燃着的烟头掉在床上引起的。二是乱扔烟头，如1988年1月1日泰国曼谷第一大酒店发生特大火灾，就是因为客人乱扔烟头所致。

2）电器物品故障。现代酒店机电物品众多，因电器物品故障而引起的酒店火灾占整个火灾总数的22.8%。主要原因是电线老化、线头裸露、电器物品安装不合理、电器本身故障等。1987年1月27日拥有3000间客房的俄罗斯大酒店发生的特大火灾，就是由于客房内的电视机发生故障而引起的。

3）大量易燃材料的使用。酒店客房大量使用棉织品、地毯、窗帘、各种木器家具等易燃材料和可燃性装饰材料。一旦发生火灾，这些易燃材料会加速火势的蔓延。有条件的酒店最好使用阻燃的地毯、床罩和窗帘等。

4）火情发现得晚。酒店绝大多数的火灾发生在夜间，因为此时客人已休息，酒店工作人员少，火情不易被发现，发现时火势已具一定规模，给扑救造成很大困难。

5）未及时通知消防部门。由于酒店的特殊性，很多酒店的消防工作程序写明，发生火灾时首先向酒店消防中心报警，由酒店义务消防队扑灭初起火灾。只有当火势发展到一定程度，义务消防队很难把火扑灭时，才由酒店消防委员会做出决定，通知当地消防队。如果酒店消防委员会判断有误，没有及时通知消防部门，就失去了灭火的最佳时间，使大火迅速蔓延。还有的酒店是因为发生火灾时，电话线路中断，无法通知消防部门。

（2）发生火灾时宾客伤亡的主要原因。

1）判断错误。在发生火灾时，人们避难的心理往往使所采取的行动出现错误，即使处于安全场所，也往往会做出错误的判断，如发生火灾时，往往向熟悉的出入口逃生，向明亮的方向跑，盲目跟随人流跑，躲在房角或钻进橱柜内，有的甚至从高楼跳下，造成死亡。1971年7月23日，美国新奥尔良的一家酒店的第12层楼发生火灾，15楼上有5人乘电梯逃生，但电梯到达12楼时停住了，5人被活活烧死。哈尔滨天鹅酒店特大火灾死亡的10人中，有 9 人是冒险从 11 楼（垂直高度 28 米）跳下摔死的。有的则是盲目跟随人流奔跑，因拥挤而造成伤亡。如果寻找其他出入口或楼梯疏散，也许还不至于丧命。

2）发生火灾时未及时通知客人。目前国内有相当一部分酒店没有安装通知客人疏散的广播系统，或者安装不合理，不足以唤醒熟睡的客人，致使火灾发生时造成大量的人员伤亡。

3）酒店没有防火救灾的预案。有些酒店平时不重视防火，更没有一套发生火灾的应急方案。因此，在发生火灾时，往往不知应如何救助客人。

4）使用大量有毒的装饰材料。酒店客房使用的大量装饰材料不但容易燃烧，而且燃烧时会产生大量有毒的烟雾。据统计，火灾中因烟雾中毒或窒息而死亡的人数占整个死亡人数的72.5%。像聚苯乙烯泡沫、塑料夹层石膏板、玻璃棉贴面板、化纤地毯、塑料墙纸等合成材料制品，燃烧时会释放出大量的有毒气体。

5）疏散困难。酒店楼层越高，疏散越困难。据测试，当每层楼有 120 人时，15 层楼的人员疏散需要 19 分钟，30 层需要 39 分钟，50 层需要 66 分钟。若人数增加一倍，疏散的时间则成倍增加。大多数酒店火灾是在夜间发生，燃烧产生大量烟雾，电梯停止运行，更增加了疏散的困难。

从酒店客房发生火灾的原因及发生火灾后客人死亡的原因可以看出，酒店首先应做好火灾防范工作，避免发生火灾。其次，应有一套切实可行的疏散措施，当火灾发生时把伤亡损失降低到最小。

（3）防火措施。

1）安装现代化的消防物品。

① 消防给水系统。酒店应设室内、室外消防栓给水系统。一旦发生火灾，若像以往那样靠楼外的消防栓给水和地方消防部门的云梯车登高灭火已不能适应，必须建立自身的消防供水系统。

② 划分防火、防烟区。防火分区是指用防火墙及防火门把建筑物分隔为若干防火分区，上下层敞开相通的部分作为一个防火区。防火分区的面积不应超过 1000 平方米。防烟分区的面积不宜超过 500 平方米。

③ 设立防烟排烟系统。设立排烟管，酒店每个防烟分区的排烟口应设在顶棚上或靠近顶棚墙上。排烟口平时处于关闭状态，采取手动或自动方式开启，排烟口和排烟风机有连锁装置，当任何一个排烟口开启时，排烟风机即自动启动。

④ 设立安全疏散通道和消防电梯。酒店应设防烟疏散楼梯，其前室不少于 6 平方米，在底层应有直通室外的出口。还应设立消防电梯，消防电梯应设有电话和消防队专用操纵按钮，电梯的井底应设有排水装置。一旦火灾发生，消防电梯由酒店安全消防部门控制，既可作疏散客人用，又可把消防队员、灭火器材等送到灭火前方。

⑤ 客房自动报警、灭火系统。在客房内装置烟感、温感报警器，并应装置自动喷洒系统，一旦客房内有火情，便会自动扑救并报警，以免酿成大火。

2）做好消防工作的组织与管理

① 制订酒店防火、灭火与疏散计划。

② 对酒店的各种危险品实行监管并检查其防火、防爆的落实情况，要经常检查棉织品和易燃品的存放地，做好安全检查记录工作。

③ 客房、餐厅及会议室内的烟感、温感探头要与工程部一起进行定期的测试检查，每3~4个月进行一次除尘清洗以保证其敏感度。

④ 对客房服务员整理客房时的烟头再次熄灭处理等项的安全作业，要不时地严格检查，同时要经常巡视督导检查，以防止因烟头熄灭处理不够而引起的火灾事故。

⑤ 对员工进行消防教育和培训，使每位员工，特别是客房部员工认识到酒店消防工作的重要性，还要熟悉报警程序、疏散程序，熟悉酒店的紧急出口和通道，并能正确地使用灭火器材。

（4）酒店发生火灾时应采取的措施。酒店一旦发生火灾，并失去控制，就必须迅速将人员安全地疏散出来。

1）及时通知客人疏散。通知客人疏散，一般有两种办法：一是通过报警系统报警，二是通过广播系统通知客人。报警系统可以通过报警器报警，也可由消防中心发出。例如，有的酒店规定一停一响的警铃为火灾信号，持续不断的警铃为疏散信号。当酒店的警铃持续不停时，店内所有人员应当开始有组织地疏散。

通过广播系统通知客人国际上有两种做法：一种是发生火灾时由酒店工作人员直接通过广播系统通知客人，其优越性是可以根据火灾的实际情况通知客人如何疏散，但由于涉外酒店内往往有不同国籍的客人，必须用多种语言通知。另一种是根据本酒店的客源情况，用中外文录好音，放在消防中心、总机或音像室，在酒店发生火灾时，按照消防委员会的指示，及时播放疏散通知。疏散通知通过背景音乐广播播送，还要接通客房内的音响，以便客房内的客人能及时得到消息。

无论是通过报警系统报警还是通过广播系统通知，因种种原因总有客人会得不到消息，因此，客房服务员应逐一敲打客人房门，指引客人疏散。

客房服务员在检查房间时，要注意检查卫生间，对套间的所有房间也要仔细查看，在确认房内无人时，要把房间的所有门都关上，以阻止火焰的蔓延，然后在房门上做个记号，表示此房已检查无客人。

在检查客房或怀疑某客房发生火情时，不可直接打开房门，要先用手摸一下房门，如果感到烫手就不能打开房门，证明房内的火很大，一旦打开房门会造成人员伤亡，还会使房内大火迅速向外蔓延。如果房内只是有烟雾，而未见火苗，一般是刚开始起火，这时可开个门缝，进去查看，及时扑灭火源。如果房内已出现火光，证明火势已发展到一定阶段，不能随便开门进入，那么就要先准备好灭火器材或等酒店消防队到达以后，一开启房门便立即灭火。

2）安全离开房间。客人疏散逃生时，要仔细观察前进的方向，按照疏散图示或酒店的通知选择最近的通道疏散。离开房间前要做好以下准备工作：

① 出门前要用手摸一下房门及把手，如果发烫，证明外面的火势已达一定的规模，此时千万不要轻易打开房门强行疏散。

② 拿好房门钥匙。因为一般客房的门都装有闭门器，一旦离开房间，房门会自动锁上。带钥匙为的是在疏散道路被切断时，能够回到房内待救。

③ 在通过烟雾区时，应尽量将身体放低，最好贴近地面前进，并用湿毛巾捂住口鼻，以防有害的烟雾侵害。

在离开房间前，要记住逃生的路线及回到房间的路线。住在酒店高层的客人无法下楼时，可跑上顶楼，站在逆风的一面等待救援。

3）守在房内待救。如果疏散路线被切断，则应守在房内待救，在等待援救时，应采取以下措施：

① 用湿毛巾将门缝堵上，不让外面有毒烟雾窜进房内。

② 用手摸房门，如果房门发热，说明房外火势较大，这时要不断地往门上浇水，以延缓燃烧的时间。

③ 在窗前晃动物品，如白色床单、枕头、毛巾等，让外面的人知道房内有人，以便前来救援。

【延伸阅读11-2】
常用的灭火方法和消防物品器材的使用

起火的三个基本条件是可燃物、热源和氧气，如果将这三者降低或隔缘，火就会熄灭。因此常用的灭火方法有窒息法、冷却法、抑制法和隔离法四种。窒息法就是通过阻止氧气、空气流入燃烧区与可燃物接触，使燃烧因缺氧而熄灭。冷却法是通过使用灭火剂吸收燃烧物的热量，降低燃烧物的可燃点，使其不再燃烧。抑制法就是通过使用水、化学灭火器等隔离、降温手段抑制燃烧而灭火的方法。隔离法就是将火源附近的可燃物隔离或移开来中断燃烧，达到灭火的目的。

常用消防物品器材及使用方法：

第一，烟感报警器。烟感报警器在室内烟雾达到一定浓度时，便会自动报警，有利于工作人员及时发现火情。

第二，热感报警器。热感报警器在火灾的温度上升到一定的高度时，会引起热感报警器报警。

第三，手动报警器。手动报警器一般安装在每一层楼的入口处的墙面上，当发生火灾时，附近的人可以立即打开玻璃压盖进行报警。

第四，泡沫灭火器。泡沫灭火器主要是用于扑灭各类可燃物体的初起着火，不适宜扑灭可溶性液体火灾，分为手提式和舟车式两种。使用时先用手指堵住喷嘴将筒体上下颠倒两次，就会有泡沫喷出。对于油类火灾，要顺着火源根部的周围向上侧喷射，逐渐覆盖油面，将火扑灭。使用时不可将筒底筒盖对着人体，以防发生危险。

第五，二氧化碳灭火器。二氧化碳灭火器都是以高压气瓶内储存的二氧化碳气体作为灭火剂进行灭火。二氧化碳灭火后不留痕迹，适宜于扑救带电物品引起的火灾，贵重物品、重要档案资料、精密仪器和油类火灾，但不能扑救金属火灾。使用时，手动开启式灭火器（鸭嘴式）先拔掉保险销，一手握住喷筒把手，对准火物，另一手压下压把即可；螺旋开启式灭火器（手轮式）要先将手轮按顺时针方向旋转开启，药剂即可喷出。

第六，干粉灭火器。干粉灭火器因为不导电、无毒、无腐蚀，宜于扑救石油产品、油漆、有机溶剂火灾，液体、气体、电气火灾，不能扑救轻金属燃烧的火灾。使用时先拔掉保险销，然后一手握紧喷嘴胶管，对准燃烧物，另一手握住提把，拉起拉环，粉末即喷出。灭火时要接近火焰喷射，由于干粉容易飘散，不宜逆风喷射。

第七，"1211"灭火器。"1211"灭火器是一种高效灭火剂，适用于扑救精密仪器、电子物品、文物档案资料、油类、化工原料、易燃液体。使用时要先拔掉保险销,然后握紧压把开关,即有药剂喷出。使用时灭火器筒身要垂直,不可放手和颠倒使用,它的射程较近,喷射时要站在上风,接近着火点,对着火源根部扫射,要注意防止回头复燃。

（资料来源：朱桂香，杨小明，齐丹，等. 旅游酒店服务实训教程[M]. 昆明：云南出版集团公司，云南教育出版社，2015：223.）

11.4.2 自然灾害的处理

1. 地震处理

（1）地震来临的处理程序。当地震来临,应采取以下行动：

1）远离窗户,走向建筑物的中心位置。
2）躲在稳固的桌椅下面,跪下并用双手抱头。
3）在地震开始后几分钟内不要移动,因余震将会延续一段时间。
4）远离屏障和可移动的物体,如文件架、餐柜、书架等。
5）地震发生时千万不要惊慌,也不要离开酒店,如万一必须离开酒店,应检查撤离程序是否安全。

（2）地震过后的处理程序。

1）如果地震引起火灾,应遵循火警应急程序。
2）所有部门的主管仔细检查本区域的受伤人数、财物损失情况和潜在危险及损失。
3）决定是否需要撤离酒店。
4）决定是否需要封闭楼房或受影响的区域。
5）禁止不利谣言的传播。

2. 龙卷风处理

龙卷风预防警报是指当时的天气条件有可能形成龙卷风,而悬挂警报是指龙卷风已经形成并快要发起袭击。

龙卷风预防警报时,客房部应用广播或电视通知宾客最新的天气情况,同时安排总机接线员把龙卷风预防警报通知各部门主管。这个时候酒店依旧可继续正常运作。

当龙卷风悬挂警报生效时,酒店应安排接线员致电通知客人当时的天气情况："龙卷风警报信号现正悬挂,请把窗户和通向室外的门打开1／2寸,这样可减轻内部承受的压力,减少龙卷风造成伤亡的可能性。当龙卷风袭击时,浴室是最好的避风点。"

如有需要,由维修部门准备工具,以便在龙卷风过后维修能源供应物品；当龙卷风袭击时,指示客人和酒店员工在没有窗户的首层地面寻找避风处。

当龙卷风袭击时,酒店应及时给客人和员工提供紧急救援工具；停止可能受狂风影响的公共服务；同时尽量使客人感到舒适。

如果龙卷风并没有真正袭击酒店,酒店可恢复正常运作。由总机接线员和公共广播通知酒店客人："龙卷风危险已过去,可重新打开门窗。"如果因龙卷风来袭造成酒店损失,则需要把详细损失情况及时报告有关协调组织。

3. 飓风、台风

在台风季节来临之前,酒店应准备好以下物品和用具：饮用水容器；用于保护首层玻璃窗的防风板；吸水后不会破裂的沙袋；绑牢货棚和室外家具的粗绳；紧急救援工具；使用电池的收音机和备用电池；手电和备用电池。

（1）台风信号。当台风将于24~36小时内吹袭时，天文台就会发出台风悬挂信号。这时，酒店应组织紧急行动，广播台风的最新信息，同时还要确保各部门有主管当值；由总机通知客人关于台风的最新消息和酒店采取的预防措施。

酒店服务人员应向每位客人说明天气情况和酒店正采取的应急行动，由客人决定是否留在酒店内；把客人转移到较高的楼层；把账务记录、金钱和办公物品等转移到高楼层；准备足够3天食用的食品，存放于高楼层房间；把蜡烛和烹调器具放在靠近食物存放的地方；购买并存放足够3天使用的纸碟、塑料袋和垃圾袋；清洁和消毒饮用水容器。

（2）台风警报。当台风警报悬挂时，即意味着台风将于24小时内吹袭。这时，酒店应根据台风吹袭的风眼和风速，做好保护生命财产的最后预防准备。在北半球，台风是沿逆时针方向吹袭的。如果风眼吹袭本地10000米以内的地方，将给本地带来严重的降水和风暴。如果风眼吹袭本地或以北的地方，不会造成大量降雨，但风力仍然很强。这对于正确采取预防措施是非常重要的。

（3）风暴吹袭。留意酒店积水情况；关闭向风窗户，打开背风窗户，可减轻室内承受的压力；当台风直接吹袭本地时，不要离开酒店，因台风平静一段时间后，会再次吹袭；在风暴期间，各部门要对客人和员工做好安抚工作，并为员工和客人提供免费的饮用水和食物。

（4）风暴平息后。组织各部门一起清洁、检查和维修水电物品；通知工程部员工对破损物品进行维修，以减少风暴造成的损失；如果造成重大损失，要及时通知索赔协调机构。

11.4.3 客人意外受伤的处理

1）如果客人在酒店意外受伤，接到报告，值班经理及服务人员应当立即前往现场，了解客人的伤势与受伤原因。

2）根据客人受伤具体情况，可建议受伤客人前往医院做进一步检查。如伤势严重，在经过客人同意的前提下，安排专人陪同受伤客人去医院治疗，并立即将事件向上汇报，随时与在医院的陪同人员保持联系，掌握客人伤情的最新情况。

3）在客人治疗期间，为受伤客人提供必要的客用品与饮食，及时探望和慰问客人。

4）如果客人受伤是因酒店的责任造成的，要立即报告并采取保密措施，根据受伤程度，酒店将与当事人协商酌情给予一定的赔偿。如不能达成一致，分歧较大，则需要采取进一步措施，宗旨就是谨防事情闹大。

5）等到事件处理完毕后，要如实详细地记录整个事件的发生和处理过程，填写事故报告，呈报上去以备案。

11.4.4 客人死亡的处理

客人死亡是指客人在住店期间伤病死亡、意外事件死亡、自杀、他杀或其他不明原因的死亡。除前一种属正常死亡外，其他均为非正常死亡。

1）发现人员应立即通知安保部、医务室、客户部、大堂值班经理和酒店总值班经理。

接到通知的人员应立即赶赴现场并成立临时指挥部执行应急方案。

2）保安部经理接到报告后，会同大堂经理和医务人员前去现场。如客人尚未死亡，应立即送医院抢救。经医务人员检查，客人已确定死亡时，要派保安部人员保护好现场。不得挪动现场的每一件物品，严禁无关人员接近现场，同时向公安部门报告。

3）公安人员到达现场后，相关人员应向公安人员汇报发现客人死亡的经过，提供证人证词。公安人员勘查现场、调查访问、侦查案件时，相关人员要做好配合工作。

4）经公安部门同意后，通知客户部清扫现场，妥善处理善后事宜。

5）配合酒店公关部做好家属接待工作。境外人员死亡后，家属接到通知即会赶来。由酒店公关部出面接待，并做好家属安排工作。安全部要派人加强保卫，预防家属出现其他意外事件。

6）配合家属做好遗体处理工作。死亡事件性质确定后，家属就可以处理遗体。安全部要始终配合家属，在我国法律政策允许的范围内，按照家属提出处理遗体的习俗要求，尽可能帮助解决一些实际问题，以利于对外影响。

7）事毕详细记录事件处理的全过程，填写事故报告存档，并呈报公司领导及运营部备案，外界询问时由指定人员统一作答。

本章概要

★主要概念

设备用品，布件，突发事件，烟感器，疏散图示。

★内容提要

- 本章主要介绍了客房部物品、布件管理的意义，客房物品、布件的种类，客房物品的保养方法和布件的管理措施。
- 介绍了客房部门锁、窥视镜、烟感器与警报装置、疏散图示等安全设施的种类，阐述了客房部安全隐患及防范措施，尤其是外来人员作案、宾客偷盗及员工偷盗的防范措施及客房部突发事件的处理方法。

单元训练

★观点讨论

观点： 酒店安全管理是酒店正常经营最基本的条件，是顾客住店期间的第一需要。酒店安全工作的好坏，不仅直接关系到酒店的正常经营，影响到客人的满意度，还关系到所在城市、地区甚至国家的声誉。

常见质疑： 酒店安全管理的关键是要配备高品质的设施设备，客房里要安装烟感器、温感器，公共区域要安装监控设置等，只要安全设施配备到位，基本可以高枕无忧。

释疑： 酒店安全管理配备高品质的设施设备固然重要，但安全制度的建设、员工安全意识的培养更加重要。高质量的安全设施设备需要人员的维护和操作，出现问题需要人员进行处理。而且酒店里还有很多设施设备监控不到的区域和情况，都需要管理人员和员工加强安全管理意识，熟悉防范措施，给客人一个安全的家外之家，给员工一个安全的工作环境。

★案例分析
【相关案例】

西娜湾宾馆火灾

2011年1月13日，湖南省长沙市岳麓区枫林一路西娜湾宾馆发生火灾，造成10人死亡，4人受伤，直接经济损失500多万元。

2011年1月13日凌晨1时许，长沙市岳麓区枫林一路西娜湾宾馆发生火灾，火灾原因经调查是西娜湾宾馆一楼夹层地面中部私自改装的电烤炉引燃被套起火造成的。

湖南省消防部门在查看监控录像时发现，在火灾发生的初期到猛烈阶段的五六分钟时间内，已经有旅客闻到烟味并通知前台，但服务人员没有仔细查看，自认为可能是有人抽烟，轻易放弃了发现和扑救初起火灾的最佳时机。

同时，监控录像可以看到，当位于前台的宾馆管理人员及服务员发现明火后，没有一个人组织灭火和疏散，而是接二连三地只顾自己逃命。宾馆的消防设施也形同虚设，自动报警和喷淋系统全部处于关闭状态，发生火灾后没有发挥应有的作用。

本次火灾事故造成10人死亡，4人受伤，直接经济损失500多万元。

（资料来源：易安网 http://www.esafety.cn/case/101798.html）

问题：
（1）此案例涉及本章的哪些知识点？
（2）请结合酒店火灾预防和处理的要求，讨论避免发生上述案例的关键在哪里？
（3）酒店工作人员应该如何减少火灾事故造成的损失？

建议阅读

[1] 仇学琴. 酒店前厅客房服务与管理[M]. 天津：南开大学出版社，2011：20-28，282-292，295-312.

[2] 徐松华. 现代酒店客房部运行与管理[M]. 北京：中国旅游出版社，2016：206-219.

第 12 章　客房部日常服务

学习目标

理论知识：客房部是酒店主营业务收入的主要来源，学习掌握客房部的会议服务的操作流程，不同会议类型的不同要求，不同类型的住店客人对酒店服务需求的差异性以服务规程，是做好酒店客房部日常服务的关键所在。

实务知识：学习掌握酒店客房会议服务的基本内容，应注意的相关事项，会议室布置的常用方法，会议服务流程管理的内容，政府代表团，VIP 客人，文艺、体育代表团，长住客人，旅游团，散客，特殊客人等类型的住店客人对酒店客房服务的要求不同，要有针对性地提供服务，因此掌握服务规程至关重要。在对客服务中的基本要求、礼仪、安全检查、送餐服务及外送修理服务等也是客房服务的重要内容。

认知弹性：通过实务知识的学习，结合相关案例的分析研究，将理论学习与实际操作相结合，达到具体问题具体分析，有助于培养客房服务人员的宾客服务意识。同时也对客房服务管理过程中的职业道德要求进行深入的了解，培养人格健全的高层次服务人员。

【引例】

会议服务应该如何统筹安排？

背景与情境：某酒店即将接待一个重要的大型国际会议，作为客房的会议服务人员你应做的准备工作有哪些？如何处理会议过程中出现的紧急情况？在会务举办的服务过程中，该如何满足客人的个性化要求？

随着中国成为世界第二大经济体，中国在国际社会的地位越来越得到重视。在国际交往中，很多大型的国际会议经常在我国的大酒店举行，酒店客房部承担了会议的具体服务的提供。会议服务及客人住店期间的服务成为客房部日常服务的重要内容。在接待会议的准备工作中积极与主办方对接会议时间、名称、人数、参会领导及需求；根据主办方要求准备会场物品；进行会场布置；检查会场是否按要求布置，无误时，请项目负责人检查；人员安排；会前、会中保障；会后送客安排；会后收尾。在会议接待过程中，客人如果有外出帮忙买东西或办理其他事情的请求，客房服务员应该委婉地向客人解释你的工作职责和工作范围；如果客人不急，可以等会议结束或下班后帮其办理；如果很重要又非常紧急，可以请示上司安排是否让其他同事帮客人代办。在客房的日常服务中，如何提供会议服务？对客服务有哪些具体内容？如何应对突发事件提供让住店客人满意的服务？通过本章的学习我们将要解决这些问题。本章主要介绍酒店客房的会议接待和对客服务的主要内容。

客房是旅游酒店的主要组成部分，是酒店经济收入的重要来源。客房是客人入住后逗留时间最长，与服务员接触最频繁的部门。因此客房服务质量的高低，最能体现酒店服务水平和经营水平的高低。

12.1 会议服务

会议服务是指当客人在酒店会议室、多功能厅或餐厅举行某项活动、仪式或开会时所提供的服务方法。除一些小型会议外，还包括会谈、会见、签字仪式等。现代酒店会议服务一般由餐饮部负责，但我国许多中、低档酒店的会议服务仍然由客房部承担。

会议服务应首先注意以下几点：

1）了解掌握会议情况。
2）做好各项服务准备。
3）布置会场。
4）如果开会人数多，可先将茶杯摆放好，在客人进入会场后加开水。暖瓶放在会议桌上，前后排列要整齐，秋冬季要提供衣帽架，以方便客人。
5）要根据情况及时加水，在会议中间休息时，服务员应开窗通气，迅速整理台布，进行换开水、倒烟灰缸等整理工作。会议过程中，如有电话找人应问明情况，有礼貌地低声告诉被找人，不准在会场内高声叫喊客人姓名，要保持会场周围安静。做好安全保卫工作，做到不该问的不问。不要随便讲述会议情况。
6）会议结束后，立即检查室内烟火，检查是否有遗留物品或文件。发现后，应立即交还失主本人或会务组。清理会场卫生，清洗茶具、烟具、香巾等。关好电源，认真检查保证无遗漏。最后关好门，以备下次使用。

12.1.1 客房部会议室的布置

举办会议时，台型设计和布置至关重要，合理科学的布局有利于会议的成功召开。桌椅的摆设方式多种多样，但都要根据会议的类型、规模及客户的具体要求确定，任何不经过客人确认而自行铺设的会场都有可能引发主办方的不满与投诉。因此，酒店的会议专员要时刻保持和主办方的沟通，待台型方案得到最后确认后，才将其写入正式签订的合同，再安排客房部落实。常见的会议台型布局有以下几种：

1. 圆桌形布置

圆桌形布置也称"圆桌会议"，是目前国际上比较流行的形式。这种会场布置多用于规格较高、与会者身份较重要的国际会议，适用于无级别差异、无礼仪差别的平行式会议，来宾没有高低贵贱，不论资排辈，体现平等协商原则，也常有非正式协商的意味。这种会议到会人数一般不多，会议不具有谈判性质，将会场布置成圆形或直接使用椭圆形桌，与会者围桌而坐，可表示彼此地位平等，避免出现座次上的争扰。

2. U形布置

U形布置，顾名思义，外观像英文字母"U"，通常适用于小型会议。这种布局中，椅子往往放在封闭面桌子的外围和侧面桌子的两边，这样便于与会者能够面对面沟通与交流，一般适用于参会者身份没有差别的会议，但必须突出主席台。这种会场的与会者身份不完全相同，但差距不大，每个与会者都面对着主席台，彼此互不遮挡，适合演示者和讲演者使用视听设备进行陈述，全场气氛带有互相商讨的性质，主席台前由领导人就座。这种台型在国际性会议中应用较多。

3. 长条形布置

一般适用于双边会议或会谈，也叫作谈判式台型、传统式台型。桌子的长度可以根据实际需要而定。不少会议型酒店将这种排座的固定台型放置于小型会议室，专门用于接待有类似需求的机构。有时候，一些酒店的豪华套房中也布置有这种类型的台型，便于一些机构在房间内举行私密性会议。

4. 授课型布置

小型报告会或学术讲座会采用这种布置。报告人或讲学者在主席台就座，台下摆设长台，只将靠背椅或扶手椅按若干排整齐摆放，面向主席台即可。这种布置的特点是可在有限的空间里容纳最多的人数，这种排座在我国也相当普遍，可以增加整个会场的肃穆性，便于与会者将注意力集中到主席台，有利于会议主持者和发言人扩大影响力，提高会议的效率和号召力。与会者一般有会议桌，书写、饮水较方便。根据会场大小，授课型会场还设有舞台，舞台高度为20~80厘米，面积视会场大小、使用需要而定，有时还需要使用背景板。背景板一般由木质、布质、丝绒质材料和喷绘布等制成。

5. 剧院型布置

剧院型布置也称礼堂型布置，是我国非常流行的一种会场形式，所有椅子面对主席台，主桌或演讲发言者按行排列，适合不用记太多笔记的大会、讲座、论坛等活动，一般适用于人数较多的会议。根据出席会议人员的需要，第一、第二排可以布置成课桌型，以便安放席位卡。使用这种排位方式时，可以先用两把椅子定位通道，接着将椅子往左右排开，设定好椅子间的横向间距和前后间距，之后再进行其他大量椅子的排放。

6. 多功能会场布置

多功能厅是具备接待宴会、会议和其他活动等多种功能，并可以达到功能变化的活动场所。不少酒店的宴会厅可以按照会议的特殊要求用"隔断墙"分割为若干不同规格的独立多功能厅，使酒店能灵活接待各类相关会议活动。将大的会议区域分割为不同的小区域的可移动隔板或墙，一般具有隔音效果。

7. 多边形布置

与长条形会议台型相比，多边形布置适用于多边平行关系会谈或会议。多边形增加了机构扩充谈判对象的可能性，随着现代商务的蓬勃发展，许多项目需要三方以上集思广益地参与，多边形台型也就运营而生了。

12.1.2 客房部会议服务流程管理[一]

客房部会议服务流程包括会前准备、会中服务、会后收场三项工作（见图12-1）。

1. 会前准备

会前准备工作即会议接待的相关筹备工作，包括根据会务组具体要求布置会场，检查桌椅、桌布、裙围、台夹、椅套、台花、席夹、茶水、文具等是否按要求摆放。

[一] 本部分主要参见王济明编制的《会议酒店精细化管理》，中国旅游出版社出版，2016年2月第3次印刷，P76-P89，第五节会议服务工作流程，略作调整。

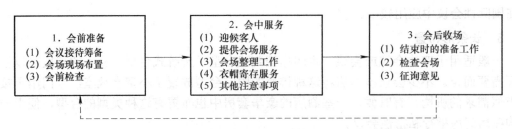

图 12-1　客房部会议服务流程

（1）会议接待筹备。协助会议主办方在机场、车站、码头接送参会客人，及时与会议主办方沟通，了解与会人员的出行信息及变更情况。确保客人入住时行李能够同步抵达，制定漏接预案，妥善处理相关事宜。

（2）会场现场布置。

1）会议桌布置。根据会议主办方的要求进行会场布置，如背景板、会标、横幅、旗帜、招贴、绿色植物摆放等事宜。做好主席台设置、座位安排、摆放与安置名签、文具、文件、杯具、毛巾、鲜花、可控麦克风等物品。

① 根据会议台型及用量需要，准备长条桌、小方桌。

② 根据会议主办方要求配备台布、台裙，铺设在摆放好的台面上，用台夹将围裙围好。

③ 会议用椅分为有椅套和无椅套两种，根据会务组要求选用，并整齐排列于会议桌边。国际上流行的会议用椅是专用连体椅，即椅子之间连套、紧紧相扣、不易打乱，避免了在突发事件情况下引发混乱和不安。

④ 主席台的椅子应该有扶手，主席位应处于会场和主席台的正中央，如果有双主席位布置，则在主席台正中央的中心线两侧各布置一个主席位。

⑤ 会议室一般是固定的，如临时布置，应提前布置沙发、茶几或圈椅。会议室主人和主宾席中间应布置茶几并安装扩音话筒。

2）会议台面布置。

① 会议台面布置所需物品主要包括纸、笔（有的主办方要求放置笔记本，根据要求调整）、茶杯、杯垫、矿泉水。糖果盘可 3 人合用一盘，并间隔摆放。

② VIP 会议台面要布置厚台呢、优质围裙、高档扶手椅、羊皮垫板（规格为 60 厘米×40 厘米，使用羊皮垫，可规避客人中伊斯兰教信仰者的忌讳），羊皮垫板的正中间放高档会议用纸、铅笔，沿皮垫的上方外缘，从右向左依次放盖杯、水杯、矿泉水（1~2 瓶）。其中盖杯的杯把向右成 45°角，水杯等盖杯下方都须方杯垫，并将茶泡好（留有 2 厘米高的空隙茶头）。如果摆放冰矿泉水，应在水瓶下方摆放杯垫，在皮垫右上方平行位置放置毛巾。每位 VIP 客人前摆放糖果盘或两位 VIP 客人之间摆放一糖果盘。每位 VIP 客人右上方放置折叠好的小方巾。

③ 会议召开前半小时，会议部根据会务组要求在主席台和 VIP 客人席布置席卡，席卡正反面打印有客人的名字。

④ 根据主办方的要求在主席台、讲台或 VIP 客人会议桌上布置台花。

3）会场外布置。会场外布置分为信息指示牌、会场席位示意图和签到台，签到台一般为长方形台（180 厘米×90 厘米），上面铺台布和裙围，放置鲜花、签到簿、笔墨和"来宾请赐名片"盒。

4）礼仪服务。礼仪引领体现会议的档次和规格，一般会议由服务员引领，重大会议应由礼仪队员引领并开启专用电梯。礼仪队员着装应整齐，妆容应典雅，发型应得体。

5）会前铺台。铺台的步骤主要包括摆台型和铺台面。

铺台所需物品及准备工作，见表12-1。

表12-1 铺台所需物品及准备工作

通用物品	规格/种类	要点/要求
台子	长台或方台等	折叠及搬运方法
长条桌	180 厘米×45 厘米×75 厘米	铺设要做到整洁无破损，注意课桌型、U 字形、圆台面、高脚吧台等台布的铺设要求及要点，以及多余台布的处理方法
圆茶几	直径 45 厘米	
小方桌	90 厘米×90 厘米	
圆桌	直径 120 厘米	
长方茶几	35 厘米×55 厘米	
台夹	各种颜色、质地的台布、裙围，透明玻璃台夹或不锈钢台夹	不锈钢台夹用于固定台裙，有机玻璃台夹用于固定台布、桌布等，台夹间距控制在 20 厘米
台裙	台子高度×长度	台裙的围法及要求，多余台裙的处理
椅子	会议用椅、主席台椅子	基本原则是椅子平稳，间距相等，左右对齐。注意在摆放主席台椅子时，应考虑到客人的舒适度，尽量避免将椅子放在两条桌接缝的中间

（资料来源：王济明. 会议型饭店精细化管理[M]. 北京：中国旅游出版社，2010：78.）

台面基本物品的铺设，见表12-2。

表12-2 台面基本物品的铺设

所需物品	铺设要求、要点
会议用纸	参照椅子摆放的位置，将纸贴近桌面内侧边缘居中放置，一般提供两张会议纸（特殊要求除外）
会议用铅笔	顺时针成45°的方向斜放在纸上，笔尖向外，笔的标签向上
杯垫	靠近纸的上方外沿 1/2 处放杯垫，图案正面向上
水杯	杯口朝下，置于杯垫中央
矿泉水	置于杯子左侧，商标字样朝向客人，注意生产日期
糖果	课桌型会议一般在 2~3 位客人中间放置一个糖缸；剧场型会议，一般将糖缸放在签到处，糖果一般选用爽口糖

（资料来源：王济明. 会议型饭店精细化管理[M]. 北京：中国旅游出版社，2010：78.）

酒店会议室物品盘点表，见表12-3。

表12-3 酒店会议室物品盘点表

会议室 数量 名称	一号	二号	三号	四号	多功能厅	会议室 数量 名称	一号	二号	三号	四号	多功能厅
长会议桌						投影机架					
橡木会议椅						投影屏幕					
橡木黑皮椅						无线话筒					
布艺圈椅						百叶窗					
音箱						茶杯					
音箱操作台						烟缸					
DVD						茶壶					
调音台						杯垫					
录音机						杯盖					
扩音机						火柴					
投影机						文件夹					
电话机						圆珠笔					
枫木储物柜						便签（大）					
皮凳						便签（小）					
椭圆会议桌						茶叶					
麦克风						席位牌（大）					
演讲台						席位牌（小）					
灯笼						话筒线					
白板						盒纸					
应急灯						垃圾桶					
壁画						灭火器					

（资料来源：根据http://papers.9first.com/document/detail/bf9761f8-b70b-4017-90e9-bae72535c2bb 整理）

（3）会前检查。会前检查是指按照任务书的内容逐一进行会场检查和及时调整，完成设备设施调试检测，主要内容包括：

1）会场检查。会场检查最晚在开会前1小时完成，一是查整体感觉，二是查具体事项。查整体感觉时，应重点注意绿化、窗帘、员工服装和会场整洁与协调问题。查具体事项时，应重点关注用品、用具是否已按任务书的规格要求去做，是否保证质量。

2）舞台和背景板。检查舞台的牢靠性、人走动是否有声响；背景板是否有不安全因素，是否有错字、漏子，是否整齐划一。此项目的检查越早越好，至少提前4～5小时。

3）讲台和主席台。检查讲台位置、高度、灯管、话筒距离，主席台和VIP桌的席卡、台花布置、椅子的舒适度等。

4）设施设备。设施检查是指检查所有灯光、通道、空调温度、自动扶梯、电梯等是否运行良好。设备检查是指检查扩音系统、视频系统、通信系统、转播系统、同传系统等是否良好。如会议期间有演出项目，还要督促演出单位谨慎使用配套设备。整个设施设备运行系统应在会前 30 分钟进入标准控制状态。

5）茶歇台。检查茶歇台的布置和摆放是否合理，点心、甜点、咖啡、饮料、茶水等是否按菜单配制，刀叉、杯子、辅助用料、餐巾纸等是否充沛，茶歇布置应在会议召开后 60 分钟内布置完毕。

6）信息牌（会议指示牌）。使用电子信息牌和可移动指示牌都要检查文字是否有错，移动指示牌还要检查信息牌摆放是否明显，以便客人更快、更准确地找到开会场馆。

7）会议用品。会议用品不只是会议桌上的文具用品，还包括寻人灯光牌、电铃、快速手机充电器、书写白板等。

8）环境。检查会场内外环境，包括会场通道、绿化盆景、墙面、台面、卫生间的清洁情况等。会场温度设定在 22~24℃，干湿适宜。

会前检查分多个等级：一般会议和小会议室的会议，由部门经理检查；省部级 VIP 会议由总经理或驻点经理会同会议部经理检查；元首级峰会由总经理带领相关部门经理多次检查；大型国际会议和元首级 VIP 出席的会议的会前检查要多次演练，保持各系统良好运行，保证环境优美、气氛热烈、卫生达标。

【同步思考 12-1】

问题： 如何提高会议服务的体验性？

理解要点： 通过上述会议服务的流程学习，我们了解了会议准备工作的重要内容，清楚掌握会议服务流程对会议服务质量的重要性。尽管有的酒店硬件设施非常先进，但是如果不掌握会前准备流程，没有恰到好处的服务，先进的设施等同于虚设。请思考酒店应该如何提升会议服务的体验性。

【延伸思考 12-1】

在掌握了会议室布置及会议服务操作流程之后，请思考，只要按照操作流程提供会议服务就是合格的服务了吗？在会议服务的过程中还能有哪些创新？

理解与讨论： 会议服务中的茶歇服务是颇具创新性的，例如我们可以让参会人员在咖啡飘香的休息厅，或"闲庭信步"，或三三两两继续探讨论坛主题，让视觉、听觉、嗅觉、味觉受到无尽的冲击，极大地提升了会议的体验性。同学们还能想到些什么创新方法呢？

2. 会中服务

为了保证会议服务质量，会场中的服务通常采用专职服务原则。

（1）迎候客人。服务员接到通知后必须在会前 30 分钟赶到会场门口外侧等候，面带微笑，热情服务，主动问候客人，引领客人入场，给客人信任和被尊重感，并协助主办方办理会议签到手续。与会议主办方沟通，掌握贵宾相关信息，做好贵宾的会前接待和入座引领服务。

（2）根据需求主动提供会场服务。服务员要熟悉各种会场布置的台型，如 U 字形、课桌型、剧场型、圆桌形、多边形、长条形等，根据会议需求管理各种现场设备，为会议的顺利进行提供保障。帮助客人运送发放会议资料、更换席卡、提供电源插线板，根据实际需求满足客人改变会场形式、增减桌椅的要求。如客人在酒店用餐，服务员要熟悉从会议区域到酒店餐厅的路线，便于为客人指引方向；如客人在外用餐，服务员应熟悉周边餐厅的风格、特色及线路；如客人询问，应耐心介绍。配备相关人员为会场的互动交流提供快捷无线话筒服务等。

如果会议有现场电视录像和网络直播，茶水、毛巾和矿泉水等要事先布置在主席台上。给客人沏茶倒水、更换毛巾时要轻手轻脚，尤其是在会议进行到重要阶段时尽量不要随意走动服务。

礼仪队陪同主席台人员入场，并拉椅子请其入座。礼仪队离开后，会议服务员定时视情况为客人服务。会议中间休息时，服务员应及时更换茶水，补足矿泉水、纸、笔等文具用品、整理桌椅。服务员容貌要端正，肢体动作要得体，有良好的语言能力和敏捷的反应能力。会议临近结束时，要核对会场租用时间，服务员可提前15分钟进会场，双手举示"还有15分钟"的告知牌，让主席台上的会议主持者有效地把握时间。

【深度思考 12-1】

问题：请思考酒店应该通过哪些具体的培训方法来提高客房服务人员的会议服务水平？

理解与讨论：会议过程中斟茶、送发文件、提示时间等是普遍而又必需的服务，但是很多酒店对这些会议服务的细节往往缺乏重视，导致会议服务质量的下降。因此在酒店的管理中能否结合实际，将酒店会议中可能出现的问题进行研讨，以工作流程的方式来对员工进行训练，以提高会议服务的质量。

（3）会场整理工作的具体内容。会场整理服务包括整理会议桌面，添加记录用纸，更换削好的铅笔，补充茶水、矿泉水、糖果、更换毛巾、整理椅子等，一般在茶歇或午餐时间进行。如果是大型会议，需要临时调配服务人员的要提前安排。客人留放在桌面上的文件用品一概不能移动，以免发生物品遗失。

（4）衣帽寄存服务。衣帽寄存和领取服务是会议服务不可或缺的一环，服务员要热情、仔细地为客人寄存好每一件物品，千万不能因为粗心大意而出错。衣帽寄存处应设有保险柜，如果客人有贵重物品或其他特殊物品不宜带进会场，也可以临时寄存。服务员要双手接过客人寄存的衣物以示尊重，拿衣物领子的一只手要高于另一只手，以免衣服内有东西滑出。小型活动可临时摆放若干衣帽车，供客人自取。大型会议要专设衣帽服务，具体内容如下：

1）准备工作。根据会议人数准备适当的衣帽车、衣帽架、衣帽牌。将已编号号码的衣帽牌一式两联准备好，客人寄存衣帽时，将其中的一联撕下来交给客人，另一联连同寄存物品一起挂在衣帽车上。

2）取衣帽。仔细核对号牌，找到衣帽，将衣帽车上的号码取下，一手提衣领，一手托衣服的下半部分，将衣帽送给客人。同时与客人确认无误后，将客人手中的牌子收回。

3）注意事项。

① 挂衣帽一定要挂牢，牌子放在显眼处，便于核对。

② 存放衣帽应从衣帽车的最里面开始，便于操作，避免来回走动碰掉外面衣架上的衣物，造成差错。

③ 存取衣帽时容易发生衣帽搞混的情况，如因挂放不牢或其他原因，衣帽掉下来，如

没有把握不可凭想象随意悬挂，而应放在一旁，记住大概位置或周围号码，待客人取衣帽时，仔细核对。

④ 客人集中办理衣帽业务时要冷静，临阵不乱，按先来先取的原则服务。

⑤ 如客人衣帽牌丢失，服务员不要急于按客人所说的衣物取给他，可请客人稍等，待衣帽大致取完后，确认是客人本人的并请客人留下姓名、地址等信息方能取走。

⑥ 服务员要提醒客人将贵重物品寄存在保险柜里。

（5）其他注意事项。

1）电话铃响，应尽快接听，最好不超过三声。先自报家门："您好，会议部"。如自己不是受话人，要代为传呼，如不能解决，应请其稍等，请其他同事帮忙；如需转告，要详细记录相关信息，留下对方电话号码，在确认通话结束后再挂断。

2）员工禁止在酒店和会议区域奔跑，尽量不从客人前面穿过，应从后面绕走；禁止数人并排走，应靠右边行走；行走速度不宜过快或过慢。

3）酒店应与急救中心建立快速联系通道，对常见病症应能简易处置，有客人急救紧急预案。

4）根据会议级别和会议主办方要求制定相应保密措施、提供相应保密服务。

5）利用电子信息发布系统，会议安排、新闻、公告、促销及会展信息等可随时进行编辑，并根据内容分别发布至相应地点的电子显示屏上。充分利用 VOD 等系统发布会议各类信息。

6）通过手机短信等方式为客人提供预订确认、需求征询、抵达指引、问候与祝贺、重要提示、意见征集等贴心服务。

7）正常情况下，设置在各个背景音乐分区的公共广播系统扬声器既可以分区播放背景音乐，也可以直接播送讲话等内容。当酒店内有火警等突发事故时，系统能够自动和手动将背景音乐切换到消防广播，并能联动地在相应消防区域播放消防疏导等信息而不影响其他区域播音情况。

3. 会后收场

（1）会议结束时的准备工作。服务员要清楚掌握每个会议的起止时间，会议结束前要视规模大小和贵宾规格高低做好送行 VIP 客人的准备工作，主要包括以下几个方面：

1）精心布置会议结束后的散场行走路线，由专人引导疏散，确保各通道畅通。掌握 VIP 的离场程序，如有 VIP 要先离开，会议部须安排服务员或礼仪队送行。省、部级以上客人须由酒店高层出面送行。

2）联络各岗位，对会议结束时的流量做充分估算，届时打开大门，设定专用电梯，开启自动扶梯，并注意各客人通道的灯光和空调是否合适。

3）仔细确认会议任务书的内容，检查会议费用情况，准备好会议费用明细单，随时准备提交会议举办方负责人审核签单。

（2）检查会场。会议结束后必须及时检查场馆内的椅子、桌子及周边场地，有无客人遗留物品。如发现有客人遗留物品，必须严格按照遗留物品处理办法处理。清理会议桌面，对各种物、文具归类，遗弃物保留 24 小时，以备客人之需。迅速控制能源，关闭会场大部分照明功能，或调节至最低限度，室内空调也应及时调整。AV 系统和自动扶梯在大量与会人员撤离后立即关闭。

（3）征询客人意见。每个会议结束后，都要由主管以上管理人员主动征求客人意见，可以采用两种方法，一是口头听取意见，并认真做好记录；二是请会议举办方的会务负责人填写书面意见征求书，并热情欢迎客人再次光临。在征询客人意见时，可将会议消费清单递交进行确认，确认无误后送财务收银处入账。

12.2 客人居住期间服务

12.2.1 会客服务

会客服务工作是加强会务管理、展示服务水平的重要举措，是会议的重要组成部分，也是必不可少的服务程序。会见规格的高低，往往与出席本次会议的贵宾身份与地位密切相关。

1. 会见接待的基本要求

出席会议的贵宾应该安排专门的贵宾休息厅休息或在会客厅会见前来参加会议的主要嘉宾。会见前，会议部要事先获得会议通知书，以确认参加会见的贵宾名单，按会议举办的要求排放席卡。贵宾会见时要充分考虑场景布置效果，以便摄影、摄像。

正式会见时，服务员要稍避离贵宾，充分保证会谈的私密性，不过度服务。会见一般分为会前会见、宴请会见和独立会见，其中独立会见也称单独会见。会见场地一般要布置沙发、茶几、鲜花、茶水、毛巾、话筒音响、席卡，有的会见还要求专门布置合影场地。

2. 会见中的礼仪服务

酒店通常会配备10～15人的礼仪班组或礼仪队，可以是专业队伍，也可以是灵活组建的复合型队伍。礼仪服务人员一般选用女性，用于政务礼仪，行走路线引领，专用电梯服务，引领贵宾登走主席台、剪彩、颁奖等。礼仪队往往成为酒店大型会议接待的一道亮丽的风景线。

3. 客人类型及服务要点

由于住客来自不同的国家和地区，据此可将客人分为内地客人、港澳台客人和外国客人三种。根据客人住店的目的（如探亲、旅游、经商、会议等）、消费水平和服务要求，要采取有针对性的服务。

（1）政府代表团。政府代表团，由于身份较高，所以服务要求、接待标准高，较重视礼仪，且逗留时间短，日程安排紧，店外活动多，故应采取以下服务方式：

1）调配人力，专人负责。根据来宾的具体情况，选择业务熟、责任心强、工作细致的服务员组成专门负责小组进行服务。

2）根据客人的特点，采取针对性服务。要切实了解客人的风俗习惯、饮食口味，在服务中为客人主动提供各种便利。客房的卫生尽量在客人外出时集中人力迅速整理，尽量减少打扰客人的次数。

3）做好客人到达前的准备工作。在客人到达之前，按规定标准对所有房间进行检查，对安全隐患要立即消除。

4）做好应有的保密工作。对一些需要保密的政府代表团或代表，要严格按照有关部门和接待单位的要求，做好保密工作。

（2）VIP 客人。VIP（贵宾）是指对酒店经营管理有极大帮助者，知名度很高的人士，各国部长以上的领导人，酒店行业或旅游企事业单位的高级职员和各级经理。宾馆对 VIP 客人的接待，从总经理到具体服务员一定要引起重视，做到全程服务。具体做法如下：

1）贵宾到达前，客房服务员应该对房间的各种设备进行仔细检查，查看各种设施是否完好，运转是否正常，要消除客房内的安全隐患。

2）贵宾所住的房间，应保证卫生状况处于最佳。

3）特殊照顾。酒店还应视具体情况向客人赠送一些小礼品，具体物品可视客人身份等级而定。礼品一般包括：饮料和酒水、糖果和水果、鲜花、小工艺品等。对国外的政府首脑还应该有国家领导人或当地领导人送的花篮，酒店总经理送的水果或点心盒；房间酒吧除摆放外国酒外，还应有中国名酒、高级茶叶等；房间内还应摆放新浴衣、睡衣，夫人房摆放鲜花；卫生间摆放鲜花、化妆品、高级香水；毛巾、枕套、床单均使用新的；客人在酒店内参加正式活动所经路口、门口都要有服务员站立，行注目礼，微笑迎送；客房须设有专人服务；客人每离开房间一次，就应进房间整理；客人离店后，应有专人检查房间，发现遗忘物品应尽快追还客人。

当贵宾到达时，酒店可组织有关员工列队欢迎，并派专人向贵宾简单介绍房间和相关服务设备设施。客人离店时，也要有相应的欢送仪式。

（3）文艺、体育代表团。文艺代表团一般住宿时间较长，睡觉迟，活动多，早晨起得晚，演出回来后需要的饮料较多，必须准备好。他们时间观念强，出发时间和委托代办事务都要准时，以保证演出任务的完成。在有条件的情况下，客房布置、装饰要尽量注意艺术性。

体育代表团一般活动都比较有规律，行动统一。勤洗澡、勤换衣是运动员的特点，要加强卫生间的清扫，保证运动员所用开水和饮料。运动员的情绪往往受到比赛输赢的影响，服务员应及时了解比赛情况，对赢队表示祝贺，对输队也要热情接待，不能流露出轻视嘲笑的情绪。

（4）旅游团。旅游团的活动一般有组织、有计划、日程安排紧凑，活动时间统一，店外活动多，店内停留时间少。这类游客的特点是自由组合、职业各异、年龄各异、住的时间短、游览参观项目多、日程安排紧、活动相对集中。对他们的服务应做到：

1）接待要热情亲切，让他们感到像回到家里一样温暖。他们喜欢购买一些土特产回去送亲友，有时还提出让服务员代办，应尽量满足他们的需要。

2）他们大多数喜欢吃一些风味菜肴，要热情地协助他们联系，满足他们的要求。

3）对年龄较大的旅客或行动不便者要特殊照顾。

（5）长住客人。改革开放以来，随着经济的发展，到我国投资经商的企业和公司代表大都租用宾馆的客房，租期一年或几年，这样的客人称为长住客人。对长住客人的服务应注意：

1）长住客人的房间要根据客人的要求适时进行清扫和整理，他们的东西比较多，清理时要多加注意。

2）由于客人居住时间长与服务员比较熟，但说话要有礼貌，注意分寸，不能与客人开玩笑，更不能接受客人的礼物。

3）在清理房间时，对客人物品要注意细心、谨慎，清理时间尽量安排在客人非办公时间。

（6）散客。此类客人有的因公出差、观光，有的为探亲访友、参加各种会议等。他们一般逗留时间短，随身携带的行李简单，对房间设施及酒店的服务水准有较高要求，对服务员的工作效率、服务态度较为挑剔。

这类客人由于行李少，进出频繁，所以服务员一定要随时清理核查各种单据，严防"跑账"或"漏账"现象发生。

（7）特殊客人。特殊客人即老、弱、病、残客人。他们行动不便，甚至生活不能自理，酒店如果能为其提供专门的服务，对酒店的声誉是有好处的。

1）对年老体弱的客人，根据其年龄大，视力、听力差，记忆力减退，行动不便等特点，在日常服务中，要予以特殊照顾，上下电梯要主动搀扶，帮助提、拿一些物品。

2）对病、残客人要根据病情，主动热情地提供服务与照顾，征求客人意见是否需要在房间进餐。按照医生要求，提醒客人按时服药，对客人提出的特殊但合理的要求尽量予以满足。

【同步案例 12-1】

世界上最善良的人

背景与情境： 沈阳一家酒店即将迎来一位客人——下肢瘫痪坐着轮椅的法国记者塞勒先生。这天早晨，酒店总台接到通知后，立即安排专人到机场迎接。到达酒店后，行李员直接把他送到早已安排妥当的客房里，总台接待处派人到房间办理入住手续……住下后，他在酒店受到了一系列特殊待遇，使他深受感动。塞勒先生进房后，稍稍整理了一下行李，便躺到床上休息。不一会儿，门铃响了，进来的是负责他这个楼层的服务员小傅。一番问候之后，小傅诚恳地向塞勒先生表示，虽然他行动不便，但在这儿不必有任何顾虑，酒店每个员工不仅会随时听候他的吩咐，还愿意满足他的一切特殊要求。

塞勒先生坦诚地告诉小傅，他来这里之前确实有不少担忧，但从下飞机开始就受到酒店员工给他那么多超出意料的关怀和照顾，他已经没有了顾虑。接着他说了此次来沈阳的具体计划：第一天，他将出席一次规模盛大的贸易恳谈会；第二天下午，要到市郊某轻纺工厂去了解支持希望工程的情况；第三天，准备拜访若干位服务明星；最后一天……话未出口，塞勒先生停住了，似乎还有话要说，却又有点犹豫。小傅请他但说无妨，酒店一定会尽力使他圆满完成这次沈阳之行的任务。服务员的诚恳态度，终于使塞勒先生吐露了自己的心事。原来他在北京时就曾听说沈阳有个故宫，还有一个北陵，他想去参观，却又不好意思提出。因为这将给酒店带来太多的麻烦。"塞勒先生，谢谢您对我们的信任"，小傅接着说："我们酒店虽没有陪客人游览的服务项目，但您的情况比较特殊，我将向领导汇报。我们将尽可能使您满意。"半个小时后，客房部经理来到塞勒先生的房间，全心全意地表示：酒店对他所有的工作和活动计划都将给予全力支持。另外，客房部委派小傅和另一名服务员小冯专门负责他在沈阳的一切活动。塞勒先生听后，紧紧地握住客房部经理的手，泪花在眼眶内闪烁。

客房部经理告辞不久，小傅又来到塞勒先生的房间，询问他是否要在客房用餐。晚饭后，小冯值班，帮助塞勒先生脱衣、洗澡、穿衣……塞勒先生在酒店住了四天。临别的那天上午，他请小傅陪同他去天主教堂，用最虔诚的态度感谢上帝让他在沈阳遇到了"世界上最善良的人"，他祈祷上帝赐福给在沈阳所有善待他的人们。

（资料来源：根据 http://wenku.baidu.com/link?url=_TF4cGdnYwvBKhV-X-yfqFsVIrn3IzzvPym0h9LJ2NxIkDVUTaLCRc1xI31lKdOP8Sfvs2-BR9rJKvabAzEWqIXDykAMck24IJtQXhK_m0a 资料改编）

问题：酒店应该如何做好对特殊客人的服务工作？

分析提示：做好残疾客人的服务，是我国1998年5月1日开始实施的《旅游涉外饭店星级的划分与评定》中所规定的服务内容。要做好对残疾客人的服务，一是要特别注意满足客人自尊的需要，替客人掩饰其残疾之处，不要使客人觉得自卑；二是要细心得体地照料客人。案例中该酒店在接待塞勒先生的全过程中，真正落实了"宾至如归"的服务宗旨。首先，塞勒先生刚到沈阳，酒店便把方便和温暖送到他的心中，如派人接机、直送房间、房内办理入住手续等。这一切都是塞勒先生在来沈阳前就盼望的。二是服务员小傅在塞勒先生刚进房不久，即受命来向客人做出愿意全力帮助他解决一切问题的许诺。对于一位下肢瘫痪，又置身于人地生疏的新环境中的客人来说，这是最能温暖人心的保证。这也反映了酒店确实是站在塞勒先生的立场上，想其所想，急其所急。也正由于这一许诺，使客人对酒店产生了绝对的信任，才愿意把心中酝酿已久的愿望和盘托出。塞勒先生在沈阳留住的四天里，在酒店员工的精心照料下，既完成了工作计划，又实现了游览名胜古迹的夙愿，故而感动得热泪盈眶自在情理之中了。接待塞勒先生这样的客人，固然付出的代价比较大，但也是酒店发挥水准、展示自身、赢得信誉、扩大影响的好机会。

4. 安全检查和防范

无论是商务会见、政务会见，贵宾服务既高度光荣又具有较大的风险，酒店要承担很大的责任，在服务接待中始终要保证贵宾的绝对安全。会议部在服务接待中要做好两个方面：一是检查设施设备的完好性和服务流程、接待用品的安全性，包括楼道楼梯防跌、电梯保养、地面防滑、茶水安全度、毛巾清洁度等；二是要协调安保部确保会场安全。省部级以上的会见，应有省、市级警卫人员参与，酒店安保部给予协助。

12.2.2 送餐服务

送餐服务是酒店根据客人要求，将客人所需要的餐食送到客房中的一种服务项目。送餐服务有其特殊性，要注意以下几个方面：

1）根据客人要求提供送餐服务时，在客人用餐完毕后，服务人员要及时收取碗盘，切忌使碗盘留在客房门外，引起客人不满。

2）酒店一般提供24小时送餐服务，否则要明确送餐服务的时间，尤其是接待国际性会议多的酒店更要明确这一点，以免引起参会客人的不便和投诉。

3）送餐服务人员接听客人电话时，要确认点菜品种、用餐人数及需要送达的时间，避免误会。一般送餐标准服务时限为20分钟，但具体送达时间应根据客人要求执行，做到人性化服务。

4）在餐饮部成立专门的送餐服务小组，以提高送餐的效率，减少差错。

5）制定详尽规范的送餐服务标准，确保接听电话、接受订餐、备餐送餐、结账签单等程序有条不紊，做到精细化服务。

12.2.3　外送修理服务

酒店外送修理服务主要是指住店客人在酒店下榻期间，随身物品发生损坏，委托酒店送至专业店铺进行修理的工作。酒店的住店客人在住店过程中可能会由于意外出现衣物或者随身携带的包有损坏而导致不能正常使用，这时客人可能会委托酒店代为修理。如果酒店本身有洗衣房、修理店可以处理的，服务员可将酒店修理服务的程序和收费标准给客人做详细的介绍。如果酒店没有这项服务，客房的服务人员可根据客人的具体需求，在力所能及的范围内为客人提供修理物品的相关资讯，征求客人的意见，填写相关送修物品的信息，明确费用的收取方式之后，代客人外送修理。外送修理服务有其特殊性，要注意以下几个方面：

1）要事先明确是否有店铺可以修理客人需要修理的物品，如果无法确定，不能贸然答应客户。

2）认真听取客人的物品修理要求，态度和蔼，确实表现出想客人之所想，急客人之所急，为客人分忧的态度。

3）在物品外送修理过程中，要认真填写相关表格，明确修复工作的主要内容，并且专人负责物品修复工作的跟进，尤其是客人的名贵物品，如高档服装、手袋、腕表的修复等，不能由于工作疏忽给客人及酒店造成财产损失。

本章概要

★ **主要概念**

会议服务，会客服务，送餐服务，外送修理服务。

★ **内容提要**

- 客房部是酒店主要的业务部门，也是整个酒店收入的重要业务来源。客房部的业务主要包括了会议服务和为住店客人提供的服务两个部分。
- 会议服务中会议室的布置、会议服务过程中的流程管理都是决定酒店会议服务成败的重要环节，酒店管理中应加以重视。
- 客人住店期间不同类型的客人对服务的要求是有差异的，酒店要在满足客人基本需求的基础上尽可能提供差异化的服务，增强酒店的核心竞争力，提升客人的满意度，为酒店培养忠诚度较高的优质客源。
- 客房的送餐服务和外送修理服务是客房提供的重要服务，在提供服务的过程中要严格按照操作规程提供服务，满足客人的需求，同时也打造高品质服务质量，树立酒店良好的社会形象。

单元训练

★ **观点讨论**

观点：酒店的客房部是酒店主营业务收入的主要来源，是酒店对客服务的重要窗口，客房服务必须在遵循服务规程的基础上，结合住店客人的不同需求提供人性化、个性化的服务，能否提供客人满意的服务直接关系到客人的满意度和忠诚度，是酒店管理中极为重要的环节。

常见质疑：

"客人永远是对的"，酒店客房部的日常服务常常会遇到各种类型的客人，遇到客人故意刁难、甚至侮辱酒店客房服务员，服务员还是应该忍一忍，毕竟客人是酒店的衣食父母。

释疑： 一般情况下客人入住酒店后，往往有一种心理，我花了钱买你的服务，因此提出一些服务要求也是对的。但也不排除无理取闹的少数客人。在客房对客服务中客人和员工虽然在人格上是平等的，但在地位上是不平等的，如果客人不尊重酒店员工，酒店应尊重、理解员工，处理好客人的投诉，维护客人和员工双方的权益，才能保证酒店的可持续发展。

★ **案例分析**

【相关案例】

到底是谁的错？

背景与情境： 一天中午，住在2972VIP房间的VIP客人从外面回到酒店，进到客房内，发现客房的卫生还没有打扫。VIP客人有些不满意地找到了9楼的服务员说："我都出去半天了，怎么还没有给我的房间打扫卫生？"服务员对VIP客人说："您出去的时候没有将'请即打扫'的牌子挂在门外。"VIP客人说："看来倒是我的责任了。那现在就打扫卫生吧，一会儿我还要休息。"于是，服务员马上为2972房间打扫卫生。

第二天早晨，VIP客人从房间出去时，把"请即打扫"的牌子挂在了门外的把手上。中午VIP客人回来后，客房卫生仍然没有打扫。这位VIP客人又找到这名服务员说："昨天中午我回来的时候我的房间还没有清扫，你说是因为我出去的时候没有把'请即打扫'的牌子挂上，今天我出去时把牌子挂上了，可是我现在回来了，还是没搞卫生。这又是什么原因呢？"这名服务员又用其他的理由解释，说什么：一名服务员一天要清扫十几间房，得一间一间的清扫，由于比较忙，没注意到挂了"请即打扫"的牌子……VIP客人问："你工作忙，跟我有什么关系，挂'请即打扫'的牌子还有什么意义？"服务员还要向VIP客人解释。VIP客人转身向电梯走去，找到大堂经理投诉。

事后，这名服务员受到了客房部的处理。

问题：

（1）此案例涉及本章的哪些知识点？

（2）请结合投诉产生的原因，评价该酒店发生上述案例的根源在哪里？

（3）根据客人投诉的心理需求，请分析在处理投诉时做好哪些方面最为重要？

（4）当客房部处理了这名服务员之后，是否意味着圆满完成工作使命？

（资料来源：根据http://www.docin.com/p-1448690416.html 有改动）

建议阅读

[1] 仇学琴，罗明义. 饭店管理原理[M]. 天津：南开大学出版社，2013：116-123.

[2] 王济明. 会议型饭店精细化管理[M]. 北京：中国旅游出版社，2010：76-89.

[3] 仇学琴. 饭店前厅客房服务与管理[M]. 天津：南开大学出版社，2011：264-281.

第13章 前厅客房部人力资源开发与管理

学习目标

理论知识：学习和把握"前厅客房部人力资源开发与管理"的相关概念，以及"知识链接"等陈述性知识；能用其指导"同步思考""延伸思考""深度剖析"和相关题型的"单元训练"。

实务知识：学习和把握前厅客房部人力资源开发与管理的功能，前厅客房部人力资源规划的程序，前厅客房部人力资源供求预测，前厅客房部工作分析的方法，前厅客房部员工招聘程序与方法，前厅客房部员工甄选的内容、程序与方法，前厅客房部员工的录用决策，前厅客房部人力资源配置的基本原理，前厅客房部员工培训的需求分析和方法，以及"业务链接"等程序性知识。

认知弹性：运用本章理论与实务知识研究相关案例，对"引例""同步案例"和"相关案例"等情境进行分析。

【引例】

希尔顿酒店人力资源开发与管理

背景与情景：2月14日中午，位于佛山市魁奇路的一家丽枫酒店加盟店发生了一起前员工刺杀总经理的命案。这一事件是由酒店辞退员工引起的。原先谈好了给辞退的员工补薪一个月，酒店却迟迟没有兑现，被辞退的员工上门讨薪，要求酒店支付薪水，结果酒店仍不兑现承诺。加之总经理在处理过程中有语言态度等问题，激怒员工，造成血案。

（资料来源：员工情绪过激，店长遇害，酒店该怎么办？[EB/OL]．（2017-08-10)[2017-08-10]．http://www.yisou.sd.cn/dfzx/content/14303650.html．）

酒店的经营管理离不开人、财、物、时间、信息等资源。在诸多资源中，人力资源是最具能动性和创造性的资源，任何其他资源均由人来开发利用。通过合理地开发人力资源，充分发挥人的最大潜能，能够产生巨大的增值效应。

13.1 前厅客房部人力资源开发与管理概述

13.1.1 前厅客房部人力资源的内涵

人力资源是指一定范围内人口总体所具有的劳动能力的总和，是指一定范围内具有为社会创造物质和精神财富、从事体力劳动和智力劳动的人们的总称。人力资源的含义有广义和狭义之分，本书中涉及的前厅客房部人力资源是狭义的，主要指前厅客房部内具有劳动能力的人的总和，具有能动性、动态性、智力性、可再生性、社会性和两重性等特征。

13.1.2 前厅客房部人力资源开发与管理的内涵

前厅客房部人力资源开发与管理是指对酒店前厅客房部员工所进行的旨在提升和改善劳动能力的提高素质、激发潜能、合理配置、健康保护等活动，是培育和提高前厅客房部员工参与酒店运行管理所必备的体质、智力和技能，以及正确的价值体系、道德情操、劳动态度和行为模式等的一系列活动内容和活动过程。

13.1.3 前厅客房部人力资源开发与管理的功能

（1）吸引录用。宣传前厅客房部的服务宗旨与目标；确认前厅客房部岗位职务工作要求；决定能满足工作要求的人员数量和技术标准；根据数量和标准确定并录用合格人选。

（2）整合保持。整合是指让被录用来的员工学习、了解酒店的宗旨与价值观，接受、遵从酒店文化的指导，并通过一系列的教育、培训活动，使员工把酒店文化内化为个人的价值观，增强他们对酒店的认同感与责任感。保持是指保持员工有效工作的积极性，保持员工有一个安全健康的工作环境。

（3）开发激励。开发是指对前厅客房部员工开展培训，为其发展提供机会和平台，指导他们的知识、技能、品德等方面的提高和完善，明确他们未来的发展方向。激励是指提供前厅客房部员工所需要的奖酬，保持并增加其满意感，使其能安心并积极地工作。

（4）评价调整。评估前厅客房部员工的素质，考核员工的绩效，并按照一定的标准和程序对员工做出相应的奖惩、升迁、离退、解雇等决策。

【同步思考 13-1】

问题：何为我国酒店人力资源开发与管理的"六脉神剑"？

理解要点：人力资源管理已经突破了传统的模式，把人上升到资源的角度进行配置和管理。如何实现对人力资源的有效管理和配置，构建一个有效的人力资源管理平台和体系成为企业 HR 工作的重点。

【延伸思考 13-1】

问题：当前我国酒店人力资源开发与管理中存在哪些问题？

理解与讨论：酒店人力资源开发与管理的责任就是通过科学合理的劳动组织，围绕酒店的经营和管理这个中心，通过招聘、录用、培训、选拔、调配、调整、流动、考核、奖惩、工资福利、劳动保险、劳动争议处理等人事劳动管理活动，实现因事择人、人适其事、人尽其才的目标。

1）在酒店管理中，普遍存在管理人才缺乏的现象。在大多数的酒店中，尤其是中小型酒店中，就中层管理者而言，多数管理者的学历处于中职教育和大专教育的层次，因此，酒店中尤其缺乏高层的专业管理人才。

2）酒店的激励机制不完善体现在两个方面，即物质方面的激励和精神方面的激励。酒店可以通过人性化管理来提高员工对精神待遇的满意度，例如赋予员工管理和控制自己工作自由的权利，也可以有效地提高员工对精神待遇的满意度。

【深度剖析 13-1】

问题：我国酒店人力资源开发与管理的"六脉神剑"为何如此重要？

解析与讨论：

1．人力资源规划——HR 工作的航标兼导航仪

人力资源规划的目的在于结合酒店发展战略，通过对企业资源状况以及人力资源管理现状的分析，找到未来人力资源工作的重点和方向，并制定具体的工作方案和实现途径，以保证企业目标的顺利实现。正如航行出海的船只的航标导航仪，在 HR 工作中起到定位目标和把握路线的作用。

2．招聘与配置——"引"和"用"的结合艺术

酒店人员招聘与配置讲求的是人岗匹配，适岗适人。招聘工作是由需求分析—预算制定—招聘方案的制定—招聘实施—后续评估等一系列步骤构成的；人员配置工作是根据岗位"量身定做"标准，招聘酒店所需人才。招聘与配置是相互影响、相互依赖的两个环节，只有招聘合适的人员并进行有效的配置才能保证招聘意义的实现。

3．培训与开发——帮助员工胜任工作并发掘员工的最大潜能

酒店培训工作有企业文化、规章制度、岗位技能以及管理技能开发培训等。培训工作必须做到具有针对性，要考虑不同受训者群体的具体需求。对于新进员工来说，培训能够帮助其适应并胜任工作；对于在岗员工来说，培训能够帮助其掌握岗位所需要的新技能，并帮助其最大限度开发自己的潜能；对于酒店来说，培训会让酒店工作顺利开展，业绩不断提高。

4．薪酬与福利——员工激励的最有效手段之一

一个有效的薪资福利体系必须具有公平性，保证外部公平、内部公平和岗位公平。外部公平会使得企业的薪酬福利在市场上具有竞争力，内部公平需要体现薪酬的纵向区别，岗位公平则需要体现同岗位员工胜任能力的差距。薪酬福利必须做到物质形式与非物质形式有机结合，这样才能满足员工的不同需求，发挥员工的最大潜能。

5．绩效管理——不同的视角，不同的结局

酒店现代绩效考核的目的在于借助一个有效的体系，通过对业绩的考核，肯定过去的业绩并期待未来绩效的不断提高。一个有效的绩效管理体系包括科学的考核指标，合理的考核标准，以及与考核结果相对应的薪资福利支付和奖惩措施。

6．员工关系——实现企业和员工的共赢

酒店员工关系的处理在于以国家相关法规政策及酒店规章制度为依据，在发生劳动关系之初，明确劳动者和用人单位的权利和义务，在合同期限之内，按照合同约定处理劳动者与用人单位之间的权利和义务关系，为酒店业务开展提供一个稳定和谐的环境，并通过酒店战略目标的达成最终实现酒店和员工的共赢。

13.2 前厅客房部人力资源规划

13.2.1 前厅客房部人力资源规划的内涵

前厅客房部人力资源规划是指为了实现酒店的战略目标与战术目标，根据现有人力资

源状况,满足未来一段时间内前厅客房部的人力资源质量和数量方面的需要,对决定引进、保持、提高、流出人力资源所做的规划和预测,使人力资源供求处于相对平衡,为酒店总体目标的实现提供充足的人力资源保证。

13.2.2 前厅客房部人力资源规划的供求预测

1. 前厅客房部人力资源需求的预测方法

(1) 经验判断法。让专家或有关人员根据自己的经验判断前厅客房部未来对人力资源数量与结构的需求,适用于酒店在不稳定的环境下对劳动力需求的预测。

1) 管理评价法。由高层主管、部门经理、人力资源经理等人员预测和判断前厅客房部在某一时段对劳动力的需求。管理评价法可分为上级估计法和下级估计法两种,前者由高层领导根据酒店发展战略、经营环境的变化预测前厅客房部人员需求;后者是首先由前厅客房部基层管理人员根据经营能力、员工流失等情况预测人员需求,然后向上级主管部门汇报。此方法的缺点是容易犯主观错误,影响判断的主要因素是判断依据的真实性与判断者的经验。

2) 德尔菲(Delphi)法。德尔菲法又名专家意见法或专家函询调查法,是采用背对背的通信方式征询专家小组成员的预测意见,经过几轮征询,使专家小组的预测意见趋于集中,最后做出符合酒店人力资源未来发展趋势的预测结论。此方法常用于短期预测,可以避免群体决策的一些可能缺点,声音最大或地位最高的人没有机会控制群体意志,因为每个人的观点都会被收集,另外,管理者可以保证在征集意见以便做出决策时,没有忽视重要观点。

(2) 定量方法。选择一个与人力资源需求有关的商业要素,并预测随商业要素的变化而产生的劳动力需求变化。适用于在相对稳定的环境中酒店对人力资源的预测。

1) 全员劳动生产率估算法。根据劳动生产率和生产总值的变动情况来确定人力资源的数量。

2) 比例分析法。通过分析直接工作人员和间接工作人员的比例,并且在考虑未来组织或生产方式可能变化的基础上,预测未来直接工作人员与间接工作人员的比例。例如,根据酒店直接从业人员与间接从业人员的比例一般为 1∶5,我们就可以从统计到的直接从业人员数估算到间接从业人员的人数。

3) 回归分析预测法。通过了解一个或一系列变量的变化来预测另外一个变量。关键是需建立一个科学的回归方程式,用以反映变量和变量之间的关系。根据回归方程式,即可在了解一个或一系列变量的基础上预测出另外一个变量的数值。适用于酒店前厅客房部短期、中期与长期的人力资源预测。

2. 前厅客房部人力资源供给的预测方法

(1) 前厅客房部人力资源内部供给预测。

1) 替换单法。在前厅客房部现有人力资源分布状况、劳动力潜力评估的基础上,在未来理想分布和流失率已知的条件下,对各个职位的接班人预做安排,并记录各职位的接班人预计可以晋升的时间,作为内部供应链的参考。根据待补充职位空缺所要求的晋升量和人员补充量即可知人力资源供给量。

2) 德尔菲法(在人力资源需求预测中已经介绍)。

3) 马尔柯夫模型。即预测等时间间隔点上(一般为一年)各类岗位人员分布状况的一种动态预测技术，是从统计学中借鉴过来的一种定量预测方法。它的基本思路是找出过去人力资源变动的比例和规律，以此来预测未来人力资源供给的趋势。

（2）前厅客房部人力资源外部供给预测。

1）劳动力市场。劳动力市场是人力资源外部供应预测的一个重要因素，据此可以了解招聘某种专业人员的潜在可能性。前厅客房部应定期进行外部劳动力市场条件的预测和劳动力供给的估计。主要涉及：劳动力供应的数量；劳动力供应的质量；劳动力对职业的选择；当地经济发展的现状与前景；为员工提供的工作岗位数量与层次，为员工提供的工作地点、工资、福利等。其意义在于为酒店提供一个研究新员工的来源和他们进入酒店方式的分析框架。

2）宏观经济形势。主要是为了解劳动力市场的供应情况，判断预期失业率。一般来说，失业率越低，劳动力供给越紧张，招聘员工就会越难。

3）人口发展趋势。一个特定地区的人口发展趋势对酒店外部人力资源供给的预测有更直接的影响。

4）科学技术的发展。科学技术的发展，特别是互联网技术和信息技术的迅速发展，对人力资源的外部供给产生很大影响，它使人们从事生产的时间越来越少，闲暇时间越来越多，因此作为服务行业的酒店，其劳动力需求量越来越大。

3．前厅客房部人力资源供求平衡

在酒店的整个发展过程中，前厅客房部的人力资源供求都不可能自然处于平衡状态，所以应对人力资源进行动态管理，使酒店的人力资源供求不断取得平衡。

13.3　前厅客房部工作分析与工作设计

酒店具有经营目标和宗旨，要完成目标就必须对目标进行管理，就必须把总体目标分解到各个部门、各个岗位及个人，形成岗位责任制。为了避免前厅客房部工作中互相推诿责任，提高员工的责任意识和认真工作的自觉性，就必须通过工作分析来解决。

13.3.1　前厅客房部工作分析的内涵

前厅客房部工作分析是指对前厅客房部中某个特定工作职务的目的、任务、职权、隶属关系、工作条件、任职资格等相关信息进行收集与分析，以便对该职务的工作做出明确的规定，并确定完成该工作所需要的行为、条件、人员的过程，工作分析的结果就是要形成工作描述与任职说明。

工作分析涉及两个方面的问题：一是工作本身，即工作岗位的研究，即研究每一个工作岗位的设置目的，该岗位所承担的工作职责与工作任务，以及与其他岗位之间的关系等。二是对从事该岗位的作业人员特征进行研究，即研究能胜任该项工作并能完成目标的任职者所必须具备的条件与资格。

13.3.2　前厅客房部工作分析的方法

（1）工作日志法。工作日志法是指由前厅客房部员工按时间顺序，详细记录自己的工作内容、责任、职权、工作关系、工作负荷及感受，经归纳、分析而获得职位信息的一种方法。

（2）实地观察法。实地观察法是指工作分析人员在前厅客房部工作现场，通过对员工实际工作过程进行观察，用文字或图表形式记录一段时期工作的方法。

（3）访谈法。访谈法是指工作分析人员通过与前厅客房部员工面对面直接交谈方式获取需要收集的材料的方法，具有较好的灵活性和适应性。

（4）问卷调查法。问卷调查法是指"书面调查法"或"填表法"，通过向调查者发出简明扼要的征询单（表），请其填写对有关问题的意见和建议来间接获得前厅客房部职位信息的一种调查方法。

【业务链接 13-1】

酒店前厅部经理岗位说明书范例，见表 13-1。

表 13-1　酒店前厅部经理岗位说明书范例

职位编号		职位名称	前厅部经理
所在部门	酒店	级别	M6
上级	酒店总经理	下属	前厅主管、前厅服务员

职责概述：
协助店长对客人服务、质量控制、培训考核、日常经营、内部管理等方面实施管理和服务工作，包含前台服务员的全部工作内容。

主要职责：
协助、指导前台服务员按标准完成各项工作任务
检查员工日常工作中是否热情礼貌、耐心细致、认真负责，仪表仪容是否达到酒店标准
控制房态，达到收益最大化，并在销售中陪同客人参观客房并简要介绍酒店
负责处理客人投诉，超过职责权限，及时请示店长
主动征询和收集客人意见和建议
根据客人需求和情况变化，随时做好酒店内人员调配工作，确保对客服务质量
按规范做好交接班工作，并及时落实交接工作
负责夜间审核，对各类凭证进行审核，并和实际房态及计算机账目核对，实施计算机夜审过账
加强财产管理和客用品管理，最大限度地减少物品损耗
根据总经理的要求和分工，组织实施相关服务规范的日常培训和督导工作
根据业务情况和人员配备，每月汇总审核编排的排班和考勤，并将汇总表上交总经理
掌握监控和酒店安全状况动态信息，发生安全和意外事件时，负责保护好现场，组织临时救护，并立即报告总经理
对消防器材和安全设施定期检查，做好监护，确保器材可用
完成上级指派的各项工作

任职资格：
本科及以上学历，年龄在 35 岁以下
具有星级酒店前厅服务和管理两年以上工作经历，了解客房规范流程
工作勤奋，具有良好的沟通和协调能力，计算机操作熟练
普通话标准，品貌端正

13.4 前厅客房部员工招聘与配置

13.4.1 前厅客房部的员工招聘

1. 前厅客房部的员工招聘内涵

前厅客房部的员工招聘是指酒店按照聘用规则，根据酒店实际情况，通过一定的招聘方法，从酒店内、外部选拔人员补充前厅客房部职位空缺的工作过程。

【延伸阅读13-1】

Catfish Effect

挪威人喜欢吃沙丁鱼，尤其是活鱼。市场上活鱼的价格要比死鱼高许多。所以渔民总是想方设法地让沙丁鱼活着回到渔港。可是虽然经过种种努力，绝大部分沙丁鱼还是在途中因窒息而死亡，但却有一条渔船总能让大部分沙丁鱼活着回到渔港。船长严格保守着秘密，直到船长去世，谜底才揭开。原来是船长在装满沙丁鱼的鱼槽里放进了一条以鱼为主要食物的鲶鱼。鲶鱼进入鱼槽后，由于环境陌生，便四处游动。沙丁鱼见了鲶鱼十分紧张，左冲右突，四处躲避，加速游动。这样沙丁鱼缺氧的问题就迎刃而解了，沙丁鱼也就不会死了。这样一来，一条条沙丁鱼活蹦乱跳地回到了渔港。这就是著名的"鲶鱼效应"。

鲶鱼效应对酒店的启示之一就是，要不断补充新鲜血液，把那些富有朝气、思维敏捷的年轻生力军引入酒店员工队伍中，给那些故步自封、因循守旧的懒惰员工和官僚带来竞争压力，才能唤起"沙丁鱼"们的生存意识和竞争求胜之心。

（资料来源："鲶鱼效应"在企业管理中的运用[EB/OL].（2014-04-01）[2017-08-10]. http://www.chinadmd.com/file/cpvzar6ocvvuiticc3oxuizi_1.html）

2. 前厅客房部员工招聘的方法

（1）内部招聘。又名内部选拔，即从酒店内部选拔合适的人才来补充空缺或新增的职位。酒店内部的员工是酒店最大的招聘来源。

1) 计算机生涯晋升系统。将每一位员工的技能水平资料，存储到计算机信息系统，当某岗位产生空缺时，利用系统寻找符合条件的人选。

优点：很快会找出职缺候选人，而且确认范围也较广，不会将求职范围只局限在职缺所在部门工作的候选人身上。

缺点：在计算机信息系统资料库的技能清单里，只包含实际上或客观上的资料，如受教育程度、接受的培训课程、语言能力、工作资历、特殊技能证明等。较主观的资料，如人际交往的技巧、判断力、整合力等，则没有记录，而作为前厅客房部员工来说，这一类的资料是非常关键的。

2) 公司督导者的推荐。酒店聘请的督导者被要求提出一至数位某职缺的候选人。督导者通常会提名他们已熟知其工作能力的人。

优点：使用较普遍，督导者通常都具有了解潜在候选人能力的优势，尤其是那些已经为他们工作了一段时间并正在寻求升迁机会的人。

缺点：督导者的推荐通常非常主观，因而有偏见或歧视的可能性。而且，某些合格人员可能会被忽视掉，也就是说，督导者也许会为了让他们"喜爱的"人员升级，而忽视了一些优秀的候选人，或者他们可能只是没有察觉到某些人所具有的能力。

3）公布职缺。公布职缺是内部招聘最常用的方法，在酒店内部张贴工作告示公布职缺，所有符合资格的人员都可以争取这份工作。

4）内部兼职。整合酒店内部人力资源，进行优化组合，使其能力发挥至最大化。同岗位兼职，压缩人力，提高待遇。不同岗位兼职，技术培训，提高薪酬。在职责明确前提下，岗位职责可以灵活、适时、适地、适情地进行有机组合。

5）集团内部申请/调动。酒店可根据工作需要调整员工的工作岗位，员工也可以根据本人意愿申请在酒店内部各部门之间流动。员工内部申请/调动分为部门内部调动和部门之间调动两种情况：部门内部调动是指员工在本部门内的岗位变动，员工部门之间调动是指员工在酒店内部各部门之间的流动。

（2）外部招聘。即从酒店外部招聘德才兼备的能人加盟进来。

1）招聘广告。利用广告形式进行招聘，是一种最古老、最有效的途径之一，其应用也最为普遍。招聘广告在编写原则方面，要简明扼要，不要喧宾夺主。其内容包括以下几个方面：广告题目、公司简介、审批机关、招聘岗位、人事政策、联系方式等。

2）职业介绍机构。在职业介绍机构中，聚集着各种各样技能和档次的人力资源资料，为了节省招聘所需的时间及费用，酒店可委托他们协助推荐人才。

3）招聘会。由政府相关部门或一些大型的职业介绍机构承办的招聘者和应聘者面对面的一种招聘方式。在"人才至上"的今天，要想在招聘会上有所收获，就必须制定建立在成功推销术之上的招聘方案。

4）猎头公司。一种与职业介绍机构类似的职业中介机构，专门为用人单位物色和推荐高级主管人员和高级技术人员。猎头公司的联系面很广，它可以为酒店节省很多招聘和选拔高级主管等专门人才的时间，但是所需费用要酒店承担，且费用很高，一般为所推荐的人才年薪的1/4到1/3。

5）校园招聘。不论酒店规模大小，都希望专业人员的来源能够稳定，而现成的来源即是各高等院校。

6）网络招聘。酒店可以随时在招聘网上发布人力资源需求信息，不受时间、地点、篇幅的限制。通过互联网，酒店能与求职者及时沟通，进行信息反馈，缩短招聘周期。

7）人员推荐法与申请人毛遂自荐。人员推荐法是指酒店会事先将职位空缺以及对员工的要求在酒店中公布出来并张贴在布告栏中，由员工推荐与工作相匹配的候选人，使酒店得到高质量的新员工，且能减少广告费和招聘代理费，从而降低招聘成本，提高新员工对酒店的忠诚感，降低离职率。

毛遂自荐法是指酒店接受那些对酒店有兴趣的自发性的申请表和履历表。酒店要礼貌待客，先由人力资源部门指派专人同应聘者进行简短的面谈，并及时、礼貌地回复，妥善处理。

8）临时性雇员。在竞争性的市场条件下，酒店面临的市场需求常常会发生波动，而且酒店还要应付经济周期上升或下降的局面。这就要求酒店保持比较低的人工成本，并使酒店的运营更具有适应性和灵活性。

13.4.2 前厅客房部的员工甄选

1. 前厅客房部的员工甄选内涵

前厅客房部的员工甄选是指利用心理学、管理学等科学的理论、方法和技术，对招募到的前厅客房部员工候选人的任职资格和对工作的胜任程度进行系统的、客观的测量和评价，从而做出录用决策，提高员工与岗位的匹配程度。

2. 前厅客房部员工甄选的内容

（1）知识。知识是系统化的信息，可分为普通知识和专业知识。普通知识即为常识，而专业知识是指前厅客房部特定岗位所要求的特定的知识。

（2）能力。能力是引起个体绩效差异的持久性个人特征，分为一般能力和特殊能力。一般能力是指在不同活动中表现出来的一些共同能力，例如记忆能力、想象能力、观察能力、注意能力、思维能力、操作能力等，这些能力是员工完成任何一种工作时都不可缺少的能力。特殊能力是指在前厅客房部某些特殊活动中所表现出来的能力，例如人际交往能力、分析能力、决断能力等。

（3）个性。个性指员工相对稳定的特征，这些特征决定着特定的个人在各种不同情况下的行为表现。个性与工作绩效密切相关。

（4）动力因素。员工的工作动力来自于酒店的激励系统，但这套系统是否起作用，最终取决于员工的需求结构。在动力因素中，最重要的是价值观，所以，酒店在招聘员工时有必要对应聘者的价值观等动力因素进行鉴别测试。

3. 前厅客房部的员工甄选方法

（1）笔试。笔试是指通过纸笔测验的形式，对应聘者的基本知识、专业知识综合能力和文字表达能力进行衡量的甄选方式。

笔试的优点在于考试的取样较多，对知识和能力的考核的可信度和效率都较高，可以大规模地进行定量分析，所花费的时间少，效率高，报考人的心理压力较小，较易发挥水平，成绩评定比较客观。缺点主要表现在不能全面地考察应聘者的工作态度、品德修养以及组织管理能力、口头表达能力和操作技能上。

（2）面试。面试是一种经过精心设计，在特定场景下，以面对面的交谈与观察为主要手段，了解应聘者的素质状况、能力特征及求职应聘动机的甄选方式。

（3）心理测试。智力测试常用来测试应聘者的智力水平、思维能力和适应环境的能力。

性格兴趣测试用来测试的是人的社会行为，诸如性格的外向与内向，沉稳与活泼以及个人的兴趣爱好等。

职业兴趣测试可以表明一个人最感兴趣的并最可能从中得到满足的工作是什么，其最典型的用途是用于员工的职业生涯规划，将员工的事业发展与个人兴趣相结合，提高成功的可能性。

（4）工作样本法。工作样本法就是测量候选者执行实际工作或任务的具体表现。由于工作样本法测试的是实际工作，因此具有较高的可信度。其缺点是操作复杂，成本较高。

【同步案例 13-1】

假日酒店——"你会打篮球吗？"

背景与情境：假日酒店在招聘员工时经常会询问员工是否会打篮球，是酒店业余球队的球员吗？真实的情形是他们认为，那些喜爱打篮球的人，性格外向，身体健康而充满活力。篮球作为一项团队运动，需要有一定的协作意识和团队精神。假日酒店作为服务至上的企业，员工要有亲和力和充盈的干劲、朝气蓬勃，一个兴趣缺乏、死气沉沉的员工是酒店所不需要的，他既不能给酒店带来活力，也是对宾客的不尊重。

分析提示：假日酒店在招聘员工时，通过面试交谈了解应聘者的个人爱好，是从体育运动方面来判断应聘者的个性是否符合酒店的需要。在人员招聘甄选的过程中，酒店采用的选拔方式层出不穷，应聘者要尽可能理解对方所提问题的目的所在，选择符合自己实际情况和岗位需求的恰当答案作答，切忌随意不着边际地回答问题。

（资料来源：名牌企业的另类面试方法[EB/OL].（2012-06-07）[2017-08-10]. https://wenku.baidu.com/view/fe04936e011ca300a6c39038.html.）

13.4.3 前厅客房部员工的录用决策

录用决策是依照人员录用的原则，避免主观武断和不正之风的干扰，把选拔阶段多种考核和测验结果组合起来，进行综合评价，从中择优确定录用名单的过程。

【业务链接 13-2】

前厅客房部录用的主要决策模式

前厅客房部录用的决策模式主要有以下三种：

1．淘汰式

每种测试方法都是淘汰性的，应聘者必须在每种测试中都达到一定水平方能合格。对考核项目全部通过者，再按最后面试或测验的实得分数，排出名次，择优确定录用名单。

2．补偿式

不同测试的成绩可以互为补充，最后根据应聘者在所有测试中的总成绩做出录用决策。值得注意的是，由于权重比例不一样，录用人选也会有差别。

3．结合式

在全部测试中，有些测试是淘汰性的，有些是可以互为补偿的，应聘者只有通过淘汰性的测试之后，才能参加其他项目的测试，某些项目的测试成绩可以互为补充。

13.4.4 前厅客房部的员工配置

1．前厅客房部的员工配置内涵

前厅客房部员工配置是指通过人员规划、招募、选拔录用、考评、调配和培训等多种手段和措施，将符合前厅客房部发展需要的各类员工适时适量地安排到适合岗位上，使之与其他经济资源实现有效的合理配置，做到人尽其才、适才适所，不断增强酒店的核心竞争力，最大限度地为酒店创造更高的社会和经济效益的过程。

前厅客房部员工配置的概念外延十分广泛，从配置的方式来看，可以将其区分为空间和时间配置；从配置的性质来看，可以分为数量与质量配置；从配置的范围来看，可以分为个体与整体配置；从配置的成分来看，可以分为总量与结构配置等。

2. 前厅客房部员工配置的基本原理

（1）要素有用原理。一是正确地识别员工是合理配置的前提，即伯乐式管理者对酒店员工识别和配置所发挥的关键作用。二是要为员工发展创造有利的条件，当前酒店更强调创造良好的政策环境，建立动态赛马的用人机制，让更多的员工能够在这一机制下脱颖而出，化被动为主动，从根本上摆脱单纯依赖"伯乐"的局面。可见，识才、育才、用才是酒店管理者的主要职责。

（2）能位对应原理。员工之间不仅存在能力特点的不同，而且在能力水平上也是不同的，具有不同能力特点和水平的员工，应安排在要求相应特点和层次的职位上，并赋予该职位应有的权力和责任，使个人能力水平与岗位要求相适应。在人力资源的利用上坚持能级层次原则，大才大用、小才小用，各尽所能、人尽其才。

（3）互补增值原理。强调员工各有所长也各有所短，以己之长补他人之短，从而使每个员工的长处得到充分发挥，避免短处对工作的影响，通过个体之间取长补短而形成整体优势，实现组织目标的最优化。

（4）动态适应原理。员工与岗位的不适应是绝对的，适应是相对的。无论是由于岗位对员工的能力要求提高了，还是员工的能力提高要求变动岗位，都应及时了解员工与岗位的适应程度，从而进行调整，以达到人适其位、位得其人。

（5）弹性冗余原理。在员工与岗位的配置过程中，既要达到工作的满负荷，又要符合人力资源的生理心理要求，不能超越身心的极限，保证留有余地。即体力劳动要适度，不能超出员工体质的范围；脑力劳动要适度，保持员工旺盛的精力；劳动时间要适度，保持员工身心健康；工作目标的管理要适度，既不能太高，也不能太低。

3. 前厅客房部人力资源岗位配置的基本方法

主要有三种方法：以人为标准进行配置、以岗位为标准进行配置和以双向选择为标准进行配置。

13.5 前厅客房部员工培训

13.5.1 前厅客房部员工培训的内涵

前厅客房部的员工培训是指为了提高前厅客房部员工素质、工作效率及员工对职业的满足程度，直接有效地开展酒店经营服务，从而采取各种方法，对各类员工进行的教育培训投资活动。培训的出发点和归宿是"酒店的生存与发展"。

【教学互动 13-1】

观点： 劳动密集型企业人力资源管理效能一直以来为学术界所关注。作为劳动密集型企业的经济型酒店面临着高流动率问题的困扰。人力成本随之增加，经济型酒店若想在同行业竞争中崭露头角，必须降低人力成本。正常的人员流动率一般应该在 5%～10%左右。

但是根据调查数据显示,国内的酒店业人员流动率很高,平均流动率为 25.74%。酒店行业岗位的流动率在 30% 以上,有 35% 的酒店员工流动率在 30% 以上,有 36% 的酒店员工流动率为 15%~30%,仅有 5% 的酒店员工流动率低于 10%。由于我国经济型酒店发展历程较短,对酒店员工缺乏长远的规划及建立长效的培训、激励机制,使得员工高流动率的问题表现得更为突出。

问题:酒店作为劳动密集型企业,如何提高前厅客房部员工的稳定性?

13.5.2 前厅客房部员工培训的目的

1. 适应酒店内外部环境的发展变化

酒店的发展是内外因共同起作用的结果。一方面,酒店要充分利用外部环境所给予的各种机会和条件,抓住时机,趁势发展;另一方面,酒店也要通过改革内部组织去适应外部环境的变化。

2. 满足员工自我成长的需要

员工希望学习新的知识技能,希望接受具有挑战性的任务,希望晋升,这些都离不开培训。因此,通过培训可增强员工满足感,并将期望在某种情况下转化为自我实现,即皮格马利翁效应。

3. 提高工作绩效

通过培训,可提高员工工作质量和工作效率,减少失误,降低因失误造成的损失,提高酒店效益。

4. 提高酒店竞争力

通过培训,可以使具有不同价值观、信念、工作作风及习惯的人,按照酒店经营要求进行文化养成教育,以便形成统一、和谐的工作团队,提高核心竞争力,充分发挥酒店精神的巨大作用。

【知识链接 13-1】

酒店人力资源管理中的伦理问题

加强酒店伦理建设,意义重大而深远。当前伦理问题的产生,既与酒店自身发展的进程和现在的社会环境密切相关,也深受中国传统文化及西方企业文化的影响,更受知识经济大潮的推动。我国酒店正经历着从"中国制造"向"中国创造"的转变。人力资源是酒店的第一资源,搞好酒店的人力资源管理,提升酒店的竞争力是应对挑战的关键。酒店的人力资源管理必须以最符合人性、最能调动员工的积极性、激发人的创造性、发挥人的主体作用为最高标准。酒店必须大力加强伦理建设,提升酒店管理的伦理水平,实施合乎伦理的管理,积极应对、努力解决酒店发展中存在的伦理问题,树立起以人为本、负责、文明、诚信的道德形象,使酒店与人在良性互动中都得到和谐的发展。

(1)明确企业道德。价值观是酒店和酒店管理的灵魂,而核心是尊重人,形成和确立企业价值观必定离不开人力资源管理团队的参与。

(2)从尊重员工权益做起。酒店应该坚定地从维护员工利益的角度,建立现代企业对待员工的价值准则,在为员工提供安全、平等的就业机会的基础上,充分尊重员工的个人需要，激发员工的工作积极性，开发员工的工作能力，让员工在酒店里充分施展自己的才华，并不断得到成长发展。要把与员工的沟通作为重要的工作途径，把提高员工满意度作为工作目标之一，把酒店建设成培养人、发展人的大学校。

（3）将道德纳入制度流程。道德观是企业道德建设的基础，而要把道德观转化为员工的行为准则，则必须建立相应的体系和制度。

（4）用专业机构保证道德管理。组织结构与酒店经营战略目标是相适应的。如果酒店要将对社会承担责任作为经营战略的目标之一，则必须有相应的组织设计来保证目标的实现。

【企业伦理与职业道德 13-1】

如何研判保安员雷某的行为？

背景与情境：一天，某酒店保安人员雷某在进行日常的车辆指挥时，突然迎面开来一辆宝马轿车，直接停在了酒店大门阶梯旁，而这一位置酒店是禁止停车的。客人停下车就直接往大堂走去。雷某见此状，立刻向客人跑去，当追到客人后，保安人员礼貌地向客人解释，请客人将汽车按秩序停放好，已经喝醉酒的客人一拳打在雷某身上，并对其进行辱骂。按常规，一位男士在这一刻，是很难控制自己情绪的，但是在职业道德的影响下，雷某秉承了"顾客至上"的原则，没有和客人发生冲突，而是理智地通知了当值经理，由值班经理来处理此事，事后，酒店对雷某的行为进行了褒奖。

问题：在面对此类突发事件时，作为酒店前厅工作人员，你认为应该如何解决？

研判提示：酒店应是一个负责任的经济主体，也是一个合格的道德主体，人力资源的实践过程也是一个道德的践履过程。酒店前厅客房人力资源管理既要追求效率和效益，又应重视人文价值，追求伦理价值。

保安员雷某在此次事件中表现出以大局为先、大局为重的全局观，其良好的职业道德值得学习。

13.5.3 前厅客房部员工培训需求分析

员工培训需求分析是指在规划与设计每项培训活动之前，由酒店人力资源部门采取各种方法和技术，对前厅客房部员工的工作目标、知识技能等方面进行系统的鉴别与分析，以确定是否需要培训及培训内容的一种活动或过程。

培训需求分析是确定培训目标、设计培训规划的前提，也是进行培训评估的基础。酒店人力资源部与前厅客房部可以从如下三个方面对员工培训需求进行分析：

1. 酒店分析

通过对酒店的目标、资源、特质、环境等因素的分析，准确地找出酒店存在的问题与问题产生的根源，以确定培训是否是解决这类问题的最有效的方法。

2. 工作分析

了解与绩效问题有关工作的详细内容、标准和达成工作所应具备的知识及技能，是培训需求分析中最烦琐的一部分，但是，只有对工作进行精确的分析并以此为依据，才能编制出真正符合酒店绩效和前厅客房部特殊工作环境的培训课程。

3. 人员分析

通过分析前厅客房部员工个体现有状况与理想状况之间的差距，来确定谁需要和应该接受培训以及培训的内容。人员分析的重点是评价酒店员工实际工作绩效以及工作能力。

13.5.4 前厅客房部员工培训的方法

1. 讲授法

讲授法又名课堂演讲法，培训场地可选用教室、餐厅或会场，要求授课者对课题有深刻的研究，并对员工的知识、兴趣及经历有所了解，保留适当时间与受训员工之间进行沟通，用问答形式获取员工对讲授内容的反馈。其次，授课者表达能力的发挥、视听设备的使用也是有效的辅助手段。适用于新政策或制度的介绍与演讲、引进新设备或技术的普及讲座等理论内容的培训。

2. 讨论法

讨论法即对某一专题进行深入探讨的培训方法，目的是解决某些复杂的问题或通过讨论的形式使众多受训员工就某个主题进行有效沟通，达到观念看法的一致。采用此方法，须由一名或数名培训员对讨论会的全过程实施策划与控制。参加讨论培训的员工人数不宜超过25人，也可分为若干小组进行讨论。讨论法培训的效果，取决于培训员的经验与技巧，要善于激发员工踊跃发言，引导员工的想象力自由发挥，增加群体培训的参与性。适用于管理层员工的训练或用于解决某些有一定难度的管理问题。

3. 案例研讨法

案例研讨法用于酒店员工在静态下模拟决策与解决问题，侧重于培养受训员工的分析判断力及解决能力。在对特定案例的分析、辩论中，受训员工集思广益，有助于将受训的收益在未来的实际业务工作中予以应用，建立一个有系统的思考模式。

培训员事先对案例的准备要充分，通过对受训员工情况的深入了解，确定培训目标，收集和选用具有客观性与实用性的资料，编写案例。培训中，先安排受训员工有足够的时间去研读案例，引导其产生"身临其境""感同身受"的感觉，使其如同当事人一样，思考解决问题；可循"发生何种问题——引发问题的原因——如何解决问题——采取何种对策"等步骤开展。适用于有效开发前厅客房部员工角色及其行动能力，以及发生的某种应急事件处理和业务技巧的培训。

4. 职位扮演法

职位扮演法又名角色扮演法，由受训员工扮演某种训练任务的角色，使其真正体验到所扮演角色的感受和行为，以发现并改进自己在原先职位上的工作态度与行为表现。适用于前厅客房部实际操作或管理人员用以改善人际关系的培训项目。

5. 直接传授

直接传授即传统的"师傅带徒弟"法，由前厅客房部督导人员在现场给予员工示范及协助，也就是通过工作现场的实地演练，帮助员工迅速掌握相关的工作技能，具有极大的灵活性和实用性，是将培训和工作结合得最好的一种训练方法。适用于操作性较强、程序清晰的培训内容。

6. 岗位轮换

前厅客房部有计划地使员工在不同岗位担任不同种类的工作，以开发员工的多种能力。此方法可以使员工更全面地了解酒店不同的工作内容，获得各种不同的经验，为其今后在较高层次上任职打好基础，也是进一步完善人力资源管理体系，培养、激励和保留优秀员工，培养高素质、复合型人才的一种重要措施。

7. 网络培训

网络培训又名"E-learning"，是一种可以打破时间、地域的限制，利用多媒体通信网络进行远距离教学的集语音、图像、数据、档案资料、教学软件、兴趣讨论等于一体的交互式学习模式。

8. 游戏训练法

游戏训练法是一种在培训员工过程中常用的辅助方法，目的是改善培训现场的气氛。由于游戏本身的趣味性，可提高员工的好奇心、兴趣及参与意识，并改善前厅客房部团队的人际关系。

【同步业务 13-1】

问题：在酒店前厅客房部管理实践中，如何运用奖惩手段激励员工？

解析提示：管理学家米切尔·拉伯夫经过多年的研究，发现一些管理者常常在奖励不合理的工作行为，并列出了如下应奖励和避免奖励的10个方面的工作行为，值得酒店管理者思索和借鉴：奖励彻底解决问题而不是只图眼前利益的行动，奖励承担风险而不是回避风险的行为，奖励善用创造力而不是愚蠢的盲从行为，奖励果断的行动而不是光说不练的行为，奖励多动脑筋而不是奖励一味苦干，奖励使事情简化而不是使事情不必要地复杂化，奖励沉默而有效率的人而不是喋喋不休者，奖励有质量的工作而不是匆忙草率的工作，奖励忠诚者而不是跳槽者，奖励团结合作而不是互相对抗。

【深度思考 13-1】

问题：如何提升酒店管理理念？

理解与讨论：

（1）"CI"到"CS"的演变，从注重酒店形象到注重客人满意的变化

CI（Corporate Identity）：酒店形象，是一种以塑造和传播酒店形象为宗旨的经营战略。是酒店为使自己的形象在众多竞争对手中让客人识别并留下良好的印象，通过对酒店的形象进行设计，有计划地将酒店自己的各种鲜明特征向社会公众展示和传播，从而在市场环境下形成酒店的一种标准化、差异化的形象的活动，即酒店生产什么，客人接受什么。

CS（Customer Satisfaction）：客人满意理念，是酒店为了不断地满足客人的要求，客观地、系统地测量客人满意程度，了解客人的需求和期望，并针对测量结果采取措施，一体化地改进产品和服务质量，从而获得持续提升的业绩的理念，即客人需要什么，酒店生产什么。

（2）"CS"到"CL"的发展，从客人满意到客人忠诚的进化

CL（Customer Loyal）：客人忠诚，酒店以满足客人的需求和期望为目标，有效地消除

和预防客人的抱怨和投诉，不断提高客人满意度，在酒店与客人之间建立起一种相互信任、相互依赖的"质量价值链"。

（3）"CS"到"ES"的升华，从客人满意到员工满意的升华

ES（Employee Satisfaction）：现代酒店只有赢得员工满意，才会赢得客人满意。注重酒店文化建设和员工忠诚感的培育，把人力资源管理作为酒店竞争优势的源泉（见图13-1）。

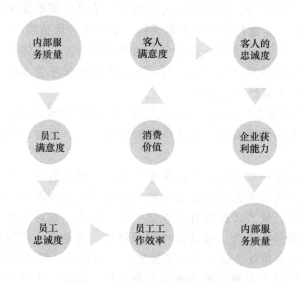

图 13-1　酒店竞争优势的源泉

本章概要

★主要概念

人力资源，人力资源规划，工作分析，员工招聘，员工甄选，员工培训，员工培训需求分析。

★内容提要

- 对于酒店企业来说，其所获得的效益和所有的经营活动都要依赖于人，依赖于员工的辛勤劳动和出色的创造。酒店同行业之间的竞争无一能脱离优质人力资源的竞争、团队的竞争。酒店只有拥有优秀的人才，才可能在竞争中立于不败之地。
- 酒店企业获得人才的主要方式是对外进行招聘和对现有员工的培训。通常酒店不可能随时都招聘到合适的人才，即使招得到，也需要一个提高、更新知识以适应新环境、新状况的问题。因此做好人力资源规划、工作分析、员工酒店意识的培养、员工招聘与配置、员工培训与开发才是酒店发展的关键。
- 本章的目的是让学习者懂得如何在前厅客房部这两个重要部门实施人力资源开发与管理过程中的各项工作，全面提升酒店竞争优势和员工酒店意识，让员工找到与宾客之间的默契，不断提高服务水平，同时也能通过不同方式激励员工，更新员工酒店管理理念，有效提升人力资源的使用效能。

单元训练

★观点讨论

观点： 酒店和岗位是酒店员工发挥作用的重要舞台。而任何一个员工对于酒店的价值，都不能完全归结为个人的行为，而是在个人与领导、下属、同事等交互作用的过程中体现出来的。这种交互作用，是通过长期积累实现的。实现个人价值的平台，不仅是工作本身，更重要的是组织因素。人的价值不仅体现在人的个人能力上，更体现在人的社会关系中。这些问题的出现，在很大程度上源于人们对酒店人力资源管理基本概念的认识还不清晰，由于认识的偏颇，出现了实践中的偏差。

常见质疑： "流动增值论"观点，鼓励人们通过流动和跳槽来增加自身的价值，寻求能够发挥自己专长或特长的工作岗位，追求个人价值的实现，同时达到职位的提升或薪水的增加。

释疑： 毋庸置疑，这一观点从某个角度来讲是有积极意义的。个人价值的实现，在很大程度上取决于是否能找到真正适合自己兴趣和专长的岗位和酒店，可以在一定程度上实现酒店人才的优化配置，使人才配置符合市场规律。但是，这种观点也存在先天的不足。首先，混淆了价值和价格的概念，流动能够增加价格，但是不一定增加价值。某个人的价值，无论是社会价值还是商业价值，在一定程度上是固定的，仅仅通过流动无法提升价值。价值与价格的脱节，使得人们把这两个概念混为一谈。其次，人的价值的发挥需要一定条件，其中，酒店和岗位是一个人发挥作用的重要舞台。实现个人价值的平台，不仅是工作本身，更重要的是组织因素。而组织因素中，和谐的人际关系和同事配合是决定性因素。正是这些因素的共同作用，构成了一个人实现个人价值的稳定的平台。一个人的社会资本也正是在这个过程中逐渐积累起来的。社会资本理论告诉我们：人的价值不仅体现在人的个人能力上，更体现在人的社会关系中。

★案例分析

【相关案例】

总台"食言"以后

背景与情境： 一天下午，一位香港客人来到上海一家酒店总台问讯处，怒气冲冲地责问接待员："你们为什么拒绝转交我朋友给我的东西？"当班的一位实习生小黄，连忙查阅值班记录，不见上一班留有有关此事的记载，便对客人说："对不起，先生，请您先把这件事的经过告诉我好吗？"客人便讲述了此事的原委。原来他几天前住过这家酒店，前两天去苏州办事，离店前预订了今天的房间，并告诉总台服务员，在他离店期间可能有朋友会将他的东西送来，希望酒店代为保管，服务员满口答应了。但这位服务员却未在值班簿上做记录。第二天当客人的朋友送来东西时，另一位当班服务员见没有上一班的留言交代，又见客人朋友送来的是衬衫，便拒绝接收，要求他自己亲手去交。当客人知道此事后，十分恼火，认为酒店言而无信，是存心跟他过不去。于是便有了一开始责问接待员小黄的场面。

小黄听了香港客人的陈述，对这件事的是非曲直很快就有了一个基本判断，马上对客人说："很抱歉，先生，此事的责任在我们酒店。值台服务员已经答应了您的要求，但他没有把此事在值班簿上记录留言，造成了与下一班工作的脱节。另外，下一班服务员虽然未得到上一班服务员的交代，但也应该根据实际情况，收下您朋友带来的东西，这是我们工作中的第二次过失。实在对不起，请您原谅。"说到这里，小黄又把话题一转，问道："先生，您能否告诉我，您朋友送来寄存的东西是何物？""唔，是衬衫。"小黄听了马上以此为题缓解矛盾："先生，话又得说回来，那位服务员不肯收下您朋友的衬衫也不是没有一点道理的，因为衬衫一类物品容易被挤压而受损伤，为了对客人负责，我们一般是不转交的，而要求亲手交送，当然您的事既然已经答应了，就应该收下来，小心保存，再转交给您。不知眼下是否还需要我们转交，我们一定满足您的要求。""不必啦，我已经收到朋友送来的衬衫了。"客人见小黄说的也有点道理，况且态度这么好，心情舒畅多了，随之也就打消了向酒店领导投诉的念头。

（资料来源：总台"食言"以后[EB/OL].（2013-3-21）[2017-08-10]. http://www.doc88.com/p-809994072364.html.）

问题：

（1）此案例涉及本章的哪些知识点？

（1）在本案例中，您觉得实习生小黄的处理是否妥当？请说明理由。

（3）酒店前厅工作要避免此类事件的发生，员工应当树立何种酒店意识？

（4）针对酒店前厅工作存在的问题，你有何好的改进建议？

建议阅读

[1] 李长禄，尚久悦. 企业人力资源开发与管理[M]. 大连：大连理工大学出版社，2006：3-127.

[2] 郑燕萍. 前厅客房服务与管理[M]. 厦门：厦门大学出版社，2011，90-113, 148-169, 362-383.

[3] 孟庆杰，马桂顺，周广鹏. 酒店管理理论与实务[M]. 北京：清华大学出版社，2013：250-264.

[4] 匡仲潇. 酒店经营与服务[M]. 北京：化学工业出版社，2016：100-113.

第 14 章 前厅客房常用英语

Learning Objectives

- Master the English new words and expressions concerning Front Office and Housekeeping Service and Management.
- Master the key English sentence structures concerning Front Office and Housekeeping Service and Management.
- Be able to discuss in English the cases of Front Office and Housekeeping Service and Management
- Be able to communicate in English with guests in the field of Front Office and Housekeeping Service and Management

14.1 Front Office Service and Management

Part I: Reservation

A: Hello, is that Green Lake Hotel? I'd like to **book** a room for two days in your hotel.

B: Yes, you are welcome! I recommend that you **reserve** a **standard room.**

A: How much is it?

B: The **room rate** is RMB 910 per night.

A: Do you have **single rooms**? I **prefer** such a room.

B: Let me see. We still have two single rooms. The room rate is RMB 850.

A: Great! I'll have one.

B: When is your arrival time, please?

A: I'll arrive on April 17th. It's 4 days later.

Part II: Arrival at the Hotel

A: Good morning, what can I do for you?

B: I have a **reservation** here at your hotel.

A: Welcome! What's your name, sir?

B: I'm Donald Smith from the U.S.

A: Can I have a look at your **passport**?

B: Here you are. I prefer a quiet room. And if I can have a **bird's view** of the city, that'll be great.

A: I'll try my best to **fulfill** your wish. OK. Room 1107. I'm sure you'll enjoy a beautiful **view** from this room.

B: Please **fill in** this **registration form**.

B: OK. Thank you. One more thing, can you give me a morning call tomorrow?

A: Sure. We also have a computer **wake-up service**. Please **dial** 4 first and then the time. For 7:30 a.m., dial 5 and then 0730 for the time. There must be five **digits** in the final number.

B: Thanks a lot.

A: You're welcome.

Part III: Bellboy

A: Welcome to our hotel! May I help you with your **luggage**?

B: Yes, that'll be great.

A: Please go to the reception desk for the **formalities**. I'll wait for you.

(*10 minutes later*) Which room are you going to live in?

B: Room 1207.

A: Let's go.

(*At the lift*) Please get on the **lift**.

(*At the room*) Here we are. Please **have a check** with your three pieces of luggage. They are all here. Do you satisfy with your room? If you have any questions, please let us know. Enjoy your stay!

B: Thank you. Here's some **tip** for you.

Part IV: Inquiry

A: Excuse me. I have a question for you.

B: Yes, sir. Please go ahead.

A: I'm very interested in the **Minority Village** in your city. Can you tell me how to get there?

B: Sure. You can take a bus or a taxi. The bus stop is just at the gate of the hotel. You can also take the subway at the Dongfeng Square. It's a 20-minute walk from here.

A: Do you think it's a good place to go?

B: Yes, it's worth visiting. You can see most of the **ethnic** people's **residential buildings** there. There are so different in style. Also you can enjoy the ethnic people's **costumes**, songs and dance **performances** and their customs. I believe you'll have an interesting trip.

A: It sounds great. By the way, how much is the subway **fare**?

B: It's about RMB 10.

A: And how much is the ticket for the Village?

B: It's RMB 70.

A: Where else do you recommend me to go here in your city?

B: The Golden Temple, the Yuantong Temple, The Western Hills Forest Park. Do not forget to go to the Bird and Flower Market.

Part V: Complaints

A: Excuse me. I have something to **complain**.

B: I'm very sorry to hear that. I apologize first for causing trouble and unhappiness to you. I'm the front office **captain** who's on duty today. Please tell me your problem in detail. I'll try my best to help you.

A: OK. Yesterday I **required** a morning call at 7:30, but I didn't get any call at all. Fortunately, I woke up by myself. Otherwise I would have been late for my **appointment**. It'll be a disaster for my business. I didn't report it to you and no one took care of this case! What mading me angry was my **requirement** being ignored again today! This morning, I called to ask for a taxi at 15:00. However, I haven't got any **reply** for my taxi till now. Can you see what time it is now! It's already 15:20! Nobody takes care of me! I'm so angry!

B: Sir, please calm down. Please take a seat here to have a rest. I'll first find a taxi for you so that you can leave for your work. After that, I'll check to find out who's **responsible** for these two things to give you a **satisfactory** answer. I apologize again for your **inconvenience**.

A: OK, thank you for your attitude. I'll wait for your answer. You're right. Getting a taxi is the **priority** for me. Please go ahead.

Part VI: Departure from the Hotel

A: Good afternoon. I'm going to check out.

B: OK. Just a moment. What's your room number?

A: Room 1507.

B: Yes, Mr. Smith. The record says that you ordered a meal, which cost RMB 60. You took a coke, two bottles of beer from the **fridge** in your room. You also took a **French** fries and an **instant** noodle from your room. Altogether they cost RMB 120. Please check the record.

A: Yes, it's correct.

B: Will you pay by **credit card** or in **cash**?

A: I'll use my **savings card**. Can I have an **invoice**?

B: Sure. It's finished. Thank you for choosing our hotel. Did you have a good stay? And do you have any suggestions for us?

A: Yes, I had a wonderful stay here. Thank you for serving me **heart and soul**. The building is a little bit old. If some **decorations** can be done to it, our experience here will be made more unforgettable. This is what I think. Just forget about it if it's **offensive**.

B: No, we **appreciate** what you said. Thank you. Have a good trip!

Part VII: Business Center

A: Excuse me, Madam.

B: Can I help you?

A: Yes, I need to **surf** on the Internet for my business.

B: Sure. You can use the computers here. We charge only RMB 5 per hour.

A: That's very helpful to me. By the way, what else do you provide here in this business center?

B: We help you make **long-distance calls**. It's cheaper than your own phone calls. And we provide **photocopying** and **fax** services. We also have ticket booking service, including bus, train and air tickets.

A: Oh, it's very **convenient** to us. One more question, do you have travel service?

B: Yes, we sell tours to some major **scenic spots**. You can find **highlight** tours here in the travel **brochure**. The **tour guides** come here to get you and the prices are reasonable. You can have a look.

Part VIII: Hotel Facilities

A: Excuse me. It's the first time for me to live in your hotel. Could you please give me an introduction to the hotel facilities?

B: Certainly. Please follow me.

A: On the first floor, we have the **Concierge** to help you manage your luggage. If you need to do some **clerical** work, you can go to the **Business Center**. On this floor, you can also see the **lobby manager** in the lobby, the **café** for a drink, the **souvenir** store and the **barber's** at the opposite side of the reception desk.

A: Great, I need to have my hair cut later today and I'd like to buy some souvenirs.

B: Here we are on the second floor. We have restaurants here, including the Chinese-style restaurant, the Western-style restaurant, and the **cafeteria** for **buffet**.

A: Do you have **Over-Bridge Rice Noodle**, **steamed breads and dumplings and Steam-Pot Chicken** here in the Chinese restaurant? I love them.

B: Yes, we have. You can find typical Chinese dishes here. On this floor, you can also find the Swimming Pool, the **Recreation Center** in which you can sing Caraoke, play **billiards** and **play cards**. Besides, you can go to the **Gym** to have exercises in your spare time. If you are tired, you can go to the **Healthcare Center** to get body and foot **massage** and **beauty care**.

A: I feel great to find everything in the hotel. It's a lot of convenience for the guests and it makes our life in the hotel **relaxing**.

B: Lastly, we have a **clinic** on the third floor in case the guests fall ill. You can find commonly-used medicine there and you can have **injections**.

A: Thank you so much for your detailed introduction. It helps me a lot.

New Words and Expressions

front office/front desk　前厅，前台	reserve　*v.*　预订，预留
service　*n.*　服务，服侍	reservation　*n.*　预订，预留
serve　*v.*　服务，招待	standard room　标准间
management　*n.*　管理，经营；管理学	room rate　房价
manage　*v.*　管理，经营	single room　单人间
book　*v.*　预订	prefer　*v.*　更喜欢，宁愿

bellboy n. （旅馆的）行李员
porter n. 门童，行李搬运工
luggage/baggage n. 行李
formality n. 正式手续；礼节，仪式，拘谨
lift n. 电梯，起重机；搭车
have a check 检查，核查
tip 小费；小建议，小窍门
passport n. 护照
bird's view 鸟瞰（图）
view n. 视野，视域；风景
fulfill v. 达到，实现，完成
fill in v. 填补，填（写）
registration n. 挂号，登记，注册
form n. 表格
wake-up service 叫早服务
dial v. 拨（号）打电话
digit n. 数字，数位
folklore n. 民间传说，民间风俗
Minority Village 民族村
ethnic adj. 民族的，种族的
residential adj. 住宅的，居住的
residential building 民居
costume n. 服饰
performance n. 表演，演出
fare n. 票价，车费
complain v. 抱怨，投诉
complaint n. 抱怨，控诉，怨言
captain n. 首领，指挥，领班
require v. 需要，要求，命令
requirement n. 需要，要求，命令
appointment n. 约定，约会
reply n. 回答，答复
responsible adj. 负责的，有责任的
satisfactory adj. 令人满意的
inconvenience n. 不便，麻烦
priority n. 优先考虑的事物
departure n. 离开，出发
depart v. 离开，出发

fridge n. 电冰箱
french fries 炸薯条
Instant adj. 立即的，瞬间的；速溶的
instant noodle 方便面
credit card 信用卡
cash n. 现款，现金
savings card 储蓄卡
invoice n. 发票
heart and soul adv. 全心全意地
decoration n. 装饰，装潢，装修
offensive adj. 冒犯的，无礼的
appreciate v. 欣赏，感激
surf v. （在……）冲浪
surf on the Internet 上网
long-distance call 长途电话
photocopy n. 复印，影印
fax n. 传真
convenience n. 便利，便利的事物
scenic spot 景点
highlight n. 最精彩的部分，重头戏
brochure n. 小册子，手册
tour guide 导游
facility n. 设施，设备
concierge n. 门房，看门人；礼宾部
clerical adj. 书记的，办事员的
clerical work 文书工作
business center 商务中心
lobby manager 大堂经理
café n. 咖啡厅（馆）
souvenir n. 纪念品
barber n. 理发师
cafeteria n. 自助餐厅，自助食堂
buffet n. 自助餐；小卖部
over-bridge rice noodle 过桥米线
steamed bun 馒头、包子
dumpling 饺子
steam-pot chicken 汽锅鸡
recreation center 娱乐室
billiard n. 台球

play cards　　打扑克牌
gym　*n.* 健身房，体育馆
healthcare center　　养生中心
massage　*n.* 按摩，揉

beauty care　　美容
relaxing　*adj.* 令人放松的
clinic　*n.* 诊所，诊室
injection　*n.* 注射

Supplementary Words and Expressions

executive business room　　商务行政房
suite　*n.* 套房
deluxe suite　　豪华套房
king bed　　大床房
twin beds　　双床房
three-bed room　　三人间
assistant manager　　大堂经理
receptionist　*n.* 前台接待员
front desk captain/reception captain　　前台领班
switchboard operator　　总机接线员
check-in/check in　　办理入住手续
lift　*n.* 电梯
key　*n.* 钥匙

extra bed　　加床
exchange memo　　兑换水单
nationality　*n.* 国籍
discount　*n.* 折扣
full price/full rate　　全价
total　*n.* 总数，总价
message　*n.* 留言
welcome card　　欢迎卡
receipt　*n.* 收据
address　*n.* 地址
balance　*n.* 余额
exchange rate　　兑换率
trolley　*n.* 行李车

14.2　Housekeeping Department Service and Management

Part I: Room Facilities

A: Here we are at your room. Please use the **key card** to open your room.

B: OK. Mm, the room looks good.

A: The rooms are newly decorated. Hope you like this room. Let me introduce to you the facilities in the room. Here's the menu of the hotel restaurants. You can find Chinese dishes and Western dishes. If you want to have meals in your room, you can order room service according to the menu from the hotel restaurants.

B: Good. Sometimes I will do that. One important question, do you have **Internet connection** in the room?

A: Sure, you can use the **socket** under the desk to get connected with the Internet. Or you can use Wi-Fi. The **password** is your room number plus 888.

B: And do you have a **teakettle**? You know, Chinese people like tea.

A: You can tell the **room attendant** later to get one for you, please dial "AYS" button.

B: OK.

A: Look, this is the **air-conditioning control panel**.

B: Good.

A: Let's have a look at the bathroom. You can have hot water for 24 hours. To save resources, you need to bring your own **tooth brush** and **tooth paste**, soap, etc., or you can buy it by sweeping the QR code. And the **laundry bag** is behind the door of the washroom.

B: Thanks a lot for your introduction.

A: You are welcome. Wish you a pleasant stay here.

Part II: Changing the Room

A: Excuse me. Is that the Front Office?

B: Yes, this is. What can I do for you?

A: Yes. It's about my room. I'm so disappointed with it. I find so many problems with it.

B: I'm so sorry to hear that. Could you tell me the problems one by one？ Let me see what we can do for you.

A: Thank you for your patience. First, there's something wrong with the **shower**. Sometimes I couldn't get water. My second problem is about the air conditioner. It sometimes makes loud noise, which woke me up during the night. After that, I couldn't fall asleep any longer. It's so bad! The last straw is that I found a small insect in my room. It's **unbearable**. Well, what are you going to do with my room?

B: Sorry again. So would you like to change to another room? I'll do that for you.

A: OK, I agree.

B: Let me see. The guest in Room 1207 has just left. But you need to wait for the room to be cleaned. It's about one hour.

A: No problem. Please call me as soon as the room is ready. Thank you for your help.

Part III: Laundry Service

A: Hello, is that the Laundry Service Center?

B: Yes, this is. What can I do for you?

A: I have some laundry. Can you send someone to my room?

B: Yes, sure.

(*5 minutes later*)

B: Good afternoon, I come to get your laundry.

A: Thank you for coming so soon. I have one question: How do you charge?

B: We have different charges for different things. You can have a look at the price list. For trousers, we charge 15 *yuan*; shirt 10 *yuan*; coat 20 *yuan*; **suit** 50 *yuan*; sock 5 *yuan*; **dress** 20 *yuan*; **sweater** 20 *yuan*.

A: What about **ironing**? How do you charge?

B: We charge 5 *yuan* for each item./It's free of charge.

A: How long does it take to finish my laundry?

B: If you place an order today, the earliest time you can get your laundry is tomorrow night.

A: That's good. Let me **place an order** now.

Part IV: Having Meal in the Room

A: Excuse me. Is that the Chinese restaurant?

B: Yes, this is. Would you like to order a meal?

A: Yes, can you give me some suggestions?

B: For how many people do you make the order? Do you like **hot** food?

A: For two people. Yes, we like having some **chilli** for the dishes.

B: OK. Today's special is **fried minced potato** and **stewed pork**. I also recommend that you have **Ma Po Tofu**, **Fried Beef Slice with Chilli**, **Pot Stewed Chicken**, and **Cabbage in Chicken Soup**. What do you think of them?

A: It sounds good. We'd like to try these dishes. Thank you very much for your help.

B: You are welcome. Would you like to have some rice? Or noodle?

A: Some rice, please.

B: OK. I'll send someone over to your room with your meal in an hour.

Part V: Maintenance Service

A: Excuse me. Is that the Maintenance Department? I have something to complain.

B: Yes, this is Mark speaking, the Department Manager. Sorry to hear that. What can I do for you?

A: I don't understand why there are so many problems with my room. The sink in the bathroom is **clogged**. The water won't go. The toilet is **out of wrack**. It doesn't **flush**.

B: Sorry again, but please listen to my explanations. Our hotel has a history of 10 years. I don't deny there have been some problems with the facilities. To improve the environment, the hotel **authority** made a decision to make decorations to the building last month. The rooms have been decorating, but we need to do the decorations one room after another. To **make up for** your unhappy experience, I will report to the Front Office to **upgrade** your room. I hope it will **relieve** your unhappiness.

A: I feel better after listening to your words. Thank you for your **solution**. I accept it.

Part VI: Room Cleaning

(*Hear someone knocking at the door*)

A: Who's that?

B: I'm room attendant.

A: (*Open the door*) I didn't call any room service.

B: I come to clean the room. Is it OK for me to come at this moment?

A: Eh…, actually I'm going out. So it's OK. But from tomorrow on, would you come to do cleaning at 10:00 a.m.? I go out for work every morning. It's the best time for you to do cleaning.

B: I got it.

A: But if I put on the **sign** of "**Do not Disturb**", do not do the cleaning, please.

B: OK.

A: And when you clean the room, just **take out the trash** and **make the bed**, do **leave** my things **alone**, please. By the way, could you give me one more piece of soap every day?

B: Yes, sure. I'll **act on** your ideas.

Part VII: Service in Emergency

A: Excuse me, housekeeping? Can someone come to help me? It's urgent.

B: Yes, what's the matter?

A: My wife's ill. I think she needs to go to the hospital.

B: OK. I'll send our doctor over. What's your room number?

A: 1209.

 (*5 minutes later*)

C: I'm doctor. I've called 120 emergency service for you. Now you can **dress** her and be ready. I've also asked for a **wheel stretcher** for you. It will arrive in 5 minutes.

A: Thank you. Can she take some of our own medicine now? It helps relieve pain.

C: You'd better not do that. She needs to **have a medical examination** first. Let me help you carry her to the wheel stretcher.

A: Thank you.

C: The **ambulance** has arrived at the lobby. Let's hurry up.

Part VIII: Babysitting Service

A: Hello, is that Housekeeping? I have a question for you.

B: Yes, please go ahead.

A: The case is that my wife and I have to go for an appointment. But we can't take our baby together with us. So we'd like to ask whether you can help us.

B: Yes, we can. There is a babysitting service in our hotel.

A: Great! How do you charge for that service?

B: How many babies do you have? Our **policy** is **maximum** 2 children per **baby-sitter**. And how old are they?

A: We have only one. She's 2 years old.

B: Then, it's RMB 100 per hour. There will be a RMB 30 taxi fare if the service is rendered after 10 p.m.

A: OK, no problem.

B: I'll send the babysitter over to your room in 5 minutes with the babysitting **contract**.

New Words and Expressions

Housekeeping	家政，家务管理	Internet connection	网络连接
housekeeping department	客房部	socket *n.*	插座
key card	电子开门卡，钥匙卡	password/pin *n.*	密码

teakettle n. 烧水壶	clog v. 堵塞，阻塞
room attendant 客房服务员	out of wrack 出故障，坏掉
air-conditioning n. 空调	flush v. 冲洗；脸红
control panel 控制面板	authority n. 权威，当局
tooth brush n. 牙刷	make up for 补偿，弥补
tooth paste n. 牙膏	upgrade v. 升级，提升
laundry bag 洗衣袋，脏衣袋	relieve v. 减轻，缓解（担忧，疼痛）
shower n. 淋浴	solution n. 解决方案
unbearable adj. 不可忍受的，难以忍受的	sign n. 标识，指示牌
laundry service 洗衣服务	Do not Disturb 请勿打扰
charge n. 费用；v. 索价，收费	take out the trash/rubbish 把垃圾拿出去
suit n. 西装，西服	make the bed 整理床铺
dress n. 连衣裙，女装	leave…alone 不干涉，不理，不管
sweater n. 毛线衫，运动衫	act on 按照……行事
ironing n. 熨烫，烫衣服	emergency n. 紧急情况，突发事件
place an order 下订单	dress v. 给……穿衣
hot adj. 辣的	wheel stretcher 担架车
chilli n. 辣椒	medical examination 体检
Fried Minced Potato 炒洋芋泥	ambulance n. 救护车
Stewed Pork 红烧肉	babysitting n. 临时保姆，临时照看小孩
Ma Po Tofu 麻婆豆腐	policy n. 政策，方针
Fried Beef with Chilli 辣椒炒牛肉	maximum n. 最大限度，最大量
Pot Stewed Chicken 卤鸡	babysitter n. 保姆，临时替人看小孩者
Cabbage in Chicken Soup 鸡汤白菜	contract n. 合同，契约
maintenance n. 维修，维护	

Supplementary Words and Expressions

toilet paper 卫生纸	diarrhea n. 腹泻，拉肚子
tissue paper 纸巾	stomachache n. 胃痛，腹痛
comb n. 梳子	headache n. 头痛；令人头痛之事
toothpick n. 牙签	cold n. 感冒；寒冷
shampoo n. 洗发水，洗发香波	fever n. 发烧，发热
bath foam/bath wash/shower gel 沐浴液，沐浴啫喱	cough n. 咳嗽（病），咳嗽声
	bellyache 腹痛，肚子痛；牢骚
shower cap n. 浴帽	rheumatic pain 风湿痛
cotton bud n. 棉签，棉棒	Spicy Diced Chicken with Peanuts 宫保鸡丁
laundry detergent n. 洗衣液，洗衣粉	
hand wash n. 洗手液，手洗	Braised Pork（with brown sauce） 红烧肉
hairdryer n. 电吹风，吹风机	hot pot 火锅，干锅，干煸类

soybean milk	豆浆，豆奶	Scrambled Eggs with Tomatoes	西红柿炒鸡蛋
Fried Bread Stick	油条		
meatball	肉圆，肉丸	Yu-shiang Shredded Pork	鱼香肉丝
spring roll	春卷，薄饼	Double Cooked Pork Slice	回锅肉

Exercises

I. Case Study

Case 1

"It will do" and "It won't do"

One day, an American guest John came to the Front Office of Xingyue Hotel to check in. He asked the receptionist Xiao Yang: "Does my room rate include breakfasts during my stay"? Xiao Yang, who didn't really understand John, replied vaguely: "It will do". The next morning, when John went to the cafeteria to have buffet, he asked Xiao Liu the same question again due to his discretion. Because of poor proficiency in English, Xiao Liu answered the question hastily: "It will do."

When John checked out, the Front Office showed him his bill. John was greatly surprised with what he saw—all the breakfasts were on the bill. He had asked for two times whether his room rate would include his breakfasts! He questioned the receptionist closely again and was told "breakfasts are never included in the room rate." He explained what Xiao Yang and Xiao Liu told him and requested that his breakfasts be paid by the hotel, but failed. John couldn't hope but pay the bill and complained to the hotel authority.

The hotel, however, reaffirmed the Front Office's solution and refused to refund John's money with two explanations: The payment had been kept into the account and the account was difficult to change; furthermore, it was the hotel's policy. John left the hotel in a rage.

Discussion Questions:

1. What deficiencies did the Front Office have in its service?

2. What do you think of the way this incident was dealt with by the hotel? What suggestions can you provide for the Front Office and the hotel authority?

Case 2

Don't Let the Guest Leave with Regret

One day, the guest who ever lived in Room 863 of Jinjiang Hotel, Chengdu called from Beijing to report that she left a jade ring in the room and asked the hotel for help. Xiao Deng, who was on duty and was responsible for the guest's check-out formalities on the day when the guest left, reported that the room attendant didn't find any of the guest's belongings when she cleaned the room after the guest left. To solve the problem for the guest, three attendants were sent to the room again by the Housekeeping Department Manager. They tried hard, but couldn't find the ring after they searched every corner in the room. However, the Housekeeping Department would not give up and decided to continue with the search. With the notion of "serving guests hand and foot", the hotel authority and the attendants answered the question of "how to let guests leave with no regrets" by doing the following:

After they failed to find the ring in the room, the attendants Xiao Deng, Xiao Lv and Xiao Liu decided to enlarge the hunting zone. At that time, the guest called to say that she recalled one thing: She wrapped the ring in a tissue paper and she might have thrown it! With this single clue, the three attendants went to the dustbin. Despite the pungent odor, they put on gloves and started with their search. Fortunately, they got the garbage bag of the guest but didn't find the ring. Where did the ring go? Xiao Deng suddenly realized that some garbage might have fallen from the room garbage bag. The three attendants started again with the search in the dustbin. Everything comes to him who waits. After half an hour's hard work, they finally found the ring in one corner of the dustbin!

Discussion question:

Please comment on the hotel's service in this case to illustrate what good service means.

II. Give Presentations to the class with the following topics:

1. How important is the Front Office Department in a hotel? What qualities do you think the Front Office staff should possess?

2. How important is the Housekeeping Department in a hotel? What qualities do you think the Housekeeping Department staff should possess?

III. Role Play:

1. Take roles of the Front Office (lobby manager, lobby assistant manager, receptionist, reception desk captain, switchboard operator, etc.) to hold a meeting to discuss how to improve the management of the Front Office, thus promoting the development of a hotel.

2. Take roles of the Housekeeping Department (Housekeeping Department Manager, floor attendants, etc.) to hold a meeting to discuss how to improve the management of the Housekeeping Department, thus promoting the development of a hotel.

Recommended Books

[1] 武平, 浩瀚. 酒店英语900句[M]. 广州：广东世界图书出版公司，2012：1-130.

[2] 金喜哲. 旅游服务业英语[M]. 北京：中国纺织出版社，2013：126-185.

[3] 迈克·塞莫尔. 柯林斯现代酒店业英语[M]. 北京：外语教学与研究出版社，2013：6-98.

[4] 滕悦然. 酒店前台常用英语口语大全[M]. 北京：化学工业出版社，2014：1-50.

[5] 梁文霞, 董宁函. 酒店饭店英语口语[M]. 大连：大连理工大学出版社，2015：93-274.

[6] 优尼创新外语研发中心. 超完美酒店英语[M]. 北京：人民邮电出版社，2015：2-83.

[7] 杨石云. 酒店英语视听说[M]. 西安：西北工业大学出版社，2015：45-105.

[8] 创想外语研发团队. 酒店英语口语实例大全[M]. 北京：中国纺织出版社，2016：2-128.

[9] 林丽美, Hale Roger Rice. 旅游与酒店服务英语[M]. 北京：外语教学与研究出版社，2016：9-35.

[10] 宇浩力, 曾宪荣, 魏力. 酒店英语词汇记忆宝典[M]. 北京：旅游教育出版社，2016：2-49.

附　录

附录 A　前厅部常用英汉术语

A

accompanied luggage　随身行李
account　账单
account number　账号
account receivable　应收账
adjoining room　毗连房
advance deposit　预订金，押金
affiliated hotel　附属于连锁饭店公司的饭店，成员饭店
air mail/letter　航空信（邮件）
airline timetable　航空时刻表
American Express　美国运通信用卡
American Plan　美式计价法，美式收费标准
arrival date　抵达日期
arrival time　抵达时间
assign　分配，指定
attendant　侍者，服务员
available room　可提供的房间
average/daily room rate　平均/日房价

B

baggage　行李
beauty centre　美容中心
beauty salon　美容室
bed and board　美式收费标准（住宿加伙食）
bed night　床夜次
bed occupancy　床位出租率
bell captain　行李部领班
bellman　行李员
bell service　行李服务

Bermuda Plan　百慕大收费标准
bill　账单
billiard　桌球，台球
block a room　预留房间，封房
block booking　批量订房
book　预订
bowling centre　保龄球馆
breakfast voucher　早餐券
brochure　小册子
business centre　商务中心

C

cable　电报
cancellation　取消，作废
cash　现金
cash in advance　预付现金
cashier　收银台
cash payment　现金支付
certificate No.　证件编号
chain　连锁企业
change　换房，零钱，找零
charge　收费，费用
check　支票，核对
check in　入住登记
check out　退房离店
check out time　退房时间
city ledger　市内赊账转账
client　顾客，客户
clinic　医务室
coach　旅游大巴
coin　硬币

comment card 征求意见卡
commercial rate 商务优惠价
commission 佣金
company check 公司支票
complain 投诉
complimentary 免费赠送的
confirmation 确认
confirmation slip 确认单
confirmed reservation 已经过确认的预订
connecting room 连通房
continental breakfast 欧陆式早餐
continental plan 欧陆式收费标准
convention 会议
corporate rate 公司优惠价
coupon 凭证，票据
corridor 走廊
courier service 邮递服务
credit 信用，贷款
credit card 信用卡
credit limit 信用限额
currency 货币
current balance 往来账目清单
cut-off date 截止日期

D

daily rooms report 客房日报表
date of birth 出生日期
day rate 半日房价
debit 借方
delivery 投递，递交
deluxe suite 豪华套房
denomination 面值
density chart 订房密度表
departure date 离店日期
departure time 离店时间
deposit 押金，订金
desk/front desk 总服务台
did not arrive 没有到来的客人
did not stay, sleep out 没有归宿，外宿

directions 用法说明书
discount 折扣
display room，sample room 样品房
document 文件
Domestic Direct Dial（DDD） 国内直拨电话
doorman 门卫
double bedded room 有两张双人床的房间
double occupancy room 双倍开房率
double room 双人房间（一张双人床）
Dragon Card 龙卡
duplex 复式套房（占两层楼）

E

early arrival 提前到达的客人
early check in 提前入住
early departure 提前离开
economy class 经济舱，经济房
elevator 电梯
emergency 紧急情况，突发事件
engaged 占线
entertainment 娱乐，游艺
envelope 信封
estimated time of arrival 估计到达时间
European Plan 欧式计价
exchange rate 兑换率
exit 出口
expense 花费
express delivery 特快速递
express mail 快信
extra bed 加床

F

family room 家庭式房间
fax 传真
fire exit 火警通道，太平门
floating hotel 水上旅馆
foreign currency exchange 外币兑换
form 表格
form of payment 付款方式

franchise 特许经营权
free 免费
front office 前厅
front of the house 饭店前台部门
full house 客满
full pension 全包价

G

general cashier 总出纳员
general manager 总经理
grand master 饭店总钥匙
Greenwich Mean Time（GMT） 格林威治时间
group 团体客人
group reservation 团体订房
guaranteed booking/reservation 押金担保订房
guest 客人
guest bill 客人账单
guest day（night） 入住日（夜）次
guest name record 宾客姓名记录
Great Wall（GW）Card 长城卡

H

hair salon 美发厅
handicap room 残疾人客房
handling charge 手续费
high season 旺季
hiring out 租出
hotel representative 饭店代表
house emergency key 紧急万能钥匙
housekeeper's report 客房部日报表
houseman 杂务工

I

identification card 身份证
inclusive tour 包价旅游
incoming call 外线电话
inform 通知

information 问讯处，信息
inside call 内部电话
interest rate 利率
International Direct Dial（IDD） 国际直拨电话
invoice 发票

J

joiner 下榻在同一房间的另外一名客人
junior suite 简单的套房，小套房

K

key rack 钥匙架
key slot box 钥匙投放箱
king bed 特大豪华双人床

L

label 行李标签
late arrival 延迟到达
late checkout 延迟退房
laundry service 洗衣服务
letter of credit 信用证
lobby 大堂，大厅
local guide 地陪
log book 交接班记事本
long-distance call 长途电话
lost and found desk 失物招领处
lounge 休息厅
luggage 行李
luggage stand 行李架
luggage service 行李搬运服务

M

mail and key rack 客人信件与客房钥匙存放架
mail box 信箱
manager on duty 值班经理
master account 主账号
master key 饭店总钥匙

memo　备忘录，便笺，便函
message lamp　留言灯
mini-bar　客房内的小冰箱
Modified American Plan　修订美式计价
multiple reservation　重复预订
murphy bed　折叠床

N

name list　名单
nationality　国籍
net rate　净房价
night audit　夜审
night auditor　夜审核对员
night clerk's report　夜报表
no-show　预订了房间而未来住店的客人

O

occupancy　占用
occupied room　占用房
odd-numbered room　单号房间
off-season rate　淡季价格
operator　接线员
out of order　维修房
outside call　外线电话
overbooking　超额预订
overcharge　多收
overstay　延长入住

P

package/parcel　邮包
package tour　包价旅游
paid in advance　提前付款
pass-key　万能钥匙
passport　护照
payment on account　支付费用款
peak season　旺季
percentage of occupancy　客房出租率
permanent address　永久住址
permanent guest　常客

personal check　私人支票
photocopy　复印
point of sale　销售点
preregistration　预先登记
printed letter　印刷品
printer　打印机

Q

queen bed　豪华床

R

rack rate　客房标价，门市价
receipt　收据
receptionist　接待员
refundable　可退款的
register　入住登记，记录
registered letter　挂号信
registration card　入住登记表
regulation　规定
reservation　预订
reservationist　订房员
rollaway bed　滚动式折叠床
room available　可出租的房间
room bill　房间账单
room calls　内线电话
room rack slip　住房通知单
room reservation form　房间预订表
room revenue report　客房营业收入报表
room service　房内送餐服务
room status　客房状态
room tariff　房价表
room type　房间类型

S

safe-deposit box　保险箱
sample room　样品房
season rate　季节价格
security　安全保卫部
service charge　服务费

service elevator 工作电梯
share room 两位客人合住一房间
shopping centre 商场
shoulder period 旅游平季
sign 指示牌，招牌
single bed 单人床
single room 单人间
skipper 逃账者
sleep out 外宿
small baggage 小件行李
sofa bed 沙发床
souvenir 纪念品
spare room 剩余房间
standard room 标准间
star rating 星级
stay over 延长住店
suitcase 手提箱
suite 套房
supervisor 管理员，主管

T

tariff 价格表，收费表
telex 电传
terrace 平台，阳台
tip 小费
tour leader 领队
tour package 全包旅游
trainee 实习生
transfer 转账，过户
transient hotel 供旅客短住的酒店

travel agency 旅行社
travel agency voucher 旅行社凭单
traveller's check 旅行支票
travelling bag 旅行袋
triple room 三人间
trolley 手推车
turndown service 夜床服务
twin bed 标准房内单人床
twin-bedded room 标准单人间
type of certificate 证件类别

U

understay 提前离店
up-grade 房间升级

V

vacancy/vacant room 空房
validation 有效，有效期
validity of visa 签证有效期
valuables 贵重物品
Visa（U.S.）Card （美国）维萨卡
voucher 收据，凭证

W

wait list 等候下榻或预订者名单
wake-up call 叫醒服务
walk-in guest reception 散客接待

Z

zero out 客人付清全部账目后离店

附录 B 客房部常用英汉术语

A

accent drape　隔音帘
acid cleaner　酸性清洁剂
adaptor　万能插头
adjuster　调节器
air conditioner　空调
alarm clock　闹钟
all purpose cleaner　多功能清洁剂
attendant　服务员
armchair　扶手椅
air mail　航空信封

B

baby cot　婴儿床
baby sitter service　婴儿看护
backpack vacuum　背式吸尘器
bandage　绷带
bath mat　脚垫
bathroom　浴室
bath soap　浴皂
bath towel　浴巾
bath tub　浴缸
bedside table　床头柜
bedspread（bed cover）　床罩
blackout drape　厚窗帘
blanket　毛毯
blouse　女衬衫
balcony door　阳台门
bedclothes　床上用品
bedside lamp　床头灯
bedroom　卧室
bath robe　浴衣
bidet　净身盆
belt　腰带
broom　扫帚
briefcase　公事包

C

cable TV　有线电视
captain　领班
caring for drunk guest　照料醉客
caring for sick guest　照料病客
carpet cleaner　地毯清洁器
chair　椅子
chamber　房间
chamber maid　客房女服务员
checkout　走客房
chemical fabric　化纤服装
chest of drawer　壁橱
cleaning bucket　清洁桶
coffee pot　咖啡壶
couch　（小）沙发
couch，sofa　（长）沙发
cabinet　橱柜
curtain　窗帘
cotton quilt　棉被
carpet　地毯
cushion　靠垫，垫子
cleaning rag　清洁布
closed-circuit TV　闭路电视
clothes hanger　衣架
colorfast　不褪色的
comb　梳子
cotton clothes　棉布服装
curtain　窗帘
coat　上衣
cotton fabric　棉织品

D

deliver 分送
desk 桌子
desk lamp, bedside lamp 台灯,床头灯
device 装置,仪表
disinfectant 消毒剂
Don't Disturb（DND） 请勿打扰
drawer 抽屉
dressing mirror 穿衣镜
drawing-room 客厅,休憩室
detergent 清洁剂
doorknob 门把
double bed 双人床
double lock 双锁
dress 套裙
dry-clean 干洗
dryer 风筒
dust-pan 簸箕
dressing table, vanity table 梳妆台

E

electrician 电工
emergency exit 安全门
executive housekeeper 客房部经理（行政管家）
express service 特快服务
extinguisher 灭火器
escalator 自动楼梯（扶梯）
elevator, lift 电梯
electric radiator 电暖炉
evening dress 晚礼服

F

facial soap 洗面皂
facial tissue 面巾纸
faded 褪色
fadeless 不褪色
fire alarm 火警器
fire hydrant 消防栓
fix 办妥,修理
floor lamp 落地灯
furniture 家具
floor 楼层,地板
feather-quilt 鸭绒被
fluorescent lamp 日光灯
flower 鲜花
floor-polisher 地板刷
frame 镜框
first floor （英）二楼；（美）一楼

G

gauze 纱布
gentlemen 男装
guest in（G/I） 客人在房内
ground floor （英）底层,一楼

H

hair dryer 吹风器
hanger 衣架
hotel channel 饭店频道
hot water bottle 热水瓶
housekeeping department 房务部（客房部）
houseman 杂务工
handle 拉手
handkerchief 手帕
hat 礼帽

I

ice bucket 冰桶
ice box 冰箱
ice pack 冰袋
iron 熨斗,熨烫
ironing board 熨衣板
ice 冰块

J

jacket 夹克

jumper　套头毛衣

L

ladies　女装
lampshade　灯罩
laundry　水洗
laundry bag　洗衣袋
laundry list　洗衣单
laundry service　洗衣服务
long staying guest　常住客
lost and found　失物招领
lamp　灯
lavatory seat　马桶座
lavatory cover　马桶盖

M

magazine　杂志
maid's cart　工作车
maintenance　维修
mattress　床垫，褥垫
mend　修补
minibar　（客房内的）小酒吧
morning call　叫醒

N

night dress　晚礼服
night table　床头柜
note pad　服务指南
note-pad　便条簿
neck tie　领带

O

occupant　住客
occupied　住客房
oil stain　油渍
out of order　维修房
out of the turn　保留房
overcoat　大衣

P

panel　（装有电器按钮的）嵌板
pillow case　枕套
plaster　膏药，石膏
plastic curtain　塑料帘子
plug　插头
pressing　熨烫衣物
public area cleaner　公共区域清洁员
pillow　枕头
pull-over　套衫
pyjamas　睡衣

R

rectifier　整流器
room attendant，home maid　客房清扫员
rubbish handling conveyor　搬运车
runner　搬运工
radiator　暖气片
refrigerator　电冰箱
reading-lamp　台灯

S

same day service　当日可取
sanitary bag　卫生袋
satellite TV　卫星电视
service on guest's arrival　入住接待
service on guest's leaving　送客离店
shaver　剃须刀
sheer curtain　薄窗帘
sheet　床单
shirt　衬衫
shoe polish　鞋油
shoe shine cloth　擦鞋纸
shower　淋浴
shower curtain　浴帘
shower head　淋浴喷头
shower mat　防滑垫
shrink　缩水

silk fabric 丝绸制品
single bed 单人床
sleep out 住客未归
slippers 拖鞋
soiled linen 脏衣服
standard lamp 落地灯
sitting-room 起居室
study 书房
soap dish 肥皂碟
scales 磅秤，体重秤
sponge 海绵
space vacuum 吸尘器
special care 特别护理
spray bottle 喷雾器
stain 污渍
stationery 服务夹
steel wool 钢丝刷
suit 西装，礼服
supervisor 主管
sweater 毛衣
switch 开关
sports wear 运动服
socks 短袜
shorts 短裤
shoes 鞋

T

Teatable 茶几
Television 电视
temperature adjuster 调温装置
tie 领带
toilet tissue 卫生纸
tooth brush 牙刷
tooth paste 牙膏

towel 毛巾
towel rack 浴巾架
transformer 变压器
translation 翻译
trolley 手推车
turn-down 做（夜）床
telephone 电话机
thermos 热水瓶

U

unit price 单价
unshrinkable 不缩水
underwear 内衣

V

vacant 空房
valet 洗烫工
Very Important Person（VIP） 贵宾
vacuum cleaner 吸尘器
valuables 贵重物品

W

wall lamp 壁灯
wardrobe 衣柜，衣橱
wash cloth 浴衣
washing basin 洗脸盆
waste basket 垃圾桶
wet vacuum 吸水吸尘器
wheelchair 推车
windcoat 风衣
window cleaner 玻璃清洁剂，窗户清洁工
wastebasket 废纸篓
washcloth 抹布
woolen goods 毛料服装

参 考 文 献

[1] 严燕莉. 基于感知价值的酒店忠诚宾客管理研究[D]. 杭州：浙江大学，2002：5-12.
[2] 余炳炎，张建业. 酒店前厅部的运行与管理[M]. 北京：旅游教育出版社，2002：3-27.
[3] 张再生. 职业生涯开发与管理[M]. 天津：南开大学出版社，2003：186.
[4] 金惠康. 汉英文化旅游实用手册[M]. 广州：广东旅游出版社，2004：71，161，290-308.
[5] 周文霞. 职业生涯管理[M]. 上海：复旦大学出版社，2004：174-176.
[6] 李迎春. 顾客忠诚及其测评研究[D]. 武汉：武汉理工大学，2005：5-12.
[7] 李常仓. 如何管理核心员工[M]. 北京：北京大学出版社，2005：2-3.
[8] 王慧瑾. 基于LCA的酒店客房服务环境影响研究[D]. 大连：大连理工大学，2005：27-37.
[9] 杨晓东. 顾客忠诚的理论探讨和实证研究[D]. 沈阳：东北大学，2006：8-13.
[10] 李长禄，尚久悦. 企业人力资源开发与管理[M]. 大连：大连理工大学出版社，2006：3-127.
[11] 赵涛. 酒店规范化管理全书[M]. 北京：电子工业出版社，2007：82-86，121-126.
[12] 王大悟，刘耿大. 酒店管理180个案例品析[M]. 北京：中国旅游出版社，2007：94.
[13] 郝芳. 酒店客房管理中价值工程的应用研究[D]. 长沙：湖南师范大学，2007：33-34.
[14] 劳动和社会保障部，中国就业培训技术指导中心. 前厅服务员（基础知识、初级技能）[M]. 北京：中国劳动社会保障出版社，2008：1-7，58-61.
[15] 王丽华，吕欣. 旅游服务礼仪[M]. 北京：中国旅游出版社，2009：64-101，235-241.
[16] 胡质健. 收益管理——有效实现酒店收入的最大化[M]. 北京：旅游教育出版社，2009：234-259.
[17] 蒋丁新. 酒店管理概论[M]. 大连：东北财经大学出版社，2010：80-89.
[18] 谭金凤. 前厅与客房服务实训教程[M]. 北京：北京师范大学出版社，2011：1-53.
[19] 陈乃法，吴梅. 酒店前厅客房服务与管理[M]. 北京：高等教育出版社，2011：3-18；23-33.
[20] 郑燕萍. 前厅客房服务与管理[M]. 厦门：厦门大学出版社，2011：90-113，148-169，362-383.
[21] 仇学琴. 酒店前厅客房服务与管理[M]. 天津：南开大学出版社，2011：3-329.
[22] 闫雪梅. HG酒店客户关系管理策略研究[D]. 济南：山东大学，2012：11-52.
[23] 陈晓芳. 泉州游客对台湾酒店客房服务质量感知研究[D]. 泉州：华侨大学，2012：45-49.
[24] 雷明化，葛华平. 客房服务与管理[M]. 北京：中国人民大学出版社，2012：4-12.
[25] 盛丹丹，RACHEL GOSLING，EILEEN SHEPARD. 跟老外学旅游英语[M]. 北京：世界图书公司，2012：36-76.
[26] 赵嘉妮. 经济型酒店扩张速度直追肯德基[N]. 新京报，2012-11-26（B07）.
[27] 阮柏荣，宋锦州. 员工职业发展通道的设计[J]. 企业管理，2012（10）：100.
[28] 武平，浩瀚. 酒店英语900句[M]. 广州：广东世界图书出版公司，2012：1-130.
[29] 仇学琴，罗明义，等. 酒店管理原理[M]. 天津：南开大学出版社，2013：138-165.
[30] 王冠樱. 现代酒店前厅运营与管理[M]. 北京：化学工业出版社，2013：83-108.
[31] 李光宇. 前厅客房服务与管理[M]. 2版. 北京：化学工业出版社，2013：60-88.
[32] 孟庆杰，马桂顺，周广鹏. 酒店管理理论与实务[M]. 北京：清华大学出版社，2013：250-264.

[33] 赫欣. ZZ 国际酒店客户关系管理研究[D]. 保定：河北大学，2013：7-12.
[34] 人力资源和社会保障部教材办公室. 国家职业技能鉴定考试指导, 前厅服务员（基础知识）[M]. 2 版. 北京：中国劳动社会保障出版社，2013：79-84.
[35] 韦铭. GH 酒店员工培训体系研究[D]. 南宁：广西大学，2013：3-10.
[36] 金喜哲. 旅游服务业英语[M]. 北京：中国纺织出版社，2013：126-185.
[37] MIKE SEYMOUR. 柯林斯现代酒店业英语[M]. 北京：外语教学与研究出版社，2013：6-98.
[38] 詹姆斯 A 巴尔迪. 酒店前厅管理[M]. 北京：中国人民大学出版社，2014：32-54.
[39] 宋秋，唐恩荣. 酒店前厅服务与管理实训课程[M]. 成都：西南财经大学出版社，2014.
[40] 颜燕，高午阳. 酒店前厅客房服务与管理[M]. 北京：北京师范大学出版社，2014：60-99, 201-222.
[41] 滕悦然. 酒店前台常用英语口语大全[M]. 北京：化学工业出版社，2014：1-50.
[42] 田雅琳. 前厅与客房管理[M]. 北京：机械工业出版社，2015.
[43] 秦承敏，王常红. 前厅与客房服务与管理——理论、实务、案例、实训[M]. 2 版. 大连：东北财经大学出版社，2015：62-96.
[44] 朱桂香，杨小明，齐丹，等. 旅游酒店服务实训教程[M]. 昆明：云南出版集团公司，云南教育出版社，2015：49-50, 223, 358.
[45] 梁文霞，董宁函. 酒店酒店英语口语[M]. 大连：大连理工大学出版社，2015：93-274.
[46] 优尼创新外语研发中心. 超完美酒店英语[M]. 北京：人民邮电出版社，2015：2-83.
[47] 杨石云. 酒店英语视听说[M]. 西安：西北工业大学出版社，2015：45-105.
[48] 袁照烈. 酒店前厅部精细化管理与标准化服务[M]. 北京：人民邮电出版，2016：7-11.
[49] 李肖楠，刘艳. 酒店前厅运营与管理[M]. 北京：化学工业出版社，2016：95-133.
[50] 曹艳芬. 前厅部运营与管理[M]. 武汉：华中科技大学出版社，2016：126-137.
[51] 匡仲潇. 酒店经营与服务[M]. 北京：化学工业出版社，2016：100-113.
[52] 创想外语研发团队. 酒店英语口语实例大全[M]. 北京：中国纺织出版社，2016：2-128.
[53] 林丽美，HALE ROGER RICE. 旅游与酒店服务英语[M]. 北京：外语教学与研究出版社，2016：9-35.
[54] 宇浩力，曾宪荣，魏力. 酒店英语词汇记忆宝典[M]. 北京：旅游教育出版社，2016：2-49.
[55] 龙立荣，李晔. 职业辅导思想的历史嬗变——从职业指导到生涯辅导[J]. 华中师范大学学报，2001（11）.
[56] 邹益民，陈业. 酒店企业大学生员工流失现象的分析和对策研究[J]. 商业经济与管理，2002（12）.
[57] 陈壁辉. 职业生涯理论述评[J]. 应用心理学，2003（2）：60-63.
[58] 张再生. 职业生涯开发与管理[M]. 天津：南开大学出版社，2003.
[59] 刘冰，张欣平. 职业生涯管理[M]. 济南：山东人民出版社，2004.
[60] 利·布拉纳姆. 留驻核心员工[M]. 北京：中国劳动社会保障出版社，2004.
[61] 李常仓. 如何管理核心员工[M]. 北京：北京大学出版社，2005：2-3.
[62] 张英. 旅游企业的留人之道：职业生涯规划与管理[J]. 企业经济，2005（7）.
[63] 陈丹. 大连市高档酒店员工职业生涯开发模式研究[D]. 大连：东北财经大学，2005.
[64] 芮明杰. 管理学——现代的观点[M]. 上海：上海人民出版社，2005：125.
[65] 杰弗里 H 格林豪斯，杰勒德 A 卡拉南. 职业生涯管理[M]. 北京：清华大学出版社，2006.
[66] 陈维政，余凯成，程文. 人力资源管理[M]. 北京：高等教育出版社，2006.
[67] 雷骅宇. 中国首届职业生涯规划调查——大学生调查报告[J]. 中国大学生就业，2006（9）.
[68] 王恂颖. 如家的人才策略[J]. 酒店现代化，2006（1）.

[69] 苏东水，彭贺. 中国管理学[M]. 上海：复旦大学出版社，2006.

[70] 刘德谦，宋瑞，等. 2007年中国经济型酒店发展绿皮书（一）[N]. 中国旅游报，2007（627）.

[71] 邹益民，周亚庆，褚蓓. 我国酒店人才开发战略的系统思考[J]. 北京第二外国语大学学报，2007（9）.

[72] 黄琴超. 酒店业知识型员工流失的原因与对策——基于职业生涯管理理论[J]. 黑龙江对外经贸，2007（4）.

[73] 王忠军，龙立荣. 知识经济时代的职业生涯发展：模式转变与管理平衡[J]. 外国经济与管理，2008（10）.

[74] 斯蒂芬 P 罗宾斯，玛丽·库尔特. 管理学[M]. 9版. 北京：中国人民大学出版社，2008：385.

[75] 加里·德斯勒. 人力资源管理[M]. 北京：中国人民大学出版社，2008.

[76] 邹益民，林佑贞. 酒店快乐工作环境氛围的营造策略[J]. 旅游科学，2009（6）.

[77] 2008年中国经济型酒店员工收入研究报告[R]. 中国酒店联合网，2010-07-17.

[78] 罗伯特 C 里尔登，珍妮特 G 伦兹，小詹姆斯 P 桑普森. 职业生涯发展与规划[M]. 北京：中国人民大学出版社，2010.

[79] 孙坚. 经营一家盛产人才的企业[J]. 经理人，2010（9）.

[80] 詹姆斯 W 范德赞登，托马斯 L 克兰德尔. 人类发展[M]. 北京：中国人民大学出版社，2011：9.

[81] 孔海燕，罗润东，颜麒. 酒店业组织职业生涯管理对员工职业承诺及职业能力影响效果研究[J]. 旅游科学，2012（6）.